MYTHOLOGIE
DES
PLANTES

OU
LES LÉGENDES DU RÈGNE VÉGÉTAL

TOME I

ANGELO DE GUBERNATIS

Le Comte Angelo De Gubernatis,

né à Turin le 7 avril 1840 et mort à Rome le 20 février 1913, est un écrivain, poète, linguiste, philologue et orientaliste italien.

À Messieurs
Frédéric Baudry
et
André Lefèvre

À Paris

Mes chers et honorés Parrains,

On dédie un ouvrage lorsqu'il est achevé ; je ne puis pas, malgré mon désir, en faire autant avec vous. Au lieu d'une dédicace, vous trouverez donc sur cette page une espèce d'*invocation*. Autrefois, les seuls poèmes s'ouvraient par une invocation. Mais je crois que le temps approche où l'on trouvera tout livre scientifique tant soit peu original aussi amusant et aussi intéressant, aussi passionné et aussi émouvant, que ces admirables et brillants jeux rimés de l'imagination, lesquels ont si justement, mais, peut-être trop exclusivement, étonné et charmé l'esprit de nos devanciers. Je ne veux pas calomnier les vers ; j'en ai écrit moi-même un trop grand nombre dans ma vie, pour ne pas les aimer ; mais je prétends que la prose n'est pas moins poétique et que, tout en restant plus près de la réalité, elle a parfois, comme œuvre d'art, de grands avantages sur le langage métrique, par exemple, une allure plus naturelle et plus dégagée, une expression plus claire et plus humaine, un accent plus mâle et plus sincère. Après tout, si nous accordions à la prose quelques-unes de ces caresses de langage que nous prodiguons si volontiers et avec une tendresse souvent excessive à la poésie, si nous laissions briller dans la prose scientifique un rayon de cet art divin, qu'on devrait, au lieu d'en faire le privilège exclusif d'une seule catégorie de la production intellectuelle, s'habituer à considérer comme nécessaire et essentiel à tout ce que nous faisons et à tout ce que nous disons ; si, lorsque nous écrivons, nous cherchions toujours l'expression la plus haute de notre pensée, il me semble que, de nos jours, le poème qui aurait la plus grande chance de plaire serait le livre scientifique le plus instructif et le mieux écrit. Je sens cela ; mais je sens beaucoup plus encore que ma témérité serait impardonnable, si j'avais la prétention ridicule, en empruntant le secours d'une langue étrangère, de réaliser ici l'idéal que je me fais d'un livre scientifique digne de notre époque. Je serais assez heureux, au contraire, si je parvenais à m'expliquer d'un bout à l'autre de mon livre avec une clarté suffisante ; et je compte, quoi qu'il en soit, sur beaucoup d'indulgence de la part de mes lecteurs français, pour me faire pardonner un grand nombre d'imperfections que je crains malheureusement de ne pouvoir éviter. Le style, cependant, n'est pas la seule mesure de la valeur d'un livre. Il y a le caractère de l'écrivain, il y a son imagination, sa manière de sentir, de concevoir, de réfléchir, qui restent les mêmes, sous quelque forme linguistique que l'on les déguise. Avant de devenir français, ou anglais, ou allemand, un livre de science, s'il n'est pas compilé par un simple érudit, s'il est créé par un artiste maître de son sujet, a dû passer par une espèce de monologue intérieur qui s'est produit dans l'âme agitée de son auteur. On recueille d'abord des matériaux pour allumer le feu ; puis l'incendie se fait ; avec les étincelles de cet incendie, on allume des lampes ; la forme de ces lampes est à peu près indifférente, quoiqu'une jolie lampe de nouveau modèle, bien polie et élégante, fît sans doute meilleur effet que l'une de ces vieilles lampes rustiques, qui semblaient avoir conscience de faire, par leur faible lumière, honte à l'astre du jour. Cette comparaison peut me servir pour indiquer ce que j'espère et ce que j'ai confiance que l'on voudra chercher dans mon livre écrit en français, c'est-à-dire, non pas la tournure, peut-être souvent maladroite, de mes phrases, mais les matériaux mythiques et légendaires assez nombreux qu'il me semble avoir recueillis, l'ordre avec lequel j'ai tâché de les arranger après les avoir débrouillés du chaos, l'idée fondamentale qui a présidé à mes recherches, et enfin (l'enjeu pourra scandaliser quelques-uns de mes graves collègues qui ont le privilège de ne jamais se passionner pour rien et craignent toute émotion comme un danger qui mène droit à l'erreur), toute mon âme qui, pendant les jours fiévreux de la rédaction, sera absorbée et naturellement excitée par l'objet que je considère et par le but que je poursuis. Il y a plus de trois ans que je travaille lentement, tranquillement, mais sans relâche, à rassembler mon bois ; maintenant, le temps est venu de lui communiquer le feu sacré ; et je prévois que je ne résisterai pas à la fascination, que je me jetterai bientôt au milieu de la flamme tout vivant, pour y rester jusqu'à ce que mon petit sacrifice scientifique soit accompli. Est-il étonnant qu'avant d'accomplir ce rite sacramentel, j'invoque des patrons ? Mon sacrifice n'est aucunement divin ; pendant que je le célébrerai, j'invoquerai donc, constamment, j'appellerai à mon aide deux hommes : vous, d'abord, mon cher et vénéré monsieur Baudry, qui, après avoir si savamment interprété dans la *Revue germanique* l'ouvrage classique du professeur Kuhn sur les mythes du feu, avez consenti à m'introduire, avec tant de bonté, auprès du public français, en écrivant de si belles pages en tête de l'excellente traduction française de ma *Mythologie zoologique* par M. Regnaud ; et vous aussi, mon cher Lefèvre, mon cher poète, mon cher critique, mon savant confrère, mon noble ami, vous par qui, et par Daniel Stern, j'avais espéré un jour pouvoir sceller un beau traité d'alliance intellectuelle entre la France et l'Italie ! J'ai nommé Daniel Stern ; qu'il me soit encore permis ici de payer un dernier tribut de reconnaissance à cette noble dame, à cet esprit d'élite, à cette amie généreuse, qui, quelques jours avant de mourir, me faisait l'honneur de s'intéresser vivement à la recherche d'un éditeur français pour ma *Mythologie végétale*, éditeur qui, grâce à vos soins aimables, cher Lefèvre, s'est maintenant trouvé tel qu'il me serait impossible d'en souhaiter un meilleur.

Florence, le 1er janvier 1878
ANGELO DE GUBERNATIS

PREFACE

« Le ciel est parfois un jardin fleurissant, que la croyance populaire a reconnu sous les formes changeantes des nuages ; on a cru parfois voir dans les nuages des arbres puissants avec des fleurs lumineuses et avec des fruits[1]. » Par ces mots, qui datent seulement de
l'année 1860, le vénérable professeur Schwartz indiquait peut-être le
premier la possibilité de concevoir et de traiter à part, sous un véritable point de vue mythologique, les croyances populaires qui se
rapportent au monde végétal. Il est bien vrai que différentes flores
mythologiques, ou, du moins, plusieurs livres qui portent ce titre at-
trayant et poétique, ont précédé l'ouvrage classique du savant mythologue de Posen. Mais, à vrai dire, ils n'étaient pas autre chose
que des recueils plus ou moins érudits, où l'on avait rassemblé, avec
plus ou moins de précision, les notices sur certaines plantes ou herbes merveilleuses que l'on trouve chez plusieurs auteurs grecs et latins. Les compilateurs de ces traités n'avaient presqu'aucune conscience de la valeur scientifique de leurs matériaux, et ne se donnaient pas le moindre souci pour en déterminer la signification probable. La science mythologique n'avançait guère et, peut-être, elle
s'embrouillait seulement davantage, lorsqu'on engageait, par exception, des discussions stériles pour déterminer la réalité historique
qui devait, à tout prix, aux yeux des auteurs, d'ailleurs très discords,
se cacher sous le mystère de certaines croyances superstitieuses.
C'est ainsi, par exemple, qu'on a écrit des volumes sur l'herbe homérique *môly*, sans qu'on ait pu cependant établir un seul fait positif
qui justifiât les différentes identifications qu'on a tentées pour fixer
sa place véritable dans le monde végétal. Ce n'est que dans les ouvrages mythologiques qui ont vu le jour dans ces derniers vingt ans,
et spécialement dans ceux de Schwartz, de Kuhn et de Mannhardt,
qu'on a commencé à étudier scientifiquement la plante dans ses

---

[1] Schwartz, *Der Ursprung der Mythologie* ; Vorrede, VIII.

rapports avec la mythologie. J'aurai seulement bien à regretter de ne pas pouvoir me trouver toujours d'accord avec mes trois illustres devanciers, lesquels, ayant porté leur attention sur le cycle spécial des mythes météorologiques, ont peut-être cherché dans les nuages un trop grand nombre de plantes.

On a cru et on a dit que je continuais, dans mes interprétations des mythes, le système solaire auquel le professeur Max Müller a donné tant d'éclat et tant de charme. Quoiqu'il me fût impossible de souhaiter un maître plus aimablement inspiré si je voulais m'en donner un, je dois cependant, tout insignifiante que puisse être mon œuvre, me défendre d'avance contre une opinion aussi peu exacte. Je me sens si peu exclusif et je crois le monde mythologique si vaste que je n'ai pas besoin d'y voir seulement, soit des mythes solaires, soit des mythes météorologiques ; mais je pense que tous ces mythes y existent et d'autres encore. Il est donc possible que bien des fois je partage les idées de Müller, ou celles de Schwartz, de Kuhn, de Mannhardt ; mais si les interprétations de ces maîtres illustres me conviennent souvent, je me réserve le droit d'en placer d'autres à côté, d'élargir quelquefois le cercle de leurs recherches et de saisir, dans un espace plus étendu, un plus grand nombre de figures mythiques. Tout ce qui se produit de merveilleux dans le monde est naturellement apte à enfanter des mythes. Le merveilleux diminue à mesure que la science l'explique ; le ciel, qui est la région la plus éloignée de nous et la plus rebelle aux investigations de la science, a créé le plus grand nombre de mythes. Mais nous serions dans l'erreur si nous ne reconnaissons pour les mythes secondaires, et même pour certains mythes élémentaires, un autre terrain possible que le ciel. Les phénomènes célestes ont, sans doute, impressionné le plus vivement l'homme primitif et nous-mêmes, surpris à présent par un orage formidable ou par l'apparition d'une aurore boréale, par un beau lever de soleil ou par un coucher bizarre et grandiose, nous sentons, malgré nous, une espèce de terreur religieuse ou d'enthousiasme poétique qui, avec le concours malheureusement trop facile d'un peu d'ignorance, nous feraient encore aisément ou inventer des nouveaux mythes, ou courber les genoux et adorer et supplier les dieux. Que l'on admette pour un instant la possibilité de faire marcher et diriger une locomotive à vapeur sans l'aide d'un machiniste, et l'impossibilité de l'approcher pour en voir l'engin, ce monstre admirable de la mécanique humaine prendrait, même de nos jours, dans l'imagination populaire, des proportions mythiques ; la seule possibilité et facilité de constater que l'invention est exclusivement humaine, de connaître la cause de phénomènes qui semblent extraordinaires, c'est-à-dire la science seule devenue populaire empêche maintenant la production du mythe, quoiqu'elle soit insuffisante à détruire d'un seul coup les mythes qui existent depuis des milliers de siècles. Ainsi nous continuons à dire, malgré la science, que le soleil se lève et qu'il se couche, parce que le langage est un patrimoine essentiellement populaire, et parce que la masse du peuple ignore encore et ignorera pendant longtemps ce que la science la plus élémentaire nous a appris sur le mouvement de la terre autour du soleil.

Cette observation nous amène tout naturellement à une autre qui, malgré son caractère légèrement polémique, nous semble avoir son importance. On nous accuse facilement de vouloir retrouver des mythes partout, et on tourne en ridicule certaines comparaisons de croyances populaires évidemment de date récente avec des mythes anciens ; en France, par exemple, dans un article très savant, on nous a gravement reproché d'avoir admis, comme source mythologique, les *Contes de Perrault*. Nous regrettons, pour cette fois, de ne pas pouvoir rendre les armes[2]. Nous n'ignorons point ce que l'art de Perrault a imaginé pour polir le conte populaire ; et il y a assurément chez lui, de même que chez les autres agréables conteurs français, maints petits détails qui portent un cachet de modernité. Mais, au lieu de nous troubler, ces détails nous éclairent souvent sur la variété de transformations que le même mythe peut subir avec le temps ; le conteur lettré imite en ceci le jeu des conteurs populaires,

---

[2] Nous considérons d'ailleurs comme la meilleure réponse à cette objection la belle réimpression des *Contes de Perrault*, faite récemment en France par M. André Lefèvre, avec une large introduction où l'on montre à merveille le parti que les mythologues pourraient tirer des contes de Perrault.

et ce jeu est toujours instructif. Un exemple nous fera mieux comprendre. Dans le conte de Perrault, le prince offre à Cendrillon des oranges. Ce détail ne dit plus rien aux lecteurs actuels ; pour les contemporains de Perrault, au contraire, la galanterie du prince avait prix. Au XVIIe siècle, les oranges étaient encore une rareté, une espèce de fruit merveilleux, digne de son nom mythique devenu historique : *pommes d'or*. Dans plusieurs autres contes populaires analogues, on ne parle pas d'oranges, mais décidément de pommes d'or, c'est-à-dire de ces mêmes pommes d'or que l'on cueillit jadis dans le Jardin ou Paradis des Hespérides, où le soleil se couche ; au-delà de ce royaume du Portugal, où les contes piémontais placent si souvent les scènes de leurs événements fabuleux ; de ce Portugal, dont les Piémontais ont tiré le nom des oranges, qu'ils appellent *portogallotti*. Un ingénieux imitateur moderne de Perrault, M. Charles Deulin, par exemple, dans un cas semblable, ne ferait plus mention d'un fruit devenu de nos jours aussi commun que les oranges, et reviendrait probablement aux pommes d'or de la fable, ou donnerait aux oranges comme successeur quelque fruit rare sur l'existence duquel il fût possible d'élever des doutes. Ainsi, les mythes se déplacent dans le temps ; leur notion essentielle restant la même, la forme en est assez souvent modifiée ; et la modernité de la forme ne donne point le droit de contester l'existence originaire du mythe qui lui servit de point de départ.

On connaît la parodie qu'un poète allemand a faite d'un vers immortel de Goethe, en l'appliquant, avec peu de respect, à l'Allemagne :

Kennst Du das Land wo die Kartoffeln blühn ?

Eh bien, dans le pays de ces grands savants, au milieu desquels les pommes de terre fleurissent, le peuple a déjà créé un *kartoffelndemon*, c'est-à-dire un démon des pommes de terre qui les obsède pour les faire pourrir. On sait que la pomme de terre n'est cultivée en Europe que depuis le commencement du siècle passé[3], et on sera peut-être peu disposé à reconnaître dans son démon un survivant d'ancienne date ; mais on ne doit pas oublier cependant que l'un des noms védiques du diable est *kâmarûpa* ou *viçvarûpa*, c'est-à-dire, *celui qui change de forme à volonté*, ou *celui qui prend toutes les formes*, et on ne s'étonnera pas trop de le voir reproduit par l'imagination superstitieuse des paysans allemands sous la forme toute moderne d'un diable aux pommes de terre.

Les croyances, les usages changent avec le temps, nécessairement aussi les objets et les instruments de leur culte ou de leur terreur ; mais le fond de la superstition, on ne le répétera jamais assez, reste toujours le même. On sait, par exemple, que l'usage de prendre des augures agricoles avant les noces remonte à l'antiquité védique ; des augures semblables sont pris maintenant par les jeunes filles du Canavais, en Piémont, à l'aide des grains de maïs. Dira-t-on maintenant que l'usage superstitieux piémontais est récent parce que la culture du blé turc ne s'est généralisée en Europe qu'après la découverte de l'Amérique ? Avant le maïs, les jeunes filles piémontaises ont certainement dû employer pour le même usage quelque autre grain ou légume. La science seule parviendra un jour à déraciner la superstition des augures, comme elle en a déraciné tant d'autres ; et une civilisation détruira l'œuvre superstitieuse des civilisations précédentes, seulement autant qu'elle sera vivement affectée par la science. C'est ainsi, par exemple, que la Renaissance avait secoué la confiance dans la vertu magique des herbes héritée du moyen âge, et que les médecins, eux-mêmes de la Renaissance, ne se rendant pas bien compte du progrès que leur propre esprit d'observation avait fait faire à la science, exprimaient parfois un étonnement fort curieux par sa naïveté. Nous lisons ce qui suit dans un livre devenu

---

[3] Elle y fut introduite tout de suite après la conquête de l'Amérique méridionale et apportée d'abord en Espagne ; mais les prêtres espagnols s'opposèrent énergiquement à sa culture, en la maudissant, avec empressement, comme une racine diabolique. Ils craignaient, en effet, que la pomme de terre ne vînt remplacer le seigle, sur lequel l'Église percevait une dîme.

assez rare, compilé par Lavinio Lennio[4] : « Plusieurs médecins se plaignent de ce que les descriptions des herbes sont trompeuses, que leurs propriétés sont maintenant sans effet, qu'il y a bien peu d'herbes décrites par les anciens qui répondent aux herbes que nous connaissons, et ils affirment que nos herbes ont des qualités et des vertus différentes de celles que possédaient les herbes anciennes, quoiqu'elles gardent encore les mêmes noms. » Malgré cette remarque, qui indique clairement l'apparition du doute scientifique qui est venu troubler depuis des siècles les croyances populaires sur les herbes, ces croyances ont contribué pourtant à exercer jusqu'à nos jours une certaine influence sur certains traités de matière médicale et de pharmacopée. Comment ne pas reconnaître, en effet, un reste du culte religieux des druides dans l'énumération des vertus admirables attribuées au gui du chêne, que l'on trouve encore dans un livre de médecine publié à Paris, il y a à peine seize ans[5] ? Il est vrai qu'on fait un mérite de cette découverte à la clairvoyance de la somnambule Adèle Maginot ; mais le livre est, en somme, l'œuvre évidente d'un médecin, ou, pour le moins, d'un homme qui a étudié la matière médicale. L'exagération est le défaut principal de tous ces traités sur les propriétés médicinales des herbes ; et l'énumération de ces propriétés est souvent d'une monotonie écrasante. Mais, si on remonte à la cause première qui a mis en honneur certaines herbes, cette notion n'est point sans intérêt pour la science mythologique, tout indifférente ou même parfois ridicule qu'elle puisse sembler aux médecins. L'équivoque des mots, comme le professeur

---

[4] *Degli occulti miracoli*, p. 72 ; Venise, 1560.

[5] « En décoction, contre toutes espèces de maladies nerveuses, épilepsie, convulsions, irritations ; il tonifie les nerfs et rétablit la circulation des fluides ; pris matin et soir. » *Le Traitement des maladies, ou Étude sur les propriétés médicales de 150 plantes*, par L. A. Cahagnet (Paris, Germer-Baillière). Le même livre nous apprend aussi les vertus admirables du romarin : « Les fleurs sont préférées aux feuilles ; elles sont bonnes contre les rhumatismes, douleurs nerveuses, faiblesse générale et de la vue en particulier, les idées tristes et paresseuses, lourdeur des membres, défaut de circulation, crampes d'estomac et des membres, migraine ; une pincée de fleurs pour un verre d'eau. »

Max Müller l'a si bien démontré, a été cause d'une série assez nombreuse et intéressante de mythes ; cette même cause a été bien des fois active dans l'histoire mythologique des plantes. Lorsque nous aurons à retracer l'histoire du cumin, nous verrons le rôle singulier qu'il joue dans la croyance populaire italienne, qui lui attribue la faculté de retenir à la maison les animaux, les petits enfants, et près de la jeune fille son amoureux ; cette croyance latine ou mieux encore néo-latine est née, comme il me semble aisé de le prouver, par l'effet d'une simple équivoque sur le mot latin *cuminum*, qui en italien est devenu *cumino*, et qu'on a confondu avec le mot latin *cominus*, qui signifie *de près*. Par des équivoques plus grossières, on a cru voir dans la *jusquiame* une « *Jovis herba* », dans la *verveine*, une *Veneris herba*, d'autant plus que les Grecs l'appelaient □ εριτερεῶν, c'est-à-dire l'herbe des pigeons[6], les oiseaux qui traînent le char de la déesse de l'amour. Un très grand nombre d'herbes ont reçu une espèce de consécration religieuse d'après le nom du saint ou de la sainte qu'on leur a imposé, seulement parce qu'on les cueillait le jour où l'Église célébrait la fête de tel saint ou de telle sainte. Quelques autres herbes ou plantes ont pris un caractère religieux, parce que la légende chrétienne, en voyageant et en s'établissant dans des pays différents, localisait l'intérêt de ses récits, en nommant les plantes qui jouaient un rôle dans le conte évangélique d'après la flore familière à chaque peuple.

Ainsi, il n'y a pas seulement dans l'histoire mythique des déplacements chronologiques, mais encore des déplacements géographiques, desquels il nous faudra tenir compte. En recevant une tradition d'un autre peuple ou d'un autre âge, le peuple a besoin, pour la conserver vivante, de la renouveler, de la rafraîchir et de la rendre plus évidente par de nouveaux détails plus populaires et plus intelligibles. Dans cette œuvre de réduction à un usage plus contemporain et, pour ainsi dire, plus national, le peuple procède par voie d'analogie. En essayant d'esquisser l'histoire mythique de la faune, j'ai déjà remarqué ce phénomène historique ; je dois encore le cons-

---

[6] En italien lui est resté le nom de *erba colombina*.

tater pour la flore. Dans ses transfigurations mythiques, le peuple s'arrête souvent à des analogies grossières et accidentelles, desquelles les savants naturalistes de nos jours auraient, sans doute, de la peine à se rendre compte. Chaque pays a ses arbres de prédilection, plus cultivés que d'autres ; c'est ainsi qu'une grande partie de l'Inde centrale est couverte par la *ficus religiosa* et par les palmiers, et qu'une grande partie de l'Europe centrale se trouve remplie de chênes, de bouleaux et de conifères. Le rôle que jouent dans le conte indien de la *Rose de Bakavali*, le lion, le chacal et le figuier ingrat passe, dans les pays slaves, à l'ours qui remplace le lion, au renard qui reproduit le chacal et au chêne qui représente la *ficus religiosa*.

Ainsi les mythes, tout en gardant une origine commune, prennent un caractère plus ou moins grandiose d'après le paysage où ils se placent, d'après la faune et la flore locale, et d'après l'aspect général de la nature au milieu de laquelle ils se modifient. Nulle part la conception d'un arbre cosmogonique universel vaste comme le monde, générateur du monde, ne pouvait devenir plus populaire que dans l'Inde. L'apparition de l'homme est très récente dans la chronologie généalogique de la création et le premier bégaiement de son histoire, les premières traditions, par rapport à la série innombrable des siècles qui l'ont précédé, sont d'une date si récente qu'on pourrait presque la dire contemporaine. La Terre est de nos jours à peu près la même qu'elle était lorsque l'homme créait ses premiers mythes, quoique je pense que, par-ci, par-là, dans les traditions populaires, spécialement dans les contes cosmogoniques, existent quelques fragments de traditions préhistoriques qui témoignent de la présence de l'homme aux dernières grandes révolutions géologiques de notre globe. Mais si l'Inde de nos jours offre peut-être le même aspect physique qu'il y a quatre mille ans, à l'apparition des premiers poètes védiques, c'est-à-dire des premiers artistes du mythe, il faut avouer qu'il n'y a pas de pays sur la Terre où l'on puisse, mieux que dans l'Inde actuelle, se rendre compte de ce qui se passait sur notre globe lorsque l'homme sauvage y fit sa première apparition. L'Inde contient encore non pas seulement les plus hautes montagnes du globe, mais les animaux les plus gigantesques, tels que certains éléphants et serpents, et certaines chauves-souris, tortues et fourmis de proportions inconnues aux autres régions de la Terre, et les plantes les plus colossales, telles que la *ficus religiosa*, certains palmiers, certaines fougères arborescentes et palmiformes, dont on retrouve encore des traces dans les seuls terrains carbonifères et que le refroidissement et l'endurcissement successifs de la Terre ont fait disparaître partout ailleurs[7]. De même que la Terre, à l'époque où la première flore apparut sur la boue ou dans les eaux, l'Inde est encore chaude et humide et alimente, dans cette température exceptionnelle et peu favorable à la conservation de l'homme, une végétation extraordinaire ; les terribles cyclones et ouragans qui la ravagent si souvent et qui changent presque chaque année la physionomie extérieure de ses côtes, en détournant souvent de leur lit le courant de ses fleuves, nous donnent encore le spectacle grandiose de ces luttes primordiales, par lesquelles le reste de la Terre a passé avant de se constituer dans son état actuel. Nous nous expliquerions donc assez mal certains mythes indiens, si nous ne tenions pas compte des circonstances exceptionnelles qui ont contribué à les former. Quoi qu'il en soit, nous n'avons maintenant plus le droit d'étudier les anciens mythes, où se mêlent des phénomènes de la nature, autrement qu'en suivant la marche que les naturalistes eux-mêmes nous ont tracée. Nous avons appris par eux que la première création animée qui ait paru sur le globe terrestre a dû être la flore et précisément une flore aquatique, une algue[8]. Une hymne védique

---

[7] « Dans les zones chaudes, surtout dans les forêts tropicales humides et baignées de valeurs aqueuses, végètent encore aujourd'hui des fougères arborescentes, palmiformes, à la tige élancée. Ces belles fougères arborescentes de notre époque, qui sont les ornements de nos serres, ne peuvent nous donner qu'une faible idée des magnifiques, des imposantes fougères foliacées de l'âge primaire, qui formait à elles seules d'épaisses forêts. Nous trouvons leurs tiges énormes accumulées dans les dépôts houillers de la période carbonifère, et en même temps les empreintes bien conservées des frondes qui couronnaient leurs cimes découpées d'un élégant parasol. » Haeckel, *Histoire de la création naturelle*, traduire par le Dr Charles Letourneau (Paris, Reinwald) ; cf. aussi Omboni, *Come s'è fatta l'Italia* (Padoue, 1876).

[8] Cf. Haeckel, ouvrage cité, p. 401.

nous apprend que les herbes ont été créées trois âges avant les dieux. Les cosmogonies populaires nous présentent, au commencement de la création, un arbre cosmogonique au milieu de l'Océan, et, parmi ces cosmogonies, l'une des plus vivantes est celle de l'Inde. Nous sommes très disposé à reconnaître le rôle que dans une pareille tradition ont dû jouer les phénomènes météorologiques du ciel ; mais nous croyons aussi devoir prendre en quelque considération certaines impressions de l'homme primitif en face de cette végétation puissante et sauvage qui l'avait certainement précédé de plusieurs milliers de siècles et peut-être de plusieurs centaines de milliers de siècles dans la vie, et qui, dans les régions chaudes et humides des tropiques, mais spécialement dans l'Inde, a encore gardé une partie de sa prodigieuse activité préhistorique[9].

La conscience populaire prépare quelquefois la science ; la science nous ramène, en effet, par le raisonnement, à ce culte de la nature qui, dans les premiers siècles de la vie humaine, était le produit spontané du sentiment de tout le monde. La poésie elle-même, devenue, depuis le *Faust* de Goethe, de plus en plus savante, demande ses plus hautes inspirations et allume son enthousiasme le plus pur au spectacle si varié et mystérieux de la nature ; nous nous rapprochons donc de nouveau de cette grande mère, et, à son contact, notre âme éprouve encore des vibrations puissantes, malgré tous les artifices de la vie sociale, qui nous ont condamnés à vivre accroupis ou à nous égarer dans ces boîtes fermées, à mille ressorts, dans ces sombres fourmilières humaines qu'on appelle des villes. Il est certain que nous autres, habitants oisifs ou affairés des villes, nous ne créerons jamais des mythes, et que nous ne pourrions pas même les expliquer, si nous ne nous donnions la peine de comprendre un peu la vie sauvage, c'est-à-dire la vie de l'homme à l'état de nature. Le

---

[9] Cette végétation est encore aujourd'hui tellement phénoménale dans l'Inde, qu'elle donne lieu à des contes, à moins que l'on ne soit disposé à admettre des miracles. Des gentilshommes anglais revenus de l'Inde racontent sérieusement avoir mangé des fruits d'un manguier qu'un sorcier, à l'aide de formules magiques, avait fait pousser du sable, croître et porter des fruits dans le seul espace de trois heures et dans une saison où le manguier ne donne point de fruits.

mythe, dans sa première énonciation, est une création simple et élémentaire ; et comme on remonte à l'âge de la pierre, c'est-à-dire à une période de civilisation embryonnaire, pour s'expliquer une arme aussi imparfaite que ces instruments de pierre, que nous tirons du sol comme les premiers témoins de l'histoire humaine ; ainsi, pour bien comprendre les anciens mythes, il faut que nous cherchions l'homme primitif au milieu de la nature, un peu plus sauvage que celle que nous connaissons ; et pour bien interpréter les mythes de date plus récente, il nous faut retrouver l'homme dans un état d'ignorance, de crédulité et de naïveté semblable à celui qui devait nécessairement affecter les premiers et inconscients créateurs de mythes.

Pour l'homme primitif, tout ce qui s'animait dans la nature, au ciel comme sur la Terre, contenait un être mystérieux, parfois bienveillant, qu'on appela ensuite dieu ; parfois malveillant, qu'on nomma démon. Quelquefois le dieu lui-même se changeait en juste et formidable punisseur : alors, la maladie était envoyée à l'homme comme un châtiment mérité. Dans ces cas, pour éloigner le mal, il n'existait d'autres remèdes efficaces que les sacrifices et la prière. Quant aux démons, ils ne pouvaient agir autrement que par des maléfices ; pour les détruire, on devait recourir aux formules magiques ; et les herbes médicinales avaient leur pouvoir seulement autant qu'on en secondait la vertu par certaines formules et certains rites ; il n'y avait donc pas, dans les siècles et dans les pays les plus superstitieux, des médecins, mais seulement des prêtres et des magiciens ; à la seule science médicale, le fatalisme populaire n'attachait aucune importance. C'est ce que, sans aucun détour, nous apprend une strophe du *Mahâbhârata*[10], où il est dit : « Pourquoi les médecins cherchent-ils des remèdes aux maladies ? Lorsque le temps est arrivé pour celles-ci, à quoi bon les remèdes ? »

L'homme, à l'état de nature, a toujours retrouvé une analogie si intime entre le règne végétal et le règne animal, et spécialement en-

---

[10] XII, 5189.

tre la vie des plantes et celle des hommes, qu'il a toujours supposé une sorte de correspondance fatale entre les uns et les autres. Nous lisons dans un grand nombre de contes populaires que certains arbres, qui versent des gouttes de sang ou qui sont devenus secs tout à coup, annoncent infailliblement la mort de certains héros dont ces arbres étaient les représentants symboliques, et, mieux encore, les jumeaux inséparables dans le royaume végétal. Ceci maintenant nous paraît vraisemblable, extraordinaire et indigne de foi ; évidemment, lorsqu'il juge la cause d'autrui, notre bon sens triomphe toujours. Mais, pour nous rendre compte de la possibilité de légendes pareilles, pour nous persuader que les hommes ont pu y croire, pour nous préparer à y croire nous-mêmes, il faut que nous fixions un moment notre attention sur un usage assurément poétique que nous avons conservé avec une espèce de religion superstitieuse. Lorsqu'un enfant naît, il y a encore des familles en Russie, en Allemagne, en Angleterre, en France, en Italie, qui ont l'habitude de faire planter à la campagne un nouvel arbre de bon augure, pour qu'il croisse avec l'enfant. La destinée de l'arbre est de croître de fleurir, de produire des fruits, de se multiplier, enfin, de donner de l'ombre, d'abriter, de protéger. On désire à son propre enfant une destinée semblable, et on aime, on soigne cet arbre symbolique avec un amour tout particulier[11]. Qu'on vienne maintenant annoncer au père de famille que l'arbre bien-aimé a péri, et, si bien qu'il puisse être armé contre les préjugés, cela suffira cependant pour lui mettre dans l'âme une grande inquiétude, en le faisant trembler pour la vie de son propre enfant. Une crainte aussi superstitieuse, à laquelle même les esprits les plus forts sauraient difficilement se soustraire, doit nous fournir la clef d'un grand nombre de légendes populaires, dans lesquelles l'homme et la plante subissent la même destinée. La sensibilité humaine attribuée à la plante va même si loin, que non seulement, d'après la croyance populaire, les plantes se ressentent

---

[11] Nous lisons dans le livre de Marco Polo que le grand Khan faisait planter beaucoup d'arbres « perchè i suoi divinatori e astrologhi dicono che chi fa piantar arbori vive lungo tempo ».

de ce qui se passe dans la vie des hommes, mais qu'elles ont, comme les hommes, souvenance du passé. C'est ainsi que, d'après un dicton populaire vénitien[12], tous les Vendredis saints, les feuilles des arbres recommencent à trembler, en souvenir de la mort du Christ. Chez les Germains, qui donnent à la plante une personnalité tout à fait humaine, les croyances de cette espèce sont très répandues. Le docteur Mannhardt, dans son livre si instructif intitulé : *Der Baumkultus der Germanen*[13], nous apprend que, dans le haut Palatinat, les arbres parlent entr'eux en chuchotant, chantent à haute voix lorsque le vent souffle dans leurs cimes, et soupirent tristement lorsqu'on les abat ; c'est pourquoi le bûcheron, avant de toucher aux arbres destinés à l'exécution, « avant de leur ôter la vie, » les prie de vouloir l'excuser. Les poètes allemands ont largement profité à leur tour de ces croyances populaires sur l'âme, je dirais même sur l'humanité de la plainte, pour en tirer des images ; et on se souvient que l'un des poètes vivants les plus aimés de l'Allemagne, Emmanuel Geibel, souhaitait au nouvel empire germanique, de croître et de pousser des feuilles comme un chêne[14].

L'Église chrétienne avait d'abord essayé de faire disparaître comme une invention diabolique le culte ancien des arbres ; mais, en voyant qu'il avait des racines très profondes dans la croyance populaire, elle a fini, comme en tant d'autres cas, par l'utiliser à son profit exclusif, en bénissant les arbres les plus anciens et les plus vénérés, en élevant des autels chrétiens ou en plaçant des images de la Vierge et des crucifix près de ces mêmes troncs où l'on avait dans le passé sacrifié à des divinités païennes.

L'Église chrétienne aurait, d'ailleurs, pu contribuer aisément elle-même à propager les croyances populaires sur l'arbre anthropologique, si elle s'était donné un peu de peine pour sonder son propre mystère de la croix, dans laquelle la légende chrétienne a reconnu un arbre descendant directement de l'arbre d'Adam. Ce qui est de-

---

[12] « El di che xé morto il nostro Signor, tute le fogie di albero se comovono. »

[13] Pag. 10.

[14] Wachse du, deuisches Reich,
Grüne der Eiche gleich.

venu un dogme religieux, c'est-à-dire la doctrine du péché originel, au commencement avait été une simple fiction et puis une croyance populaire sur l'arbre considéré comme un instrument de génération humaine. L'arbre générateur est devenu ensuite, de par la croix chrétienne, l'arbre régénérateur[15]. La dignité morale de l'arbre n'est pas moins grande chez les bouddhistes, qui en ont fait le symbole suprême de la sagesse divine. Après tant d'honneurs prodigués à l'arbre, on ne s'étonnera plus de lire dans le livre ascétique de ce Lothaire, comte de Segni, qui devait ensuite faire si grand bruit dans l'histoire sous le nom d'Innocent III, un passage fort intéressant pour le sujet qui nous occupe, où l'on place décidément la dignité de l'arbre au-dessus de celle de l'homme, traité d'arbre manqué et renversé[16]. Dans une hymne védique, que nous aurons encore lieu de citer[17], on avait préparé cette apothéose de la plante, en témoignant la crainte que la création de l'homme, considéré comme un destructeur, pût être nuisible aux herbes, lesquelles portent en elles-mêmes et en elles seules le principe de la vie. C'est grâce à une telle opinion qu'on s'est formée du pouvoir vivificateur de la plante, que celle-ci a pu fournir au langage tant d'images différentes qui se rapportent à la vie de l'homme et à la propagation des familles et des races humaines. Les plus grands instincts et besoins que l'homme

---

[15] Le proverbe a vu, de bonne heure, dans les arbres des bienfaiteurs qui se sacrifient pour les autres ; mais une strophe indienne observe que les grands arbres (*mahâdrumâs*) donnent de l'ombre aux autres et restent eux-mêmes exposés au soleil, apportent des fruits aux autres et n'en mangent pas eux-mêmes. Cf. Böhtlingk, *Indische Sprüche*, II, 2307.

[16] « Quem fructum homo producit ? O vilis humanae conditionis indignitas, o indigna vilitatis humanae conditio ! Herbas et arbores investigo. Hae de se producunt flores et fondes et fructus, et heu ! tu de te lentes et pediculos et lumbricos. Illae de se fundunt oleum, vinum et balsamum, et tu de te sputum et urinam. Illae de se spirant suavitatem odoris et tu de te reddis abominationem foetoris. Qualis est ergo arbor talis est fructus. Non enim potest arbor mala bonos fructus facere. Quid est enim homo secundum formam, nisi quaedam arbor inversa ! Cuius radices sunt crines, stipes est pectus cum alvo, rami sunt ilia cum tibiis, frondes sunt digiti cum articulis. » *De contemplu mundi*, I, 9.

[17] Cf. le mot *Herbes*.

primitif a dû éprouver ont été essentiellement des besoins et des instincts de végétation et de multiplication. La vie de l'arbre étant donc son premier idéal, le premier culte a été naturellement celui de l'arbre. Tracer l'histoire comparée de ce culte est l'objet de mon livre.

Mais je prévois ici une objection. On me demandera, je suppose, pourquoi je donne le nom de Mythologie à un livre de botanique populaire ; et, si on entendait encore ce mot comme on nous l'expliquait jadis dans les classes du gymnase, si on ne cherchait dans nos livres de mythologie autre chose que la généalogie et les exploits des dieux en renom, je me trouverais assurément très embarrassé de donner une réponse. Mais tous les dieux que le peuple a vénérés n'ont pas eu les honneurs de l'Olympe, et tous les démons que le peuple a craints ne sont pas sortis de l'Enfer. Il y a des dieux et des démons moins personnels, plus humbles, plus obscurs, qui n'ont pas de place dans les généalogies célestes ou infernales, mais qui sont d'autant plus mêlés à la vie ordinaire et quotidienne des hommes. Ils constituent tous ensemble ce qu'on pourrait appeler le peuple mythologique ; leurs rois, leurs chefs sont tombés presque tous dans l'oubli : eux seuls ont survécu. Nous devrons certainement, dans ce livre, nous occuper beaucoup des dieux célestes qui ont pris des formes végétales ; le plus souvent cependant, nous devrons chercher des éléments divins ou démoniaques cachés sous la forme d'une herbe ou d'un arbre terrestre, sans avoir la possibilité de prouver leur origine céleste. Nous sommes intimement persuadé que les petits dieux et les petits démons terrestres ont la même nature mythique que les grands dieux du ciel et leurs formidables adversaires ; nous savons que le dieu du ciel et le démon sorti de l'enfer ont souvent aimé à voyager incognito sur la Terre ; nous savons qu'ils nous charment ou qu'ils nous terrifient par la même vertu magique qui a frappé l'esprit des premiers spectateurs, c'est-à-dire des premiers créateurs, poètes et historiens de l'Olympe. Le sentiment du divin et du démoniaque avait déjà pénétré si profondément l'âme de l'homme, que, même après la chute des dieux tombés sur les autels des églises, grâce à ce sentiment mystérieux, produit inévitable de la faiblesse du raisonnement humain et de l'ignorance qui en est souvent la cause, sans regarder de nouveau le ciel, on a pu les faire revivre mille fois sur la Terre ; mais cette création secondaire s'est faite le plus souvent d'une manière indépendante des cycles mythologiques célestes, quoique par des procédés quasi identiques aux procédés originaires. La nouvelle production est moins brillante et beaucoup plus fragmentaire ; le nouveau détail mythique garde presque toujours un cachet local et voyage peu ; pourtant, une fois né, il s'efface difficilement ; c'est par cette raison, je crois, que la grande mythologie hellénique a presque entièrement disparu du souvenir du peuple grec, tandis que nous trouvons encore sur le sol latin des traces nombreuses de la religion romaine. Le culte, en se fixant sur la Terre, s'est matérialisé davantage ; mais, par cette matérialité même, en clouant le dieu dans son idole, on l'a attaché davantage à la Terre, en l'empêchant de s'évanouir dans ses efforts stériles pour remonter aux cieux. Les dieux et les démons ayant ainsi peuplé une si grande partie de la Terre, et ayant pénétré au milieu des hommes pour exercer sur leur vie une influence constante et presque domestique, la mythologie, telle qu'on peut la concevoir aujourd'hui, embrasse à peu près, de son point de vue, tout le domaine de la nature et de la vie humaine, c'est-à-dire tout ce que la fiction populaire a imaginé dans la nature et dans la vie humaine. L'étonnement a créé d'abord un grand nombre d'êtres fantastiques ; ces fantômes, représentés par des mots imagés, sont devenus des dieux et des démons ; la rencontre de ces dieux avec ces démons a créé la haute mythologie et l'épopée céleste. Les dieux incarnés sur la Terre dans des guerriers devenus populaires et les démons incarnés dans leurs ennemis, se sont transformés à leur tour en héros terrestres et en monstres humains. La légende épique et l'épopée populaire forment donc la seconde mythologie. La mythologie inférieure a pour sources le conte, le chant, le proverbe, la tradition, la croyance et les usages populaires, où l'on trouve, sous forme fragmentaire, une masse de dieux, souvent anonymes, inconnus et inédits, qui pourraient nous servir admirablement pour reconstituer dans leur forme primitive quelques anneaux perdus des cycles mythologiques originaires, de même qu'à l'aide de certaines formes prâcrites du langage, on pourrait deviner et jusqu'à un certain point rétablir la physionomie d'une partie de la grammaire proto-arienne.

Il me semble avoir indiqué ainsi quelles seront mes propres sources ; ai-je besoin d'ajouter que je crois toute une vie dédiée à ce but un temps absolument insuffisant pour les épuiser ? J'espère que non, si l'on veut bien tenir compte que j'ai désiré moi-même donner un ordre lexical à mon livre, dans l'espoir que chacun de mes lecteurs en veuille profiter pour l'enrichir et le compléter. Il m'a paru que cet essai, revu, augmenté et amélioré par mes propres lecteurs, pourrait faciliter la compilation d'un *Dictionnaire général comparé des mythologies*, dictionnaire que l'avenir nous donnera, sans doute, qui sera seulement possible le jour où tous les dictionnaires spéciaux seront achevés. Dans le désir que ce premier dictionnaire comparé de la botanique mythologique puisse servir au but, j'adresse une courte prière mentale au dieu Soma, le roi des herbes védiques, et à Vénus, la mère des herbes latines, pour pénétrer leurs secrets divins, et je me mets impatient à l'œuvre.

ANGELO DE GUBERNATIS

MYTHOLOGIE DES PLANTES

OU

LES LÉGENDES DU RÈGNE VÉGÉTAL

Premiere partie
Botanique generale

ABONDANCE (Arbre d' —). V. *Ciel, Cocagne, Cosmogonique, Kalpadruma.*

ACHEMENIDON. Cf. *Plantes magiques.*

ACHILLE. Achille, en sa qualité de disciple de Chiron et *d'invulnérable,* trouva une herbe contre les blessures, qui prit de lui le nom *d'achillea magna* et, du héros qu'il guérit, celui de *telephion.* Nous verrons sous les mots *Centaures* et *Gentiane,* que cette herbe figure probablement le nuage ; il n'y a pas à douter de son caractère mythologique. La confusion des renseignements fournis ici par Pline l'Ancien (XXX, 5) en est un indice de plus : « Invenit et *achilleon* Achilles discipulus Chironis, qua vulneribus mederetur, quae ob id Achilleos vocatur. Hac sanasse Telephum dicitur. Alii primum *eruginem* invenisse, utilissimam emplastris, ideoque depingitur ex cuspide decutiens eam gladio in vulnus Telephi. Alii utroque usum medicamento volunt. Aliqui et hanc panacen heraclion, alii sideriten. Hanc apud nos *millefolium* vocant, cubitali scapo, ramosam, minutioribusque quam foeniculi foliis vestitam ab imo. Alii fatentur quidem illam vulneribus utilem, sed veram achilleon esse scapo coeruleo pedali, sine ramis. »

ACIS. Fleur spéciale de la déesse Flora, née, d'après les *Métamorph.* d'Ovide (XIII), du sang d'Acis, l'amant de Galatée, tué par un Cyclope. On a cru pouvoir reconnaître dans l'acis, le *butomus umbellatus* de Lin., le *juncus floridus* des anciens (Cf. *Langage* des plantes, *Sang* des plantes, *Cornouiller, Roseau,* etc.).

ADAM (Arbre d' —). Nous aurions peut-être dû comprendre cet arbre parmi les espèces végétales bien plutôt que parmi les genres de la flore mythologique. Son importance et ses rapports intimes et variés avec les arbres cosmogoniques et anthropogoniques, générateurs et régénérateurs, nous ont seuls décidé à lui faire place ici.

Dans l'homme, nous l'avons dit, on a vu très souvent un arbre, ou un fils de l'arbre ; rien d'étonnant que, dans la légende biblico-chrétienne du premier des hommes, l'arbre ait joué un rôle essentiel. Cette légende est, dans sa forme actuelle, assurément d'origine sémitique[18] ; elle a pourtant voyagé assez longuement parmi les Latins, les Indiens, les Slaves et les peuples altaïques, en prenant partout des formes singulières qui ne manquent pas d'offrir quelque intérêt pour l'investigateur des mythes. Nous examinerons donc les plus saillantes de ces traditions populaires concernant l'arbre d'Adam, dont la première source se trouve pour toutes dans la légende biblique, qu'on lira en note[19].

---

[18] Nous admettons cependant la possibilité que la tradition sémitique ait eu elle-même une couche antérieure ; les analogies qu'on trouve entre certaines légendes babyloniennes et les légendes hébraïques prouvent au moins qu'elles n'appartenaient point exclusivement au peuple de Dieu.

[19] Plantaverat autem Dominus Deus paradisum voluptatis a principio ; in quo posuit hominem quem formaverat. Produxitque Dominus Deus de humo omne lignum pulchrum visu et ad vescendum suave ; lignum etiam vitae in medio paradisi, lignumque scientiae boni et mali.... Tulit ergo Dominus Deus et posuit eum in paradiso voluptatis ut operaretur et custodiret illum ; praecepitque ei dicens : Ex omni ligno paradisi comede : de ligno autem scientiae boni et mali ne comedas, in quocumque enim die comederis ex eo, morte morieris .... Erat autem uterque nudus, Adam scilicet et uxor ejus ; et non erubescebant. Sed et serpens erat callidior cunctis animantibus terrae quae fecerat Dominus Deus. Qui dixit ad mulierem : Cur praecepit vobis Deus ut non comederetis de omni ligno paradisi ? Cui respondit mulier : De fructu lignorum quae sunt in paradiso vescimur ; de fructu vero ligni quod est in medioparadisi, praecepit nobis Deus ne comederemus et ne tangeremus illud, ne forte moriamur. Dixit autem serpens ad mulierem : Nequaquam morte moriemini. Scit enim Deus quod, in quocumque die comederetis ex eo, aperientur oculi vestri, et eritis sicut dii, scientes bonum et malum. Vidit igitur mulier quod bonum esset lignum ad vescendum et pulchrum oculis, aspectuque delectabile ; et tulit de fructu ejus et comedit ; deditque viro suo, qui comedit. Et aperti sunt oculi amborum ; cumque cognovissent se esse nudos, consuerunt folia ficus, et fecerunt sibi perizo-

Ce que nous devons avant tout relever, c'est la confusion perpétuelle entre l'arbre de vie et l'arbre de science, entre l'arbre de la génération, du péché et de la pudeur, et l'arbre de la sagesse suprême,
entre l'arbre dont le fruit est défendu et l'arbre dont la feuille couvre les parties du corps qui doivent être cachées. Au milieu du Paradis il y a deux arbres, celui de la vie et celui de la science ; les deux
arbres en font évidemment un seul, de même que la *musa paradisiaca*
ou figuier d'Adam, comme on l'a appelé, et la *musa sapientum* ont
servi à désigner un seul et même arbre, le bananier. Le Créateur
commence, dans le récit biblique, par défendre à Adam de toucher
à *l'arbre de la science*, et finit par placer l'ange à l'épée flamboyante devant le Paradis pour qu'il garde la route qui mène à *l'arbre de la vie*.
Adam, après avoir péché, se couvre des feuilles du figuier[20], et se
cache au milieu du Paradis, c'est-à-dire précisément près des arbres
et à la place même où il a dû pêcher. L'identification des deux arbres du Paradis terrestre nous semble donc évidente, quoique
l'arbre séducteur ait passé généralement pour un pommier[21] et que
le figuier soit spécialement indiqué comme l'arbre qui a couvert la
nudité d'Adam. Mais la pomme et la figue ont joué le même rôle
phallique dans la légende du premier homme. Dans un dessin de
Michel-Ange, qui est au Louvre, le phallus d'Adam est représenté
sous la forme d'un serpent entre deux figues. Cette malice du grand
artiste est entièrement conforme à ce que la tradition populaire
avait, par instinct, compris, et à ce que les hommes d'église eux-
mêmes ont eu soin de nous apprendre sur le sens caché de

---

mata. Et cum audissent vocem Domini Dei deambulantis in paradiso ad auram
post meridiem, abscondit se Adam et uxor ejus a facie Domini Dei in medio ligni paradisi.... Et Deus aït : Ecce Adam quasi unus ex nobis factus est sciens
bonum et malum ; nunc ergo ne forte mittat manum suam et sumat etiam de
ligno vitae, et comedat et vivat in aeternum. Ejecitque Adam et collocavit ante
paradisum voluptatis cherubim et flammeum gladium atque versatilem, ad custodiendam viam ligni vitae. » *Liber Genesis*, 2, 3.

[20] C'est dans cette attitude qu'il nous est souvent représenté par les anciens
monuments chrétiens ; cf. Garrucci, *Storia dell'arte Cristiana*.

[21] D'où le nom de *pomme d'Adam*, donné à ce nœud du cou humain qui s'est
formé, dit-on, lorsqu'Adam a mangé la pomme défendue.

l'allégorie du péché originel. Agrippa de Cologne n'emploie point de circonlocutions pour nous dire que le serpent séducteur a été le phallus[22]. Le serpent étant intimement lié avec l'arbre, on peut, sans scandale, ajouter qu'Adam est à la fois l'arbre et le serpent phallique, séducteur de la femme[23]. La signification du conte biblique nous semble ainsi devenir tout à fait transparente. Le dieu jaloux de l'homme est un lieu commun dans toutes les mythologies ; les dieux veulent avoir partout le privilège de l'Ambroisie, c'est-à-dire, de l'Immortalité. L'arbre créateur, l'arbre phallique par excellence, l'arbre de l'ambroisie semblait réservé aux immortels. C'est de cet arbre que le Dieu créateur a tiré et qu'il tire éternellement sa force créatrice ; Adam, le premier des hommes, a osé toucher à cet arbre placé au milieu du Paradis, c'est-à-dire au phallus placé au milieu de son corps ; Dieu s'en effraye. « *Ecce Adam, quasi unus ex nobis factus est, sciens bonum et malum* ; » après le péché, le coupable se cache sous le feuillage ; Dieu le chasse du Paradis et il place un ange « ad custodiendam viam ligni vitae ». Le péché d'Adam est tel qu'il faut le laver par l'eau ; le mythe ayant été transporté de sa signification matérielle à un symbole beaucoup plus élevé, le déluge arrive d'abord pour punir et renouveler la race humaine, jusqu'au jour où arrivera le grand régénérateur, le Christ, qui, par l'eau du baptême, fera disparaître les traces du péché originel, le Christ qui changera l'arbre de volupté en arbre de Passion ; l'arbre phallique deviendra l'arbre de la Croix[24], l'arbre du péché, l'arbre où, selon la tradition populai-

---

[22] « Hunc serpentem non alium arbitramur, quam sensibilem carnalemque affectum, imo quem recte dixerimus, ipsum carnalis concupiscentiae genitale viri membrum, membrum reptiles membrum serpens., membrum lubricum, variisque anfractibus tortuosum, quod Evam tentavit atque decoepit. »

[23] M. Cox, *mythology of the Arian Nations*, en citant l'ouvrage de Gaume sur le *Saint-Esprit*, nous apprend que ce prélat « joins Camerarius in the belief that serpents bite women rather than men ». Après ce que nous avons appris par Agrippa, cette prédilection du serpent pour la femme ne nous étonne pas.

[24] Menzel, *Die Unsterblichkeitslehre*, nous apprend que les Manichéens « glaubten Christus habe sich für die Menschheit geopfert und sein Geist und Wesen lebe nur noch in den Pflanzen fort. Die ganze Pflanzenwelt galt als der latente Gottessohn, *Jesus patibilis* ». On se rappelle qu'à Venise le peuple pense que, le Ven-

re, le traître Judas ira se pendre. Les premiers chrétiens ont certainement eu conscience de la relation intime qui existait entre le mythe du premier générateur et le mythe du régénérateur ; mais, dans le désir peut-être, de les rapprocher davantage, ils idéalisèrent la tradition judaïque de l'arbre d'Adam.

Philon, le plus chrétien de tous les Juifs, par son livre sur *la Création des Mondes*, avait certainement contribué à ce mouvement spiritualiste qui allait changer les mythes en dogmes religieux. « On dit, écrivait-il[25], qu'au temps que l'homme estoit seul et auparavant que la femme fust créée, Dieu planta un beau jardin, ne ressemblant en rien aux nostres ; car les nostres sont d'une manière irraisonnable... ; mais les arbres qui estoient plantez au Paradis terrestre de Dieu, avoient âme et estoient raisonnables, portant pour fruit les vertus, l'entendement immortel, et la vivacité d'esprit, par laquelle l'honeste et deshoneste, la vie saine, l'immortalité, et tout autre cas semblable est distingué et connu. Ce discours de Philosophie sent plus tost, comme il semble, sa similitude et allégorie, que sa propriété de parler et vérité ; par ce qu'on n'a point encore vu et ne verra on jamais en la Terre des arbres de vie ou de prudence ; par quoi il semble que par le Paradis terrestre se doit entendre la principale partie de l'âme, laquelle est pleine, comme les plantes, d'infinies opinions ; et par l'arbre de vie, la plus grande de toutes les vertus, assavoir la piété, laquelle rend l'âme immortelle ; et par la connoissance du bien et du mal la prudence, laquelle, comme juge, distingue et discerne les choses de leur naturel contraire ? »

L'arbre de vie et l'arbre de la science sont devenus, chez Philon, l'arbre de piété ; l'arbre de la Croix, sur lequel le Christ est mort pour l'amour des hommes, ne présente plus qu'une légère différence avec l'arbre d'Adam tel que le concevait le sage Philon. Le mythe

---

dredi saint, toutes les feuilles tremblent en souvenir de la passion. Près de Messine, au contraire, lorsque le Christ est ressuscité, les paysans qui ont des arbres stériles, vont pour les couper ; une comparaison qui est toujours présente intercède en faveur des arbres, qu'on laisse vivre dans l'espoir que le Christ ressuscité les a fécondés.

[25] Je n'ai sous les yeux que la traduction de Bellier, Paris, 1588.

originaire lui-même avait fait le premier pas, en transportant l'arbre de volupté en arbre de connaissance, ou de sagesse suprême. C'est par un acte phallique que tous les Adams, sans excepter le magnifique Prométhée hellénique, ont acquis la science : engendrer c'était connaître ; la Bible elle-même emploie le mot connaître pour indiquer l'union sexuelle. Adam connaît sa sœur Ève et en fait son épouse et la mère des hommes ; le premier des mortels ario-indiens, l'*alter ego* de Manu, devenu ensuite le dieu de la Mort, Yama, dans les hymnes védiques, est séduit de même par sa sœur Yamî. Le premier des mortels, celui qui guidera les autres par les voies de la mort, devient tout naturellement dans l'Inde le premier des sages, le législateur par excellence, sous sa forme jumelle de Manu Vâivasvata. Nous verrons le rôle important que l'arbre cosmogonique, la première des créations, représenté comme symbole de la vie et de la sagesse suprême, joue dans la légende du Bouddha, le régénérateur indien ; dans les traditions biblico-chrétiennes on a vu de même s'élever sur l'arbre phallique et générateur du Paradis terrestre la Croix du régénérateur chrétien. Ce qui permettait cette déviation du mythe vers l'idéal, c'était l'étonnement admiratif des premiers hommes en présence de l'acte qui perpétuait leur espèce ; bien loin de considérer la première union des sexes comme un acte exclusivement lascif et voluptueux, ils y voyaient l'accomplissement d'un rite auguste et mystérieux déjà inséparable d'une certaine honte pudique : l'Adam créateur remplit sur la Terre des fonctions divines, et ces fonctions mêmes semblent figurer comme un pressentiment d'immortalité.

On connaît les nombreuses traditions relatives à l'arbre de la Croix, sur lesquelles a travaillé l'imagination du moyen âge[26]. De toutes ces traditions, j'en sais peu de plus caractéristique et significative que la légende conservée dans un conte petit-russien récem-

---

[26] Dans la comédie espagnole intitulée : *La Sibila del Oriente*, Adam mourant dit à son fils : *Mira encima de mi sepulcro, que un arbol nace.* Ces mots sont un symbole éloquent de l'Adam immortel.

ment publié par M. Dragomanoff[27]. Dans ce conte, Adam, arrivé à la fin de ses jours, se vante devant le bon Dieu d'être un homme *fort* et un *immortel*. Le bon Dieu le prévient que son orgueil sera puni, et qu'il aura mal à la tête, que les mains et les pieds ne lui serviront plus et qu'ainsi il devra mourir. Adam n'ajoute aucune foi à la parole du Seigneur ; dès qu'il se sent vieillir dans la maladie et dans l'impuissance, il envoie en hâte son fils au Paradis terrestre pour y cueillir une pomme d'or. Mais le fils, au lieu de la pomme, rapporte du Paradis la verge par laquelle Adam en avait été chassé[28]. Adam la découpe en trois parties, en fait trois cercles, et les place autour de sa tête ; la tête cesse à l'instant de lui faire mal ; mais aussitôt Adam meurt[29]. Dès qu'Adam fut mort, les trois verges plantées sur la Terre poussèrent en forme de trois arbres : un cyprès, un cèdre et un *arbre trois fois bienheureux (treblazenne drévo)*[30]. De ce dernier provient la

---

[27] *Malorusskiya narodniya predaniya i razskazi ;* Kiew, 1876, page 93. En Russie, on connaît encore une herbe de marais qu'on appelle *Adamova Golova* ou *tête d'Adam*, à laquelle on attribue la propriété de porter des cadeaux et d'alléger les accouchements. L'*Adamova Golova* est, d'après la synonymie populaire petit-russienne et scientifique de Rogovié (Kiew, 1874), l'*Eryngium campestre* Linn. Rogovié nous cite encore l'*Adamove rebro* (côte d'Adam) ou *cortove rebro* (côte du diable) petit-russien qui correspond au *Thysellinum palustre* L. Il doit y avoir certainement aussi quelque légende en Russie qui se rapporte à ces deux herbes ; nous regrettons de ne pas la connaître.

[28] On dirait que, par cette donnée, la notion phallique du mythe se continue, le phallus ayant, comme la verge, avec laquelle il s'identifie souvent dans le langage, véritablement chassé Adam du milieu du Paradis où il s'ébattait dans la volupté.

[29] Dans un récit du XIIe siècle attribué à Lambert, chanoine de Saint-Omer, on lit qu'Adam « odore ligni refectus obiit ».

[30] Il me semble probable que le conte petit-russien est d'origine byzantine. Cet arbre *trois fois bienheureux*, qui pourrait être pour les grecs l'*olivier*, est, en effet, prophétisé par la reine Saba dans une légende grecque que nous citons plus loin. — Le conte petit-russien ajoute un détail que nous n'avons point trouvé dans d'autres traditions sur l'arbre de la Croix. Marie, allant avec son fils Jésus, arrive près de l'arbre, trébuche et dit avec douleur que sur cet arbre trois fois bienheureux son fils sera crucifié ; à quoi le fils répond : « C'est vrai, ma mère. » Les juifs essaient de crucifier le Christ sur d'autres bois, mais en vain, jus-

Croix du Christ régénérateur ; par quoi l'Adam générateur nous apparaît dans la tradition populaire sous la forme d'un véritable immortel.

Cette tradition de l'arbre de la Croix identique à l'arbre d'Adam, c'est-à-dire à l'arbre phallique du Paradis terrestre, loin de se présenter comme un cas isolé particulier aux contes petits-russiens, a été si affectionnée par le peuple au moyen âge qu'on pourrait remplir des volumes avec les seules variantes européennes de ce conte de provenance sémitique. L'arbre du Paradis terrestre est toujours le point de départ ; mais les conteurs du moyen âge laissaient généralement libre cours à leur imagination, lorsqu'il s'agissait, de représenter cette région bienheureuse au milieu de laquelle, au commencement de la vie humaine, le premier des hommes avait été placé avec sa compagne[31]. Le Paradis terrestre était censé contenir toutes

---

qu'à ce qu'ils aient rencontré l'arbre trois fois bienheureux. L'olivier, si honoré des Grecs, se trouve aussi indiqué tout spécialement par Goffredo de Viterbe, cité par Marignolli, lequel nous apprend que la tradition était vivante dans un monastère grec près de Jérusalem : « Dixit enim quod quando Adam fuit infirmus, misit Seth filium suum ad paradisum, petendo oleum misericordiae repromissum. Angelus custos paradisi dixit : nondum est tempus, tamen accipe tres istos ramos, seu olivae, cedri et cupressi ; et planta ; *quando facient olemm, tunc pater tuus surget sanus.* Venit Seth et invenit patrem mortuum in Ebron et *contorsit tres ramos istos et plantavit super corpus Adae* (un détail analogue à celui du conte petit-russien, mais en sens inverse) *et statim facti sunt unum.* Tandem arbor illa crescens transplantata fuit, primo in monte Libani, postmodum prope Jerasalem, et est ibi hodie monasterium graecorum, ubi fuit incisum illud lignum, et est sub altari fossa illa ; et vocatur monasterium, ex eventu, *Mater Crucis* in hebraico ; et illud lignum fuit revelatum Salomoni per reginam Saba, quod Salomon sepelire jussit sub profundissima turri ; et facto terrae motu in nativitate Christi erupit, scisso fundamento turris, et illius virtute facta fuit probatica piscina. »

[31] Seth, envoyé par Adam au Paradis terrestre, y voit « albori con foglie variate d'ogni colore ; e di questo albore venia si grandissimo odore, che parea che tutti i moscadi del mondo fossero ivi ; e 'l pome e 'l frutto che v'era suso era tanto amoroso e dilettevole a mangiare, che veracemente e' parieno lavorati e confettati. E l'angelo ne lasciò tocare e mangiare a Sette. Poi vide pratora tutti fioriti, e di quelli fiori ne venia si grandissimo odore che parea veracemente che lutte

les merveilles de la végétation, si bien que le chroniqueur Joinville, en faisant mention de différentes plantes indiennes dont on apportait les fruits dans les ports de l'Égypte, ajoutait : « Et l'on dit que ces choses viennent du Paradis terrestre, que le vent abat des arbres qui sont au Paradis. » Mais le Paradis dont on parlait à Joinville en Égypte n'était plus celui de la Mésopotamie ; on devait, au contraire, faire allusion à l'île de Ceylan, où, d'après certaines croyances mahométanes et celles des chrétiens dits de saint Thomas au Coromandel, le Paradis terrestre avait été créé et la légende d'Adam s'était accomplie. Giglioli a trouvé des traces de la même légende à l'île de Java ; mais il nous semble probable que les bouddhistes de Ceylan, en passant par Java, l'auront apportée avec eux[32].

Avant de suivre le conte de l'arbre d'Adam dans son évolution orientale, résumons la légende d'après la tradition plus commune qui s'était répandue au moyen âge en Occident. La *leggenda d'Adamo ed Eva*, éditée par le professeur D'Ancona, nous offre la tradition dans l'une de ses formes les plus complètes. Adam, vieillard de 900 ans, se sent mourir de fatigue après avoir déraciné un énorme buisson (*buscione*), et envoie Seth, son fils, au Paradis de volupté (*deliziano*) chez l'ange qui défend l'accès de l'arbre de la vie éternelle

---

le spezie del mondo fossero in verità ; e passato il prato, vide albori invece quali avea uccelli piccoletti e avieno l'alie rosse, li quali cantavano si dolciemente ch'ogni mente umana si sarebbe addormentata. Poi vide l'albero ; donde noi fummo tutti perduti, del quale mangiô Adamo del suo frutto ». *Leggenda di Adamo ed Eva*, du XIVe siècle, publiée par le professeur D'Ancona (Bologne, 1870).

[32] « Un' opera fantastica, che sembra essere tradotta dal *Kawi* e clie è intitolata *Kánda* contiene le nozioni dell' antica mitologia e cosmogonia dei Giavanesi ; il Raffles nel suo bel libro ne riproduce alcuni brani dicendo che una larga porzione è troppo lontana dal casto per essere tradotta. Il primo uomo ebbe nome *Puricaning Gian ;* l'Eva ottenuta dal suo unico figlio ebbe origine da una foglia di *kastubha*, forse *kasumba* (carthamus). » Giglioli, *Viaggio interno al globo della Magenta ;* Milan, 1876, p. 184, en note. Nous remarquons ici seulement que le *kaustubha* ne pourrait être autre chose que le *kaustubha* indien, la perle cosmogonique née par le barattement de l'océan et que le dieu Vishnu porte suspendue à son cou.

(*l'albero della vita durabile*). Seth s'approche de l'arbre dont Adam et Ève ont mangé le fruit ; un garçon rayonnant comme le soleil y est assis (c'est-à-dire que sur le sommet de l'arbre il y a le soleil), et apprend à Seth qu'il est le fils de Dieu et qu'il reviendra un jour sur la Terre pour la délivrer du péché et pour donner l'huile de la miséricorde à Adam[33]. L'ange donne à Seth trois petites graines en le

---

[33] Dans une légende italienne examinée par le professeur Mussafia, nous avons cette partie du récit sous une forme plus détaillée et plus complète, et tout le conte offre des variantes intéressantes. « A 930 anni Adamo stanco del continuo lavorar la terra e tediato della vita, esorta Seth a recarsi al Cherubino e chiedergli l'olio promesso. Seth chiede qual via debba tenere. E Adamo : "Muovi verso l'Oriente per una via tutta verdeggiante, salvo che una serie di luoghi vi si scorge, in cui non spunta un fil d'erba (cf. arbre *sec*). Sono le vestigie lasciate da me e da Eva nel lasciare il paradiso. Segui quelle." Seth fa così ; e alla porta del paradiso vede il Cherubino, il quale gli ordina di affacciarsi ad un' apertura e mirare entro il paradiso. Quivi egli vede in tre diverse riprese il giardino bellissimo con in mezzo una fonte, onde sgorgano i quattro fiumi e là presse un albero grande pieno di rami, ma privo di corteccia e di foglie, — un serpente aggrovigliato interno all' albero, — l'albero che coi suoi rami si solleva fino al cielo ed ha in cima un bambino, e colle radici si sprofonda fino all' inferno, ove Seth vede l'anima del fratello Abele. L'Angelo annuncia che il bambino è il figlio di Dio, l'olio promesso. Dà poi a Seth tre granella, di *cedro* (Padre), di *cipresso* (Figlio), di pino (o di *palma*, Spirito Santo), ordinandogli che, quando fra tre giorni Adamo sarà morto, ci ponga le granella nella bocca di lui. Adamo consolato ride (la sola volta in vita sua) ; il terzo giorno muore. Seth lo sotterra nella valle d'Ebron, depone sotte la sua lingua le granella. Ne nascono tre virgulti, che ben tosto raggiungeno l'altezza d'un braccio, senza più crescere fino a Noè, Abramo, Mosè. Dopo passato il mar Rosso, quest' ultimo giugne cogl' Israeliti nella valle di Ebron ; vede i tre virgulti, e ispirato da Dio li predica simbolo della Trinità. Li svelle, e dolce fragranza si spande per tutto. Li involglie in panno mondissinio e seco li porta per 42 anni nel deserto. Chi veniva morso da' serpenti baciava i virgulti e guariva. Con essi Mosè fa spicciar l'acqua dalla grotta. Mosè prima di morire ripianta le verghe appiè del monte Tabor in Arabia. Mille anni dopo, a David appare un augelo, che gli ordina d'andare in cerca delle verghe. David ubbidisce, trova le verghe ; molti guariscono al loro contatto. David, ritornato a Gerusalemme, pone i virgulti in una cisterna, perchè vi rimangano durante la notte. Quando al mattino va a prenderli per piantarli in luogo degno, li trova profondamente radicati e riunitisi in una sola pianta. Li lascia quivi, e a difesa ci fa intorno un muro. La pianta cresvera rigoglio-

chargeant de les placer sous la langue d'Adam, dès qu'on l'aurait enseveli près du mont Tabor dans la vallée de Hébron. Les trois graines[34] prennent racine et s'élèvent en peu de temps sous la forme de trois verges ; l'une des verges est une branche d'olivier, la seconde un cèdre, la troisième un cyprès. Les trois verges ne quittent point la bouche d'Adam et n'ont aucune croissance jusqu'au temps de Moïse, lequel reçoit de Dieu l'ordre de les couper. Moïse obéit, et avec ces trois verges qui exhalent un parfum de Terre promise, accomplit plusieurs miracles, guérit les malades, tire l'eau du rocher, et ainsi de suite. Après la mort de Moïse, les trois verges restent cachées dans la vallée de Hébron jusqu'au temps du roi David, qui va les reprendre sur un avis du Saint-Esprit, et les apporte à Jérusalem, où tous les lépreux, les muets, les paralytiques, les aveugles et les au-

---

sa, e David la circondava ogni anno d'un cerchio d'argento ; e ciò durò per ben trent' anni. Sotto quella pianta David soleva pregare e salmeggiare e sotto di essa pianse l'omicidio di Uria. Ad espiare la quale colpa si dà a preparare la fabbrica del tempio ; ma in una visione Dio gli annuncia che questa è riserbata al suo figliuolo. Edificandosi il tempio si trova il legno, che non si può adattare a verun luogo. (Cf. la tradition que nous rapportons sous le mot *palmier*, au sujet de l'église de Saint-Thomas.) Ne scelgono un altro e Salomone ordina che il primo sia riposto nel tempio. Vi si mette a sedere una donna di nome Maximilla e i suoi abiti cominciano ad ardere ; onde si dà ad esclamare : « Gesù, Dio e Signor moi ! » I Giudei la lapidano ; è la prima martire della fede. Il legno viene gittato nella piscina, ove opera miracolose guarigioni, le quali dispiacendo ai Giudei esso vien posto su d'un ruscello a modo di ponte. Giugne la regina d'Oriente Sibilla ; non vuol passare sopra il ponte ; adora e vaticina. Il legno resta qual ponte fino ai tempi di Gesù. Ne viene reciso un terzo di dieci braccia di lunghezza e di tre per il legno trasversale. »

[34] Dans la note précédente, nous avons déjà un indice de la Trinité végétale. Un poème provençal du moyen âge sur l'arbre de la croix, d'accord avec la légende du *Renard contrefait*, reconnaît aussi dans les trois grains les trois personnes de la Trinité chrétienne. Le Verbe cosmique, le Verbe créateur, le Verbe phallique semble être représenté par la langue d'Adam sous laquelle les trois grains sont placés. Goffredo de Viterbo dans son *Pantheon*, (XIIe siècle) dit : *Unus erat truncus sed forma triplex foliorum*, en ajoutant : *Trina deum trinum significare volunt.* Dans le drame celtique : *Ordinale de origine nundi*, examiné par Villemarqué, on rapporte la légende des trois grains du Paradis devenus trois verges vigoureuses, et en ajoute qu'elles sont le symbole de la Trinité ; un seul arbrisseau les réunit.

tres malades se présentent au roi pour lui demander *le salut de la Croix* (*la salute della Croce Santa*). Le roi David les touche avec les verges, et toute infirmité disparaît à l'instant même. A ce point, la légende italienne présente un peu de confusion[35] ; on ne parle plus des trois verges que David cache d'abord, pendant trente ans, dans une citerne et puis fait transporter dans le temple ; et on fait seulement mention de l'arbre du Liban, ici, probablement, le cèdre, c'est-à-dire d'une seule des trois verges, de celle qui devait particulièrement fournir le bois de la Croix. Salomon veut achever le temple, mais on n'y parvient[36] qu'en tirant du Liban certain bois, sur lequel

---

[35] Il paraît que le compilateur a réuni en une seule deux variantes de source différente.

[36] Ce détail se trouve aussi chez Gervais de Tilbury, qui dit, « In aedificatione templi inventum est lignum nulli usui commodum... aut enim brevius erat aut longius quam requirebatur, » et rapporte le récit de Pierre Comestor : *Historia ecclesiastica*, d'après lequel la reine Saba dans son voyage de retour aurait trouvé le bois saint, « in domo saltus », et l'aurait révélé à Salomon avec le secret de la future destination du bois. Franco Sacchetti, dans le 42ᵉ de ses *Sermoni Evangelici*, suivait une variante de la même tradition, et il ajoutait : « Non si seppe mai di vero che legno questo fosse, come chi dice d'*olivo* e chi d'una cosa e chi di un'altra. » Dans un sermon de Hermann de Fritzlar (XIIIᵉ siècle), on prétend que la branche avait été détachée d'un *cyprès*. Jacopo da Voragine indique quatre bois différents : Ligna crucis, *palma, cedrus, cypressus, oliva*. Dans le *Myreur des histors* de Jean des Preis d'Outremeuse (XIVᵉ siècle), après avoir nommé le *cèdre* et le *cyprès*, on ajoute que le troisième arbre était un « *pins*, qui est aultrement nommeis *oliviers* », Nous lisons enfin cette curieuse description du bois saint, chez Bauhin : *De planlis a divis sanctisve nomen habentibus* (Basileae, 1591) : « Ligni viscum Gentilis Fulginas ac Jacobus de Partibus in usum duxerunt, et ipsum ob praeclaras illi insitas vires Lignum S. Crucis appellarunt. Ruffius in Diosc., lib. I, cap. 21. Verum agallochum Germani Des Heiligen Kreuzes Holz, hoc est, lignum S. Crucis appellant. Goropius in Vertumno, p. 131 : Scio non defuisse qui ex diversis lignis crucem Salvatoris nostri Jesu Christi composuerint, et alios quidem tria, alios quatuor genera conjunxisse, sed inanibus conjecturas. Si diversitas materiei admitteretur, ea in solida cruce duobus generibus contineretur... Quando in Paradiso terrestri Lignum vitae, veluti certum quoddam genus arboris commemoratur et id ad materiam Crucis refertur, non videor mihi veritati consona dicturus, nisi ex uno arboris genere crucem constitisse dicam, ad quod ea quae de arbori vitae in Paradiso plantata dicuntur, referuntur, pertinere

une femme vient s'asseoir et, dominée par l'esprit prophétique, crie : « Maintenant le Seigneur prophétise les vertus de la Croix sainte » ; les juifs se jettent sur la femme et, l'ayant lapidée, plongent le bois saint du temple dans la piscine probatique, dont l'eau acquiert à l'instant des qualités salutaires. Dans l'espoir de le profaner, les juifs emploient alors le bois saint pour construire le pont du Siloë, sur lequel tout le monde passe, à l'exception de la reine Saba qui se prosterne pour l'adorer, en prophétisant que de ce bois on ferait un jour la Croix du Rédempteur[37].

Dans une étude très érudite du professeur Mussafla sur la légende du bois saint[38], on pourrait trouver plusieurs autres renseignements sur les différentes formes que cette légende revêtit en Europe. M. Mussafia pense, et il nous semble avec raison, que la première source de la légende sur le voyage de Seth au Paradis se trouve dans le dix-neuvième chapitre de l'Évangile de Nicodème, où on lit que Seth va au Paradis chercher l'huile de Miséricorde pour Adam, et trouve l'ange Michel qui lui refuse ce qu'il cherche en lui apprenant que le Christ seul arrivera un jour sur la terre pour oindre tous les croyants et pour conduire Adam à l'arbre de la Miséricorde.

Dans un code parisien, commenté par Gaston Paris, on raconte qu'Ève emporta par distraction, du Paradis terrestre, une branche de l'arbre du péché, qu'elle la planta et qu'elle vit pousser à la même place l'arbre sous lequel Abel fut tué par son frère. Dans un code

---

intelliguntur. Pace igitur illorum qui nullo solidae rationis fundamento varia ligna ad crucem construendam ceniecerunt, mihi fas sit dicere : quorum generatim pro *glandifera arbore* acceptam vitae arborem in Praradiso fuisse. » — Marignolli enfin, dans son *Chronicon Bohemorum* (XIVe siècle), s'exprime ainsi : « Fuerunt in ligno crucis *palma, oliva, cypressus* et *cedrus*, qui solus dicitur esse fructus delectabilis ad manducandum, ut tale videtur lignum crucis apud dominum nostrum Karolum imperatorem in sua cruce, quamvis illi (c'est-à-dire, les Indiens) dicant de *musa* quae dicitur *ficus*, et repraesentat imaginem crucifixi, hoc sine prejudicio et assertione. »

[37] On peut aussi comparer ici : *Il libro di Sidrach*, publié par Adolfo Bartoli ; Bologne, 1868 ; pages 57, 58.

[38] Vienne, Gerold, 1870. Nous en avons déjà rapporté toute une légende italienne dans une note précédente.

viennois, décrit par le professeur Mussafia, l'ange Michel remet à Eve et à son fils Seth une branche à trois feuilles détachée de l'arbre du péché, avec l'ordre de la planter sur le tombeau d'Adam. D'après la même légende, la plante qui en sortit fut placée comme ornement par Salomon dans le temple de Jérusalem, plongée ensuite dans la piscine probatique, où elle resta jusqu'au jour du supplice du Christ « *qui in ipso ligno suspensus est in eo qui dicitur Calvariae locus, et in ipso stipite arboris posito ita ut sanguis ipsius redemptoris in caput primi plasmatis descenderit* ».

Une légende grecque, recueillie par Gretser au siècle passé et résumée par le professeur Mussafia, introduit au lieu d'Adam ou de son fils, le grand patriarche Abraham[39], chef de race qui se confond

---

[39] En Allemagne, le peuple fait souvent confusion entre l'*arbre d'Adam* et l'*arbre d'Abraham*, considéré comme un présage de pluie ; on appelle ainsi ce groupe de nuages qui apparaît quelquefois après le coucher du soleil. Kuhn, Schwartz et Mannhardt ont reconnu dans cet arbre mythique de la croyance populaire moderne germanique un fragment de l'ancien Yggdrasil cosmogonique scandinave : « Zu Tilleda am Kifhäuser und zu Bartelfelde am Harz nennt man dasselbe Wetterbaum und sagt danach regiere sich das Wetter ; wohin die Spitzen gehen, dahin werde sich der Wind wenden. In der Uckermarck nennt man dieses Wolkengebilde den *Abrahamsbaum*, an andern Orten *Adamsbaum*. Man sagt : « der Abrahamsbaum blüht, es wird regnen ». Blüht er nacli Mittag zu, so giebt es gutes Wetter, nach Mitternacht, so giebt es Regen. » Cf. Schwartz, *Der Ursprung der Mythologie*, p. 130. Cette même identification de l'arbre d'Abraham ou d'Adam avec l'arbre pluvieux et cosmogonique, nous aurons lieu de la constater encore une fois, lorsque nous esquisserons la légende orientale du *térébinthe* ; cf. aussi les traditions orientales rapportées sous l'article *Palmier*. Il est aussi possible que la légende française de *Renard le contrefait*, laquelle fait pleurer Jésus sur l'arbre d'Adam devenu sec, fasse allusion à un mythe à la fois phallique et météorologique. Les larmes auraient la même fonction que la pluie qui vient rafraîchir l'arbre sec et le féconder ; le renard décrit le voyage de Seth au Paradis :

> Tant va avant que l'arbre vit,
> Où l'enfant enveloppez estoit,
> Qui moult ploroit et lamentoit ;
> Les larmes que de lui issoient
> Contreval l'arbre en avaloient.
> Adonc regarda l'enfant Seth

très souvent dans la tradition populaire avec le premier des hommes. Abraham rencontre le long du fleuve Jourdain un pâtre qui se plaint d'un péché qu'il a commis. Abraham lui conseille de planter trois tisons et de les arroser avec soin, jusqu'à ce qu'ils repoussent. Après quarante jours, les trois tisons ont pris la forme d'un cyprès, d'un cèdre et d'un pin, ayant des branches et des racines différentes, mais un seul tronc indivisible. L'arbre croît jusqu'au temps de Salomon, qui veut l'employer à la construction du temple ; après des efforts inutiles, on le destine à servir de siège aux visiteurs du temple ; la Sibylle Érythrée (la reine Saba) refuse de s'y asseoir et crie : « *Trois fois béni,* le bois sur lequel sera tué le Christ Roi et Dieu ! » Alors, Salomon fait placer le bois sur un piédestal et l'orne de trente cercles ou couronnes d'argent. Ces trente cercles seront le prix de la trahison de Judas, et le bois servira pour le crucifix.

Le professeur Mussafia nous a encore fait connaître deux légendes élaborées par deux poètes allemands des treizième et quinzième siècles. Chez le premier (Liutwin), Ève va au Paradis avec son fils ; elle rencontre le serpent ; elle reçoit de saint Michel une branche d'olivier, lequel planté sur le tombeau d'Adam a une croissance rapide. Ici la légende, au lien de se poursuivre, recommence par un nouveau détail tiré de ses variantes. Après la mort d'Ève, Seth retourne au Paradis et rencontre, au lieu du serpent, le Chérubin qui a dans ses mains une branche, à laquelle est suspendue la moitié de la pomme jadis mordue par Ève. Il la donne à Seth, en lui recommandant d'en prendre grand soin, ainsi que de l'olivier planté sur le tombeau d'Adam, parce que ces deux arbres seront un jour les instruments de la rédemption humaine. Seth garda soigneusement la branche et, à l'heure de sa mort, la remit au meilleur des hommes, jusqu'à ce qu'elle parvint dans les mains de Noé, lequel l'emporta avec lui dans l'Arche. Après le déluge, Noé envoya la colombe mes-

---

Tout contreval de l'arbre secq ;
Les rachines qui le tenoient,
Jusques en enfer s'en aloient,
Les larmes qui de lui issirent
Jusques dedens enfer cheïrent.

sagère qui revint à lui avec une branche de l'olivier planté sur le tombeau d'Adam. Noé garde religieusement les deux branches, qui devront servir à la rédemption du genre humain. — Chez le second poète allemand, l'auteur du *Meistergesang* intitulé *Klingsor Astromey*, Adam, qui se sent mourir, envoie Seth au Paradis pour y cueillir le fruit du péché (c'est-à-dire pour demander de nouvelles forces à l'arbre de la vie). Seth s'excuse en disant qu'il ne connaît pas le chemin ; Adam lui prescrit de marcher toujours sur un terrain dépourvu de toute végétation. L'ange donne à Seth non pas une nouvelle pomme (en la mangeant, Adam pourrait peut-être vivre encore une fois 900 ans), mais simplement le trognon de la pomme mordue par Ève ; Seth revient, que son père est déjà mort ; il tire du trognon trois graines, et il les sème dans la bouche d'Adam, de laquelle sortent trois plantes que Salomon fit couper pour en façonner une croix, celle-là même où le Christ fut pendu, et une verge de juge, laquelle, fendue au milieu, servit ensuite pour y placer la lettre que Pilatus écrivit à Jésus.

Dans le conte cyclique français du moine Andrius, nous trouvons un détail qui se représente dans la légende de saint Thomas, apôtre du Coromandel[40], c'est-à-dire l'arbre qui doit servir pour la construction du temple et que personne ne peut remuer. Salomon, voulant bâtir le temple, ordonne que les trois verges de Moïse, devenues un seul arbre, soient coupées : « Avant que chis sains arbres fust trenchiés, si lor fu avis que il fust plus lons des autres une codee, et quant li arbres fu trenciés, si lor fu avis qu'il estoit plus 2 codees, et quand li très fut fais et il fu aportés à l'oevre dou temple, si le comencierent à lever sus, si lore fu avis qu'il fu 2 codees plus lons. Li arbres crut et decrut si que nus jors ne lor ot mestier, car il estoit destinés à faire la sainte crois nostre Signor Jhesu Crist. Quant il virent que li arbres ne lor auroit mestiers et que il ne lor vaudroit riens, si comanda li rois Salemons que on alast querre un autre arbre et cil i alerent et le trouverent cel jour meisme sans demeure, et estoit plus biaus et plus rices que nus des autres, et li sains

---

[40] Voir le mot *Palmier*.

arbres si fu au temple Damedieu jusques au tans de la passion Jhesu Crist. Li rois Salemons si regna XI ans et puis avindrent maintes miracles par le saint arbre qui ne fait mie à celer ; car il avoit un provoire el païs, qui ot à nom Orifeus, qui mout ot conquesté d'avoir et mout le desiroit et renvoya là cent homes. Quant il furent venu, si nel porent onques remuer. Lors i ala li prestres meisme à tout merveilleuse force de gent, mais onques ne le porent remuer. Et quant li prestres qui estoit rices hom et de mout grant paour (pouvoir) vit ce, si comanda que li fus fust trenciés en 3 parties. Ensi qu'il le voloient toucier, si en issi uns feus don fust mout grans et mout mervelleus et sailli et arst le provoire et 40 de ceaus qui avoec lui estoient venu por le fust trenchier, et li autre s'enfuirent et escaperent. Icel signe et icel miracle avinrent pur icel saintisme arbre ; puis fu li fust longement au temple Damedieu, que onques nule riens n'i osa touchier, jusques que on en fist la Crois nostre Signor Jhesu Crist. Quant vint au tans de la passion Jhesu Crist, si ne porent li Juis malaventurous trouver nul arbre où il vausissent crucefier le Sauveour dou monde, et lors i envoia Cayphas qui estoit prestres de la loi 300 Juis au Temple Damedieu que il preissent icel saint fust et qu'il li en aportaissent, mes il ne le porent onques trouver si legier qu'il le peuissent remuer. Lors comanda Cayphas de rechief qu'il alaissent ariere et trenchaissent d'icel fust 10 codees et d'icele partie feissent une crois. Lors fist li pueples si come Cayphas l'ot comandé et apareillierent hastivement la crois. » Le reste de l'arbre resta au temple jusqu'à ce qu'Hélène, la mère de Constantin, l'eût retrouvé avec la croix ; ce même bois merveilleux fit ensuite, d'après les contes de l'église catholique, une foule de miracles[41]. La

---

[41] Dans un conte populaire vénitien, publié par M. Bernoni (Venise, 1875), un fourbe dit à son compagnon fiévreux que, pour chasser la fièvre, il faut employer le bois saint de la Croix, et en promettant d'aller le chercher lui-même, se fait donner l'argent pour les frais de voyage ; il va, au contraire, près d'une vieille barque, en détache un morceau, le fait cuire, et en compose un sirop qu'il administre à son compagnon, lequel, par la vertu de la foi, guérit tout de suite ; d'où le proverbe satirique vénitien : *Siropo de barcazza la freve descazza* (le sirop de vieille baraque chasse la fièvre). Mais un vrai miracle est celui que nous

légende de saint Thomas nous aide à saisir le sens mythologique de cette histoire ; l'arbre de saint Thomas doit servir pour un temple céleste ; comme arbre céleste, les hommes n'ont aucun pouvoir de le remuer. Dans l'un des récits sur l'arbre d'Adam, nous lisons aussi que l'arbre paradisiaque atteint par ses racines l'enfer, par ses branches le ciel, et que sur son sommet brille l'enfant Jésus. Le miracle n'étonne donc plus ; et cet arbre cosmogonique, ce pieu créateur universel et par excellence ne peut naturellement être employé pour des constructions terrestres, et doit seulement servir à des rites divins. La logique du mythe originaire n'est point endommagée et obscurcie par le large développement que la légende populaire a reçu dans les nombreux contes post-évangéliques occidentaux.

Nous allons maintenant trouver des traces orientales de cette même légende passée dans l'Inde par une double tradition, celle des chrétiens dits de saint Thomas, qui avaient pu subir l'influence indirecte de l'évangile apocryphe de Nicodème, et celle des mahométans. Quoi qu'il en soit, il est curieux de voir se répandre dans l'Inde et y prendre un caractère indigène la croyance populaire qui rattache l'arbre du péché à l'arbre de la croix.

Le récit du Koran ne s'éloigne guère, pour ce qui concerne Adam, de la tradition biblique. Dieu parle : « Nous vous créâmes et nous vous donnâmes la forme, puis nous dîmes aux anges : Inclinez-vous devant Adam ; et ils s'inclinèrent, excepté Éblis, qui n'était point de ceux qui s'inclinèrent. Dieu lui dit : Qu'est-ce qui t'empêche de t'incliner devant lui, quand je te l'ordonné ? Je vaux mieux que lui, dit Éblis ; tu m'as créé de feu, et lui, tu l'as créé de

---

trouvons raconté dans Zucchi, *Vita di Santa Teodolinda* (Milan, 1613), au sujet du trésor de la reine Théodelinde transporté auparavant à Avignon : « Nell' esporre il tanto disiderato tesoro, questo miracolo seguì che, mentre, présente l'Arcivescovo, si stava per trarre dal suo luogo la croce del Regno, che in sè contiene del legno della Santa Croce, *ella da sè stessa immantinente ne saltô fuori con istupore degli astanti*, di quelli massimamente, che essendo in Avignone videro che non fu mai possibile cavarnela con tutta la diligenza usata da' Vescovi, da' Cardinali e dai medesimi principi di Milano, dimostrando che allhora, per cosi dire, era in casa sua, non quando veniva in questa e quella parte portata. »

limon. Sors d'ici, lui dit le Seigneur, il ne te sied pas de t'enfler d'orgueil dans ces lieux. Sors d'ici, tu seras au nombre des méprisables. Donne-moi du répit jusqu'au jour où les hommes seront ressuscités. Tu l'as, reprit le Seigneur. Et parce que tu m'as égaré, reprit Éblis, je les guetterai dans ton sentier droit. Puis je les assaillirai par devant et par derrière ; je me présenterai à leur droite et à leur gauche, et certes tu n'en trouveras que bien peu qui te seront reconnaissants. Sors d'ici ! lui dit le Seigneur, couvert d'opprobre et repoussé au loin, et qui te suivra !.. Je remplirai l'enfer de vous tous. Toi, Adam, habite avec ton épouse le jardin, et tous deux mangez de ses fruits partout où vous voudrez ; seulement, n'approchez point de l'arbre que voici, de peur que vous ne deveniez coupables. Satan leur fit des suggestions pour leur montrer leur nudité qui leur était cachée. Il leur dit : Dieu ne vous interdit cet arbre qu'afin que vous ne deveniez pas deux anges, et que vous ne soyez pas immortels. Il leur jura qu'il était leur conseiller fidèle. Il les séduisit en les aveuglant ; et lorsqu'ils eurent goûté de l'arbre, leur nudité leur apparut et ils se mirent à la couvrir de feuilles du jardin[42]. »

Ce passage n'offre évidemment aucun intérêt particulier pour l'histoire du mythe d'Adam ; nous l'avons cependant reproduit, parce que la fidélité avec laquelle cette partie du récit nous est conservée par le Koran nous semble un indice et une garantie que les mahométans ont pu, avec la même fidélité, accepter dans leur tradition et divulguer dans l'Inde les autres parties de la légende fondées sur des traditions rabbiniques et évangéliques[43].

Nous rappelons maintenant, pour un instant, l'attention du lecteur sur le rôle que le figuier joue dans la légende biblique. De sa feuille il couvre Adam, après l'avoir, sans doute séduit et perdu par son fruit. Nous verrons que dans la tradition populaire le figuier a conservé un caractère essentiellement diabolique, caractère qui,

---

[42] *Le Koran*, traduction nouvelle faite sur le texte arabe par M. Kasimirski ; Paris, Charpentier, 1864.

[43] De la même manière, nous trouvons dans le *Koran*, le roi Salomon représenté sous la même forme légendaire que dans les traditions rabbiniques et byzantines.

d'ailleurs, lui appartenait déjà en Occident avant que l'on y eût subi l'influence judaïque et chrétienne. Ce caractère dans la Bible n'est pas bien évident ; on le devine cependant par le mythe de l'arbre d'Adam et du serpent, et encore parce que le figuier était l'arbre où les démons préféraient se réfugier, si on doit en juger d'après les *fauni ficarii* que saint Jérôme reconnaissait dans certains monstres obscènes mentionnés par les prophètes. La tradition populaire chrétienne considère le figuier, et spécialement le figuier sauvage, comme un arbre maudit, parce que, nous l'avons dit, on prétend que le traître Judas s'y était allé pendre.

Quoi qu'il en soit, la légende sémitico-byzantine apportée dans l'Inde par les chrétiens de saint Thomas ou par les mahométans et peut-être par les uns et par les autres, et, de l'Inde, grâce aux récits des voyageurs, revenant en Occident, avait perdu le souvenir distinct du cèdre, du cyprès et de l'olivier. Ce fut à la *ficus indica* (nyagrodha), à la *ficus religiosa* (açvattha), et encore à la *Musa paradisiaca* (kadali), appelée par nos voyageurs *fico d'Adamo*, que fut attribué tour à tour le nom d'arbre d'Adam. Parmi les noms donnés à la *ficus indica*, Wilson a trouvé aussi celui de *upasthapatra*, c'est-à-dire *la feuille du membre de la génération*, par quoi on peut sous-entendre soit la feuille destinée à couvrir cette partie du corps, soit le végétal dont le fruit offre une ressemblance avec l'*upastha*. Une pareille dénomination du figuier indien pouvait aider à l'identification de l'arbre d'Adam avec le figuier de l'Inde. Dans la *ficus religiosa* on a vu l'arbre générateur et cosmogonique par excellence, et c'est à cet arbre sans doute que fait allusion Maïmonide lorsqu'il nous apprend que son ombre pouvait couvrir dix mille hommes[44]. La forme du fruit du bananier et son goût, et la largeur vraiment extraordinaire de ses feuilles ont enfin déterminé la prédilection de la légende indienne pour la *musa paradisiaca* de Ceylan, d'autant plus qu'on a cru voir dans les tranches du fruit la forme du crucifix. Mais l'assimilation a

---

[44] On a souvent confondu le *nyagrodha* (ficus indica) avec l'*açvattha* (ficus religiosa), qui ont effectivement certaines ressemblances, entre autres, la faculté commune de repousser par les branches enracinées.

eu en outre une cause historique qui expliquerait cette prédilection. Le savant botaniste Schweinfurth pense que le bananier est originaire de l'Afrique équatoriale ; et dans l'ouvrage de Jean Léon africain intitulé *Africa*, chez Ramusio, nous trouvons le bananier identifié avec l'arbre d'Adam, sans aucune allusion à l'île de Ceylan, ce qui pourrait prouver que la légende est venue d'occident, toute formée, dans l'île de Ceylan. Jean Léon en effet s'exprime ainsi : « Les docteurs mahométans disent que ce fruit est celui que Dieu avait défendu de manger à Adam et Ève ; car, aussitôt qu'ils le mangèrent, ils s'aperçurent de leur nudité et, pour se couvrir, employèrent les feuilles de cet arbre, plus propres à cet usage que toutes autres. » Ceci est assez curieux, et tout d'abord parce qu'on y représente évidemment par le seul bananier l'arbre du péché et l'arbre de la pudeur, ce qui nous entraîne à admettre que l'arbre d'Adam, l'arbre qui fit pécher Adam, était ce même figuier damné de Judas et de la tradition populaire païenne et chrétienne. Mais pourquoi précisément le bananier a-t-il été défendu ? Assurément pour la même raison qui, dans la doctrine des Djaïnas, a fait prohiber l'usage des figues et des bananes[45]. On leur attribue le pouvoir d'exciter les sens.

Nous avons encore une autre preuve que la tradition sur le bananier d'Adam, avant de devenir indienne, avait été syrienne, dans le récit du père Vincenzo Maria da Santa Caterina, voyageur et missionnaire de la seconde moitié du dix-septième siècle[46], lequel, après

---

[45] « Not to eat at night, and to drink watter strained, are held to be high virtues. And not to drink toddy, or honey, or arrack, are also believed to be important injunctions. They are *also forbidden to eat figs, the fruit of the banian, the peepus* (le sanscrit *pippala*, c'est-à-dire la *ficus religiosa*) the koli and the jujube, as well as the snake-vegetable, the calabash gungah (bhâng), opium, onions, assa foetida, garlie, radish, mushroom, etc. » Garrett, *Classical Dictionary of India* (Madras, 1871).

[46] *Viaggio alle Indie Orientale*, IV, 5. « Le foglie, delle quali ogni sei giorni ne produce una, sono d'estraordinaria grandezza ; perciô dicono che di quelle si cuoprisse Adamo dopo il peccato, il che gli puô essere stato molto facile, congiungendone due sole informa di scapulario, cou che tutto si vestiva, crescendo d'ordinario a quattro o cinque cubiti di lunhgezza e due palmi e più di larghezza. Il *fico* è lungo, rotondo, di colore giallo, pastoso, coperto d'una corteccia della quale, come il nostro, facilmente si spoglia, pieno di pasta molle,

nous avoir décrit le bananier et son fruit, nous dit qu'au milieu on remarque certaines veines disposées en forme de croix ; mais que ce même fruit, quoique plus petit, en Phénicie, porte à *peu près* l'empreinte de l'image du Crucifix, à cause de quoi les chrétiens ne le tranchent point avec le couteau, mais le rompent avec les mains ; que ce bananier croît près de Damas et qu'on l'y appelle figuier d'Adam. L'*à peu près* du père Vincenzo s'accorde parfaitement avec la réserve du vieux Gérard, laissant à ceux qui avaient de meilleurs yeux que les siens et un meilleur entendement le soin de reconnaître l'empreinte d'un homme, là où lui-même n'apercevait d'autre image que celle de la croix[47]. Mais le vieux Gérard n'avait peut-être vu qu'une seule des deux espèces de bananier auxquelles fait évidemment allusion le père Vincenzo. Les botanistes sont d'ailleurs les seuls qui puissent résoudre définitivement cette question de détail et nous apprendre si la banane de Syrie, coupée transversalement, por-

---

dolce, saporita, la quale benchè ordinariamente si mangi cruda, cuocesi più ancora in varie guise, come macerata con butirro e condita con zuccaro, nelle quali maniere non nuoce né distempera lo stomaco. Nel mezzo tiens certe vene ugualmente spartite che formano una croce (cf. aussi Matteo Ripa, *Storia della Congregazione de' Cinesi*, I, 224). Nella Fenicia dove parimente si trova, però più picciolo, tiene *quasi* espressa l'Imagine del Crocifisso ; perciò li Christiani per veneratione mai costumano di tagliarlo con cortelli, ma solo lo spezzano con le mani. Ivi si chiama *fico d'Adamo*, il che, come anco per essere vicino al campo Damasceno, dove quello fu creato, potrà dare al lettore materia di curiosa osservazione.

[47] Le colonel Yule, dans son beau livre sur le *Cathay* (page 361), après avoir cité la description de l'arbre de Ceylan que Marignolli nous a laissée, ajoute : « Mandeville gives a like account of the cross in the plantain or « apple of Paradise » as he calls it ; and so do Frescobaldi and Simon Sigoli in their narratives of their pilgrimage in 1384 ; who also, like Marignolli, compare the leaves tho elecampanae. The circumstance is also alluded by Paludanus in the notes to *Linschoten's Voyages*. Old Gerard observes on this subject : « The cross I might perceive, is the form of a Spred-Egle in thee root of Ferne, but the Man I leave te be sought for by those that have better eyes and better judgement than myself » and Rheede « Transversim secti in carne nota magis fusca seu rufa, velut signo crucis interstincti ac punctulis hinc inde nigricantibus conspersi » (*Hortus Malabaricus*).

te au milieu des empreintes différentes de celles que l'on remarque dans la banane de Ceylan ; notons cependant que Jean Marignolli (contredit d'ailleurs par Rheede), en décrivant l'arbre et le fruit de Ceylan, parle non pas d'une *croix*, mais d'un *crucifix* qu'il prétend avoir observé de ses propres yeux[48].

Après avoir ainsi retrouvé dans l'Inde la légende, judaïco-chrétienne, élaborée en Occident par les Grecs, en Orient par les

---

[48] Marignolli, *Chronicon Boemorum*, commence par nous décrire les deux arbres du Paradis de Ceylan : « In medio etiam Paradisi duas arbores sapientia divina plantavit, unam ad exercitium, aliam ad sacramentum ; nam de ligno vitae comedisset homo pro sacramento et in restaurationem, ita quod comedendo potuisset non mori, et gratiam meruisset. In alia obedientiam exercuisset non tangendo, et meruisset vitam aeternam, unde fuisset translatus ad gloriam aeternam siné morte. » Le col. Yule, dans son *Cathay*, en citant l'*History of Ceylon* de Pridham, observe : « We find from Pridham that « Adam's garten is the subject of a genuine legend still existing. At the torrent of Seetlagunga on the way to the Peak, he tells us : « From the circumstance that various fruits have been occasionnaly carried down the stream, both the Moormen and Singalese believe, the former that Adam, the latter that Buddha has a fruit garden here, which still teems with the most splendid productions of the East, but that it is now inaccessible, and that its explorer would never return. » Mais pour compléter les informations de Marignolli, voici de quelle manière ce nonce du pape, qui se dirigeait vers la Chine, nous décrit le bananier : « Sunt enim in horto illo Adae de Seyllano, primo *musae, quas incolae ficus vocant*. Musa autem magis videtur planta hortensis quam arbor. Est enim grossa arbor, sicut quercus, et tantae teneritudinis, quod fortis homo posset eam digito perforare, et exit de ea aqua continue ; folia istius musae sunt pulcherrima, longa et lata valde, viriditatis smaragdinae ; ita quod de foliis illis faciunt *tobalias* (des nappes, de l'italien *tovaglie*) in uno prandio tantum. Quando etiam primo nascuntur pueri (ce même usage a été remarqué en 1638, à Goa, par Mandelslo), post lotionem, conditos sale et aloes et rosis involvunt eos sine fascia in foliis istis et in arenam ponunt ; folia illa sunt longitudinis, secundum magis et minus, bene decem ulnarum, et similitudinem nescimus ponere nisi emilae campatiae. Fructum producit tantum in summitate et in uno baculo faciunt bene trecentos fructus et prius non valent ad comedendum, post applicantur in domo et sunt optimi odoris et melioris saporis, et sunt *longi admodum longorum oculis nostri*, quod ubicumque inciditur per transverum, in utraque parte incisurae videtur *imago hominis crucifix ;* quasi si homo cum acu sculpisset, et de istis foliis ficus Adam et Eva fecerunt sibi perizomata ad cooperiendum turpitudinem suam. »

mahométans et par les Nabathéens, il est curieux de voir sous quelle forme elle revint au moyen âge de l'Inde en Europe. D'après le sage Maïmonide, les Nabathéens prétendaient qu'Adam était arrivé de l'Inde dans le district de Babylone et y avait apporté un arbre d'or en fleurs, une feuille que le feu ne pouvait brûler, deux feuilles dont chacune pouvait aisément couvrir tout un homme et une feuille d'une grandeur extraordinaire qu'il avait détachée d'un arbre sous lequel pouvaient s'abriter dix mille hommes. Ce récit, fondé en partie sur un conte légendaire rabbinique, en partie sur les connaissances que l'on avait acquises au sujet de la végétation exceptionnelle de l'Inde, a probablement servi à son tour de base à cette autre fable qu'on peut lire dans les commentaires du célèbre Joseph Kimchi aux proverbes de Salomon. L'un des proverbes dit : « Le fruit de l'homme juste est l'arbre de la vie, » et Kimchi explique : « Un sage avait vu que dans les livres savants il était question de certains arbres merveilleux de l'Inde. Quiconque parvenait à en goûter les fruits, devenait immortel. Le sage se rendit chez le roi et lui communiqua ce qu'il venait d'apprendre. Le roi remit tout de suite au sage l'argent nécessaire pour les frais de voyage et lui ordonna de lui apporter les fruits précieux. Aussitôt arrivé dans l'Inde, le sage remarque une école, entre dans la salle des leçons et y aperçoit un vieillard qu'il questionne sur les arbres merveilleux. Le vieillard lui répond que les arbres sont les sages et que la sagesse est le fruit de ces arbres. Quiconque est initié au mystère de la sagesse, obtiendra dans la vie future le don de l'éternité[49]. » Il est superflu de faire observer que la légende sous cette forme allégorique et morale, que les juifs du moyen âge lui ont donnée, ne présente plus aucune physionomie strictement mythologique ; et il n'est pas étonnant non plus que la rédaction juive ait entièrement négligé la notion de l'arbre de la science, de l'arbre de la sagesse, devenu, grâce au concours du sage roi Salomon, l'arbre de la croix du régénérateur divin, lequel, dans la Trinité chrétienne, représente la Sagesse. Mais il n'est pas inutile d'ajouter que le bouddhisme contribua sans doute à popula-

---

[49] Cf. Geza Kuhn, dans la *Rivista Europea*, mai 1875 ; Florence.

riser dans l'Inde la notion de l'arbre de la sagesse. En effet, Bouddha, le sage par excellence, s'identifie absolument dans la légende avec l'arbre de la sagesse, arbre à la fois de création et de régénération suprême. Cette évolution historique du mythe, ces variations, attestent le progrès de l'idéal humain : quelques dizaines de siècles ont suffi pour creuser un abîme entre Yama et Bouddha, entre Adam et le Christ. Et nous-mêmes, à la distance de deux mille ans à peu près de la formation des grandes légendes bouddhiques et chrétiennes, nous concevons aujourd'hui le Bouddha et le Christ beaucoup plus largement et beaucoup plus idéalement que les premiers anachorètes de l'Inde ou de la Thébaïde n'auraient pu le faire ; on pourrait ajouter que l'idée moderne de la dignité humaine dépasse de beaucoup la majesté attribuée par les anciens à un grand nombre de leurs dieux. Aussi ne nous accusera-t-on pas d'impiété pour avoir osé reconnaître, non pas sous le symbole, mais sous l'image de la croix, la figure idéalisée d'un premier générateur, essentiellement phallique. Jablonski, dans son *Panthéon Aegyptiacum*[50], fait observer que la *crux ansata* des divinités égyptiennes reproduit la forme de la *yoni* et du *lingam* des Çivaïtes ; et le colonel Tod, de même, dans ses *Annals of the Rajasthan*, a remarqué que les images en terre cuite de la déesse Isis trouvées près du temple de *Poestum* portent dans leur main droite les symboles réunis du *lingam* et de la *yoni*.

Nous avons déjà indiqué l'identification germanique entre l'arbre d'Adam et l'arbre de la pluie ; l'ambroisie, le sperme et la pluie, dans les anciens mythes, ont souvent joué, comme pouvoirs vivifiants, un rôle identique[51] : l'arbre de l'ambroisie, l'arbre cosmogonique, est

---

[50] I, 287.

[51] Pour saisir l'étroite analogie qui existe entre la croix chrétienne et le signe symbolique du marteau de Thor (la foudre, considérée comme un instrument puissant de génération ; cf. Kuhn, *Herabkunft des Feuers*, et la belle réduction française de cet ouvrage, faite par Baudry dans la *Revue Germanique*), on peut lire avec profit Mannhardt, *Germanische Mythen* ; Berlin, 1858, p. 23 et suivantes. Mannhardt nous apprend encore le nom d'une herbe, appelée *herbe de la croix* (*Kreuzkraut*), employée contre les démons qui viennent gâter le beurre « Damit die Faires der Kuh die Milch nicht benelimen, zieht man zu St. Andrews un-

au milieu de l'Océan ; le navire de Manu qui sauve l'homme sage des eaux, et l'arbre auquel ce navire est attaché après le déluge, reproduisent le même thème ; la Croix du Christ sauveur se lève lorsque l'eau du baptême vient régénérer le monde. Il y a dans la légende du Christ des traces, quoique très effacées, non pas seulement de la première signification phallique du mythe qui lui servit de fondement, mais encore de la confusion qu'on fit de bonne heure entre l'arbre cosmogonique et anthropogonique et l'arbre de la pluie ; confusion causée, d'abord par la relation intime qu'on voyait entre le monde animal engendré par l'ambroisie et le monde végétal animé par la pluie ; et d'autant plus admissible dans des régions chaudes où la pluie est invoquée comme un singulier bienfait du ciel. La croix qui apporta dans le monde l'eau du baptême régénérateur fut censée aussi y amener la pluie qui renouvelle la végétation. C'est ainsi que nous nous expliquons l'usage que M. Amabile nous a signalé près de Modica, en Sicile. Le peuple autrefois, pour attirer la pluie, promettait un crucifix en bois, et ensuite le tenait plongé dans l'eau, jusqu'à ce que les nuages se fussent dissous en abondante averse[52]. Voilà comment un mythe ancien, mieux encore, le premier des mythes, celui de l'arbre cosmogonique, ambrosiaque et pluvieux au ciel, devenu arbre anthropogonique sur la Terre, puis arbre régénérateur par la Croix, reprend, quoique inconsciemment, l'un de ses

---

mittelbar nach dem Kalben eibe brenneude Kohle kreuzweis über ihren Rücken und unter dem Bauch durch. Einige Weiber legen die Wurzel des Kreuzkrauts (groundsel) (nous ignorons s'il s'agit ici de la *croisette* ou du *seneçon ;* nous pencherions pourtant à y reconnaître la première, à cause des vertus extraordinaires attribuées à la *gentiana*, au genre duquel appartient la *croisette*, qui s'appelle elle-même *gentiana pueumonanthe*) in den Rahm um die Verhexung der Butter zu verhüten. In Schweden matcht man am Maiabend Kreuse auf die Türen des Viehstalls, ebenso am Osterheiligenabend. — In Franken tragen die auf den Stall gezeichneten Kreuse mitunter diese Form. » C'est à la fois une croix et le symbole de la foudre (une croix de Lorraine dont le pied est également barré).

[52] On peut comparer sur la relation entre les mythes et les mythes météorologiques quelques-unes des observations qui se trouvent dans les chapitres de notre *Mythologie zoologique*, concernant le bœuf, le cheval et les poissons, et la lecture sur l'eau dans notre *Mitologia vedica* (Florence, 1844).

caractères primitifs dans un usage populaire sicilien, de manière que si nous n'avions aucune trace des Mythes anciens nous pourrions les deviner par le rite populaire sicilien de la croix trempée dans l'eau, et sur le nom d'arbre d'Adam donné par les Germains à l'arbre de la pluie. Les deux croyances réunies suffiraient à révéler l'identité de l'arbre de la croix et de l'arbre d'Adam. Mais nous aurions pu craindre que certains critiques trouvassent dans nos interprétations la part de l'arbitraire un peu forte. Nous espérons avoir évité ce reproche : les rapprochements que nous avons accumulés ne peuvent laisser aucun doute sur l'étroite analogie qui rattache l'arbre de la croix à l'arbre d'Adam et par suite aux mythes de la génération. Nous pourrions plus aisément prouver maintenant que l'arbre d'Adam s'identifie avec l'arbre anthropogonique et celui-ci avec l'arbre de Noël ; ce nouveau parallélisme mythologique, s'il était nécessaire, nous permettrait de confirmer d'une manière évidente les conclusions de cette étude.

Le développement des mythes originels est un fait historique qui regarde la terre beaucoup plus que le ciel ; et nous sommes obligé, dans nos recherches, de tenir compte non pas seulement de la source céleste des mythes, mais encore de tout le parcours terrestre du fleuve mythologique, image que nous pourrions admirablement traduire en exemple par ce conte grandiose du *Râmâyana* sur la naissance du Gange. Ce fleuve immense, avant de descendre sur la terre, errait sur la tête chevelue du dieu Çiva, qui s'était placé au sommet de l'Imaüs pour arrêter les eaux du Gange prêtes à se précipiter avec violence du ciel sur la terre. Il erra ainsi pendant un an ; mais Çiva, ayant dérangé une touffe de ses cheveux, le Gange, purifié par le contact du dieu, descendit de la montagne, et, de vallée en vallée, se lança vers l'Océan. Les mythes célestes ont eu le même sort sur la Terre ; l'ambroisie divine qu'ils ont bue au ciel leur a donné l'immortalité ; après avoir touché le front d'un dieu, ils descendirent chez les hommes, et ils reçurent sur la Terre un grand nombre d'affluents, descendus tous, plus ou moins, d'en haut. Le mélange des affluents mythologiques qui se confondent dans un seul fleuve royal arrête quelquefois l'analyse ; les eaux, en traversant différents terrains parmi des végétations diverses, changent de nature ; ainsi les mythes, en voyageant à travers les peuples et les siècles, affectés par une grande variété d'éléments historiques, se modifient considérablement. Nous en donnerons une dernière preuve ici pour ce qui se rapporte à l'arbre d'Adam, en résumant un conte cosmogonique sibérien, où la fable biblique, communiquée sans doute par les mahométans aux tribus de la Sibérie, ajouta à la légende sémitique quelques détails curieux.

D'après ce conte[53], au commencement du monde naquit un arbre sans rameaux (on pourrait comparer ici le *skambha* védique) ; Dieu en fit sortir neuf branches, au pied desquelles naquirent neuf hommes, chefs prédestinés de neuf races humaines. Dieu permit aux hommes et aux bêtes de se nourrir avec les fruits des cinq branches tournées vers l'Orient, en leur défendant de goûter aux fruits des branches occidentales ; et il commit un chien et un serpent à la garde de ces branches contre les hommes et contre Erlik, le démon séducteur. Pendant que le serpent dormait, Erlik monta sur l'arbre et séduisit Edji, la femme de Törongoi, qui, ayant mangé du fruit défendu, en fit part à son compagnon. Alors, les deux qui d'abord étaient couverts de poils (cette tradition donnerait raison à la dérivation de l'homme du singe anthropomorphe), honteux de leur nudité, se cachèrent sous les arbres.

AGNEAU. Cf. *Chèvre*. Différentes plantes ont tiré leur nom de *l'agneau*. Théophraste donne le nom de ἀρνόγλωσσον (langue d'agneau) au plantain (Cf. ce mot) ; on attribue des propriétés extraordinaires au *vitex agnus castus* L., ainsi que nous aurons occasion de le voir dans le second volume, sous ce mot. Nous ne ferons mention ici que d'une plante fabuleuse, qui était censée produire des agneaux. Le premier qui ait parlé de cette herbe est le voyageur Odorico da Pordenone : « Alcuni *dicono* che Chadli ène un gran regno, e qui sono monti che si chiamano monti Caspeos, ne' quali *di-*

---

[53] Cf. Radloff, *Proben der Volkslitteratur der Türkischen Srämme Süd-Sibiriens* ; Saint-Pétersbourg, 1866.

cono che nascono poponi grandissimi, e' quali poponi, quando sono maturi, s'aprono per loro istessi, e truovavisi entro una bestiuola grande e fatta a modo d'uno *agnello*. » Dans les *Exotericae Exercitationes* de J.-C. Scaliger, on nomme cette herbe *Barametz* (une faute d'impression évidente, qui d'après lui a été produite jusqu'à nos jours[54]) ; ce n'est plus le fruit, le melon, mais toute la plante, qui ressemble à un agneau ; elle a trois pieds de hauteur ; seulement, au lieu de cornes, elle a deux toupets de poils ; si on la blesse, elle verse du sang ; les loups, naturellement à cause de sa ressemblance avec les agneaux, en raffolent ; pour bien pousser, cette plante a besoin, comme les agneaux, de se nourrir dans une belle prairie où l'herbe abonde. A la fin du siècle passé, le docteur Darwin, dans ses *Loves of the Plants*, s'adressait ainsi à cette plante curieuse :

Cradled *in snow*, and fanned by Arctis air,
Shines, gentle *Barometz !* thy golden hair ;
Rooted in earth, each cloven hoof descends,
And round and round her flexile neck she bends ;
Crops the gray coral-moss, and hoary thyme,
Or laps with rosy tongue the melting rime.
Eyes with mute tenderness her distant dam,
Or seems to bleet, a *Vegetable Lamb*.

Nous trouvons ici une indication de plus, la *neige* et l'*Arctis air ;* Yule pense que le pays dont il est question chez Odorico est la région du Volga. Tous les doutes semblent levés par le *Commentario della Moscovia e della Russia*, du baron Sigismond, traduit dans Ramusio, où le nom de la plante ou plutôt de l'animal est donné correctement : *Boranetz* (on lira mieux *Báranietz*, mot russe qui signifie précisément : *Petit agneau*). Mais, lui aussi, il raconte ce qu'on lui a raconté, ce qu'il a appris d'un certain Démétrius, fils de Daniel, dont le père avait été ambassadeur en Tartarie ; « Demetrio di Daniele, est-il dit, uomo fra li barbari di fede singolare, ci raccontò che essendo stato mandato suo padre per ambasciatore dal principe di

---

[54] Cf. Yule, *Cathay* (London, 1866).

Moscovia al re Zauuolhense, mentre era in quella legazione, aveva veduta una certa *semenzza* in quelle isole, poco maggiore e poco piu rotonda del seme di mellone, ma non dissimile però da quello. La qual semenza, nascosa in terra, nacque poi di quella una certa cosa simile ad un agnello di altezza di cinque palmi, e questa in lor lingua chiamano *Boranetz* (le baron allemand prend évidemment le mot russe pour un mot tartare), cioè agnello, perciocchè ha il capo, gli occhi, le orecchie e tutte l'altre cose alla similitudine d'une agnello nuovamente nato. Oltre di questo, ha una pelle sottilissima, la quale molti in quel paese usano in capo in luogo di berretta ; e molti dicono averne vedute. Diceva ancora quella pianta, se pianta è lecito d'esser chiamata, aver in sè sangue, ma, senza carne, ma, in luogo della carne, una certa materia simile alle carne de' gambari ; ha l'unghie non cornee come li agnelli, ma con certi peli vestite, alla similitudine d'un corno ; ha la radice sino all'umbilico, e dura sino a tanto che, mangiate l'erbe a torno a torno, la radice, per carestia del pascolo, si secca. Dicono avere in sè una dolcezza meravigliosa e che perciò è molto desiderata da' lupi ed altri animali rapaci. Io, quantunque giudico tutto questo e del seme e della pianta essere cosa favolosa e incerta, nondimeno perchè me l'hanno riferita uomini degni di fede, ho voluto riferirla. » Il s'agit donc, d'après le baron Sigismond, d'un conte tartare, qui aurait été recueilli par un Russe. Mais nous savons que plusieurs contes tartares sont nés dans l'Inde où le Beato Odorico l'a, paraît-il, entendu la première fois, avant que cette plante fût connue en Europe sous le nom russe de *Báranietz.* On parle d'îles, et on devrait, d'après les indications de Sigismond et celles d'Odorico, songer à quelques îles de la mer Caspienne. On sait cependant qu'une île fabuleuse de l'Inde fut appelée la Djambudwipa, c'est-à-dire l'*île du djambu.*

Ce fruit, très gros, rose, charnu, aurait pu offrir de l'analogie avec la chair d'un animal. On dit dans l'Inde que les fruits du *djambu* sont grands comme un éléphant ; le *djambu* est un arbre du Paradis *céleste ;* les démons, sous la forme de loups, en convoitent le fruit ; ajoutons qu'en sanscrit, un nom du chacal (*canis aureus*) est *djambuka.* Nous verrons, au mot *Chèvre*, que, chez les Indiens, cet animal a fourni le nom d'un très grand nombre de plantes. N'est-il pas probable que le conte, né d'abord dans l'Inde, on il y a effectivement des fruits monstrueux et une flore si riche, en s'appuyant sur la donnée mythique du *djambu* que le *djambuka* ou *chacal* convoite à cause de la douceur du fruit et de sa couleur lumineuse qui ressemble à la sienne, s'est transformé, développé, enrichi, en passant, par les Tartares, en Russie. Remarquons en attendant que Odorico, le premier qui en fasse mention, parle seulement d'une plante qui donne des fruits, des melons *qui ressemblent à un agneau ;* et qu'en Tartarie elle devient déjà une plante qui a la forme d'un agneau, qui s'appelle agneau, qui se nourrit d'herbes, et que les loups mangent. Nous verrons, ensuite, sous le mot Barnacle, de quelle marnière cet animal a pu se transformer en *canard*. Nous ajouterons encore ici, par incident, qu'en italien une pareille confusion serait possible entre le petit oiseau et le petit agneau. La ressemblance entre les mots *augelletto* et *agnelletto* est presqu'aussi grande que celle qui existe en latin entre *avicula* et *ovicula*, ou bien en sanscrit entre *avi* brebis (ovis) et *vi* oiseau (avis) ; mais nous n'avons pas de documents pour prouver que réellement cette confusion se soit produite dans l'Inde.

AGNI. Cf. *Feu.*

AÏAX. Cf. dans le second volume, les mots *Delphinium* et *Hyacinthe.*

AMBROISIE, AMRITA (Arbre de l' —). Nous avons déjà indiqué les rapports qui, d'après la tradition populaire, existent entre l'arbre d'Adam et l'arbre de la pluie. L'arbre de l'ambroisie peut être considéré comme une personnification collective plus générique et plus ancienne des deux arbres, à cause de la double nature de l'ambroisie, qui est à la fois semence de vie, c'est-à-dire sperme génital, et eau régénératrice. On se rappelle sans doute le miracle de la pluie envoyée par Indra dans le *Râmâyana*, où elle n'a pas seulement le pouvoir de rafraîchir et de faire pousser les herbes, mais où elle se mêle avec l'ambroisie[55] et ressuscite les singes tués dans la lutte sanglante contre les démons de Lankâ. Cette eau bienfaisante peut être la rosée du matin tout aussi bien que la pluie du printemps. L'eau et le feu ont eu dans la génération le même rôle fécondant. L'arbre de l'ambroisie, l'arbre qui verse l'eau de vie, est le fécondateur par excellence, et l'une des formes les plus populaires de l'arbre cosmogonique et de l'arbre anthropogonique. Au lieu de l'Océan d'ambroisie en personnifiant davantage le mythe, on avait imaginé l'arbre de l'ambroisie, c'est-à-dire une forme du *parigâta*, l'arbre cosmogonique issu du barattement de l'Océan.

On fait, sans doute, allusion à un arbre pareil dans l'hymne II, 164 du *Rigveda*, où les oiseaux placés sous le même figuier louent tour à tour leur part d'ambroisie, en chantant que la figue suave ne peut être mangée par celui qui n'a pas connu le père (*Tasyêd âhuh pippalam svâdv agrê tan nô 'nnaçad yah pitaram na vêda*) ; par quoi on semble sous-entendre que les fils renouvellent seulement le jeu phallique des pères, et que la figue doit être mangée par ceux qui savent de quelle manière ils sont nés eux-mêmes, c'est-à-dire par ceux qui connaissent le mystère de la génération. Mais, puisque

---

[55] Yuddhakânda, CV, 18-19 : « Evamuktvâ sa çakrastu devarâgo mahâyaçh varshenâmritayuktena vavarshâyodhanam prati. Tataste 'mritasamsparçat tatkshanâllabdhagîvitäh samuttasthurmahâtmânah sarve svapnakshayâdiva. » Nous avons, dans un autre épisode célèbre du *Râmâyana* (celui de Rishyaçringa), un indice évident de l'analogie qu'on voyait entre la pluie et l'*amrita*, ou le sperme immortel. Pour avoir des enfants, on tire de la forêt le chaste pénitent ; dès qu'il marche, dès qu'il sort de sa retraite, la pluie tombe. Je saisis cette occasion pour rappeler une superstition populaire très répandue, d'après laquelle il pleut toujours lorsque les saints ou les prêtres se mettent en mouvement. La croyance (que l'on se moque de nous si on le veut bien) ne peut avoir qu'une origine mythologique, à la fois solaire et météorologique. Le soleil, caché dans le nuage, dans la forêt de la nuit, dans les ténèbres de l'hiver, est une espèce de pénitent, de saint ; lorsqu'il sort de sa retraite, lorsqu'il se meut, la pluie tombe, la pluie ambroisie qui fait repousser les herbes flétries par les ardeurs de la canicule, la rosée ambroisie qui humecte et ranime les plantes et les herbes avant que le soleil quotidien vienne les fouetter de ses rayons, la pluie ambroisie du printemps qui fait repousser toute la végétation.

l'hymne védique nous apprend qu'il s'agit ici d'un figuier (*açvattha, pippala*), nous n'insisterons pas davantage sur cet arbre ambrosiaque, que nous aurons lieu de retrouver sous sa forme spécifique dans la seconde partie de ces recherches. Le paradis du dieu Indra avait cinq arbres : *Mandâra, Paridjâta, Santâna, Kalpav riksha, Haricandana ;* c'est à l'ombre de ces arbres que les dieux jouissent de l'*amrita* ou *ambroisie*. D'après le *Dictionnaire de Saint-Pétersbourg*, le nom d'*amara* ou *immortel* est donné à l'*euphorbia tirucalli* L., et au *tiaridium indicum* Lehhm. ; celui de *amarâ ou immortelle* au *panicum dactylon (dûrvâ amritâ)* et au *cocculus cordifolius (gudûci)* ; *amaradâru* ou *arbre immortel* est le nom donné à la *pinus deodora* Roxb. (c'est-à-dire à la *pinus dêvadâru* ou *pinus arbre des dieux)* ; l'*amarapushpa* ou arbre aux *fleurs immortelles* correspond au *Saccharum spontaneum* L. (*kaça*), au *pandanus odoratissimus (kê-taka)* et la *mangifera indica (cûta)* ; *amarapushpikâ* est un surnom de l'*anethum sowa* Roxb. — *Amrita*, ou *immortel* est le *phaseolus trilobus* Ait. *(vanamudga)* ; *amritâ* ou *immortelle* s'applique à plusieurs plantes indiennes, c'est-à-dire à l'*emblica officinalis* Gærtn. (appelée aussi *amritaphalâ*, celle dont les fruits sont immortels), à la *terminalia citrina* Roxb. *(harîtakî, pathyâ)*, au *cocculus cordifolius (amrâ, amritavalli, gudûci)*, au *piper longum* L. *(mâgadhî)*, à l'*ocimum sanctum (tulasî, apetarakshasî, agagandhikâ)*, à la *cucumis colocyn. (indravârunî)*, à l'*halicacabum cardiospermum (djyotishmatî, gorakshadugdhâ, ativisha, raktatrivrit)*, au *panicum dactylon (amrâ, dûrvâ)*. *Amritaphalâ* ou la plante aux fruits immortels est la vigne *(drâkshâ)* ; la vigne noire ou *kapiladrâkshâ* s'appelle encore *amritarasâ*, c'est-à-dire ayant un suc immortel ; et il est probable qu'il faut reconnaître la vigne dans *le lierre de l'ambroisie* ou *lierre immortel (amritalatâ)* de Bhartriharî. Lorsqu'une strophe indienne[56] nous dit que parmi toutes les herbes la meilleure est l'*amritâ*, il nous semble vraisemblable qu'elle indique spécialement l'*ocimum sanctum* (tulasî), herbe qui a été, dans l'Inde, l'objet d'un culte spécial ; nous ne devons cependant pas oublier ici que le nom de *trinottama* ou *suprême parmi les herbes* et *sutrina* ou *bonne herbe* est donné dans l'Inde particulièrement à une espèce d'*andropogon* appelée autrement *bhûripatra*,

---

[56] Cf. Böhtlingk, *Indische Spüche*, III, 6959.

c'est-à-dire *qui a beaucoup de feuilles*[57]. L'herbe *amritâ* étant, en tout cas, la meilleure des herbes, nous ne nous étonnerons point si le roi des herbes dans l'Inde s'appelle Soma. Le professeur Khun, dans son ouvrage capital sur le feu et le *soma*, a si bien prouvé l'identité de l'*amritâ* et du *soma*, que nous n'avons aucun besoin d'ajouter que le roi Soma pourrait être remplacé sans inconvénient par un roi Amrita qui serait son parfait équivalent. Par conséquent la proposition : l'*amritâ* est la meilleure des herbes, ne serait que la reproduction d'une autre proposition mythologique : Soma ou Amrita est le roi des herbes ; c'est-à-dire, l'essence suprême des herbes est l'ambroisie, le suc éternel, par lequel la végétation, la génération, la vie se renouvellent sans cesse. On a donné à plusieurs plantes, à plusieurs herbes le nom d'immortelle, et le pouvoir de distiller l'eau-de-vie ; mais aucune d'elles ne saurait représenter complètement l'arbre, ou l'herbe de l'ambroisie céleste. Ceci nous explique aussi l'embarras qu'éprouvait Walafridus Strabo, dans son *Hortulus*, pour nous déterminer l'*ambrosia* :

> Haud procul *Ambrosiam* vulgo quam dicere mos est
> Erigitur, laudata quidem, sed an ista sit illa
> Cuius in antiquis creberrima mentio libris
> Fit, dubium est multis. Medici tamen arte suapte
> Hanc utcumque colunt, tantumque haec sanguinis hausta
> Absumit, quantum potus ingesserit alvo.

Dans la *Vetala panchaviņçatî* indienne, l'*amrita* ou ambroisie apparaît comme un fruit. Un dieu le donne à un brahmane mendiant ; la femme du brahmane conseille au mari de le porter au roi, qui l'achète à un très grand prix. Le roi voulant témoigner son amour à la reine, lui en fait présent pour qu'elle en mange et devienne immortelle ; la reine a un amant qui est le chef de la police, et le régale

---

[57] Parmi les herbes auxquelles on attribue la propriété de donner aux hommes la jeunesse éternelle, la *Gaurîkanculikâ* désigne spécialement la *plaumbago zeylanica* et la *vitex negundo* (cf. *Notices of Sanscrit Mss.,* by Râjendralâla Mitra ; n° III. Calcutta, 1871).

d'*amrita* ; l'amant à son tour a une amie à laquelle il offre avec empressement le fruit ; l'amie, dans l'espoir de gagner par là beaucoup d'argent, apporte le fruit au roi, qui, en effet, le paye très cher, et puis devient fort triste en songeant que la reine l'a trompé. Alors, il prend le parti de manger lui-même le fruit et de se retirer dans la forêt pour y faire pénitence. Mais Indra devient jaloux de lui, et envoie un démon occuper le trône abandonné. Le roi, dès qu'il apprend cette nouvelle, marche à la rencontre du démon, lui livre bataille et triomphe de lui ; il va le mettre à mort, lorsque le démon lui raconte la première des vingt-cinq nouvelles qui composent la *Vetala-Panchavinçatî*. Cet *amrita* qui rend Indra jaloux est parfaitement analogue à la pomme, au fruit de l'arbre de vie ou figue d'Adam, et la colère du dieu indien, au courroux du créateur biblique.

Enfin, c'est bien encore un arbre d'ambroisie, cet arbre merveilleux dont fait mention l'*Historia delle Indie Occidentali* de Ramusio, arbre autour duquel se forme un nuage qui remplace la pluie ; le tronc, les branches, les feuilles de l'arbre, chaque jour avant le lever du soleil jusqu'à ce que le soleil monte, font tomber pendant quatre heures, goutte à goutte, une grande masse d'eau qui suffit à désaltérer tous les habitants des Iles du Fer[58]. (Cf. Arbres *pluvieux*).

ANATIFERA. Cf. *Bernacle*.

ANTHROPOGONIQUES (Arbres —). Le langage s'étant emparé de bonne heure de l'image de l'arbre pour se représenter l'homme, la

---

[58] « Non ha la isola del Ferro acqua alcuna dolce né di fiume, nè di fonte, nè di lago, né di pozzo e nondimeno si abita ; perchè il Signore Iddio d'ogni tempo la provvede di *acqua celeste*, senza altramente piovere ; et a questo modo ogni dî dell'anno, una o due hore prima che sia di chiaro, finchè il sole monta su, si dà uno albero che ivi è e dal troncone e dai rami e dalle fronde cade molta acqua ; et in quel tempo sempre si vede stare sopra questo albero una piccola nuvola o nebbia, finchè a due ore di sole o poco meno si disfà e sparisce ; e l'acqua manca di gocciolare ; e in questo tempo che può esser di quattro hore di sole o poco meno, si disfa e sparisce ; e l'acqua manca di gocciolare ; e in questo tempo che può esser di quattro hore si raguna tanta acqua in una laguna fatta a mano a piè di quello albero che basta per tutte le genti dell'isola e per tutti i lor bestiami e greggi. »

poésie populaire ne tarda pas non plus à voir une relation intime et fatale entre la vie de l'homme et celle de la plante. La plante non seulement représente celle qui végète par excellence, mais encore celle qui fait végéter, celle qui enfante l'homme. La plante contient en elle-même les deux éléments les plus nécessaires à la vie, l'eau, c'est-à-dire la sève, le suc végétal, et le feu, c'est-à-dire la matière combustible[59]. C'est de la plante qu'on tire toute espèce de jus, c'est par le bois de la plante qu'on allume le feu. Le principe de la vie est donc essentiellement en elle ; et le langage populaire, dominé apparemment par cette idée fondamentale, a presque toujours et presque partout représenté le développement de la vie humaine avec des images tirées de l'observation de la vie des plantes.

> Rade volte descende per *li rami*
> L'umana probitate,

a dit Dante, en imaginant la famille humaine sous la forme d'un arbre généalogique. Et l'usage des *arbres généalogiques* provient effectivement de cette conception. Ainsi nous disons, en italien, qu'un homme est issu d'un *ceppo* (souche, tronc, chicot, cépée), d'un *stipite* (tige), d'une *stirpe* (race), d'un *lignaggio*[60] (lignage) illustre. D'un mauvais sujet qui dégénère, nous disons : *egli traligna* (proprement, il passe d'un bois à l'autre) ; au contraire, nous disons que la vertu *alligna*, c'est-à-dire qu'elle devient bois. D'un homme solidement bâti, on dit qu'il est bien planté (*ben pianti*), et les *piante* (plantes) dans le langage poétique italien désignent les pieds ; un homme ruiné, réduit à

---

[59] Le professeur Giuliani, dont les beaux livres sur la langue vivante de la Toscane sont si justement appréciés, m'apprend que dans les montagnes de Pistoia le peuple pense que le feu est né de la cime des arbres. Cette croyance a peut-être quelque rapport avec le mythe indien de l'origine du feu et de la descente du ciel, par la foudre, sur les arbres de la génération, mythe qui a été si savamment éclairci par le professeur Ad. Kuhn et par M. Fr. Baudry.

[60] M. André Lefèvre me fait cependant justement remarquer que le français *lignage* dérive de ligne, *linea* ; lignée, *lineata* ; descendre de quelqu'un en *droite ligne*. Puisque le mot italien a, sans doute, la même étymologie, nous n'insisterons point sur notre rapprochement.

la besace, qui ne possède pas le sou, pour les Italiens, est *uno spianta-to* (c'est-à-dire une plante déracinée, un arbre déplanté). Le mot français *race*, si l'opinion de Diez ne s'y opposait, semblerait pouvoir se rattacher au mot *racine* (qui provient de *radicina) ;* quoi qu'il en soit, nous disons avec les Français qu'un sentiment est profondé-ment *enraciné (radicato)* dans l'âme, et par là nous transportons une image du monde végétal non seulement dans le monde animal, mais dans le monde purement intellectuel[61]. Ainsi, il faut *déraciner* le vice et *enraciner* les vertus. Dans les traités philosophiques et prétendus scientifiques du moyen âge, l'allégorie a fait un grand abus de ces images ; saint Fulgence, dans ses Sermons, écrivait que nous som-mes des hommes plantés dans le champ du Seigneur qui nous culti-ve ; l'aveugle de saint Marc voyait dans les hommes des *arbres qui se promènent*[62] *;* un poëte indien compare le brahmane à un arbre qui a la méditation comme racines, les védas comme branches, la vertu et les œuvres pieuses comme feuilles, et qui doit soigner avant tout la racine, sans laquelle il n'y aurait ni branches, ni feuilles[63] ; un autre compare la vie à un arbre qui contient du poison, mais qui produit cependant deux fruits suaves comme l'ambroisie, c'est-à-dire la poésie et le plaisir de causer avec d'honnêtes gens[64]. Dans le *Panch*

---

[61] Pour la terminologie de l'arbre, appliquée en Allemagne à l'homme, cf. Mannhardt, *Baumkultus der Germanen*, Nork, dans sa *Mythologie der Volkssagen und Volksmärchen*, avait déjà remarqué : « Die Abstammung der Menschen ans dem Baumstamm ist in dem *Stammbaum* und im Worte *abstammen* angedeutet. »

[62] *Liber Insignis de Maleficis et eorum Deceptionibus* « Hominis spiritualis *radix* est gratia, fides et charitas ; *stirpes* animae ejus essentia, *rami* potentiae, *gemmae* cogi-tatus, *folia* verba, *flores* voluntates et *fructus* virtutes et earum opera. — Primi hominis figura *arboris* sed eversae similitudinem praefert secundum philoso-phos, quia crines *radicibus* in capite assimilantur, *truncus* pectus et eidem adjacen-tia membra, vero reliqua rami vices habere videntur et operatio talium *fructus* sunt corporei ; unde Marc. VIII legimus de caeco, quem Dominus paullatim juxta fidei suae crementum sanabat, quod primo eius tetigit oculos, et an vide-ret quaesivit : cui ille respondit : *Video homines velut arbores ambulantes.* »

[63] Böhtlingk, *Indische Sprüche*, III, 6165.

[64] Ib., III, 6636.

atantrā[65], un fils qui cause la perte de sa famille ressemble à un arbre creux qui cache le feu par lequel toute la forêt deviendra la proie de l'incendie. Un bon fils, au contraire, est l'ornement de toute sa famille, ainsi qu'un seul arbre en fleur embaume tout un jardin[66]. Par une image semblable, dans l'*Havamal* scandinave, on compare l'isolement d'un homme inutile avec celui de l'arbre solitaire du village qui ne se multiplie et ne se propage point ; et très souvent, chez les anciens scaldes norvégiens et irlandais, on désigne les hommes et les femmes par des noms d'arbres.

L'arbre offrant une telle analogie avec l'homme[67], il n'y a pas lieu de s'étonner si les premiers hommes, d'après la tradition populaire, sont issus des arbres. Nous avons déjà rencontré Adam, le premier des hommes, selon la tradition biblique, placé au milieu des arbres, et qui, par l'arbre, connaît la femme et devient à son tour un générateur. Nous avons aussi indiqué que, dans la forme du phallus, on a pu voir une espèce d'arbre au serpent ; dans la racine, dans la partie inférieure de l'arbre est sa force principale ; aussi c'est du tronc d'un chêne que les enfants piémontais les plus naïfs s'imaginent encore avoir été retirés par leurs mères lorsqu'ils ont vu le jour. Une épigramme grecque de Zona nous apprend que les anciens Hellènes appelaient les chênes *premières mères*[68]. Des croyances semblables existent ailleurs ; en Allemagne aussi, les petits enfants se croient sortis d'un arbre creux, ou d'une vieille souche[69]. Mais tous les ar-

---

[65] I, 152.

[66] Böhtlingk, *Indische Sprüche*, I, 1418.

[67] Il est curieux d'observer que chez les Bushmen existe le même sentiment de la métempsychose du monde animal au monde végétal. « By a glance from the eye of a maiden (probably at a time when she would be usually kept in strict retirement) men became fixed in whatever position they then occupied, with whatever they were holding in their bands etc., and became changed into trees which talked. » *A Brief Account of Bushman Folk-Lore* by doctor Bleek ; London, Trübner, 1875.

[68] Πρότεραι ματέρες ὀντὶ δρύες.

[69] Mannhardt, *Germanische Mythen*. « Im Westphälischen kommen die Kinder gemeinhin aus Brunnen oder Teichen ; in Gummershausen aber holt man sie ans einer hohlen Linde ; in Halver ans einer alten hohlen Buche. In Kückel-

bres ne sont pas, d'après la tradition populaire, également propices à la génération des hommes ; ces arbres doivent, avoir un caractère à peu près sacré. Ce n'est pas au pied d'un aune qu'on ira, par exemple, chercher des petits enfants. L'aune est bon pour les sorcières du Tyrol[70], qui, d'après Mannhardt, s'en font des côtes ; ce ne serait pas un tel arbre qu'on planterait à la naissance d'un enfant ; il serait considéré comme de mauvais augure. En général, en Allemagne, on plante des pommiers pour les garçons et des poiriers pour les filles ; dans la légende de Virgile, nous lisons qu'à la naissance du futur poëte magicien, on avait planté un peuplier[71]. Nous apprenons enfin par Bastian[72] que dans la Polynésie, pour la naissance d'un enfant, on plante un cocotier, dont les nœuds sont censés indiquer le nombre des années promises au nouveau-né. « Dans l'arbre, écrit

---

hausen ist es eine hohle dicke Eiche ; ebenso in Gevelsberg und im Bergischen. In Tirol werden die Kinder ebenso bald aus dem Brunnen, bald aus Bäumen geholt. Zu Bruneck bringt man sie aus dem grossen hohlen Eschenbaum, der bei dem Schiefstand steht, oder sie rinnen auf dem Wasser daher. In Meran wachsen sie auf der Mat (einem Berge) an den Bäumen. Im Aargau heisst solcher Baum geradezu der Kindlibirnbaum, etc. — Bei Nauders in Tirol steht ein uralter Lerchbaum, der heilige Bàum genannt, aus dessen Nähe niemand Bauholz oder Brennholz zn nehmen wagt, bei dem zu schreien oder zu lärmen bis in die letzten Jahre für himmelschreienden Frevel galt. Er soll bluten (cf. *Sang des arbres*) wenn man hineinhackt, und der Hieb dringt zugleich ebensoweit in deu Leib des Frevlers wie in den Baum. Vom heiligen Baume holt man die Kinder, besonders die Knaben. »

[70] *Baumkultus der Germanen*, 116.

[71] « …il sogno eh' ebbe sua madre, il non aver vagito quando nacque, e la grande altezza che raggiunse il ramoscello di *pioppo* (cf. *peuplier*) piantato, secondo l'uso, per la sua nascita. » Comparetti, *Virgilio nel Medio Evo* ; ce peuplier ou arbre de Virgile à son tour devait ensuite être vénéré par les femmes enceintes, « quae arbor, Vergili ex eo dicta atque etiam consecrata est, summa gravidarum ac fetarum religione et suscipientium ibi et solventium vota. » Donatus, *Vita Vergili*, cité par Comparetti.

[72] *Der Mensch in der Geschichte*, III, 193, cité par Mannhardt, *Baumkultus der Germanen* ; et il ajoute : « Die Papuas verknüpfen das Leben des Neugebornen mystisch mit einem Baumstamme, unter dessen Rinde sie einen Kiesel einfügen und glauben mit dem Umhauen würde der Mensch zugleich steben. »

Schoebel[73], l'homme se voyait d'autant mieux lui-même, qu'il croyait être sorti de la terre, à l'instar et sous la forme d'un arbre. Dans le *Bundehesh,* les hommes naissent sous la forme de la plante Reiva (*Rheun ribes*), ch. xv ; dans l'Edda, ils sortent du frêne et du tremble. Enfin, la parole d'Isaïe (XI, I) que la Vierge, la nouvelle Ève, sortira de la racine de Jessé, a donné lieu au mythe artistique qui représente Marie sortant à mi-corps d'un arbre planté dans le nombril du personnage qui fait souche (voir une peinture dans la chapelle de la Vierge, à Saint-Séverin). Un chant du moyen âge, attribué à Heinrich de Loufenberg, dit que Marie est « une tige fleurie du Paradis. » Nous verrons le rôle que l'arbre a joué dans la légende de Buddha (Cf. ce mot). C'est sous l'*arbre aux belles feuilles* où Yama avec les autres dieux boit l'ambroisie, que le premier père des hommes, dans le *Rigveda*[74] évoque *les ancêtres.*

Parmi les arbres d'abondance, nous devons signaler ici tout spécialement le *manorathadayaka* qui croît dans le jardin des Vidyâdharâs, lequel remplit tous les souhaits, mais surtout le désir d'obtenir des enfants[75].

Certains voyageurs italiens ont observé dans le Guzerat un usage fort scandaleux : des pénitents se cachaient près d'un arbre sacré, et l'on en faisait approcher la jeune mariée. L'arbre possédait sans doute une grande vertu anthropogonique, car elle en revenait toujours initiée aux mystères de la maternité[76]. Cet abus tirait certaine-

---

[73] *Le mythe de la femme et du serpent ;* Paris, 1876, p. 106.

[74] « Yasmin vrikshe supalâçe devâih sampibate yamah atrâ no viçpatih pitâ purânân anu venati. » X, 135, I. Cf. *Arbres funèbres.*

[75] Cf. Somadeva, *Kathâsaritsâgara,* II, 84.

[76] Cf. *Viaggi di Pietro della Valle, Lettera I da Surat.* « ... Girano intorno all'albero, chi una e chi più volte ; poi spargono innanzi all'Idolo, chi granelli di riso, chi olio, chi latte e altre cose tali, che sono il loro oblationi e sacrifici senza saugne... A canto al tronco dell'albero, da una banda, ci è fabbricata una cupoletta molto picciola, con entrata di un finestrino assai angusto. Dentro non vidi che vi fosse ; intesi bene esser fama che vi entrassero talvolta alcune donne, che non facevano figliuoli ; le quali, dopo esservi state, per la virtù di quel luogo, riuscivano gravide. » Avec ceci s'accorde ce que Bastiana écrit (*Der Mensch inder Geschichte,* cité Mannhardt, *Baumkultus der Germanen*) au sujet des Nabathéens :

ment son origine de la croyance populaire indienne au pouvoir fécondateur des arbres. La tradition de l'homme né de l'arbre ou de l'arbre humain, n'est pas seulement répandue chez presque tous les peuples aryens et sémitiques, on la trouve encore chez les Sioux[77]. Dans le *Vishnupurâna*[78], une nymphe est appelée « fille des arbres », et un monstre des arbres doit être assimilé au Kabandha du *Râmâyana*, probablement aussi à l'Hidimba du *Mahâbhârata ;* la sœur de ce dernier monstre semble avoir quelques rapports avec les Harpies de Virgile et de Dante. Dans un conte hindoustani, *la Rose de Bakavali*, traduit par M. Garcin de Tassy, on décrit une île où se trouve un jardin « dont les arbres portaient des fruits qui ressemblaient à des têtes humaines », à mesure que le héros s'approche du jardin « ces têtes se mettent à ricaner et à rire, puis elles tombent par terre. Environ une heure après, d'autres têtes semblables parurent sur les mêmes branches. »

Au quatorzième siècle, notre voyageur Odoricus du Frioul, en arrivant dans le Malabar, entendit parler de certains arbres, qui, au lieu de fruits, produisaient des hommes et des femmes ; ces êtres avaient à peine une coudée de hauteur ; leurs extrémités inférieures étaient attachées au tronc même des arbres ; leur corps était frais

---

« Das Propfen (l'inoculation) der Bäume liessen die Nabatäer durch ein schönes Mädchen vornehmen, dent während dieser Operation ein Mann auf unnatürliche Weise beiwohnte. Hier bietet, wenu ich mit Thümmel so ausdrücken darf, die Inoculation der Liebe das animalische Seitenstück zur Oculierung des Baumes und soll als solches den Erfolg desselben fördern. »

[77] Mannhardt, *Baumkultus der Germanen*. « Nach den Sioux, die gleich den Karaiben und Antillenindianern ebenfalls die Stammeltern im Anfange ais zwei Bäume entstehen liessen, standen diese viele Menschenalter hindurch mit den Füssen im Boden haftend, bis eine grosse Schlange sie an den Wurzeln benagte, worauf sie alle Menschen weggehen konnten. Andere Stammsagen der Indianer, z. b. diejenige der Tamanaken in Guyana, welche die Ureltern aus den Kernen der Mauritiuspalme entspriesen lässt (Ausland, 1872), scheinen über die Art und Weise, wie die Trennung der als Bäume geborenen Protoplasten vom Mutterschoss der Erde erfolgte, sich ebensowenig auszusprechen, als die phrygische Sage bei Pindar.

[78] I, 15.

lorsque le vent soufflait, et se desséchait, au contraire, dès que le vent se retirait. Le colonel Yule a trouvé la même tradition chez les Arabes[79]. On ne peut non plus oublier ici ces nains anachorètes, ces Vâlakhilyâs que la légende de Garuda dans le premier livre du Ma-hâbhârata nous représente suspendus aux branches d'un énorme *fi-cus religiosa*. C'est aux branches de ce même arbre que les pénitents Djainas du Guzerate avaient l'habitude de se suspendre, d'après ce que nous apprennent les relations de nos voyageurs dans l'Inde. La tradition des Vâlakhilyâs ainsi que l'usage des pénitents indiens qui en est la conséquence, tient, sans doute, originairement, à l'observation des phénomènes célestes. Dès que le ciel ténébreux et nuageux a été représenté dans le mythe par un arbre immense ou par une sombre forêt, il s'ensuivait tout naturellement que tous les habitants du ciel devenaient, ou des monstres logés dans les arbres, ou des saints faisant pénitence sur les arbres. Le même caractère divin ayant été affecté ensuite à certains arbres et à certaines forêts de la Terre, l'imagination populaire a pu, sans aucun effort, supposer dans les plantes la présence de certains êtres mystérieux, ayant des formes animales.

Nous ajouterons encore ici deux autres légendes orientales, où l'homme et l'arbre nous sont représentés dans leur capacité merveilleuse de s'engendrer mutuellement. D'après une légende populaire

---

[79] « Here we have a genuine Oriental story, related by several Arab geographers, of the island of *Wak-Wak* in the Southern Ocean. Al-Biruni denies that the island is called so « as is vulgarly believed, because of a fruit having the form of a human head which cries *wah! wali!* » (*Journ. Asiat.,* S. IV, t. IV, p. 266). And Edrisi déclines to repeat the « incredible story », related by Masudi on the subject, with the pious réservation : « But all things are in the power of the Most High. » — Il faudrait peut-être mentionner ici ces monstres chinois, dont il est question dans le *Shan-haikinq,* cité par le professeur Charles Puini dans le n° 17 du *Bollettino italiano degli Studii Orientali.* « Nella regione oltre mare, che da Sud-Ovest va a Sud-Est, » vi è tra gli altri « il Paese del popolo pennuto » *Yü-min-kuo,* abitato da gente che ha corpo d'uomo, gambe e braccia, ma, per di più è fornita di ali. » Il est donc probable que ces monstres ailés demeurent sur les arbres comme les Harpies.

qu'Hamilton[80] a trouvée toujours vivante dans l'Inde centrale, les Khatties, peuple dans lequel on a cru pouvoir reconnaître les *Cathaei* d'Arrien, auraient eu cette étrange origine. Du temps, dit-on, où les cinq fils de Pândou, les héros dont le Mahâbhârata a chanté les exploits, étaient devenus les simples gardiens de leur bétail, Karna, leur frère illégitime, allié des Kurouides, songea les priver de cette dernière ressource. Ayant reconnu qu'il ne pourrait employer des guerriers, c'est-à-dire, des nobles, dans une entreprise aussi peu honorable, Karna frappa la terre de son bâton ; le bâton s'ouvrit à l'instant même, et il en sortit un homme, qui s'appela Khat, mot qui signifie, dit-on, « engendré du bois[81] ». Karna l'employa au vol du bétail, en lui garantissant, au nom des dieux, qu'une action pareille ne serait jamais considérée comme un crime ni en lui ni chez aucun de ses descendants. Par suite de cette commode tradition, les Khatties vénèrent toujours la mémoire de Karna, et adorent tout spécialement comme leur dieu national le père de ce héros, c'est-à-dire le soleil, que l'on voit par conséquent représenté dans tous leurs emblèmes. Ici nous voyons l'arbre qui produit l'homme. Dans la *China illustra* de Kircher[82], on reproduit la relation d'un missionnaire italien en Chine, Christophe Burro, où il est fait mention d'une légende cosmogonique chinoise d'après laquelle les herbes et les plantes auraient été engendrées par les cheveux d'un premier géant. (Cf. dans le second volume la légende Indienne de l'*apâmârga*.)

Antoine (Herbes de saint —). Plusieurs herbes tirent leur nom populaire de saint Antoine ; Dodonæus reconnaît dans l'*antoniana* ou *herbe de saint Antoine, la lysimachia siliquosa*. A Rome, du temps de Bauhin, on appelait ainsi la *plumbago* de Pline. Bauhin (*De plantis a divis sanctisve nomen habentibus*, Bâle, 1591) dit qu'il y a six espèces d'herbes de saint Antoine : « Harum plantarum sex species tradit Gesnerus et vocat Epilobia, quidam ad Lysimachias referunt : Idem

---

[80] *Description of Hindoostan*, I, 644.
[81] Cf. l'une des significations que le mot khatva a dans le sanscrit, et la racine *khad*.
[82] Amsterdam, 1687, page 146.

de Col. Stirp., fol. 59, ait : D. Antonii herba, sic dicta, quod igni sacro medeatur, aliqui Lysimachiis adnumerant, ut Fuchsius. » Le même nom a été donné à la *ruta canina* ou *scrophularia tertia*, à la *scrophularia maxima* ou *betonica aquatilis*, à la *prunella* ou *symphytum minus*. Bauhin suppose que sous le nom de *Sancti Antonii napus* se cache le *ranunculus bulbosus*, et sous le nom de *Sancti Antoni nuculae*, le fruit du *staphylodendron*. On se rappelle que saint Antoine anachorète est toujours représenté avec un cochon ; les herbes qu'il est censé protéger semblent être tout spécialement affectées au service de son cochon.

APRILOCHSE. *Bœuf d'avril*, nom d'un démon germanique, qu'on prétend habiter dans les champs au mois d'avril. (Cf. Mannhardt, *Die Korndämonen*, Berlin, 1868.)

ARBRE (l'—). Ce que nous désignons maintenant par un seul mot, dont la primitive signification nous échappe, l'*arbre* (quoiqu'il semble probable que le mot *arbos* [arbor] ait représenté *le croissant*, ce qui croît), a eu dans la langue sanscrite une nomenclature aussi riche que transparente ; en effet, les mots sanscrits *dru, druma, taru, dâru* (Cf. les mots grecs δρῦς et δενδρον, et le gothique *triu*, l'anglais *tree*, l'ancien slavon *drévo*, le russe *dérevo*, le lithuanien *derva*), *rohita* et *vrikhsha*, présentent l'arbre comme *celui qui pousse, celui qui s'élève, celui qui croît*. Par une apparente contradiction, d'autres mots sanscrits, tels que *aga, agaccha, agama, naga*, visent dans l'arbre l'absence de mouvement ; c'est l'être *qui ne marche pas*, c'est-à-dire qui ne quitte jamais, de lui-même, sa place[83].

L'arbre est encore celui *qui boit par les pieds*, par les racines, *pâdapa, anhripa ;* celui qui a des branches, *çâkhin*, ou des feuilles verdoyantes, *palâçin*. Cette abondance de vocables, dont chacun rappelle une des qualités les plus saisissantes de l'arbre, déjà élevé au rang d'idée générale, me semble un premier indice de la curiosité, de l'admiration qu'il excita chez nos ancêtres reconnaissants, sentiments qui, chez

---

[83] Cf. pourtant ce que nous dirons plus loin sur les arbres mythiques qui volent et qui marchent, à propos des arbres *armés ;* cf. *Bois*.

un peuple à la fois primitif et poétique, ont pu très facilement se changer en une espèce de culte et donner lieu tout naturellement à de nouvelles figures de langage. Si nous disions par exemple : immobile comme un arbre, n'ayant point dans notre langage actuel une expression qui nous représente l'arbre comme l'objet fixe par excellence, notre comparaison pourrait paraître étrange ; mais chez les Indiens, où on avait l'habitude, lorsqu'on nommait l'arbre aga ou *naga*, de le voir essentiellement immobile, l'auteur de la *Cvetâçvatara Upanichad* pouvait très bien représenter la fermeté de Rudra (Çiva au ciel) en montrant ce dieu immobile comme un arbre. Nous choisirions, certainement, pour exprimer la même idée l'image de la montagne. Mais pour les Indiens, les arbres et les montagnes avaient le même caractère d'immobilité. Nous apprenons de M. F. Lenormant que chez les Chaldéens on invoquait à son tour la montagne, comme on aurait pu invoquer un arbre, par son ombre : « O toi qui ombrages, seigneur qui répands ton ombre sur le pays, grand mont, père du dieu Moul. »

ARISTEUS. Le médecin divin, élève de Chiron et d'une nymphe des montagnes ; il a découvert l'herbe *silphion*.

ARMEES (— d'arbres). Le ciel tant représenté sous la forme d'une forêt, les nuages et les ténèbres en marche au milieu du ciel prirent l'apparence soit d'une armée ayant des arbres pour enseignes (comme dans le *Macbeth* de Shakespeare), soit de guerriers brandissant et lançant des arbres en guise de massues et de javelots, soit d'un énorme chariot destructeur qui entraîne, déracine, emporte tout dans sa marche effrénée, broie et écrase tout ce qui vient à sa rencontre. La notion mythologique des arbres qui volent est populaire chez les Bushmen de l'Afrique méridionale, d'après un récit que le regretté docteur Bleek a porté à notre connaissance[84] ; l'arbre

---

[84] *A Brief Account of Bushman Folk-lore and other Texts*. London, Trübner, 1875. Nous y lisons ce qui suit : « He (the Mantis) therefore (by piercing the gall of another eland), creates a darkness, into which he springs away ; and returning home in pain, lies down, while the sun is still high. The Suricats eut the eland's

qui vole porte souvent sur lui des armes. Dans le dixième livre de Pausanias, on parle d'une caverne consacrée à Apollon, qui donne aux serviteurs du dieu la force de soulever des rochers et de marcher en brandissant des arbres déracinés. Cette force prodigieuse appartient aussi aux singes *héroïques* du *Râmâyana*, au héros Bhîma du *Mahâbhârata* et à plusieurs personnages des contes populaires russes. Le bruit de ces exploits était aussi parvenu à Don Quijote de la Manchat, qui en faisait un mérite spécial à un chevalier espagnol nommé Diego Perez de Vargas, mais surnommé Machuco, à cause du grand nombre de Maures qu'il avait tués avec un tronc d'arbre « habiendosele en una batalla roto la espada[85] » — Les guerriers, écrit M. Sénart, dans son savant Essai sur la légende de Bouddha, en se reportant au *Bhâgavata Purâna*[86], engagent les uns contre les autres une lutte qui se termine par la destruction de la race entière. L'arme dont ils se servent, ces herbes (*erakâ*) qui se transforment en massues, marquent assez qu'il s'agit d'une lutte céleste[87]. » Nous pouvons encore mentionner ici cet *asipatra* infernal, dont les feuilles, comme le dit le nom, sont des épées, qui croît dans le *naraka*. La forêt d'*asipatra* (*asipatravana*) dont il est parlé dans Manu et Yadjnavalkya, et dans les XIIe et XVIIIe livres du *Mahâbhârata*, ne diffère pas trop de cette forêt décrite au XIIIe chant de l'Enfer de Dante, où

---

flesh into slices, hanging it upon *a tree* to dry, and upon the same tree they hang they weapons (dans le *Mahâbhârata* aussi, Ardjuna cache son arme divine dans un arbre) and their skin clothing. In the night, while they were sleeping, this tree, laden with their possessions, rose up and passed through the air, descending where the Mantis lay. The Mantis and Ichneumon (upon awaking) took possession of their enemies things. »

[85] *Don Quijote*, I, 80.

[86] III, 4, 2.

[87] M. Sénart annote ici : C'est le gui (*mistel*) qui tue Baldur, la paille qui, saisie par Nara, se transforme en hache pour tuer Rudra (*Mahâbhârata*, XII, 13, 274 et suiv.) ; cf. la paille dans l'histoire de Dambhodbhava, le *kuça* qui sert à tuer Véna ; c'est dans le *Kuça* que Garuda jette l'*amrita* qu'il apporte aux serpents (*Math.*, I, 1536) ; les crânes des démons tués par Indra se transforment en *kariras* (a thorny plant) ; *Ind. Stud.*, I ; 412.

Non rami schietti ma nodosi e 'nvolti,
Non pomi v'eran, ma *stecchi con tosco*.

L'*asipatra* est une espèce de roseau, le *scirpus Kysoor* Roxb. ; mais par la description de l'*asipatravana* que nous trouvons dans le dernier livre du *Mahâbhârata*, il est évident que sous le nom générique d'*asipatra* on comprend toute espèce d'arbre épineux destiné à servir comme instrument de supplice, puisque, outre l'*asipatra*, on y nomme plusieurs autres plantes, telles que *Kûta*, (proprement la *pointe*, plante qui n'a pas encore été classée), le *çalmali* (*bombax heptaphyllum*), le *duhçparça* (le difficile à toucher, *hedysarum alhagi*), le *tîkshnakanta* (dont l'épine est aiguë, *datura metel*). Toutes ces plantes on les appelle ensemble *yâtanâs pâpakarminâm*, c'est-à-dire *tourment des malfaiteurs*. L'arbre qui châtie est une donnée mythologique assez populaire. Nous ne pouvons oublier ici ni le mythe biblique, évidemment solaire, de cet Absalon, fils de David, dont les longs cheveux s'embrouillent dans les branches d'un chêne[88], ni la légende de la mort du traître Judas, pendu au figuier. On peut aussi rattacher à ce mythe la fable indienne si répandue du singe qui perdit la vie dans la fente d'un arbre[89], et le mythe védique du sage *Saptavadhri*, que les dieux Açvins ont délivré en brisant par enchantement l'arbre dans lequel il était enfermé[90]. A ce même mythe se rapporte la nombreuse série de contes populaires indo-européens, où il est question d'une jeune fille enfermée dans une caisse de bois. La signification naturelle du mythe nous semble fort transparente ; le héros ou l'héroïne du ciel, c'est-à-dire, dans ce cas, le soleil couchant ou

---

[88] « Accidit autem ut occurreret Absalom servis David, sedens mulo ; cumque ingressus fuisset mulus subter condensam quercum et maguam, adhaesit captu ejus quercui ; et illo suspenso inter coelum et terram, mulus, cui insederat, pertransivit. »

[89] Cf. pour les variétés européennes de ce mythe populaire W. Grimm, *Die Sage von Polyphem* (Berlin, 1857) ; W. Mannhardt, *Baumkultus der Germanen* (Berlin, 1875, pp. 94, 95).

[90] *Bhitâya nâdhamânâya rishaye saptavadhraye mâyâbhir açvinâ yuvam vriksham sam ca vi câcathah* ; *Rigv.*, V, 78, 6.

l'aurore du soir, entre dans la forêt de la nuit, c'est-à-dire dans la caisse ou prison de bois, et les Açvins, les chevaliers d'honneur du soleil et de l'aurore, chaque matin viennent délivrer leurs protégés (Cf. *Bâton*).

ATTIS (Cf. *Pin*). Le mythe d'Attis, amant de Cybèle, qui chaque année perdait sa force génitale et chaque année la recouvrait, était expliqué ainsi par Eusèbe : « Attis signifie surtout les fleurs, qui tombent avant que les fruits arrivent. »

AUMSAU. *Truie du ballot de blé*, nom d'un démon germanique, qui se cache, dit-on, dans le blé.

BATON (VERGE). Le bâton et la verge doivent au symbolisme phallique le grand rôle qu'ils ont joué dans la mythologie. Le professeur Adalbert Kuhn a rassemblé dans son étude capitale sur l'origine du feu un grand nombre de traditions qui se rapportent à cette signification originaire. Le phallus est la verge magique qui donne la vie, le bâton cosmogonique par excellence. La montagne enveloppée par un serpent, dans la cosmogonie indienne, produit l'ambroisie ; le bâton qui s'agite dans la baratte produit le beurre ; le bâton tourné dans le trou d'un morceau de bois produisait le feu chez les sauvages de l'Amérique du Sud[91] ; et, dès les temps védiques, les deux pièces de l'arani, dont le frottement faisait jaillir la flamme, représentaient l'une l'organe mâle, l'autre l'organe fémi-

---

[91] « Prendono un legno lungo due palmi, grosso come il minor dito della mano over come una freccia, molto ben rimondo e liscio, di una sorte di legno molto forte che lo tengono solo per questo servizio, e dove si trovano che vogliano accendere il fuoco, prendono due legni dei più secchi e più leggeri che trovano, e legangli insieme, uno appresso all' altro, come le dita congiunte, nel mezzo delli quali legni mettono la punta di quella bacchetta dura, quale fra le palme delle mani tenendola, la voltano forte, fregando molto continuamente la parte da basso di questa bacchetta intorno intorno fra quelli due legni che stanno distesi in terra, i quali s'accendono infra poco spazio di tempo, e a questo modo fanno fuoco. » Gonzalo D'Oviedo, *Sommario delle Indie Occidentali*, dans Ramusio.

nin[92]. Le phallus, notamment, fut assimilé sans peine à une sorte de bâton animal. Les bâtons de Noël desquels Ducange fait mention[93] sont une réminiscence du bâton phallique. « Jehan Dupont et plusieurs autres, qui avoient soupé ensemble en la ville de Esquiqueville, parlèrent entre eulz de faire aucun jeu par manière d'esbatement ; et advint que ledit Jehan Dupont et ledit Jehan Leston se efforsèrent de tirer un baston l'un contre l'autre, selon ce que on a accoustumé à faire aux jeux de Noels. » Le second Noël de l'année solaire, c'est-à-dire la renaissance, la résurrection, a donné lieu à des usages semblables. Il n'y a pas encore trente ans qu'à Turin, pendant la semaine sainte, les gamins, allaient avec des bâtons frapper les portes de chaque maison, et Wiedemann, dans sa préface à la *Grammatik der Ersa-Mordwinischen Sprache*, nous apprend qu'un pareil usage, très répandu d'ailleurs en Allemagne et en Russie, existe aussi chez la race touranienne des Mardwa, avec cette différence qu'on y frappe les personnes au lieu des portes, et que la cérémonie a lieu le dimanche des Rameaux[94]. Le bâton de Perun (c'est-à-dire la foudre), dont il est fait mention dans une tradition russe du cycle de Novgorod, ouvre le printemps à grands fracas, avec un tumulte de

---

[92] « Wie alt und tief eingedrungen die Vorstellung von der Liebschaft des Purûravas und der Urvaçî ist, ergiebt sich am besten aus dem obscönen Gebrauche, der davon in der Vângas V. 2 gemacht worden ist. Ein bestimmtes Opferfeuer wird durch Reiben zweier Hölzer entzündet ; man nimmt ein Stück Holz mit den Worten : « Du bist des Feuers (cunnus) Geuburtsort », legt darauf zwei Grashalme : « ihr seid die beiden Hoden », auf diese die adharârani (das untergelegte Holz) : « du bist Urvaçî », salbt die uttarârani (das darauf zu legende Holzscheit) mit Butter : « du bist Kraft (semen), o Butter ! » legt sie dann auf die adharârani : « du bist Purûravas » und reibt beide dreimal : « ich reibe dich mit dem Gâyatrî-Metrum », « ich reibe dich mit dem Trishtubh-Metrum », « ich reibe dich mit dem Djagatî-Metrum. » Cf. Weber, *Ind. Studien*, I, 197, et Kuhn, *Herab. d. f.*, p. 71-79.
[93] Au mot *Ludus Natalis*, qui ad Natale Christi agebatur ; Lit. remiss. ann. 1381.
[94] « In der Frühe des Palmsonntags laufen sie mit Ruthen von Haus zu Haus und schlagen die Personen, welche ihnen begegnen. » Cf. *Palmier, Saule, Olivier*.

bataille et de victoire[95]. N'est-ce pas, en effet, au bruit du tonnerre que le soleil du printemps remonte à l'horizon céleste ? La foudre qui brise le rocher du ciel est figurée sur la Terre par ces bâtons qui s'entrechoquent, ou avec lesquels, au printemps, on frappe encore les portes des maisons. Je suppose que les flèches avec lesquelles, dans la légende indienne, Râma châtie l'océan orageux, ne sont qu'une variété des foudres avec lesquelles Indra perce les nuages et traverse les fleuves. Râma lance ses flèches brûlantes sur océan avant de faire jeter le pont qui joint l'île de Lankâ au continent et sur lequel l'armée des singes va passer avec lui[96] ; le bâton lancé par Perun dans la légende russe tombe précisément sur le pont qui traverse le Volkhoff. Il est curieux aussi de voir Xerxès faisant fouetter la mer, parce qu'elle s'oppose à son passage ; les verges, les bâtons, les flèches, les foudres domptent les ondes, les abaissent et permettent au héros solaire de continuer son voyage. L'usage de battre la mer avec des verges pour faire descendre la pluie existait aussi chez les anciens Guanches de l'île de Ténériffe, d'après ce qu'on peut lire dans un beau livre du professeur Mantegazza[97]. Moïse frappe le rocher avec la verge pour en faire jaillir l'eau.

[95] Già li Novogardensi un certo idolo chiamato Perun, in quel luogo nel quale al présente è il monastero, e dal qual luogo Perunzki è chiamato, adoravano e veneravano. Da poi, preso il battesimo, fu levato via del luogo, e nel fiume Vuoloco gettato, e dicono ch' egli, nuotando, trapassò di là dal fiume e appresso del ponte fu udita una voce che disse : « *Haec vobis Novogardenses in mei memoriam,* » e in un medesimo tempo fa gettato un bastone sopra il ponte ; di modo che suole etiandio intervenire in certo tempo dell' arnno, che la voce di questo idolo è udita, per il che li cittadini del luogo mossi, subito là concorrono e insieme con li bastoni si battono,e tanto tumulto e strepito ne nasce che il governatore del luogo con grandissima fatica da tale impresa gli rimuove. » *Commentario della Moscovia* di Sigismondo, libero Barone, tradotto dal latino in italiano, dans Ramusio.

[96] *Râmâyana, Sundarakanda.*

[97] *Rio de la Plata e Tenerife.* « Anche qui come all' Isola del Ferro, quando la secchezza minacciava di negare il pane al povero, il *faycan ordinava* una processione solenne all'uno o all'altro di quei monti. Le bianche vergini aprivano la marcia, mentre la turba teneva dietro con rami d'albero e foglie di palme. Quando le *harimaguadas* erano giunte sulle vette del monte, rompevano con certe cerimo-

Ces verges ont évidemment un pouvoir magique, et la verge magique joue un rôle essentiel dans toutes les mythologies. La foudre annonce le printemps ; la baguette magique découvre les trésors, chasse les vers, les serpents, les démons, les ténèbres. La fée de Perrault, en remettant sa baguette à *Peau d'âne*, s'exprimait ainsi :

> Je vous donne encor ma baguette ;
> En la tenant en votre main,
> La cassette suivra votre même chemin,
> Toujours sous la terre cachée ;
> Et lorsque vous voudrez l'ouvrir,
> À peine mon bâton la terre aura touchée,
> Qu'aussitôt à vos yeux elle viendra s'offrir.

Nous verrons, en parlant du noisetier, que les branches de cet arbre sont spécialement employées pour découvrir des trésors ; mais on attribue encore cette vertu magique à d'autres arbres : « Depuis le onzième siècle, écrit M. Chéruel[98], on trouve mentionné l'usage *de la baguette divinatoire* pour découvrir les sources et les trésors ; c'est un rameau fourchu de coudrier, d'aune, de hêtre ou de pommier. Voici comment on s'en sert : on tient dans sa main l'extrémité d'une branche, en ayant soin de ne pas trop la serrer ; la paume de la main doit être tournée en haut. On tient de l'autre main l'extrémité de l'autre branche, la tige commune étant parallèle à l'horizon. On avance ainsi doucement vers l'endroit où l'on soupçonne qu'il a de l'eau. Dès qu'on y est arrivé, la baguette tourne dans la main et s'incline vers la terre, comme une aiguille qu'on vient d'aimanter. Tel est du moins le récit de ceux qui croient à la

---

nie vasi pieni di latte e di burro, e là si danzava il ballo nazionale. La processione scendeva poi dai monti al mare, *dove si battevano le onde coi rami e colle palme*, alzando al cielo inni lamentevoli e grida disparate. » Est-ce que dans le nom latin *vergiliae* donné aux pluvieuses Pléïades ou Atlantides, il y aurait une réminiscence de ce jeu des verges ? L'étymologie attribuée par Cicéron, Festus et Isidore à ce nom nous semble peu probable : « a vere nomen habent, » dit Festus.

[98] *Dictionnaire historique des institutions, mœurs et coutumes de la France*, 4e édition, au mot *Baguette divinatoire*.

vertu de la baguette divinatoire. Ils ajoutent qu'elle a aussi la propriété de découvrir les mines, les trésors cachés, les voleurs et les
meurtriers fugitifs. »

C'est avec une verge ou flèche semblable, c'est-à-dire avec la
foudre d'or, qu'Indra, dans les hymnes védiques, ouvre la caverne
où les démons, les voleurs, ont caché les vaches, les trésors, les eaux
du ciel, l'ambroisie, les épouses divines. La verge d'or d'Indra, pas-
teur divin, non seulement découvre les épouses cachées, mais elle a
aussi le pouvoir de procurer une épouse à celui qui la désire[99]. Cette
verge est précisément la *virga pastoris*, à propos de laquelle nous lisons dans un petit livre attribué à Albertus Magnus[100], ce qui suit :
« Tertia herba a Chaldaeis Loromborot dicitur, a Graecis Allomot, a
Latinis *Virga pastoris*. Herbam hanc accipe et cum succo mandrago-
rae distempera, et da cani vel alteri animali, et impraegnabitur in suo
genere. De quo foetu si accipiatur dens maxillaris, et intingatur in
cibo vel potu, omnes qui inde potabunt, mox incipient bellum, et
cum volueris delere, da eis *succum amantile*, id est, *valeriae*, et fiet statim pax inter eos. »

Il est évident qu'un mythe phallique a dû pénétrer de bonne heure dans le mythe astronomique et météorologique. Les patriarches,
fondateurs de peuples, ont été des pâtres ; à la verge du pâtre et la
verge du patriarche ont dû avoir la même signification originaire.
Au bâton du pâtre, on attribue un pouvoir magique ; dans la vie des
saints chrétiens, on raconte un grand nombre de miracles dus à la
verge des pâtres ; l'un de ces miracles est celui-ci : le bâton planté
sur le sol y fait croître à l'instant même un arbre puissant[101]. Par le
bâton de Jésus, saint Patrice, d'après les traditions irlandaises, chas-
sa de l'île les vers venimeux. Le Christ est présenté comme le pâtre
par excellence ; les papes, et les évêques à leur tour, deviennent des

---

[99] *Yas te ankuço vasudâno brihann Indra hiranyayah tenâ ganîyate gâyâm mahyam dhehi
çacipate ; Atharvaveda*, VI, 82.
[100] *Libellus De Virtutibus herbarum.*
[101] Cf., entre autres traditions, celles que nous rapportons ici sous les mots *Chêne* et *Oléandre*.

pâtres et adoptent pour emblème la crosse pastorale[102]. Les rois aussi ayant été, à l'origine, considérés comme des patriarches et des pâtres, ont fait du bâton, de la verge, du sceptre l'insigne de la royauté[103]. « *Virga sive* baculus, interpretando, refertur ad virum nobilem, pro modo nobilitatis et roboris ipsius ligni. Si quis baculum gestare, vel ei visus fuerit inniti, talem virum sibi conciliabit ad amicitiam, gloriam atque robur ipsius. Si videre visus fuerit baculum suum fractum vel fissum, si rex est, dilectum sibi validumque servum amittet ; si plebeius, amittet hominem cui maxime fidebat. Si rex aliquem virga percussisse visus sibi fuerit, per hominem quemdam suum bene de illo merebitur qui percussus fuit[104]. » Le bâton est donc à l'origine un symbole phallique comme le *pramantha* védique, et comme le *caducée* de Mercure et la férule de Bacchus[105], puis

---

[102] Selon Polydore Virgile : *De rerum inventoribus*, Lugduni, 1587, la crosse pastorale des évêques rappellerait la verge de Moïse et d'Aaron. « Baculus instar Mosis, seu Aaron virgae datus, populi vitia castigandi potestatem attribuit. » Sur les verges de Moïse, cf. le conte cyclique du moine Andrius, où il est dit : « Et quant vint au matin que Moyses s'esvilla, si vit devant lui une mout bel et grand verge qui fu mise à son cevés et une devers sa destre et une devers sa senestre, etc... » Voir la suite dans Mussafia, *Sulla leggenda del legno della Croce*.

[103] On a retrouvé ce même symbole chez les Guanches. « Presso i Guanches di Tenerife, il re si faceva precedere dal *sigone* che portava l'*anepe*, bastone di comando ornato da una banderuola di giunchi. » Mantegazza, *Rio de la Plata e Tenerife*.

[104] Apomasaris, *Apotelesmata*, Francfort, 1577, page 284.

[105] Sur la *férule* de Bacchus. il est utile de reproduire ici tout le passage qui la concerne dans l'article *Bacchus*, inséré par M. Lenormant dans le *Dictionnaire des Antiquités grecques et latines*, de Daremberg et Saglio : « Plus ancienne et plus constante est l'attribution à Dionysos de la férule, νάρθηξ, entre les plantes des champs non ligneuses, au port d'herbes et de roseaux. C'est un attribut qui remonte à l'origine du culte du Dieu. Il semble qu'il faille le rapporter aux primitives époques aryennes et aux liens qui rattachaient alors le dieu Soma aux rites du sacrifice, car c'est aussi dans une férule que Prométhée dérobe au ciel le feu, et dans ce dernier mythe la férule représente le morceau de bois dont le frottement sert au pontife arya à obtenir la flamme. Pourtant, ceux qui se sont occupés de la botanique des anciens croient pouvoir établir une différence entre la férule de Prométhée et celle de Dionysos. Quoi qu'il en soit, la férule est portée dans les mains de Dionysos, d'où son surnom de Ναρθηκόφορος ; elle

de seigneurie et, enfin, un instrument de punition. « Le roi, dit Ché-ruel[106], portait un bâton ou sceptre, sur lequel on plaça, au quator-zième siècle, une main de justice ; la crosse de l'évêque, la verge de

---

est aussi brandie par ses Ménades et ses Satyres ; et on y voit un symbole d'ivresse divine et d'inspiration, d'où le proverbe ☐ ολλοὶ ναρθηκοφόροι, βάκχοι τε ☐ αῦροι. La tige de cette férule est l'origine du thyrse. Mais quelquefois la fé-rule avec ses rameaux terminés en ombelles, caractérisée d'une manière très exacte, se voit sur les monuments de l'art, tenue au lieu du thyrse par Dionysos, ou par des personnages de sa suite. Sur un vase qui est maintenant au Musée Britannique, un jeune Pan et une Ménade dansent entre deux hautes plantes de férule. » Dans le même article, le savant archéologue français nous offre une description détaillée du thyrse « Il se compose, dit-il, essentiellement d'une lon-gue haste, originairement une tige de *férule,* garnie au sommet d'une bandelette nouée et terminée par une pomme de pin ou par une sorte de faisceau de lierre ou de pampres, quelquefois des deux ensemble ; ce faisceau de lierre se combi-ne aussi avec la pomme de pin qui le surmonte. C'est le sceptre le plus ordinai-re de Bacchus ; c'est aussi l'arme avec laquelle il combat. Tous les personnages de son thiase le portent comme lui et l'agitant dans leur ivresse ; ils s'en servent victorieusement à l'exemple du dieu dans ses guerres. À la place du thyrse, que les pâtres des montagnes et tous ceux qui fréquentaient les orgies nocturnes de Dionysos fabriquaient en un instant avec une branche d'arbre et des pampres ou des lierres enlacés, on portait aussi, dans les fêtes dionysiaques, des rameaux garnis de leurs feuillages et tressés avec des branches de vigne et de lierre ; c'est ce qu'on appelait σκιάδες. Le *Bacchos,* qui avait dû d'abord appartenir au culte de Dionysos, était à l'origine quelque chose d'analogue. Les jeunes arbres déra-cinés en entier que portent quelquefois les Centaures peuvent donner une idée de ceux qui figuraient dans les *dendrophoriae* bachiques. Le thyrse est censé sou-vent cacher un fer de lance sous les feuillages. Sur un bas-relief du Vatican, la pointe de ce fer apparaît ; c'est proprement ce qu'on appelait θυρσόλογχος. Ail-leurs, le thyrse se termine, en souvenir de cette disposition, par une feuille lan-céolée, au lieu d'une pomme de pin. En outre, Dionysos peut porter la lance el-le-même, comme Doratophoros ou Enyalios, et c'est ainsi, avec un petit pa-quet de feuilles au-dessous du fer de la lance, qu'il est figuré dans l'idole devant laquelle on voit les débris d'un sacrifice dans une peinture de Pompéi. » La foudre et le rayon du soleil sont conçus parfois comme phallus, parfois comme verge, massue, flèche, lance, épée.

[106] *Diction. histor. des institutions, mœurs et coutumes de la France.*

l'huissier, la baguette du majordome[107], le bâton du maréchal de France ont le même sens.

Le bris du bâton indiquait la séparation. Aux funérailles du roi de France, lorsque toutes les cérémonies étaient terminées, le grand maître brisait son bâton en répétant trois fois : le roi est mort. On trouve quelques actes du moyen âge écrits sur des bâtons, d'après le témoignage de D. de Vaines. Chez les Francs et même sous les premiers Capétiens, les hérauts d'armes portaient une baguette sacrée ; elle était le symbole de leur dignité comme le rameau d'olivier ou le caducée chez les anciens. On employait aussi la baguette comme symbole dans les contrats. La *baguette*, le *bâton*, la *verge*, la *branche d'arbre* indiquaient la transmission de la propriété. Pour investir le nouveau propriétaire, on lui remettait une branche d'arbre enfoncée dans une motte de terre[108]. La rupture de ce symbole indiquait la dépossession ou la séparation de la famille. « Si quelqu'un,

---

[107] On peut comparer ici l'expression italienne : *comandare a bacchetta* (commander avec la baguette), qui signifie être le maître absolu ; et aussi l'expression française : *à la baguette* (obéir).

[108] On peut comparer ici la touffe de gazon des anciens Féciaux. « Les symboles des Féciaux, écrit Preller dans sa *Mythologie romaine*, appartiennent à cette période primitive où Jupiter était adoré comme un esprit partout présent dans la nature ; ce sont d'abord les *sagmina* ou *verbenae*, une touffe de gazon que les Féciaux recevaient du roi, du consul, et à laquelle ils empruntaient leur caractère religieux. Cette plante était cueillie *ex Arce*, c'est-à-dire sur le sommet du Capitole ; on la coupait avec les racines et toute la motte de terre, usage qui se retrouve chez beaucoup de peuples primitifs et qui signifie partout que la motte de terre consacrée représente tout le sol auquel elle appartient. Ainsi la touffe que le Fécial faisait porter devant lui par un *Verbenarius*, comme un gage sacré de la paix, et dont le contact était indispensable au pater patratus avant qu'il s'engageât dans une affaire quelconque, cette touffe, dis-je, symbolisait tout le Capitole. Nous apprenons par Du Cange qu'un usage semblable vivait encore au moyen âge, où le fétu avait, cependant, pris la place de la verveine et servait à représenter le droit du nouveau propriétaire : « Ne ejusmodi traditionum perirent symbola, asservabantur ea (c'est-à-dire les touffes de gazon) apud donatarios in rei gestae memoriam. Hujusmodi cespites cum sua festuca, ait Wendelinus, multis in ecclesiis servantur hactenus, visunturque Nivellae et alibi, justae magnitudinis, forma quadrata, vel etiam laterculari.

dit la loi salique, veut se séparer de sa parenté et renoncer à sa famille, qu'il aille à l'assemblée devant le dizainier ou le centenier ; que là il brise sur sa tête quatre bâtons de bois d'aulne en quatre morceaux, et les jette dans l'assemblée en disant : Je me dégage de tout ce qui touche ces gens, de serment, d'héritage et du reste. » Le bâton n'était donc pas seulement symbole de commandement, mais encore de propriété. Les suisses de palais ne représentent, en effet, leur maître que par le bâton. Dans une maison de Strasbourg où il n'y a pas de concierge, le maître de la maison s'est fait représenter par deux bâtons sculptés en bronze placés contre les deux piliers de l'entrée. Dans l'Inde, le roi porte le *danda* ou bâton, ou verge, d'où son nom de *dandadhara*. Ce même nom est donné à Yama, le dieu de la justice. Le bâton est aussi porté dans l'Inde par le colonel et par le général d'armée, d'où leur nom de *dandanâyaka* ou bâtonnier[109], par le chef de police, par le juge, par l'huissier et par le concierge du palais. L'usage indien se rapproche donc entièrement des usages occidentaux.

Mais nous avons encore d'autres indices de la continuité de la tradition indo-européenne pour tout ce qui concerne la symbolique du bâton et de la verge. Dans l'Inde, il suffisait du croisement de deux bâtons pour défendre l'entrée d'une maison qui n'avait pas de porte. Le bâton représentait le propriétaire, et il est possible que la superstition populaire ait attribué à ces bâtons un pouvoir magique ; ainsi, dans un grand nombre de contes européens, un bâton merveilleux frappe de lui-même tous ceux qui se trouvent autour du héros ; celui qui le possède n'a qu'à lui commander de frapper, sans faire lui-même le moindre mouvement. Et là encore, ce bâton prodigieux est un symbole évident de la foudre ; le dieu qui la lance reste impassible ; la foudre parcourt l'espace, frappe tout ce qu'elle rencontre et retrouve les trésors perdus ; ainsi, le jeune héros re-

---

[109] Le nom de bâtonnier était donné en France ; au chef de confrérie qui avait le droit de porter le bâton dans les processions. Dans la procession du Corpus Domini, qui se faisait encore à Turin jusqu'à l'année 1853, le cortège des professeurs de l'Université était précédé par un bâtonnier ; mais ce bâtonnier était le portier de l'Université.

prend, par la vertu du bâton punisseur qu'il a ravi au diable, tous les biens qu'on lui a volés ou qu'on a volés à ses frères aînés. D'après un de nos voyageurs dans les Indes orientales, une seule branche d'arbre placée sur la porte d'une maison par les gens de police, suffit pour que personne n'ose quitter la maison, jusqu'à ce que la branche soit enlevée ; toute contravention serait punie de mort ; et une seule branche placée au milieu d'un marché public suffit pour que tous ceux qui se trouvent au marché se considèrent comme prisonniers du roi[110]. Un autre voyageur du seizième siècle, Lud. Barthema, relate un usage semblable. Avec une seule branche, le créancier indien arrête au nom du roi débiteur, en traçant une espèce de cercle magique autour de lui. Le débiteur doit payer *ipso facto*, ou se laisser mourir de faim dans le cercle où son créancier l'a enfermé ; sinon, il sera mis à mort par les agents du roi[111]. Le cercle magique tracé avec la verge des nécromants a de même le pouvoir de faire tomber aux mains du magicien celui qui est entré dans le cercle. La verge, *vindicta*, que le licteur imposait, en présence de *l'assertor servitutis*, sur la tête de l'esclave romain avant de lui donner la liberté était,

---

[110] Vincenzo Maria di Santa Caterina, *Viaggio alle Indie Orientali* : « Per chiudere una casa, basta che si ponghi un *ramo verde*, con precettaria, su la porta ; sin tanto che quello si leva, niuno puol uscire ; chi non obbedisce è reo di lesa maestà. L'istesso succède con le popolazioni intiere. Un ramo in mezzo del mercato cattura tutti li habitanti, niuno si puote più assentare dalla sua terra senza licenza. »

[111] « Quando alcuno deve avere damari da un altro mercatante, apparendo alcuna scrittura delli scrittori del Re, il quale ne tierie ben cento, tengono questo stile. Poniamo caso che uno mi habbia a dare venticinque ducati e molte volte mi prometta darli e non li dia, non volendo io più aspettare, nè farli termine alcuno, vado al principe delli Bramini che son ben cento, qual da poi che si haverà molto ben informato ch'è la verità, che colui mi è debitore, mi dà una frasca verde in mano, e io vado pian piano dietro al debitore, e con la detta frasca vedo di farli un cerchio in terra circondandolo, e, se lo posso giugnere nel circolo, li dico tre volte queste parole : io ti comando, per la testa del maggior delli Bramini e del Re, che non ti parti di qui, se non mi paghi e mi conteti di quanto delibo havere, Et egli mi contenta, over morirà prima de fame in quel Iuoco, ancora che nessuno lo guardi, e, s'egli si partisse dal detto circolo, e non mi pagasse, il Re lo faria morire. »

en quelque sorte, une dernière affirmation du droit seigneurial, de même que l'imposition de l'épée sur la tête ou sur l'épaule du nouveau chevalier devait, il nous semble, symboliser l'autorité souveraine de celui qui le consacrait. L'épée, en effet, a souvent remplacé dans le moyen âge le bâton. Et puisque nous avons et observé que le bâton, avant de représenter le droit de maître, avait exprimé le pouvoir phallique, il n'y a pas lieu de s'étonner de la tradition d'après laquelle les chevaliers du moyen âge, engagés à dormir sur le lit même de la dame qui les recevait en l'absence du mari, plaçaient entre elle et eux une épée qui devait représenter les droits de l'époux absent. On connaît la parodie populaire de ce prétendu usage chevaleresque où le fil de paille, le fétu, vient grotesquement prendre la place de l'épée[112].

La paille, le fétu, en effet, remplace souvent le bâton et la verge. On se rappelle l'étymologie donnée par Isidore au mot Stipulatio : « Dicta est a stipula ; veteres enim quando sibi aliquid promittebant, stipulam tenentes frangebant ; quam iterum jungentes, sponsiones suas agnoscebant. Vel quia in contractibus agrariis stipulam manu tenebant quae agrum integrum repraesentaret. » *Stipula*, la tige, le

---

[112]   Pellegrin che vien de Roma
               'L g'ha rôtt i scarp, e mal ai pè ;
           Riverito signor oste,
               G'hî de loggià sto forestè ?
           — Mi no g'lio che d'un sol letto
               Che l'è per mi e mia miè ;
           Ma se fossi galantomo,
               Ve metterev visin a lè
           — Metteremo on fil de paia,
               On fil de paria tra mi e lè —
           Quand ch'el fû alla matina,
               El fil de paja l'è in fond ai pè.
           — Ah birbon d'ôn pellegrino,
               Te m'è imbroja la nna miè.
           Se scampassi quattrocent' anni,
               No logi pü de sti forestè.

                                        Bolza, *Canzoni popolari Comasche.*

brin, le fil de paille, est évidemment le diminutif de *stipes* (pieu) ; et Festus nous apprend que *stipulari* proprement est l'acte de celui qui *interrogatus spondet stipem*. La *stipula* est un représentant plus petit, plus commode, plus facile à manier, que la verge et le bâton ; mais il est évident que la signification symbolique de la paille et de la verge est la même. En Toscane, le jeu des *stipulae* se fait encore de la même manière que les anciens Romains faisaient leurs *stipulations* ; seulement il y est devenu ou resté un jeu purement érotique. On l'appelle *il giuoco del verde (le jeu de la petite branche verte)*, c'est-à-dire le jeu que l'on fait avec les ramuscules de myrthe, plante chère à Vénus ; et voici comment. Les deux amoureux, quand vient le carême, brisent une petite branche de myrthe en deux parties ; chacun des deux en garde sur soi un morceau, et, dès qu'ils se rencontrent, s'apostrophent l'un l'autre par le cri : *fuori il verde* (tirez votre branche verte). Si l'un des deux manque à l'appel, l'amour se gâte ; si, en revanche, tous les deux tirent ensemble leur branche, leur amour sera béni. Ce jeu dure généralement tout le carême ; le jour de Pâques récompense souvent par un baiser ou par le mariage les deux amoureux qui auront été fidèles et exacts à leur jeu. On m'apprend qu'un jeu pareil se fait en Grèce avec la feuille du platane, que les amoureux partagent en deux parties lorsqu'ils se séparent, pour réunir les deux moitiés de la feuille le jour où ils se retrouveront ensemble. Nous avons parlé de la verge divinatoire ; ici le ramuscule de myrte et la feuille de platane jouent exactement le même rôle, puisqu'ils servent de bon ou de mauvais augure pour le mariage. Ainsi, en Piémont et ailleurs, les enfants consultent encore le sort au moyen des fétus (*festucae*) ; l'enfant qui tire le plus long fétu est le privilégié du sort. Les anciens Romains avaient créé le mot *stipuler*, de *stipula ;* le latin du moyen âge, de *festuca*, avait tiré le verbe *defestucare*. (Cf. Du Cange)[113].

---

[113] *Defestucare* pro *festucam tradere*. Charta Henrici I Ducis Brabantiae pro Coenobio Bruxellensi S. Jacobi in Monte Frigido, ann. 1201 apud Miraeum : « Terram in Rusbruc a censu annuo, ab omni jure suo et ab omni exactione liberam mihi resignavit et *defestucavit*. » *Jactire festucam* i. e. in jus vocare, *festucam* in sinum proiiciendo. Placitum Caroli M. ann. 812. — *Festuca, fistuca* : Signum et symbolum

On trouvera aussi dans Chéruel d'intéressantes explications relatives à la remise du fétu dans la transmission des propriétés[114] : « On conservait le fétu de paille avec soin, et si les engagements n'étaient pas observés, on présentait le fétu en justice. Par la transmission de la paille, on remettait à un autre le droit de poursuivre son affaire devant un tribunal. La paille rejetée était une menace et un indice de rupture. Adhémar de Chabannes dit, en racontant la déposition de Charles le Simple, que « les grands de France, réunis, selon l'usage, pour traiter de l'utilité publique du royaume, ont, par conseil unanime, jeté le fétu et déclaré que le roi ne serait plus leur seigneur. » La *paille* rejetée indiquait encore une renonciation à la foi et hommage. Galbert, dans la *Vie de Charles le Bon, comte de Flandre*, raconte que les vassaux déclarèrent qu'ils renonçaient à la foi et hommage en rejetant le *fétu* (*exfestucantes*). De là l'expression proverbiale : rompre *la paille* ou *le fétu avec quelqu'un*, pour indiquer la rupture de l'amitié[115].

---

traditionis vel translatae possessionis, quam tradebat emptori venditor, aut qui modo quovis rei possessionem in alium transferebat. — Et quidem ejusmodi chartis *stipula* seu *festuca*, ut legitimae essent, inserebatur, unde *stipulatio dicta*. Existimant alii *fistucam* idem valere ac *fustem seu baculum*, quo investiturae passim factae leguntur (ejusmodi est ligni frustum, longitudine semipedale et crassitudine unciale aut circiter, in Chartophylacio ecolesiae Paris. asservatum). Alii denique Francos nostro hac voce allusisse volunt ad *stipulationem* de qua Jus Romanum, quam Isidorus lib. 5, Orig. a *stipula* deductam opinatur. — Vetus Charta longobardica apud Ughellum, tom. 3 (*Italia, sacra*) « Omnia quae supa leguntur legitimam faciunt vestituram per cultellum, fistucam nodatam, wantonem et wasonem terrae atque ramum arboris, me exinde foras expuli et werpivi et absitum feci, et ipsius ecclesiae Monasterio ad proprietatem ad habendum concessi. » Charta ann.997 apud Mabill. tom. IV, *Annal.* : « Quam traditionem atramentario, penna et pergamena manibus suis de terra levatis, lege Salica fecit per fistucam *nodatam*, ramum arborum atque per cultellum et guasonem. »

[114] *Dictionnaire Historique des institutions, mœurs et coutumes de la France.*

[115] Nous ne devons donc pas nous étonner que la paille ait été, en 1652, un signe de ralliement pour les frondeurs. Une mazarinade du 31 mai 1652, dit Chéruel lui-même, est intitulée *Statuts des chevaliers de la paille* et commence ainsi :

Tous les chevaliers de la paille

Au moyen âge, on étendait de la paille en guise de nattes et de tapis, même dans les palais des souverains. On trouve dans un chroniqueur de cette époque, Albéric de Trois-Fontaines, une anecdote qui, en faisant allusion à cet usage, rappelle que la paille était un signe d'investiture, et comme on disait alors de *saisine*. Il raconte que, quand Guillaume le Bâtard vint au monde, la sage-femme qui le reçut le posa un instant sur la paille dont la chambre était jonchée. L'enfant ayant alors saisi un peu de cette *paille*, et la sage-femme ayant eu de la peine à la lui enlever : *Parfoi*, s'écria-t-elle, *cet'enfant commence jeune à conquérir*! On sait que ce bâtard fut le conquérant de l'Angleterre. La vérité de l'anecdote importe peu ; il ne s'agit que de constater un usage.

Nous avons reconnu un symbole phallique dans la verge et le bâton ; peut-on refuser la même signification à ce fétu de paille dont on faisait un anneau pour les jeunes gens qui avaient péché ensemble avant d'accomplir la cérémonie religieuse du mariage[116] ? C'est ce que nous apprend Du Breul dans ses *Antiquités de Paris*[117] : « Quand, à la cour de l'official, il se présente quelques personnes qui ont forfait en leur honneur, la chose étant avérée, si l'on n'y peut remédier autrement, pour sauver l'honneur des maisons, l'on a accoutumé d'amener en ladite église (l'église Sainte-Marine, une des plus petites de Paris) l'homme et la femme qui ont forfait en leur honneur, et là, étant conduits par deux sergents (au cas qu'ils n'y veulent pas venir de bonne volonté), ils sont épousés ensemble par le curé dudit lieu avec un anneau de paille. » À Pésaro, le jeune paysan, lorsqu'il désire demander en mariage la jeune fille qu'il aime, ôte du pailler un fétu de paille et, en le lui montrant, lui demande si elle veut entrer dans sa maison. Dans le traité de morale de Tiruval-

---

Estant receus sont avertis
D'exterminer cette canaille
De Mazarins, grands et petits.

[116] En Allemagne, on répand de la paille hachée sur le chemin que doit parcourir la jeune fille qui n'est plus vierge lorsqu'elle se rend à la cérémonie du mariage. Cf. Kuhn und Schwarz, *Norddeutsche Sagen, Märchen und Gebräuche*.

[117] P. 98, cité par Chéruel.

luvar, je trouve ce proverbe du Dekhan : « Le seul salut des amourettes au désespoir est un cheval fait avec des branches de palmier. » Ce proverbe s'explique par un usage du Dekhan où le prince oblige au mariage la jeune fille dont le prétendant repoussé se présente au palais déguenillé et blessé, en chevauchant des branches de palmier[118]. Le bâton, le fétu, et les branches de palmier semblent avoir la même signification ; l'arbre phallique est représenté par une de ses parties ; ainsi, le jeune prétendant des Abruzzes, pour savoir si la jeune fille l'aime et l'accepte comme époux, dépose à la porte de sa maison un tronc de chêne : si la jeune fille le retire, le jeune amoureux prend courage et entre dans la maison ; si elle le laisse à sa place, le prétendant le reprend et se retire en bon ordre[119]. En Piémont on appelle *bacialer* (bachelier) le messager d'amour. On sait que le mot *bachelier* est tiré de *baculus* : c'est avec le bâton phallique de Mercure que l'ambassadeur d'amour se présente pour demander la main de la jeune fille, au nom de son prétendant. Nous apprenons qu'en Bretagne, le *bazvalan*[120], et en Hongrie le médiateur de mariage, arrivent chez la jeune fille convoitée avec une baguette ornée de rubans et de fleurs. Ce bâton est évidemment une espèce de *maio*, ou *maggio*, mot auquel nous devrons consacrer plus loin un article spécial.

Le bâton, la verge, la branche, le fétu, reviennent donc à leur primitive signification phallique. Les rayons du soleil et la foudre ont joué ce rôle au ciel. Le triomphe du phallus a été le triomphe de la lumière. Le phallus pénètre dans les lieux secrets, découvre la retraite du démon noir, et le chasse, en faisant sortir la vie lumineuse des ténèbres, du chaos. La force répulsive du bâton, de la verge mythologique est telle, que les éclats mêmes de cette verge d'or ont le pouvoir de chasser les démons, les monstres, les vers venimeux.

---

[118] L'évêque de Côme, en Lombardie, il y a à peine quelques années, avait l'habitude d'envoyer à la première épouse noble qui se mariait après le dimanche des Rameaux, la branche de palmier dont on lui faisait hommage pour la semaine sainte.

[119] Cf. notre *Storia comparata degli usi nuziali* ; 2ᵉ édition, Milan, 1878.

[120] Cf. de La Villemarqué, *Barzaz Breiz*.

C'est ce que nous apprend l'*Atharvaveda*[121], où l'on invoque le bois de dix espèces (c'est-à-dire, comme on doit supposer, dix petites branches, ou tiges, ou éclats de bois de dix essences différentes, auxquelles on attribue un pouvoir vermifuge, réunis ensemble pour en tirer, probablement, un au sort[122]), afin qu'il délivre le malade du monstre, de la *grâhî* qui l'obsède, et le rappelle à la vie. Wuttke[123] mentionne à ce propos, un usage allemand : le bois, ici, est de neuf espèces, et l'on exige que les arbres d'où le bois est tiré ne portent pas de fruits à noyau. Mannhardt a retrouvé ce même bois de neuf espèces employé chez les Slaves contre les petits vers rouges qui rongent les intestins[124]. Le rayon du soleil et la foudre (arbre et vierge d'or) éloignent les démons ; les bûchettes de cette verge d'or sont elles-mêmes d'or, et ont la même propriété bienfaisante que l'arbre tout entier. Elles écartent le mal et en même temps, comme on le voit par un conte germanique[125], se transforment en une pluie d'or, se changent en monnaies d'or.

---

[121] II, 9.

[122] Des dix personnes qui devaient prendre part au jeu, chacune devait probablement murmurer la formule de l'*Atharvaveda*, et tirer un des dix morceaux de bois ; il est possible que celui qui tirait la bûchette la plus longue ait été choisi pour toucher le malade.

[123] « Man bricht von neun verschiedenen Bäumen, die kein Steinobst tragen, kleine Stücke, die unter Gebetsformeln in ein Gefäss mit Wasser geworfen werden ; dadurch wird die Sucht des Kranken gebrochen. » *Der deutsche Volksaberglaube der Gegenwart.*

[124] « Wenn jemandem in Masuren die *Krazno lutki* (Fettleute), kleine rothe Würmer, in den Eingeweiden an der Lunge zehren, so schneidet man etwa 40 Paar Hölzchen von neunerlei Holz (Kaddik, Erle, Birke u. s. w.), dieselben müssen jedoch unter einem Aestchen abgeschnitten sein, so dass Sie mit diesem die Gestalt eines Häckchens bilden, übergiesst den Kranken tnit einem Kübel warmen, bei abnehmenden Licht aus fliessendem Rinnsal geschöpften Wassers und wirft die Hölzchen paarweise hinein. Dann wäscht man den Leidenden (besonders die Ohren, Nasenlöcher, Achseigruben und Kniekehlen) und sieht nun nach, wie viele Hölzchen oben im Wasser schwimmen, und wie viele zu Boden gesunken sind. » *Baumkultus der Germanen.*

[125] « Einem Waldweibchen war der Schiebkarren gebrochen. Sie bat einen Vorübergehenden ihr denselben auszubessern.Während dies geschah, steckte sie

La seule apparition de certains bâtons luisants a pu, d'après une légende populaire, faire croire, le jour de la bataille, à certains héros écossés qu'ils avaient combattus en présence des anges[126].

Dans le livre attribué à Sidrach[127], un véritable ange du ciel apparaît à Sidrach et lui enseigne le moyen de chasser le diable, lequel, irrité à cause de la destruction des idoles, avait soulevé une tempête. « Sidrach, lui dit l'ange, prends de l'eau de ce pot, et jette-la aux quatre coins du pavillon, au nom de la Sainte Trinité ; et prends aussi ces deux bâtons ; frappe-les l'un contre l'autre, au nom du Dieu tout-puissant ; le diable alors sera perdu. » Alors, un ange vient brûler les idoles, et Sidrach explique que les deux bâtons frappés l'un contre l'autre représentent les hommes saints qui seront les disciples du fils de Dieu. Le missionnaire Vincenzo Maria da Santa Caterina, qui visitait l'Inde dans la seconde moitié du dix-septième siècle, nous apprend dans sa relation que les sages indiens portent un bâton, par lequel ils prétendent éloigner toutes les séductions, toutes les tentations et tous les maux[128]. D'après le *Grihyasûtra* de Açva-

---

ihrem Helfer eifrig die herabfallenden Späne in die Tasche. Der warf sie verächtlich heraus, einige wenige aber, welche er nicht beachtet, hatten sich am andern Tage in harte Taler verwandelt. Die nämliche Sage erzählt man in allen wesentlichen Stücken übereinstimmend von Frau Gauden, Holla und Perchta, sie lassen sich ihr zerbrochenes Gefährt (Wagen oder Pflug) zimmern, oder einen Pfahl zuspitzen, oder arbeiten selbst daran, so dass die Späne fliegen. Diese herabfallenden Splitter werden schieres rothes Gold. » Mannhardt, *Baumkultus der Germanen* ; cf. W. Schwartz, *Der heutige Volksglaube und das Heidenthum.*

[126] « Sunt quaedam quae noctu dumtaxat lucent, ut quaedam gemmae, oculi quorumdam animalium, lampyrides vel cicindelae, *ligna putrida*, quibus pueri sodales suos ita interdum terrent, ut sibi videantur malos spiritus aut flammantes viros videre. Hector Boëthus scribit regem quemdam Scotiae certos homines subornasse, qui squammis fulgentibus induti et *putridis lignis pro baculis armtati* suis principibus et nobilibus noctu apparuerint, et ad fortiter pugnandum contra hostes eos adhortati sint, eisque victoriam promiserint. Illi existimantes se *Angelos* vidisse, rem fortiter gerentes victoria potiti sunt. » Lavater, *De spectris, Lemuribus variisque Praesagitionibus* ; Lugduni Batav., 1659, p. 57.

[127] *Libro di Sidrach*, pubbl. da Adolfo Bartoli ; Bologna, 1868, p. 30-31.

[128] « Portano una canna in mano, con la quale dicono che scacciano tutti li diletti, tentazioni e pretendono tenere lontani li travagli. »

lâyana, le brâhmane portait un bâton fait de bois de *palâça*, le guerrier un bâton fait de bois de *udumbara* et l'agriculteur un bâton fait de bois de *vilva* (ou *bilva*). Lorsque le maître donnait sa licence au disciple, en lui remettant le bâton, il lui disait : « Tu es une canne, tu es né de l'arbre ; protège-moi maintenant de tous les côtés. » Le même auteur indien nous décrit une autre cérémonie qui avait lieu lorsque le disciple prenait congé de son maître. Il s'approchait, du côté nord-est, d'un arbre dont le bois était propre pour le sacrifice, il en détachait une tige verte, s'il voulait obtenir de la force et de la nourriture, et une branche sèche s'il désirait une splendeur divine ; la tige verte et la branche sèche, s'il ambitionnait les deux choses à la fois. La signification spéciale de ce rite védique m'échappe.

BAUMESEL (*Ane des arbres*), nom donné en Allemagne à un certain démon des arbres.

BERNACLES (Arbre aux —). En parlant de l'arbre *anthropogonique*, nous avons fait mention, d'après Beato Odorico XIVe S.), de ces arbres indiens qui produisent, en guise de fruits, des têtes d'hommes et de femmes. A la même série de fictions appartient l'arbre-agneau des Russes, connu d'ailleurs dans l'Inde, le récit d'Odorico en fait foi. La tradition populaire a varié à l'infini ces fructifications merveilleuses ; elle a changé souvent en oies, en canards, en cygnes, les apsarâs filles de l'arbre, les dryades, les nymphes, les samodives, les sorcières, les harpies.

Quand on cherche l'origine de l'arbre aux oiseaux, aux canards, il semble qu'on ne puisse beaucoup s'égarer si on la demande à cette même terre de l'Inde où sont nés l'arbre aux agneaux et l'arbre aux têtes humaines. Dans notre *Mythologie Zoologique*, nous avons tâché d'expliquer la signification mythique du *pied d'oie* affecté à certaines déesses, à certaines femmes héroïques ; ici, pour nous borner à des données botaniques, nous ajouterons que dans l'Inde on a appelé *pied d'oie, hansapadî* et *fournie des oies* ou *hansavatî* une espèce de sensitive, la *cissus pedata* Lam. Le professeur Max Müller pense que le conte de l'arbre aux *bernacles* ou *barnacles* ne se répandit en Europe qu'entre le seizième et dix-septième siècle, après la description qu'en donna, non sans une pointe d'ironie, vers la fin du quinzième, le pape Pie II, dans son livre sur l'Asie et sur l'Europe[129]. Mais la même histoire était déjà connue d'Odorico ; on lit dans son voyage aux Indes : « ène nel reame d'Inghilterra o di Scozia che dicono che sono *albori che fanno uccelletti.* »

Max Müller, dans son intéressant Essai sur les *barnacles,* a tâché d'expliquer par une équivoque verbale la localisation du récit dans la Grande-Bretagne. Il pense donc qu'on a confondu les canards *barnacles* (il suppose ce mot dérivé de *hiberniculae, hibernicae*) avec les coquilles *bernaculae,* dans lesquelles, par une observation superficielle et grossière, on aurait pu, à la rigueur, voir les premiers rudiments d'un oiseau. Cette explication ne nous paraît pas rendre un compte suffisant du mythe relatif à *l'arbre qui produit des oiseaux.* Ceux qui l'ont recueilli n'ont jamais parlé de l'Irlande, mais seulement de l'Angleterre et de l'Écosse ; d'ailleurs, à notre connaissance, on n'a jamais fait des canards irlandais une espèce à part ; et il est difficile de supposer que le diminutif *hibernicula* soit devenu un nom du canard, de la bernacle. Si l'on accepte l'étymologie pour la bernacle, nul moyen de la récuser pour le mollusque, pour la coquille *bernacula* ; la difficulté demeurerait la même. Le texte d'Odorico établit que le conte de l'arbre anglais ou écossais qui produit des oiseaux existait en Europe avant le quatorzième siècle ; le nom, cependant, de *bernacle* ne lui est, à ce qu'il paraît, encore point connu ; Pie II, non plus, qui fait mention de *canards,* ne les nomme pas d'après leur nom anglais. Il me semble donc peu probable que le conte mythologique soit dérivé de l'équivoque anglaise sur le mot *bernacle.* Ce

---

[129] « On nous a rapporté, dit-il, qu'en Écosse, il y avait sur le rivage d'un fleuve un arbre qui produisait des fruits semblables à des canards ; ces fruits, lorsqu'ils étaient mûrs, tombaient sur le rivage ou dans l'eau ; ceux qui tombaient sur la terre pourrissaient immédiatement ; ceux qui tombaient dans l'eau s'animaient, s'ornaient de plumes et s'envolaient ; ce que, dans le désir d'atteindre la vérité, nous avons voulu approfondir ; mais nous devions bien savoir que les miracles s'éloignent, dès qu'on veut les examiner de près, et que l'arbre merveilleux ne poussait déjà plus en Écosse, mais dans les îles Orcades. »

mot, que nous tâcherons plus loin d'expliquer, a pu contribuer à développer la fable et à lui donner une certaine couleur locale : mais il est permis de croire à une origine beaucoup plus ancienne et, à ce qu'il me semble, quant à la donnée essentielle, entièrement mythologique. Quelque ressemblance grossière a pu faire nommer certaines plantes d'après les animaux qu'elles semblent représenter, et localiser le mythe dans différentes régions de la Terre ; mais il ne faut pas, même dans ces cas, perdre entièrement de vue la donnée générale et fondamentale. Quant à l'arbre qui produit des oiseaux, il s'explique mieux que tout autre. Puisque les oiseaux peuplent les arbres, il était naturel de penser que les arbres eux-mêmes produisaient des oiseaux. De plus, entre l'oiseau et l'arbre l'équivoque du langage a suggéré une autre analogie intime. Le mot indien *parnin* signifie *celui qui a des feuilles* et celui qui *a des ailes ; les oiseaux* (vayas) bariolés qui portent les deux açvins, dans le *Rigveda* (VIII, 5), sont appelés *parnimas* (ailés) ; et *purnin*, dans le *Mahâbhârata* (XII, 5858), est l'*arbre* considéré comme *feuillu*. *Purnin* (et *paranikâ*) est aussi le nom de la *butea frondosa ; parniní* désigne une nymphe, une dryade, une *apsarâ* qui, sans doute, a des ailes[130].

Rien de plus facile pour un Indien que l'équivoque entre l'arbre et l'oiseau, et la conception de l'arbre qui se change en oiseau ou qui produit l'oiseau, puisque *arbre* et *oiseau* ont reçu dans l'Inde le même nom de *parnin*. Nous avons ailleurs des preuves dans les contes orientaux que la notion de l'arbre qui produit les oiseaux est popu-

---

[130] Dans le nom de Çakuntalâ, qui était celui d'une nymphe, d'une apsara, avant de devenir celui de l'épouse du roi Dushyanta, est renfermé le nom d'un oiseau (çakunta) ; le *Mahâbhârata* prétend que la fille de Viçvamitra et de la nymphe Ménakâ s'appelait ainsi parce quelle avait été gardée par des oiseaux dans la forêt. — On pourrait aussi rapprocher ici les deux mots védiques *vayâ*, la *branche de l'arbre*, et *vayas*, le *petit oiseau*. L'*Atharvaveda* classe les oiseaux en *hansâh* (anseres, canards), *suparnâh* (aux belles ailes), *çakunâ* et *vayânsi*. Les *hansds* sont aussi distingués des autres oiseaux dans cette strophe : *vayansi hansâ yd vidur yâçca sarve patatrinah*. On sait que les oies et les canards de l'Inde et de la Chine donnent les plus petites, mais les plus jolies espèces, celles dont les couleurs sont les plus brillantes. C'est une donnée de plus, il me semble, en faveur de l'origine orientale de la tradition de l'arbre aux petits canards.

laire en Orient. Le jeune héros de la *Rose de Bakavali*, est-il dit, « se trouva dans un jardin de *grenadiers*, dont les fruits ressemblaient à des pots de terre. Dès qu'il en eut pris et qu'il les eut ouverts, il en sortit des oiseaux des plus jolies couleurs, qui s'envolèrent aussitôt. » Dans la *China illustrata*, de Kircher (Amsterdam, 1867), il est fait mention d'un lac et d'une plante qui produisent des oiseaux. (Pag. 178) : « Dicitur Lacus Vuting in provincia Hunna esse *Hociniao* dictus, id est, *generans aves*, undique arboribus pulchre septus ; quarundam harum arborum hanc proprietatem esse ajunt ut *folia* in eum prolapsa continuo in nigras mutentur *aviculas* (n'aurions-nous pas ici une équivoque semblable à celle qui existe en sanscrit, ou le mot *parna* signifie *feuille et aile ?*), tanta cum admiratione ac stupore accolarum ut spiritus esse credant : ita ex *Sinica Geologia* pater Martinius. » (Pag. 198) : « Dicitur in Suchuen provincia *avicula ex flore Tunchon nasci ;* quae proinde Tunchonsung sinice apellatur ; hanc Sinae dicunt vitam suam mensurare ad vitam floris, quo intereunte et ipsa avicula intereat ; est et tanta quoque colorum varietate a natura dotata ut alarum remigio aerem tranans florem expansis foliis pulchre exprimat. »

Nous avions donc ici deux traditions, l'une orientale, l'autre occidentale, sur l'arbre dont les fruits sont des oiseaux ; ces oiseaux étant des canards, il leur faut de l'eau pour boire ; dans la tradition chinoise, nous avons un lac entouré d'arbres dont les *feuilles* se changent en *oiseaux ;* nous avons dit que le mot indien *parna* signifie *aile* et *feuille*, et que le mot *parnin* signifie *oiseau* et *arbre ;* nous insistons sur ce rapprochement parce que, jusqu'à preuve du contraire, nous croyons qu'il s'agit, comme pour ie *baranietz*, du même récit indien enrichi par les Tartares et communiqué par eux à la Chine et à l'Occident ; quant à l'occident, nous pourrions même le soutenir d'une manière absolue. Une fois le conte oriental parvenu en Europe, puisqu'il était question d'oiseaux aquatiques, de canards, on choisit une île, l'île la plus illustre parmi les gens du Nord, l'*England*, l'*Angleterre*[131] qui au moyen âge passait pour un pays fabuleux, pour un *Engel-land* (pays des anges), pour un paradis terrestre, où des arbres comme celui qui produit les *barnacles* étaient à leur place. Mais est-ce bien un mot anglais que ce nom de *barnacle* appliqué aux canards ? Les lecteurs anglais, si j'ai l'honneur d'en avoir, pourront aisément me renseigner et me prendre en faute si je me trompe. Mais puisque, dans le conte oriental sur l'arbre qui produit l'*agneau*, sur le *baranietz*, cette plante fabuleuse pousse aussi, d'après le baron Sigismond, *dans une île*, il est possible que la signification du mot russe *baran* (agneau) et de son diminutif *baranietz* (petit agneau) se soit perdue et qu'on n'ait plus vu dans le mot *baran* l'*agneau*, mais un animal aquatique, un canard, et que quelque chroniqueur européen du moyen âge, en latinisant le diminutif slave *baranietz*, en ait fait un diminutif latin *baranicula*, d'où se serait formé le terme anglais *barnacle*, ou bernacle, appliqué à un canard imaginaire. Un indice de cette confusion, nous l'avons déjà chez le même Odorico, lorsqu'il mentionne dans son livre la plante qui produit des oiseaux à côté de la plante qui produit un agneau. Ceci pourrait être une explication ; mais le passage de l'arbre qui produit l'*agneau* et l'arbre qui produit *les petits oiseaux* a été encore possible et selon moi probable, par une autre méprise. Quelque chroniqueur latin a dû traduire le mot slave *baranietz* en latin, par *ovicula ;* on a pu rapprocher le mot originaire et la traduction latine *baranietz-ovicula*, dont on a fait ensuite, ne comprenant plus le mot *baran, baranavicula, baranicula, barnicla, bernacle ;* le jeu de mots serait né de la confusion facile entre *ovicula*, petit agneau, et *avicula*, petit oiseau. Le mot slave ajouté au latin aurait ainsi créé un hybride *bernacle*. Le professeur Max Müller, qui a si profondément étudié les évolutions du langage, n'aura pas de peine, j'ose l'espérer, à admettre l'étymologie que je propose pour le mot *barnacle* appliqué aux canards, et m'excusera en même temps si,

---

[131] Au temps d'Odorico, on disait l'Angleterre ou l'Écosse ; au temps de Pie II, on renvoyait l'investigateur désillusionné encore plus loin, aux îles Orcades, toujours cependant à des îles, puisqu'il s'agissait de faire boire les canards.

malgré le vif intérêt avec lequel j'ai lu son *Essai*, j'ai dû arriver à des conclusions si différentes des siennes.

BERNAVI. Dans la *Thaumatographia naturalis* de Johnston (Amstelodami, 1676), nous lisons ce qui suit, au sujet de cet électuaire fabuleux : « Bernavi electuarium quoddam est a vicinis Indis confectum (Cf. dans le second volume une description semblable sous le mot indien *dhatura*), de quo Alpinus haec habet. Ab assumta istius electuarii uncia, homines primo hilares fieri incipiunt, multaque loquuntur et canunt amatoria, multumque rident, aliaque deliramenta lacta produnt ; quae amentia fere per horae spatium durat. Ab hac iracundi statim flunt, in iramque praecipitantur, effrenesque redduntur, in qua parum persistunt. Demum sic tristari incipiunt, tantoque moerore et timore anguntur ut continuo plorent, donec his deliramentis lassati somno corripiantur et, medicamento per somnum devicto, ad pristinam sanitatem redeant. » Cf. le *mot Mémoire*.

BOCKMANN. *Homme-bouc* est le nom donné en Allemagne à un monstre qui effraye les petits enfants qui se rendent dans la forêt ; une espèce de *satyre*, de *sylvain*, d'*homme sauvaqe*. Dans un conte populaire toscan inédit, une jeune fille, nommée *Piera*, s'habille en homme et va prendre service en qualité de garçon d'écurie au palais du roi. Les autres serviteurs, jaloux, se mettent d'accord pour le perdre, et vont rapporter au roi qu'il s'est vanté de pouvoir rapprocher, s'il le voulait, du palais royal un magnifique château du voisinage que le roi convoitait. Le roi menace le garçon d'écurie de lui faire couper la tête, s'il n'exécute pas la promesse qu'on lui attribue. Piéra se désespère. Un soir, elle allait puiser de l'eau pour les chevaux à la fontaine, lorsqu'elle rencontra une bonne vieille fée qui, pour la consoler, lui enseigna la manière d'accomplir les volontés du roi. S'étant fait donner deux chevaux et un violon, Piéra tourne trois fois, en jouant du violon, autour du château ; le troisième tour achevé, elle revient au palais du roi suivie du château merveilleux ; ce qui réjouit beaucoup le roi et fit naturellement enrager les gens de la cour. Les envieux, cherchant une nouvelle épreuve, prétendirent que le garçon d'écurie s'était vanté de pouvoir lier l'homme sauvage et l'amener au palais. Le roi, dont la curiosité était éveillée, ordonna sous peine de mort au pauvre enfant d'exécuter cette épreuve. Nouveau désespoir de Piera ; nouvelle intervention de la vieille fée. Piera se fait donner un chariot rempli de pain, un chariot rempli de vin et un chariot rempli de cordes ; elle nourrit d'abord l'homme sauvage, puis elle l'enivre, ensuite, avec les cordes, le lie et l'emmène au palais, au grand étonnement du roi et de ses courtisans. Mais ceux-ci voulaient perdre à tout prix le garçon d'écurie ; le troisième jour, dès qu'ils eurent appris que l'homme sauvage n'était plus ivre, ils rapportèrent au roi que le jeune garçon s'était vanté de pouvoir s'enfermer dans la chambre où l'on gardait l'homme sauvage et de le faire parler. On s'attendait, cette fois, à voir le jeune homme dévoré. Mais la vieille fée lui enseigne une troisième fois la manière de se tirer d'affaire. Piéra fit trois fois le tour de l'homme sauvage, et puis lui demanda : *Pourquoi ne parles-tu pas* ? L'homme sauvage sourit et lui répondit : « Parce que tu es une belle jeune fille. » Le roi entendit cette réponse de l'homme sauvage et, en présence de toute sa cour, choisit Piéra pour épouse[132].

Bois et forêts (Cf. *Sacrés*, Arbres). Nous avons déjà pris connaissance de l'arbre anthropogonique ; la réunion d'arbres semblables a peuplé la forêt d'une foule d'êtres étranges, ayant des formes à peu près humaines, avec des caractères et des pouvoirs surhumains. Les ténèbres de la forêt contribuent sans doute à créer, à entretenir et à cacher le mystère. Dans la campagne de Florence on appelle encore *macchiajolo*, c'est-à-dire *né dans la macchia* (dans la forêt épaisse, difficile à pénétrer), l'enfant dont la provenance est obscure et douteuse, l'enfant illégitime. Les Druides et les anciens Germains avaient leurs temples et célébraient leurs mystères religieux dans les bois[133]. Le célèbre couvent de Monte-Cassino a remplacé le temple

---

[132] Je tiens ce récit d'une jeune fille d'Empoli.

[133] On n'a pas oublié le précieux renseignement fourni par Tacite ; il nous dit que les anciens Germains considéraient les bois comme des temples et qu'ils y croyaient toujours présente la divinité sans l'apercevoir : « Lucos ac nemora

païen d'Apollon, qui s'élevait au milieu d'une forêt touffue[134]. Mais les couvents chrétiens ne se sont pas, moins que les temples païens, entourés de forêts mystérieuses, pour cacher leurs trésors et leurs autels. « Suivant une tradition, Napoléon, trois fois de suite, dirigea son armée sur le monastère (de la sainte Trinité près de Moscou), et parvint jusqu'aux portes de Troïtsa. Tout à coup, une forêt touffue se dressa devant lui. Une panique s'empara de ses troupes, qui deux fois s'enfuirent sur Moscou. À la troisième fois, il résolut à tout prix de se frayer un chemin dans cette forêt ; mais il s'y égara, erra trois jours entiers et ne put qu'à grand'peine regagner la route de Moscou[135]. » Dans les contes populaires, il est souvent fait mention de ces forêts miraculeuses qui s'élèvent tour à tour sur le chemin du démon ou du héros qui se poursuivent ou s'évitent. En jetant un peigne, ce peigne se transforme tout à coup en un bois impénétrable, que le démon cependant parvient quelquefois à traverser, sous la forme d'un sanglier.

Le mythe, à ce point, commence à devenir transparent. Le ciel est le riche temple divin ; la forêt de la nuit sombre le cache aux yeux des profanes. Le héros solaire s'égare toutes les nuits dans cette forêt ; ou bien encore, le héros solaire prend un manteau qui le rend invisible, et crée une forêt épaisse où il se dérobe au monstre qui le poursuit[136].

« Dans la forêt de Longboel (en Normandie), dont les restes occupent encore une grande place dans la commune de La Neuville, quand le vent souffle mélodieusement à travers les arbres, on

---

consacrant, deorumque nominibus appellant secretum illud, quod sola reverentia vident. » (*Germania*.)

[134] « San Benedetto, come racconta San Gregorio, distrusse e rovinô nella cima di Monte Cassino il tempio d'Apolline, e abbruciô i boschi che all' interno, con la foltezza, nascondevano, per cosi dire, e mantellavano la pazzia de' gentili. » Cartari, *Imagini degli Dei*, p. 369 ; Venezia, 1647.

[135] Rambaud, *Français et Russes*, 1877, p. 105. Cf. le mot *Arbre*.

[136] C'est ce que nous voyons dans Afanassieff, *Narodniya Russkiya Shaszki*. La jeune fille arrête la sorcière qui court à sa poursuite pour la dévorer, en jetant un peigne qui se change en forêt touffue.

s'imagine entendre la voix des anciens verdiers (gardes forestiers), dont les âmes reviennent. La forêt de Longboel, avant les grands défrichements qui l'ont bouleversée, possédait un *trou de saint Patrice* qui donnait entrée dans l'enfer. Il va sans dire que ce trou était purement idéal et que jamais personne n'a pu me le montrer[137]. » Nous sommes ici toujours sur le même terrain mythologique ; la forêt de la nuit cache tous les trésors et tous les mystères ; c'est par cette forêt que l'on doit arriver à l'enfer, c'est-à-dire au trésor du démon ; et il s'agit d'enlever au diable sa richesse et sa science.

Jusque chez les Bongos et les Niams-Niams, Schweinfurth nous l'apprend, toute forêt a un caractère mystérieux et diabolique[138]. « Les esprits malfaisants, dit-il, qui passent pour habiter les forêts ténébreuses, et qui inspirent aux Bongos une frayeur extraordinaire, ont des appellations indigènes. Ces êtres redoutables, ainsi que le diable, les sorciers et les sorcières, portent en commun le nom de *bitâbohs ;* tandis que les esprits des bois se désignent spécialement par celui de *rangas.* Sont compris dans cette dernière désignation les hiboux de différents genres, qui dans le pays sont principalement les *strix leucotis et capensis ;* les chauves-souris, surtout les *megaderma frons,* qui sont très nombreuses et qui volent en plein jour d'arbre en arbre ; enfin le *ndorr (gulago senegalensis),* demi-singe à gros yeux rouges, à oreilles dressées, qui fuit la lumière jusque dans le creux des arbres d'où il ne sort que la nuit. Pour échapper à l'influence de ces mauvais esprits, les Bongos n'ont pas d'autre moyen que l'emploi des *racines magiques,* dont leurs sorciers de profession font commerce. D'après eux, on n'entre en communication avec les esprits qu'au moyen de certaines racines qui permettent de conjurer le mal, ou qui donnent la faculté de jeter des sorts. Tous les vieillards, principalement les femmes, sont accusés d'entretenir des relations plus ou moins étroites avec les esprits. Ces gens-là, vous disent les Bongos, vont errer dans les clairières, sans autre but que d'y chercher les racines magiques. En apparence, ils dorment paisiblement dans leurs

---

[137] F. Baudry, dans le premier numéro de *Mélusine.*
[138] *Voyage au cœur de l'Afrique* ; Paris, Hachette.

cases ; mais, en réalité, ils consultent les esprits du mal, afin d'en apprendre la manière de détruire leurs voisins[139]. Ils fouillent le sol et en retirent les poisons dont ils se servent pour nous tuer. Conséquemment, chaque fois qu'il arrive une mort inattendue, les vieilles gens en sont regardés comme responsables. Or, il est avéré pour tout le monde que l'homme ne meurt naturellement que dans le combat, ou faute de nourriture. Malheur donc au vieillard chez qui, en pareil cas, on trouve des herbes suspectes ! fût-il le père ou la mère du défunt, il est condamné. La croyance aux mauvais esprits, qui est générale parmi les Bongos et les autres de l'Afrique, se retrouve chez les Niams-Niains. Pour ces derniers, la forêt est la demeure des êtres invisibles qui conspirent sans cesse contre les hommes[140] ; et dans le bruissement du feuillage, ils croient entendre leurs dialogues mystérieux. » La forêt qui sait tout, peut aussi tout apprendre. Nous avons vu dans la *mythologie zoologique* que la science suprême, d'après les croyances populaires, se retrouve chez les oiseaux ; le plus savant des héros est celui qui parvient à comprendre la langue des oiseaux, révélatrice de tous les mystères. Mais les oiseaux eux-mêmes ne sauraient peut-être rien deviner si chaque arbre et chaque feuille ne parlaient pas. C'est au milieu d'une admirable forêt que le dieu des dieux enseigna les quatre grandes vérités au bienheureux Bouddha, d'après *Rârasavâhinî*[141]. La forêt qui, d'après

---

[139] Il est étonnant de constater que la même superstition existait en Europe. Dans un grand nombre de procès, il est fait mention de femmes qui, apparemment, dormaient avec leurs maris, tandis qu'en réalité elles allaient conspirer avec les sorciers et avec le diable.

[140] Le Sylvanus latin en veut même aux petits enfants. « Le bon Sylvain lui-même, dit M. Boissier (*La Religion romaine*, Paris, 1874, I, 29) ce dieu des esclaves et des laboureurs, ce protecteur de la ferme et du champ si aimé, si vénéré du pauvre, ne s'est-on pas imaginé qu'il se rendait la nuit dans la demeure des nouveau-nés pour leur jeter un sort, et qu'il fallait faire veiller trois hommes armés de balais et de bâtons tout exprès pour le chasser ? »

[141] Traduction de Spiegel, Leipzig, 1845 : « Einmal ging er, der vollendete Buddha, die Welt erleuchtende Herr, um ilachzudenken in dem Wald. Dieser war erfüllt mit verschiedenen Zweigen, mit Betel, Punnâgâs und Nâgas, voll von angenehmen Blumen und von durch Winden umarmten Zweigen. Er war

le proverbe populaire, écoute toujours, a le secret de tous les mystères. Le proverbe latin du moyen âge disait : *aures sunt nemoris, oculi campestribus oris ;* l'italien dit : *anche i boschi hanno orecchie,* et encore : *le siepi non hanno occhi, ma hanno orecchi ;* le Vénitien répète : *el bosco no ga nè orecie né occi, ma el vedi e el senti ;* les Français attribuent des oreilles aux buissons et les Allemands savent que : *Dos Feld hat Augen, der Wald hat Ohren.*

Quel est maintenant le grand mystère que la forêt peut révéler ? Il est facile de deviner qu'il s'agit presque toujours d'un mystère phallique. Pausanias nous apprend que, en Laconie, il existait un bois sacré dans lequel, auprès d'un temple consacré au dieu de la guerre, on célébrait une fois par an des fêtes d'où les femmes étaient exclues ; et encore qu'en Béotie, au milieu d'un autre bois sacré, on célébrait, en l'honneur de la Démèter Cabire et de Perséphoné, les mystères cabiriens, auxquels les seuls initiés pouvaient être admis. Il me semble probable qu'il s'agit ici de mystères phalliques. La forêt mythique est éloquente surtout lorsqu'elle ne représente pas seulement la nuit sombre, mais encore l'hiver, ou le nuage ténébreux qui gronde. C'est surtout sous cet aspect qu'elle apparaît à nos yeux dans les images de la poésie populaire bulgare.

La mère de Stoïan dissuade ce jeune pâtre de conduire son troupeau par la forêt des Samodives, ou, du moins, de jouer de sa flûte en la traversant, parce qu'au premier son la Samodive évoquée viendra lutter avec lui. Stoïan désobéit ; et il voit paraître à l'instant un jeune homme aux cheveux ébouriffés qui lui cherche querelle.

---

besucht von sechsfüssigen Bienen, die an den Blumen ihre Freude hatten, erfüllt von verschiedenen Wild, verehrt von Schwärmen von Pfauen. Es waren dort kühle Teiche und Badeplätze, gute Treppen von angossen und mit hundert Wasserfällen erfüllt. Als er in dem grossen Wald an einen lichten sandigen Platz gegangen war, so setzte er sich auf einen Stein, in sechs verschiedeuen Strahlen leuchtend. Dort kamen die Götter zusammen und ehrten deu besten der Menschen mit göttlichen Tänzen und Gesängeu und mit Weihrauch. Der Gott der Götter setzte sich darnach in der Mitte der Versaminlung nieder und lehrte die vier Wahrheiten, indem er seine süsse Stimme ertönen liess. » Cf. le chapitre suivant sur *l'arbre de Bouddha.*

Le démon, après trois jours de combat, invoque ses sœurs les tempêtes ; elles transportent Stoïan sur les cimes des arbres, le frappent, le heurtent, le mettent en pièces et détruisent son troupeau. On ne peut s'empêcher ici de songer à une bataille météorologique. Dans un autre chant populaire bulgare que le beau recueil de M. Dozon[142] nous a fait connaître, la forêt, sans que le vent souffle, est déracinée au seul contact des dragons aux cheveux blancs, qui passent avec leurs femmes aux chariots d'or et leurs enfants aux berceaux d'or. Ces dragons aux cheveux blancs nous représentent l'hiver neigeux ; leurs épouses sont peut-être les jours d'été qu'ils emportent, leurs enfants les jours de printemps qu'ils ramèneront. Nous avons encore une représentation poétique de l'arrivée de l'hiver, dans ce dialogue entre un pallicare et la forêt, recueilli par M. Dozon : « Un pallicare dit à la forêt : Dieu te garde, nous prenons congé de toi, ô forêt, montagne de Rila ! Pardonne-nous, ô forêt, pour avoir bu tes eaux, pour avoir foulé tes herbes. La forêt répond au pallicare : Dieu te conduise, pallicare, je vous pardonne tout, l'herbe et aussi l'eau ; l'eau, il en coule toujours de la nouvelle ; l'herbe, il en repoussera d'autre. Une seule chose que je ne vous pardonne pas, c'est d'avoir brisé mes sapins et d'en avoir fait des rouets, que vous allez, par les veillées, distribuant aux filles. » Les génies de la forêt bulgare appartiennent évidemment à cette riche et active famille mythologique russe des Lieschies, à la gent græco-latine des Faunes, des Satyres, des Dryades, des Sylvains, à la troupe allemande des *Waldgeister*, sur laquelle on peut trouver les plus amples et les plus exacts renseignements dans le second chapitre du *Baumkultus der Germanen* et dans les trois premiers chapitres des *Antike Wald und Feldkulte*, récemment publiés par M. Mannhardt. Considérant les travaux de M. Mannhardt comme tout aussi classiques que ceux de Müller, de Kuhn et de Schwarz, encombré que je suis par la foule de mes propres matériaux et vraiment embarrassé dans le choix, je m'abstiens de reproduire ce qui a déjà été si bien exposé par mes illustres devanciers, dans la conviction que leurs ouvrages sont fami-

---

[142] Paris, Maisonneuve, 1875.

liers à tous ceux qui s'intéressent aux recherches mythologiques. Le champ que nous labourons est immense, et il y a et il y aura malheureusement toujours du terrain inexploré et peut-être inexplorable. Mon objet est, on le voit, essentiellement comparatif : je pousse la comparaison aussi loin que je le puis ; ce qui m'excusera, je l'espère du moins, si en embrassant dans mes recherches un espace aussi étendu, je suis souvent forcé de ne plus reprendre, quoique très importants, certains détails qui me semblent avoir été suffisamment éclaircis et que je suppose déjà connus. Je sens, d'ailleurs, que je serais un très mauvais compilateur, et je préfère conséquemment ne pas m'exposer au risque de faire involontairement, par des résumés imparfaits, du tort aux mythologues éminents sur les traces desquels je marcherais. Je signale ici avec plaisir et je recommande tout spécialement les deux savants derniers volumes du docteur Mannhardt, qui ont rendu superflue une grande partie de mes propres recherches sur la mythologie végétale germanique et grécolatine ; je n'insisterai donc pas sur ces matières, à moins d'avoir à signaler des faits qui ont échappé à mon prédécesseur, ou qui ne formaient point l'objet spécial de ses recherches. Cela posé, avec cette sincérité qui est ma devise, je reprends humblement la citation de quelques autres sources auxquelles j'ai puisé des renseignements sur la forêt mythologique.

La *Praçnottaramâlâ* bouddhique, éditée par le professeur Weber, comparant la vie à une forêt, nous dit que le sage tremble surtout à l'aspect de la forêt de la vie[143]. Dante aussi, au milieu de sa vie, se voit en songe égaré au milieu d'une forêt sombre. Une strophe du *Mahâbhârata*[144] compare la vie du village à un cimetière et la vie des forêts au paradis. Nous sommes loin ici de cette terreur que la forêt a inspirée de bonne heure aux hommes ; et cela tient surtout à deux

---

[143] Une autre strophe indienne (Bôhtlingk, *Indische Sprüche*, III, 6895) fait un jeu de mots entre les productions de la vie humaine et de la forêt : « Dans cette forêt de la vie sont rares les *sarala* (arbres ou hommes droits), fréquents les *kali* (les mauvais et les *terminaliae bellercae*) ; on n'y trouve ni les *çamî* (les patients et les *acaciae*), ni les *pumnâga* (les hommes éminents et les lotus blancs).
[144] XII, 6547.

causes indiennes, l'une à l'institution de la vie de pénitence au milieu des forêts, l'autre à la sagesse suprême que la religion bouddhique attribue à l'arbre et à la forêt. « Quand Mâyâ s'aperçoit que le Bodhisattva est, sous la forme d'un éléphant, descendu dans son sein, elle se retire dans un bois d'*açokas*[145] et y fait mander son époux. » D'autres forêts sont devenues célèbres par la légende de Bouddha ; entre autres, le *Mrigadava*, à propos de laquelle on raconte ce qui suit : Le roi de Bénarès était passionné pour la chasse, et tuait un si grand nombre d'animaux que le roi des animaux lui en fit remontrance, s'offrant à lui fournir tous les jours un animal, si le roi renonçait à la chasse. Le roi accepta cette condition, et on commença à consulter le sort sur les animaux destinés à la table du roi ; un jour le sort désigna une biche pleine. La biche objecta qu'en la tuant, on allait supprimer deux vies à la fois ; le roi des animaux, qui était le Bodhisattva lui-même, le futur Çakkyamuni, en entendant cela, s'empressa de s'offrir en sacrifice au roi, en place de la biche. Le roi, touché de sa générosité, renonça à ses prétentions et donna l'ordre de ne plus rien réclamer et de ne plus chasser dans le *Mrigadava*[146].

---

[145] Sénart, *Essai sur la légende du Buddha*. Nous verrons dans le second volume le rôle mythologique spécial de l'arbre *açoka*. D'après le *Dîpavansa*, cité par M. Sénart, au temps de la première visite du Buddha, « Ceylan ne formait qu'une forêt immense et effrayante, » et d'après le *Kâthâsaritsâgara*, XII, 136), cité par le même, « l'île entière repose sur cette branche de l'arbre paradisiaque que brisa Garuda en allant à la conquête de l'ambroisie ».

[146] *Travels of Fah-Hian and Sung Yun*, transl. from the chinese by S. Beal. London, 1869. M. Beal, dans la note qui contient ce récit, ajoute encore : « The site of this park bas been identified as a fine wood which cowers an area of about half a mile, and extends from the great tower of Dhamek on the North to the Chaukandi Mount on the South. This garden or park is called the Park of the Rishis (saints or devotees) either because the five men or disciples, mentioned hereafter, dwelt there, or because of a Rishi who dwelt at a short distance to the East of it. It is called *Isipatanam* in the Pali annals for the same reason asi, a saint or devotee). It was to this place Buddha first proceeded after his enlightenment. The legend in the text relating to the Pratyeka Buddha, is, so far as I know, not found elsewhere. Proceeding north-west thirteen yodjanas from the Park of the Deer, there is a country called Kau-chang-mi (Kâusambî). There is

BÖTRA. On nomme ainsi en Suède certains arbres habités par des génies.

BOUDDHA (Arbre de —). (BODHITARU, BODHIDRUMA). De même que l'arbre d'Adam, celui de Bouddha se rapporte à plusieurs arbres d'espèces mythologiques et botaniques différentes ; c'est ce qui nous engage à le classer ici dans le genre, au lieu d'en traiter comme d'une espèce à part. L'arbre de Bouddha est à la fois cosmogonique, anthropogonique, donnant la sagesse, l'ambroisie, la pluie et apprêtant un séjour aux Bienheureux. L'arbre de Bouddha est le plus souvent représenté sous la forme spéciale d'*açvattha* (ficus religiosa), sur laquelle nous reviendrons dans le second volume, et de *udumbara* (ficus glomerata), qui apparaît à la naissance du Bouddha ; parfois, c'est un *açoka* (*jonesia, açoka*) ou le *palâça* (butea frondosa) ; quelquefois encore, la *bhânuphalâ* (musa sapientum), peut-être encore[147] le *borassus flabelliformis* (Palmyra palm.) ; le plus souvent cependant son caractère botanique nous échappe, et nous ne voyons dans le *bodhitaru, bodhidruma, bodhivriksha*, ou *arbre de sagesse*, arbre du sage, arbre de Bouddha, qu'un arbre merveilleux, arbre de perfection et de sainteté, exclusivement mythologique, tel que le *kalpadruma*, cet arbre cosmogonique par excellence[148]. L'arbre de

a Vihâra, here called Gochiravana, in which Buddha formerly dwelt ; it is now lying in ruins. »

[147] C'est ce que, du moins, prétendent certains auteurs chinois, lesquels, dans le mot chinois *peito*, qui désigne l'arbre sous lequel Bouddha fit pénitence pendant sept années, ont cru pouvoir reconnaître le mot sanscrit *pattra*, lequel, de même que *peito*, signifie *la feuille.* Cf. Breitschneider, *The study and value of chinese botanical works*, dans le *Chinese Recorder* de l'année 1871, p. 281. — *Le Lalitavistara*, d'après la traduction thibétaine, donne à l'arbre de Bouddha le nom indien de *târâyana*, c'est-à-dire *la voie du salut.*

[148] Dans l'inscription birmane, citée par Cunningham, *Arch. Survey*, III, 103, l'arbre de Bouddha est appelé *kalpavriksha.* — Sénart, dans son *Essai sur la Légende de Bouddha*, nous représente le *bodhi* sous la forme même du *kalpa* : « Il est couvert, dit-il, de fleurs divines, il brille de l'éclat de toutes sortes de Pierres précieuses ; la racine, le tronc, les branches et les feuilles sont faits de toutes les

Bouddha est même désigné parfois sous le seul nom de *Bodhi*, c'est-à-dire la *sagesse* personnifiée dans l'arbre, l'arbre de la science, que nous avons déjà vu, en parlant de l'arbre d'Adam, lié très intimement avec l'arbre générateur, anthropogonique et cosmogonique. Le nom de *Bodhi*, à son tour, se trouve réduit aujourd'hui, dans l'île de Ceylan, au simple monosyllabe *Bo*, comme nous l'apprend M. Gerson da Cunha[149]. L'arbre sacré *Bo* (*ficus religiosa*) à Anurâdhapura, écrivait M. Gerson en 1875, l'objet le plus vénéré de tout Ceylan, issu d'une branche de l'arbre d'Uruvela, envoyée à Ceylan par le roi Açoka, l'arbre sous lequel Bouddha en personne, dans une solitude absolue, se livra durant six années à ses méditations sublimes[150], fut planté par le roi Tissa, l'an 288 avant le Christ ; il a par conséquent aujourd'hui 2163 ans. En le plantant, Tissa avait prophétisé qu'il fleurirait éternellement et qu'il serait toujours vert. C'est un trait commun à l'arbre de Bouddha et à l'arbre de la croix,

---

pierres fines ; il pousse sur un terrain pur et uni auquel un opulent gazon donne les teintes du col de paon ; il reçoit les hommages des dieux ; et le bras de Mâyâ, quand elle l'étend pour saisir la branche qui s'abaisse, resplendit ainsi que l'éclair dans le ciel. » — Les guirlandes de fleurs, remarque ailleurs M. Sénart, qui ornent le Bodhidruma pendant la lutte contre Mâra n'ont pas d'autre signification que ses feuilles et ses branches d'or, ni que les pluies de fleurs qui accompagnent le barattement de l'océan (*Mahâbhârata*, I, 1129, 1409). Pas une feuille de l'arbre ne bouge durant le combat ; ceci rappelle la *çâlmali* sous laquelle se repose Pitâmahâ après la création, et dont le vent ne peut mettre les feuilles en mouvement (*Mâhâbharata*, XII, 5847). » Il est curieux pendant que l'arbre bien-aimé de Bouddha soit précisément l'*açvattha*, dont les feuilles, comme celles du tremble, sont presque toujours en mouvement. Le tremblement paraît un signe de vie ; le pouvoir magique du démon qui combat contre Bouddha serait-il si grand que, pendant le combat, l'arbre perdit le mouvement de ses feuilles ?

[149] *Memoir on the history of the tooth-relic of Ceylon*, London, Thacker. 1875. — Beal, *A Catena of Buddhist Scriptures from the Chinese*, London, 1871. — « In the last division of *Paribhogika*, is also included the Bo tree, at the foot of which he became enlightened. » — Dans Fergusson, *Tree and serpent Worship*, un dessin représente les Kinnarâs, les Kumbhandâs, les Nagâs, adorant l'arbre Bo, c'est-à-dire Bouddha, qui à l'ombre de cet arbre s'est illuminé.

[150] Le plus grand nombre des traditions bouddhiques parle de sept années.

ainsi que l'a remarqué le regretté Childers[151]. On prétend que Bouddha lui-même a fait allusion à la croissance rapide de l'arbre Bo, comme à une image de la propagation du bouddhisme. Dans les voyages de Fah-Hian et Snng-Yun traduits par S. Beal[152], l'arbre *Bodli*, c'est-à-dire l'arbre de Bouddha, l'arbre de la suprême sagesse, prend le nom de *Potai*. Un grand nombre de miracles ont été attribués à cet arbre, sous lequel chaque homme pieux peut acquérir la sagesse suprême. Dans la *Rasavâhinî* nous le retrouvons sous la forme d'un arbre de grâce.

Une riche pénitente bouddhiste, appelée Bouddheni, faisait beaucoup d'aumônes ; un des pauvres qu'elle a secourus lui donne un cheval merveilleux qui peut s'élever en l'air au gré de son possesseur. La première pensée de la sainte femme, c'est de se transporter à l'endroit où Bouddha est né, pour suspendre au feuillage sacré des couronnes d'or et d'argent. Elle traverse l'espace sur le coursier magique ; elle arrive au pied du Bodhi ; de là elle appelle les hommes pieux et les saints, les invitant à honorer comme elle l'arbre divin ; et voici que les saints et les hommes pieux accourent de toutes les régions de l'Inde, portant, à travers les espaces, des couronnes pour le Bodhi. Cependant, les gardes du roi ont remarqué Bouddheni ; ils veulent l'offrir comme épouse à leur maître ; et ils s'en empareraient, si le cheval ne l'enlevait brusquement en l'air. Dans ce mouvement, elle tombe ; mais, avant qu'elle ait touché le sol, le cheval est redescendu ; il la reçoit sur son dos, et reprend sa course aérienne. Il serait presque impossible ici de se refuser à l'évidence d'une représentation mythologique : l'arbre est le ciel même, le cheval le

---

[151] Nous avons déjà remarqué le nom indien de *târâyana*, c'est-à-dire *voie du salut* (arbre du passage), donné à l'arbre de Bouddha dans le *Lalitavistara*, d'après la traduction tibétaine. La ressemblance entre l'arbre de la croix et cet arbre du salut bouddhique me semble frappante.

[152] London, 1869, p. 205 : « Above the spot he planted a tree, which is called Po-tai (Bodhi), the branches of which, spreading out on each side, with their thick foliage completely shade the spot from the sun. Underneath the tree, on each side there are sitting figures (of Buddha) of the same hight (17 feet) ; there are always four dragons in attendance to protect these jewels. »

soleil, Bouddheni probablement l'aurore, la vierge pieuse que les deux chevaliers védiques dans leur course céleste recueillent sur leur chariot.

La signification essentiellement mythique, solaire, de la légende de Bouddha a été récemment mise en évidence avec beaucoup de talent et de doctrine par M. Sénart[153]. Je n'aurai donc qu'à emprunter à cet ouvrage savant les principales traditions relatives à l'arbre de Bouddha. L'arbre, dans la légende bouddhique, a pris une si grande importance qu'il ne le cède guère au Bouddha lui-même. Détruire l'arbre serait anéantir la mission de Çâkya ; après la victoire, l'arbre participe aux honneurs rendus au Bouddha. Les textes le comparent expressément à l'arbre céleste, au Pâridjâta, au Kovidara. Le Pârigâta (voyez le *Vishnu-Purâna* et le *Hari-Vansa*) réveille en chacun de ceux qui l'approchent la mémoire endormie de ses existences antérieures, de même que le Bouddha, devenu le maître indiscuté du trône de Bodhi, se souvient exactement de toutes les naissances par lesquelles il a passé, lui et les autres êtres. C'est par l'arbre qu'on vient à la vie, c'est par l'arbre qu'on sauve la vie, c'est par l'arbre qu'on arrive à l'immortalité.

Dans l'océan céleste où il a fait naufrage, un héros védique, le fils de Tugra[154], grâce aux Açvnis (qui, en d'autres occasions, ont un char ou un navire tout prêt pour leurs favoris), se sauve en embrassant un arbre. Les branches de cet arbre remplissent la même fonction que le crochet fameux où pend la corde qui doit s'enrouler autour de la corne du poisson chargé de guider sur les eaux diluviennes le navire de Manu. Le poisson, le navire, l'arbre sont trois voies de salut.

Nous avons déjà dit que, dans le *Lalitavistara* tibétain, l'arbre de Bouddha reçoit le nom de *târâyana*, c'est-à-dire *voie de salut*, voie par laquelle on passe à l'autre rive, à la rive immortelle ; la barque de Caron n'a pas d'autre office. Pour arriver à la région du soleil, dans

---

[153] *Essai sur la Légende du Bouddha* ; Paris.
[154] Rigv. I, 182, 7 : *Kah svid vrikshô nishthito madhye arnaso yam taugryô nâdhitah Payashasvagat.*

la légende tchèque de Vséveda, il faut de même traverser un lac sur une barque mystérieuse. Pour atteindre l'arbre cosmogonique Ilpa dans le monde de Brahman, il faut traverser le lac Ara et la rivière Vidjârâ. Le jardin des Hespérides se trouve à l'extrémité de l'Océan occidental. Dans le conte populaire piémontais intitulé : *Marion d'bosc* (Marion couverte de bois) et dans le conte toscan qui s'intitule : *Trottolino di legno* (la petite toupie de bois[155]) la jeune persécutée trouve son salut dans un habillement de bois, de même que Daphné échappe à la persécution d'Apollon en entrant dans un tronc de laurier. Dans les contes nombreux qui se rapportent à la fille du roi de Dacie, il s'agit d'une fille persécutée par son propre père : celle-ci est souvent jetée à la mer dans une petite caisse ou dans un tonneau ; cette caisse, comme la coupe d'Héraclès, au lieu de l'égarer, est, de même que le poisson qui engloutit le prophète Jonas, la cause de son salut ; grâce à cette caisse ou barque, elle échappe à la persécution et au naufrage, et elle atteint l'autre rive[156]. Nous n'avons ici que des formes différentes et plus grossières du mythe originaire de l'arbre céleste, du ciel, dans lequel se cache toute la sagesse divine, la source de la vie universelle, le principe de la création[157]. Dans la vie tibétaine de Çâkyamuni analysée par

---

[155] Il fait partie de mon petit recueil intitulé : *Novelline di Santo Stefano di Calcinaia ;* Turin, Negro, 1869.

[156] Cf. les légendes analogues rapportées dans une note à l'article CIEL, dans ce même volume. On peut aussi comparer ici le panier du conte bouddhique, qui se trouve dans la *Rasavâhini*. Avec ce panier, un citoyen de Bénarès tire d'un puits un chien, un homme et un serpent ; tous les trois se montrent ensuite reconnaissants à celui qui les a délivrés. Le chien, qui habite, de même que le serpent, près d'un figuier, lorsque le citoyen tombe dans la misère, lui vient en aide ; il va voler pour lui dans le palais du roi de Bénarès. Ainsi faisait le fameux petit chien de Radzivill, dans cette histoire grotesque de Wackernagel, qui a tant amusé les Allemands de la mythologie comparée ; le critique allemand ne se doutait pas de l'existence d'un conte semblable dans l'Inde.

[157] J'ai eu lieu de remarquer dans ma *Mythologie zoologique* que lorsque le héros solaire se cache dans la nuit, descend aux enfers et prend des leçons chez le diable, il en revient parfaitement illuminé. Le Christ, après sa naissance, se cache pour acquérir la science ; de même Bouddha, caché dans l'arbre acquiert la

M. Schiefner et résumée par M. Sénart, au moment même de la naissance du Bodhisattva, paraît un arbre appelé Essence de vertu (le nom de *Bodhisattva* signifie, comme l'on sait, *Essence de sagesse*) dont la croissance est si rapide que, facile, avant le lever du soleil, « à fendre avec l'ongle », le feu même serait, après le coucher du jour, impuissant à le détruire. À l'époque où est placée la scène, Siddhârtha a vingt-deux ans ; l'arbre a pris un périmètre de quarante-sept *yoganâs* et un *kroça*. Mais l'eau du Rohita, sur le bord duquel il se dresse et qui sépare les Çâkyâs des Koliyâs, Kapilavastu de Devadishtâ, a miné ses racines ; les dieux envoient une tempête furieuse et l'arbre, renversé en travers du fleuve comme une digue, menace de rendre inhabitables les deux villes, l'une par inondation et l'autre par sécheresse. Les habitants ne peuvent, malgré leurs efforts, éloigner cet arbre fatal, quand Siddhârtha vient à leur aide. Un serpent menace en vain le Bodhisattva. Il tombe mort sous l'arme de Kâlodâyin, le Çâkyâ. Alors le prince, saisissant l'arbre que Devadatta et Sundarânanda ont pu à peine légèrement ébranler, l'élève dans les airs où il se brise en deux moitiés qui retombent sur chacune des rives du fleuve. Il est facile de reconnaître dans cet arbre mythologique une figure poétique du ciel nuageux, qui retient la pluie et qui la livre, et on peut comparer ici ce que nous avons remarqué plus haut par rapport à l'arbre orageux d'Adam ou d'Abraham. Le Bodhisattva tibétain recommande encore à la foule des dévots de briser l'arbre en petits morceaux et de l'emporter chez eux, puisqu'il a une vertu rafraîchissante et chasse la fièvre bilieuse et d'autres maladies. C'est encore au mythe céleste du soleil dans le nuage ou dans la nuit que se rapporte la tradition cinghalaise d'un second du Bouddha à Ceylan. Deux rois Nâgâs (serpents), l'oncle et le neveu, se disputent un trône précieux[158]. Çâkya accourt du Djetavana pour

---

suprême sagesse. L'arbre de Bouddha est le ciel même, dans lequel le Bodhisattva obtient petit à petit tout son éclat divin.

[158] On peut comparer ici la lutte que soutint Ravana, le roi de Lankâ, pour la possession du chariot de Kuvera Pushpaka, décrite par l'*Uttarakânda*.

empêcher la lutte, accompagné du deva Samiddhisumanas[159] (le soleil), qui l'abrite sous l'ombre protectrice de l'arbre où il fait sa demeure (le nuage)[160]. En traversant l'air, il remplit le monde d'une obscurité profonde ; les Nâgâs épouvantés renoncent à la lutte et adorent le Bouddha qui perce les ténèbres et fait reparaître la lumière. Le démon prend évidemment, après la lutte, une nature lumineuse ; il se change lui-même en dieu, il triomphe et il s'adore.

BRAHMAN OU BRAHMI. La plante de Brahman, c'est-à-dire du Dieu du ciel, appelée aussi *divyâ* ou céleste. Ce nom a été donné dans l'Inde a plusieurs plantes, spécialement à la *somavallî* et au *clerodendrum siphonanthus*. Nous espérons avoir prouvé dans nos *Letture sopra la Mitologia Vedica* que le mot *Brahman*, à l'origine, n'a signifié que *le vaste, le ciel*, et ensuite le seigneur du vaste, le seigneur du ciel, le dieu créateur. Le ciel (nous l'avons vu en parlant des arbres du *ciel* et des arbres *cosmogoniques*) fut conçu comme un arbre ; rien d'étonnant donc que Brahman lui-même soit représenté comme un arbre dans le *Brahmavriksha* (Arbre de Brahman)[161], où l'on s'est plu à reconnaître la *butea frondosa* (appelée aussi *brahmapattra* ou *feuille de Brahman*) et le *fucus glomerata*. *Séjour de Brahman* (Brahmanishtha et Brahmasthâna) est le *mûrier*, appelé aussi *brahmabîga* ou *semence de Brahman* (la semence divine) et *brahmabhâga ou la part de* ; *brahmî* ou *brâhmî*, c'est-à-dire *appartenant à Brahman*, est un nom du *clerodendrum siphonanthus*[162] ; *brahmaparnî* ou *feuille de Brahman* c'est la *hemionitis cordifolia* ; *brahmapavitra* ou *puricatrice de la place sacrée*, l'herbe *kuça* (*poa cynosuroides*) ; *brahmamekhala* ou cordon sacré des Brahmanes, *le saccha-*

---

[159] Le mot *Samiddhisumanas* signifie proprement *habile à brûler, capable de brûler*, et aussi *favorable à la combustion*.

[160] Suivant le Bouddhique *Dipav.*, cité par Sénart, tous les arbres du Djetavana veulent accompagner le Bouddha, qui ordonne au seul Samiddhisumanas de le suivre.

[161] Il y a aussi un arbre qui s'appelle *Brahma dandivriksha, l'arbre qui fournit le bâton de Brahman*, puisqu'*Aga* (proprement *celui qui n'est pas né*) est aussi l'un des appellatifs de Brahman, on nomme aussi le même arbre *Agadandivriksha*.

[162] On l'appelle aussi *siphonanthe de Brahman* (Brahmamandûki ou Brahmayashti).

rum mua (avec lequel, effectivement, ou avec le *kuça*, on formait le cordon des brahmanes, en employant la *mûrvâ* pour celui des guerriers et le *çana* pour celui des agriculteurs). Le Véda indien qui contient le plus de recettes médicales accompagnées de formules sacrées, l'*Atharvavéda*, a pris le nom de *Brahmavéda* ou *Véda du Brahma*, la formule, prière ou imprécation, qui accompagne l'application des remèdes.

CADUCEE, le bâton d'Hermès. Dans l'hymne homérique, on attribue au bâton d'Hermès trois feuilles, d'où son appellatif τρι ετ-ηλον[163] ; ce bâton est d'or. Sur sa signification phallique originaire, Cf. Kuhn, *Die Herabkunft des Feuers ;* le *rhabdon* de Mercure a aussi des rapports très intimes avec le *narthex* de Bacchus auquel nous avons fait allusion en parlant du b*âton* ; sur le caractère de Bacchus *dendritès* fêté dans *les dendrophoriae, phytikomos, sykites, antheus, evanthès, eucarpos,* amoureux d'Althea et de Carya, noms de plantes et de femmes, Cf. Lenormant, au mot *Bacchus,* dans le *Dictionnaire des antiquités grecques et latines* de Saglio. Le lecteur remarquera peut-être que nous glissons souvent sur les mythes grecs et latins ; ils sont les plus connus ; tous les dictionnaires d'antiquité et de mythologie classique les éclairent amplement ; nous tenons plutôt à relever ici et à expliquer les mythes obscurs sur lesquels le lecteur aurait peine à se renseigner ; nous ne voulons pas d'ailleurs risquer de refaire moins bien le chemin que nos précurseurs ont parcouru en maîtres. De même, nous croyons inutile d'insister sur les mythes germaniques les plus essentiels, depuis que les beaux travaux du docteur Mannhardt, indispensables à tous ceux qui s'occupent sérieusement d'études mythologiques, ont presque épuisé ce riche sujet. Nous avons d'ailleurs assez à faire de résumer ici les matériaux que nous avons recueillis durant cinq années de recherches.

---

[163] Cf. *Messagères (herbes)* ; l'*herba Mercurii* cependant est appelée « pentaphilon, a quibusdam *pentadactylus* », d'après l'autorité du *Libellus* sur les vertus des herbes attribué à Albert le Grand.

CALOMNIE (Herbe contre la —). Dans un curieux opuscule petit-russien de M. Markevic[164], je trouve mentionnée une herbe qui m'est tout à fait inconnue, appelée *prikrit ;* on la cueille, dit-on, depuis le 15 août jusqu'au 1ᵉʳ octobre, et on lui attribue la vertu de détruire l'effet des calomnies qu'on répand pour troubler les noces. (Cf. *Concordia* et *Discordia*)

CANARD (OIE). Nous avons, au mot *Bernacle*, signalé une plante *anatifera* ; nous ne ferons mention ici que de l'*atriplex*, appelé vulgairement chez les Latins *pes anserinus* et employé, à cause de son nom, comme la graisse de canard, *ad vulvae vitia.*

Hañsapadî ou *hañsapâdî* sont deux mots sanscrits qui signifient *pes anserinus* et qui indiquent une espèce de sensitive, la *Cissus pedata* Lam., appelée aussi simplement : *Hañsavatî, fournie de canards ou d'oies.* Le nom de *pied d'oie* est donné dans la légende occidentale à la reine Berthe, dans la légende indienne, à la première femme du roi Dushyanta, à cause de laquelle il oublie Çakuntalâ. Dans certains contes populaires, la femme qui veut perdre la jeune épouse du roi lui apparaît sur un arbre, près d'une source, pendant que la jeune fille attend que le roi lui apporte sa robe de noce ; elle se trouve certainement sur l'arbre en qualité d'oiseau, de canard ; la légende de l'arbre qui produit des canards et celle de l'arbre qui produit des femmes que nous avons citées en parlant d'arbres anthropogoniques me semblent tenir à cette conception populaire d'apsarâs, filles de l'arbre, de nymphes sorcières, de dryades, de samodives, qui, à leur gré, deviennent femmes ou oies. — *Hañsamâshâ* ou *oie-haricot* est en sanscrit un nom de la *glycine debilis* L.

CENDRES. Le soleil et le ciel lumineux ayant été parfois conçus comme des arbres, il était naturel de comparer le ciel sombre de la nuit aux cendres éteintes de l'arbre lumineux. Autour de cette métaphore se sont groupés des contes, tels que *Cendrillon, Marion-de-bois* et *Peau d'âne.* L'aurore du soir devient Cendrillon à l'approche de la

---

[164] *Olicai, povicria, kuhnia i napitki malorossian.* Kiew, 1880.

nuit ; elle brille à la venue de son époux royal et se dérobe à sa poursuite. La *toupie* de bois qui roule dans un conte toscan, Marion-de-bois qui marche dans un récit piémontais, Cendrillon qui danse et Peau-d'âne qui voyage ne sont que des variantes de l'aurore nocturne, lorsque, déguisée sous de prestigieuses métamorphoses, elle glisse, de l'occident à l'orient, par un chemin mystérieux. Une légende des Bushmen, que nous tenons du regretté docteur Bleek[165] semble fondée sur la même conception.

Une jeune fille, appartenant à la race ancienne, c'est-à-dire à celle qui a précédé les Bushmen, veut se procurer une lumière qui lui permette de revenir à sa maison la nuit. Elle lance au ciel des cendres de bois, et aussitôt paraît la voie lactée. Chez les Bushmen, la légende est aussi racontée d'une autre manière, où l'analogie avec notre Cendrillon est plus marquée encore et plus décisive. La jeune fille est friande d'une certaine racine rouge que sa mère lui mesure avec parcimonie ; de dépit, elle jette en l'air un morceau de cette racine, et le ciel en un moment se couvre d'étoiles.

La robe étoilée du conte piémontais *La belle et la laide*, dont la Madone fait présent à la belle fille persécutée par sa belle-mère, le palais illuminé, le palais enchanté, l'église pleine de cierges allumés, où tant de récits populaires réunissent enfin le héros lumineux et l'héroïne crépusculaire, se rapportent à la même donnée. La voie lactée des contes Bushmen sert de guide à l'aurore dans son voyage nocturne et la nourrit de sa blanche lumière.

CENTAURES. Les *centaures* helléniques, de même que les *gandharvâs* indiens, possèdent le secret des herbes, et ils les gardent. Le mot *gandharvas*, ainsi que j'ai taché de l'expliquer dans le second chapitre de ma *Mythologie zoologique*, signifie *celui qui va dans les parfums* (de *gandha* + *rvas* = *arvas*), étymologie qui explique, aussi leur parenté étroite avec les *apsarâs*, les *nymphes*, les jeunes filles divines *qui vont au milieu des eaux*. *Gandharvâs*, et *apsarâs*, centaures et nymphes, elfes et

---

[165] *A brief account of Bushman Folk-Lore* ; London, Trübner, 1875.

dames vertes[166] connaissent la vertu des sucs, et peuvent, s'ils ne sont pas jaloux des hommes, en communiquer la science aux mortels. Hanumant, pour s'emparer de l'herbe (probablement la *gentiana ;* cf. ce mot) qui rappelle à la vie les guerriers frappés par les flèches ennemies, doit d'abord combattre contre un *gandharva*[167] *;* de même, les centaures helléniques ne communiquent pas de bon gré aux hommes leur science du monde végétal. Le centaure Chiron cependant a été le maître d'Aristeus, d'Asklèpios, d'Achille ; on peut le comparer avec le *Dhanvantari*, le médecin cosmogonique indien, qui parut au ciel avec les premières herbes de la création : identifié avec le soleil, gardien de l'ambroisie, prétendu auteur du Véda médical (*âyurveda*), Dhanvantari se nourrit de l'*helleborus niger* Lin., d'où le nom de *Dhanvantarigrastâ* donné à cette plante. (Cf. *Médicinales* [plantes].) Chiron aussi avait une *panacée* qui lui appartenait tout spécialement et se nommait, d'après lui : la *Chironia centaurium* ou *gentiana centaurium* L., employée spécialement contre les blessures, l'*ampelos Chironia* de Pline ou *tamnus communis* L. Comme panacée d'Asklèpios, on cite le *thapsia Asclepium* contre les blessures, l'*Asclepias vincetoxicum* L., que l'on conseilla à Aristide malade dans le temple du dieu lui-même. — Dans l'Inde, à cause de la forme de ses feuilles, on nomme *Gandharvahasta* (ayant des mains de gandharva), le *ricinus communis*.

CERES (ou DEMETER). On la représente avec une couronne d'épis sur la tête. Elle enseigna aux Athéniens l'art de labourer la terre, et l'usage du froment à Triptolème, qui l'accompagnait à la recherche de sa fille Proserpine, enlevée par Pluton. Certains traits de la légende indienne de *Sîtâ*, fille de Djanaka, née d'un sillon pendant

---

[166] Les *Dames vertes* appartiennent à la même famille que les fées, les *samodives*, les *rusalkes* (slaves), et les dryades ou nymphes des bois.

[167] L'herbe d'Hanumant a le pouvoir de ramener à la vie les héros du *Râmâyana*, plus loin nous apprenons que la pluie qui tombe du ciel rappelle à la vie les singes morts dans la bataille contre les monstres ; l'herbe merveilleuse n'est donc autre qu'une plante aquatique, c'est-à-dire le nuage lui-même ; les fougères, les gentianes sont généralement un indice d'un terrain humide.

qu'on labourait la terre et enlevée par le monstre Râvana, semblent accorder ensemble le mythe de Cérès et celui de Proserpine. Sîtya est, en sanscrit, le nom du blé.

CHARBON (BRAISE). Le nom du charbon, en sanscrit, est *añgâra*. Le diminutif *añgâraka* a désigné dans l'Inde, outre la planète Mars et le dieu Rudra, son équivalent (Cf. *Rudrâksha*), un certain nombre de plantes : la *galedupa arborea*, la *bhârgi*, la *gungâ*, la *butea frondosa*, le *kuruntaka* et le *bhriñgurâga ; añgârapushpa* ou *fleur de braise* est un nom de l'*ingudî*, célèbre planté sacrée, dont les graines formaient des rosaires doués d'une vertu génésique ; elle fournissait aussi de l'huile aux ascètes : d'où son autre nom de *tâpasataru* ou *munipâdapa* (Arbre de l'anachorète). — Cf. *Çakuntalâ*, Act. I, et, dans notre tome II, l'article *Ingudî*.

CHATIES. Cf. *Diable* (Arbres du —).

CHEVAL. (Cf. tome II, *Sferracavallo*) Diverses parties du cheval ont servi, dans l'Inde, à désigner des plantes ; l'oreille : *açva karna, vatica robusta* ; la dent : *açvadañshtra, tribulus lanuginosus* ; la queue : *açvapucchî, glycina debilis ; açvabala, saccharum spontaneum*. L'oléandre, *nerium odorum*, est appelé *mort du cheval* (*açvaghna, açvamâra, açvahantar*). Mentionnons ici l'herbe *hippomane*, dont l'existence est douteuse et qu'on dit ressembler à certaine excroissance frontale du cheval. On lui attribue le pouvoir de faire tourner la tête aux chevaux. Théocrite, *Idylle* II, la fait originaire d'Arcadie. Cf. *Arbres sacrés*.

CHEVRE (MOUTON, BREBIS). Le nom de la chèvre et celui du mouton sont fréquemment appliqués à des plantes de l'Inde. Il faut se rappeler que le dieu Indra[168], en tant que fécondateur et pluvieux, n'a pas dédaigné les formes ovines et caprines ; il a été bouc et bélier. Voici les noms des végétaux de cette famille mythique : *agakar-*

---

[168] Cf. *Mythologie zoologique* ; l'un des noms d'Indra est *meshânda* ou *ayant des testicules de bouc* ou *de bélier*.

na ou *oreille de chèvre* (*terminalia tomentosa*) ; *agakarnaka* ou *ayant des oreilles de chèvre* (*shorea robusta*) ; *agagandhâ, agagandhikâ* ou *ayant odeur de chèvre* (différentes plantes, entre autres, une espèce d'*ocimum*) ; *agaçriñgî, meshavallî* et *meshaçriñgî*, ou *ayant des cornes de chèvre* (ou de bouc), (*odina pinnata*) ; *agadhaksha* ou *nourriture des chèvres agamoda* ou *joie des chèvres* (différentes plantes, entre autres, le *carum carvi*, *l'apium involucratum*, le *ligusticum ajowan*) ; *agaloman* ou *poil de chèvre* (*carpopogon pruriens*) et encore *agadâ, agahâ ; agantrî* ou *intestins de chèvre*, c*hagândî* ou *testicules de bouc* (*convulvulus argenteus*) etc

Le *bélier*, le *bouc*, l'*agneau*, appelés *mesha*, donnent aussi leur nom, en sanscrit, à différentes plantes ; *meshâ* est une espèce de cardamome ; *meshî* désigne deux plantes : *nardostachys satamansi* Dec. et *dalbergia ougeinensis* Roxb. ; *meshaka* est un légume ; *meshakusuma* (*fleur de bouc*), la *cassia tora*, appelée aussi *œil de bouc* (*meshalocana*) et simplement *meshâhvaya*, celle *qui tire son nom du bouc* ; *meshaçriñga* ou *corne de bouc* est le nom d'un arbre que le *Mahâbhârata* (XIV, 1172) classe parmi *les rois des arbres* (*drumânâm ragânah*) — *Avipriya*, c'est-à-dire *cher aux brebis*, est un nom indien donné à l'*oplismenus frumentaceus*.

Parmi les plantes mythologiques européennes qui ont tiré leur nom de la chèvre, citons le *caprifiguier* et le *chèvrefeuille*.

On doit enfin songer à un mythe solaire, lorsqu'on nous représente *la toison d'or* tendue *sur les arbres* ; cette peau lumineuse derrière laquelle se cache Médée pour attirer dans ses filets les Argonautes semble désigner l'aurore, la fille et l'épouse du soleil qui, dans les hymnes védiques, tisse une robe pour son divin époux. Nous avons vu au mot *Agneau* que l'on croyait les chapeaux tartares faits avec la fourrure d'un agneau végétal.

CHIEN. Au chien se réfère, dans l'Inde, la *çuni* (*benincasa cerifera*) ; dans la Grèce antique, la *cynocéphalia*, nommée encore *Osiris, Osirites*, plante qu'on croit pouvoir assimiler à l'*antirrhium* ou à la *linaria pyrenaica* de Candolle. Pline (XXVII) attribue à la *cynocéphalia* des propriétés extraordinaires. Il sied de rappeler ici la *lingua canis*, dont Albert le Grand, dans son *De virtutibus herbarum*, nous fournit cette description fabuleuse : « Septima herba a Chaldaeis *algeir*, a Graecis *orum*, a

Latinis *lingua canis* nuncupatur. Herbam hanc cum corde raniculae, et ejus matrice pone ubi vis, et post modicum temporis congregabuntur omnes canes villae. Et si praedictam sub pollice pedis habueris, omnes canes obmutescent, nec poterunt latrare ; et si praedictam in collo alicujus canis posueris, ita quod non possit ore attingere, semper vertetur in circuitu ad modum volubilis rotae, donec cadet ni terram velit mortuus ; de hoc est exportum nostro tempore. »

CHRISTOPHE (Herbes de Saint —). D'après Bauhin (*De plantis a divis sanctisve nomen habentibus*), ce saint a donné son nom aux herbes suivantes : *ulmaria, tragus ulmaria, barba capri* (en piémontais, *barbabouc*), *actaea, aconitum bacciferum, aconitum racemosum, gnaphalium, impia* Plinii, une espèce de fougère appelée : *os mundi, vicia sylvestris, herba tunica ou betonica agrestis, betonica sylvestias, armenia (?) sylvestris.*

CIEL. La plupart des mythes ont pris naissance dans le ciel ; ou du moins, c'est sur les phénomènes célestes que s'est exercée l'imagination, égarée en variantes sans fin par la confusion métaphorique du langage. Il est donc inévitable que la flore mythologique ait ses racines dans le ciel. Mais elle a semé ses graines sur la Terre. De là une immense végétation de mythes secondaires. À l'incarnation des dieux en héros, en rois, en enchanteurs, répond une sorte de greffe végétale qui a transplanté dans les forêts et les prairies, sur les bords des sources et des fleuves, ces arbres métaphoriques, ces fleurs idéales écloses sous les rayons du soleil et les célestes rosées des nuages. Cependant, il est plus d'une fois arrivé à la tradition de conserver un vif et clair souvenir d'arbres et de plantes célestes, particulièrement chers aux immortels habitants de l'étendue. Ce souvenir est visible dans les légendes qui se rapportent aux arbres d'Adam, de l'ambroisie, de Bouddha, à l'arbre anthropogonique. Nous le retrouverons encore présent dans beaucoup d'autres fictions. Le pays de cocagne, les paradis sans nombre ne sont que des morceaux et des images du céleste jardin. Telle est cette cité fleurie décrite par l'auteur du *Méghaduta* :

Oudjréin, Avantî, l'heureuse Viçalà
Où de Vatsaradja les amours sont célèbres
Luit comme un coin du ciel qu'en nos humbles ténèbres,
Par la grâce d'Indra, put rapporter jadis
Une troupe de saints venus du Paradis.

André LEFEVRE, *Virgile et Kalidâsa.*

Le ciel lui-même est souvent représenté comme un arbre gigantesque ; le soleil et la lune montant dans l'espace sont des arbres qui s'élèvent jusqu'au ciel ; le nuage tonnant aussi prend parfois la forme d'un arbre pluvieux et sonore, qui distille en chantant l'eau de la vie. Dans les contes populaires russes, pour s'emparer de l'eau de la vie, pour atteindre l'arbre qui chante, le héros doit siffler avec un sifflet ou une flûte magique[169], qui imite le vent soufflant dans l'orage. Dans un entretien apocryphe byzantin, il est question de l'arbre du monde, de l'arbre animal qui s'élève au milieu du paradis ; le sommet de cet arbre s'élève jusqu'aux cieux ; l'arbre brille comme de l'or et du feu ; il couvre de ses branches tout le paradis et possède les feuilles et les fruits de tous les arbres ; un doux parfum en émane et de sa racine coulent douze sources de lait et de miel. L'identité de cet arbre céleste avec l'arbre cosmogonique est évidente ; dans cette conception mythologique, on dirait que le ciel est représenté sous tous ses aspects par rapport à l'espace et au temps : le soleil, la lune et les étoiles sont les fleurs et les fruits de cet arbre divin ; les douze sources font peut-être allusion aux douze mois de l'année ou aux douze heures de la nuit. Un conte russe nous apprend qu'un vieillard monta jadis sur un chêne dont le sommet atteint le ciel, et où demeure un oiseau qui ne brûle pas dans le feu et

---

[169] Cette flûte de *l'arbre chantant* me rappelle la flûte de Yama, qui résonne dans le *Rigveda* (X, 135), sous le bel ombrage où Yama, buvant avec les dieux, attire à soi les ancêtres trépassés : « Ceci (est) le siège de Yama, qu'on appelle demeure des dieux ; c'est là qu'il souffle dans sa flûte ; il est entouré de sons » (Idam Yamasya sâdanam devamânam yad ucyate iyam asya dhamyate nâtîr ayam girbhih parishkritah).

ne se noie pas dans l'eau. Tout le monde peut résoudre cette énigme ; la lune et le soleil vivent éternellement dans le feu sans se consumer, et traversent continuellement l'océan céleste sans se noyer. Une hymne du *Rigveda*, après nous avoir décrit l'arbre cosmogonique, le *pippala*, et les deux oiseaux (le soleil et la lune, le jour et la nuit) qui tour à tour le visitent, ajoute que celui qui n'a pas connu le père ne peut pas atteindre l'arbre[170]. Quel est ce père ? Évidemment le ciel, où le soleil et la lune cueillent sur l'arbre divin le doux fruit du *pippala*, l'ambroisie, l'eau de la vie, qui les rend immortels[171]. Nous avons vu Bouddha personnifié dans l'arbre divin ; tous les dieux qui viennent y goûter l'ambroisie s'identifient avec cet arbre de lumière et de vie universelle, arbre de sagesse, arbre où les âmes des bienheureux trouvent leur refuge suprême. Le nom de *viçvavriksha* ou arbre de l'univers est donné au dieu Vishnu ; et l'une de ses incarnations humaines, Balarâma, boit une liqueur au creux d'un arbre, qui est, sans doute, un arbre nuageux, un arbre céleste, un *divo vrikshah*, semblable au chêne atmosphérique des Finnois que renverse le nain solaire[172]. Nous verrons, en outre, dans la description des herbes et plantes spéciales, combien d'entre elles ont été adoptées par la tradition populaire comme moyen de monter au ciel. Ce pouvoir mythique est affecté spécialement aux plantes qui ont un caractère funéraire et aux légumes qui servent de viatiques aux morts dans leur voyage suprême. Il faut atteindre le père, c'est-à-dire le ciel, pour goûter aux fruits de l'arbre divin, pense le poëte védique ; mais, en revanche, pour atteindre le ciel, il faut que le

---

[170] Tan non naçad yah pitaram no veda (*Rigv.* I, 164, 22). Cf. Grill, *Die Erzväter der Menschheit*, I, 172.

[171] Dans la première strophe de l'hymne 35 du Xe livre du *Rigveda*, il est aussi question, à propos de l'arbre céleste, du *père seigneur des créatures* qui désire avoir près de soi les hommes pieux. Ce père n'est que le Divaspati, le Brahmanaspati, Brahman dont nous avons tâché de prouver l'identité avec le ciel dans nos *Letture sopra la mitologia vedica*. Cf. *Cosmogonique* (Arbre —), le passage védique où il est dit que Brahman est l'arbre cosmogonique.

[172] Cf. Senart, *Essai sur la légende du Buddha*, Paris, 1875, p. 222 et suiv.

mort prenne avec soi une nourriture végétale ou qu'il monte au ciel à l'aide d'un arbre.

Dans un roman oriental : *Gul o Sanaubar*[173], le jeune prince monte sur une colline et entre dans un jardin rempli de tulipans et de lis qui représentent les crépuscules du matin et du soir ; au milieu du jardin s'élevait un arbre dont les racines s'étendaient jusqu'à l'enfer et dont les branches atteignaient le ciel :

> Celui de qui la tête au ciel était voisine,
> Et dont les pieds touchaient à l'empire des morts.

La Fontaine.

Les contes slaves et germaniques reviennent souvent sur la notion d'un chêne, d'un pois, d'un haricot, d'un chou extraordinaire, à l'aide duquel un vieillard ou un petit enfant arrive au ciel et en contemple à son aise les merveilles[174]. Seulement, après avoir monté, le plus souvent il retombe sur la Terre ; l'imagination populaire aura voulu figurer la parabole que le soleil et la lune décrivent sur la voûte du ciel[175] : le héros, et l'arbre sur lequel il monte, s'identifient ; le petit pois, le petit haricot, le petit chou, le chêne, le palmier qui pousse de terre et monte au ciel n'est autre chose que l'astre du jour ou l'astre de la nuit. Nous avons vu dans la *Mythologie zoologique*, le héros solaire et lunaire se sacrifier en forme de taureau et se changer en pommier[176]. Dans un conte allemand des Siebenbürgen, que

---

[173] *La Rose et le Cyprès*, traduit par Garcin de Tassy.

[174] Dans l'Inde le titre de *messagère du ciel* (deva dûtî) est donné au citronnier sauvage.

[175] D'après une croyance des Kasias du Bengale, les étoiles aussi ont été autrefois des hommes : ils grimpaient sur un arbre ; dès qu'ils arrivèrent au sommet, on leur coupa sous les pieds le tronc et ainsi ils restèrent au ciel (Tylor, *Urgeschichte der Menschheit*, cité par Mannhardt dans les *Lettischen Sonnenmythen*.)

[176] Cf. l'observation de Menzel, *Die Unster-blichkeitslehre* : « Gap in Persia der gute Stier Kajomorts wie Zagreus oder Dionysos zum Opfer hin, aus seinem Leichuam aber entfaltet sich die Pflanzenwelt und bewahrte die himmlischen Keime des Guten auf Erde. Insofern muss Persephone als die personificirte

le docteur Mannhardt[177] a tiré de la collection de Haltrich, il est fait mention d'un jeune pâtre qui monte sur un bel arbre, dont les branches ressemblent aux degrés d'une échelle, et dont le sommet touche aux nuages. Il monte neuf jours et il arrive dans une plaine où l'on remarque un palais, une forêt et une fontaine couleur d'airain ; les mains du jeune pâtre prennent la même couleur. Il détache une petite branche et il monte encore pendant neuf jours, au terme desquels il trouve une autre plaine avec des châteaux, des forêts, des sources couleur d'argent qui donnent la même couleur aux mains du jeune pâtre. Celui-ci, ayant détaché une deuxième branche, monte encore, jusqu'au 27e jour ; et il atteint une région d'or avec des palais, des forêts, des fontaines d'or ; il détache une troisième branche ; déguisé en souillon, il entre dans un palais royal ; il chevauche trois fois autour de la montagne de cristal ; avec les trois branches, il touche le sein de la fille du roi, qui devient son épouse. Est-ce le soleil ? Est-ce la lune ? Le nombre de 27 jours que le jeune héros emploie pour son ascension nous ferait supposer ici un mythe lunaire ; mais les cheveux d'or et la course autour de la montagne de cristal nous inclinent plutôt à l'opinion de Mannihardt, qui voit dans le jeune homme aux cheveux d'or un dieu solaire. Le *Glasberg*, ou montagne de cristal, est pour Mannhardt l'*Himmelsgewölbe ;* mais il pourrait aussi personnifier la saison d'hiver, à la fin de laquelle la princesse s'éveille à la vie printanière. C'est la *Belle au bois dormant.* De bonne heure on a reconnu l'étroite liaison des mythes de l'aurore et du printemps.

Pflanzenwelt zur Tochter des Stier werden ; wie sie dessen Mutter ist. Daraus erklärt sich die spätere persische Lehre der Manichäer, welche glaubten Christus habe sich für die Menschheit geopfert und sein Geist und Wesen lebe nur noch ni den Pfanzen fort. Die ganze Pflanzenwelt galt als der latente Göttersohn, Jesus patibilis. In jedem Herbst dachten sich die Manichäer im Welken der Pflanzen den Tod Jesu, in jedem Frühling im frischen Grün der Pflanzen seine Auferstehung wiederholt. » Cf. *Adam* (Arbre d'—), où il est aussi fait mention de l'arbre de la *croix.*

[177] *Die Lettischen Sonnenmythen.*

Le même docteur Mannhardt a recueilli, dans l'ouvrage cité, quelques autres légendes intéressantes qui se rattachent au même ordre d'idées. D'après une tradition malaise de Bornéo, l'art de cultiver le riz a été rapporté par Si Tura d'un voyage au pays des Pléiades ; c'est là que, du haut d'un arbre (probablement un *açvattha)*, il surprit les procédés de la culture du riz. La légende suivante de la Nouvelle-Zélande, recueillie par Schirren[178], s'est évidemment développée sur la légende indienne de la nymphe Urvacî, la Daphné et la Psyché orientale. Tawhaki, un héros qui comptait déjà dans sa vie mortelle un grand miracle (une résurrection), épouse une nymphe qui avait quitté le ciel pour le suivre sur la Terre. Elle avait cependant mis à leur mariage une condition : Tawhaki, son époux, ne devait lui dire rien de désagréable ; une fois qu'il s'était oublié, la nymphe avec l'enfant, fruit de leurs amours terrestres, remonta au ciel. Tawhaki, en les cherchant, arrive à un endroit où une plante grimpante pousse du sol et atteint le ciel. C'est le haricot du Tom Pouce anglais. La tige de cette plante porta Tawhaki au séjour de son épouse[179].

---

[178] *Die Wandersagen der Neuseeländer.*

[179] Le docteur Mannhardt rapporte encore ici les contes suivants : « Hiemit sind die folgenden Maorisagen zu combiniren. Mit der Ranke einer Schlingpflanze, die Itu wachsen lässt, bindet ein Krieger auf Samoa die Sonne fest, bis er sein im Bau begriffenes Haus aus Steinen fertig hat. Es war eben die Zeit des Jahres, wo die Sonne schwerfällig, müde und schläfrig ist. Auf Tahiti baut Maui (der Himmels und Sonnengott) ein Marae (Tempel), und da dieses im Laufe des Tages vor Abend vollendet sein muss. ergreift er die Sonne an den Strahlen und bindet sie an das Marae, oder an einen nahestehenden Baum, oder er fesselt die Sonne mit Stöcken ans Kokusnussfasern so, dass sie seitdem langsamer als zuvor ihren Weg geht, oder er hält die Sonne auf und regelt ihren Lauf, so dass Tag und Nacht gleich sind. Es ist ferner im Maorimythus von einem Baume die Rede, dessen herabhängende Aeste die Leiter sind, auf der die Todten auf und absteigen, und welche gleichsam in der Erde festgewurzelt dieselbe halten, auch dass jener einen Kahn sendet, die Erwählten ins Jenseit abzuholen. Dieser Kahn (cf. ce que nous avons dit à propos de cette caisse ou navire mythique, sous le mot Bouddha) aber findet sich wieder in der Mythe von Hikotoro, der sein Weib verliert und vom Himmel kommt sie zu suchen. Da er sie in Neuseeland findet, setzt er sie in einen Kahn, bindet an dessen Enden

Le nom de *divyâ* ou *céleste* est donné dans l'Inde à l'*asparagus race-mosus* (que nous retrouverons parmi les plantes cosmogoniques), à l'*emblica officinalis*, à la *terminalia chebula* et à la *brâhmî*.

COCAGNE. L'arbre de cocagne, le mât de cocagne, dans certaines fêtes de village, c'est l'arbre de l'abondance, l'arbre qui remplit tous les désirs. Le pays de Cocagne est, dans les contes populaires, le lieu où courent des sources de vin, de lait et de miel, où les arbres portent toute espèce de fruits, même, pour l'italien, des macaronis tout accommodés, un pays de délice tel que certains poètes classiques en ont rêvé dans l'âge d'or. Le mât de cocagne est censé représenter la prospérité dans le pays où il s'élève ; les jours de réjouissance dans les villages sont des jours d'illusion publique. Le mât, surmonté d'objets plus ou moins désirables, montres, couverts, foulards, etc., excite l'émulation des jeunes garçons. Le prix est offert à tous ; il ne s'agit que de l'atteindre ; de la même manière, celui qui monte au ciel en rapporte des merveilles. M. Chéruel, dans son *Dictionnaire historique des institutions, mœurs et coutumes de la France*, fait mention d'un mât de cocagne élevé, en l'année 1425, rue aux Ours ou aux Oues, en face de la rue Quincampoix. Au haut du mât était un panier contenant une oie grasse et six pièces de monnaie. (Cf. un conte breton, au mot *Sapin*.)

CONCORDIA (*Palma Christi*). On connaît plusieurs herbes auxquelles on attribue la propriété spéciale d'attirer la sympathie. Les prétendues sorcières en faisaient grand usage ; les herbes érotiques doivent appartenir toutes à cette catégorie particulière de plantes mythiques. Mais il y en a une entre autres, qui s'appelle en Piémont et dans les Abruzzes *concordia*, et qui pourrait servir de type à tout le genre de plantes douées de la même propriété. Dans la vallée de Lanzo en Piémont, lorsque deux amoureux veulent consulter la destinée sur leur mariage, ils vont ensemble à la recherche d'une herbe

---

einen Strick und so werden sie unverzüglich zum Himmel hinaufgezogen und in eine Sternenpaar verwandelt. » Cf. *Palmier*.

qu'ils appellent *concordia*, dont la racine partagée en deux a la forme étrange de deux mains avec cinq doigts chacune. Si les deux mains sont réunies, le mariage est garanti ; si, au contraire, une main tourne à droite, l'autre à gauche, c'est un mauvais présage et un indice presque assuré de rupture. Son nom même n'est pas bien arrêté ; on m'écrit du Canavais que les uns l'appellent *concordia*, d'autres *discordia*, peut-être, dit-on, parce que l'amour même, après quelque temps, se change en haine. Et on ne fait pas seulement attention à la racine ; à Rueglio, par exemple, on observe la fleur, qui ressemble, dit-on, à la pointe d'une asperge, et qui est d'une couleur violette chez le mâle et blanchâtre chez la femelle ; le mâle et la femelle poussent presque toujours l'un près de l'autre : le mâle tourne à l'est, la femelle à l'ouest. Cette description peut faire supposer qu'il s'agit ici d'une autre herbe, différente de la *concordia* (palma Christi), dont on consulte les racines. Dans la vallée d'Aoste, on en fait une boisson pour éveiller l'amour chez la personne qu'on aime ; on donne à boire l'eau du mâle aux femmes et l'eau de la femelle aux hommes. Le professeur Pietro Saraceni, qui m'écrit de Chieti dans les Abruzzes, m'apprend que les montagnards de la Maïella, mari et femme, pour rester d'accord entre eux, ont l'habitude, lorsqu'ils sont fiancés, de porter cette herbe, en forme d'amulette, dans un petit sac avec d'autres herbes, du sel, une miette de pain, quelque image avec un petit morceau de papier portant des signes mystérieux. Jean-Baptiste Porta, dans sa *Phytognomonia*[180], classe la *concordia* parmi les *vescicariae* et il observe que dans ses grains noirs on remarque l'image d'un cœur ; à cause de cela, « ad cor valere multi retulerunt » ; et il ajoute que les femmes siciliennes l'appellent *concordia ;* « quod maritos cum uxoribus rixantes conciliet[181] ». Il ne s'agit donc pas non plus ici de la *palma Christi*, que lui-même il nous décrit dans une autre page de la manière suivante : « Sunt testiculorum genere digiti citrini appellati ab Avicenna, qui humanae manus similitudi-

---

[180] Naples, 1588.
[181] Cf. ce qu'on dit du *melisophilos* au mot *Plantes magiques* et les propriétés du cumin.

nem ostendunt ; ob id vulgus *Christi palmam* vocat. Ejus radix ima sui parte in aequales quaternos, vel quinos dividitur, velut digitos ; nervorum obfractu et pituitosa saburra oppressis opitulatur ; » il ne fait pas mention de la propriété que le peuple de la Maïella lui attribue. Enfin, je reconnais encore la *concordia* dans la racine (raica) de *l'erba paci*fica, dont on trouve une description malicieuse dans le 17ᵉ récit d'un nouvelliste siennois du XVᵉ siècle, Gentile Sermini[182]. — Cf. *Discordia*, et *Olivier*, le symbole de la paix par excellence ; la *valera* aussi, d'après le *Libellus de virtutibus herbarum* attribué à Albertus Magnus, possède ce qu'il appelle un *succum amantile*, par lequel ceux qui étaient en guerre font aussitôt la paix. Selon le même auteur, la *provinsa* amène l'amour entre le mari et la femme.

COQ (Cf. *Gallus*).

COSMOGONIQUES (Arbres et Herbes —). L'arbre cosmogonique qui, dans l'Inde, reçoit les noms spéciaux de *kalpadruma, kalpaka, ilpa, kalpavriksha*[183] ; en sa qualité d'arbre du paradis, celui de *pârigâta*, et comme arbre ambrosiaque, ceux d'*amrita* et de *soma* de zend *haoma*) ; l'arbre cosmogonique, dont le *skambha* indien, l'*irminsul* allemand, le scandinave Yggdrasil, non moins que l'arbre d'Adam, l'arbre de la science du bien et du mal, l'arbre au serpent, l'arbre an-

---

[182] « Tista (celle-ci) è la ralca (radica, racine) di quella santa erba che t'ho nominata, la quale commette pace tra moglie e marito ; e dicoti che ove ella si pianta, inaffiandosi spesso, fa gran frotte, e appetisce terreno morbido, e perchè sentisse di acquitrino, non se ne cura, ed è di questa condizione che come e' trova il terreno che si confaccia a lei, sempre entre vi cresce, infino che fuore la operazione del frutto non ha interamente bugliato. Questa erba gittava soavissimo odore che era di maiorana, persa, menta e serpillo contezionate ni polvere con moscade, garofano, cinnamomo et zafferano ; e sparza questa sopra 'l corpo di lui, disse lei : Fa ora che tutto 'l tuo corpo di questa erba senta, etc. » Plus loin, Sermini l'appelle *erba pacifica*.

[183] D'après une légende des Djaïnas, les premiers hommes se nourrissaient des fruits des *kalpavrikshas* (*Asiatic Researches*, IX, 257-268), de même que l'Adam biblique se nourrit des pommes ou des figues de l'arbre cosmogonique du paradis terrestre.

thropogonique, l'arbre et la bûche de Noël, l'arbre de Bouddha, sont des synonymes populaires consacrés, l'arbre cosmogonique est le symbole de la végétation et de la vie universelle, et par conséquent de l'immortalité. D'après l'*Agama sûtra*, cité par Beal[184], l'arbre, *polo*[185], le premier arbre, ne fut produit qu'après le soleil et la lune, pour suppléer au manque de nourriture sur la Terre, dont les hommes avaient mangé toute la croûte savoureuse et douce. La Terre se couvrit donc d'abord de *polo*, ensuite d'une espèce de riz parfumé (*kang-mai*) ; enfin parurent « quatre pousses qui, coupées le matin, renaissaient avant le soir » ; c'est alors que les hommes distinguèrent pour la première fois les sexes.

D'après une narration byzantine, passée en Russie, le premier arbre fut un arbre de fer ; sa racine est la force de Dieu ; sa tête soutient les trois mondes, le ciel avec l'océan de l'air, la terre et l'enfer avec le soufre ardent et le feu. Dans l'hymne 81 du Xe livre du *Rig-véda*[186], le poète se pose cette question : Quelle était la forêt, quel

---

[184] *A Catena of buddhist scriptures from the Chinese*. London, 1871.

[185] Peut-être le *vara* sanscrit, ou l'*asparagus racemosus* (appelé aussi *divyâ* ou *céleste*), ou la carotte, ou le *raifort* (cf. des légendes anthropogoniques relatées, au mot *Raifort*, dans le second volume). Les hommes qui mangent la terre sont un équivalent de la terre humide, du terroir qui produit les animaux et les plantes. L'homme biblique est formé de la fange terrestre. Cette conception n'était pas étrangère aux cosmogonistes grecs. « ...Anaxagoras Clazomenius, écrit J. B. Porta dans sa *Phytognomonia* (Naples, 1588), ad Lechinonem scribens *terram plantarum esse matrem, solem patrem*,... Anaxagoras Clazomenius ex terra, humore et calore cuncta emanasse, atque id Archelao et Euripidi ; eius discipulo legitur apud Diodorum non displicuisse ; quippe in *Menalippo* scribit, quum cœlum et terram ni sua loca se recepissent, terram arbores, volatilia, feras et mortalium genus produxisse ; nam terra putris omnino, mollis et sole densata ni suam superficiem tumores produxit, singulos suas putredines continentes, nocte circumsistente, aere irrorante, sole consolidante, tandem putredines illas ad summum produxit, maturato scilicet partus tempore, confractis utriculis, omnium ann animantium genera exclusit, quare quae majorem calorem sortita sunt, altivolae effectae sunt, quae plus terrae, serpentes, quae aquosa ni sui generis elementa delata pisces evaserunt.

[186] Cf. Ciel (Arbres du —).

était l'arbre, dont le ciel et la Terre sont issus[187] ? À cette question le *Taittiriyabrâhmana* répond que la forêt, l'arbre cosmique, était le dieu Brahman lui-même. Dans l'*Atharvavéda* (X, 7), tous les dieux sont considérés comme des branches de l'arbre de Skambha, forme élémentaire ou fragmentaire du Brahman, l'arbre universel. On doit reconnaître le même caractère cosmogonique à ce célèbre *pippala* védique tour à tour visité par deux beaux oiseaux : l'un en mange le fruit, c'est probablement la lune ou le crépuscule du soir ; l'autre, sans manger, brille (ou chante), c'est probablement le soleil ou le crépuscule du matin[188].

À propos de la légende de Bouddha, nous avons déjà fait mention de cet arbre sauveur que le naufragé, fils de Tugra, embrasse au milieu de la mer, et remarqué l'analogie de l'arbre cosmogonique et anthropogonique avec l'arbre du déluge. Lorsque l'arbre périclite, tout l'univers est menacé de mort ; c'est l'impression que l'on reçoit, en lisant, au premier livre du *Mahâbhârata*, la description de la vengeance du dieu Agni, destructeur d'une forêt.

Dans la légende bouddhique, où les sages enfermés au milieu de l'océan vomissent la flamme et l'orage contre les arbres qui menacent de couvrir toute la Terre, ces arbres ont un double caractère, créateur et destructeur : c'est une forme du mythe du déluge. L'indignation des sages n'aurait pas de bornes, si le dieu Soma ne s'interposait ; après cette intervention du roi védique des herbes[189], les sages se recueillent et songent, comme Manu dans la légende brahmanique, à repeupler la Terre, en s'unissant avec Mârishâ, qui est fille d'une nymphe, c'est-à-dire de la moiteur déposée par une nymphe sur le feuillage des arbres. (Cf. les mots *Kalpadruma, Ilpa, Dieu*, dans ce volume ; et *Açvattha, Djambu, Chêne, Palmier*, dans le second tome.)

---

[187] *Kim svid vanam ha u sa vriksha âsa yato dyâvâprithivi nishtatakshuh.*

[188] *Dvâ suparnâ sayujâ sakhâyâ samânam vriksham pari shasvajâte, tayor anyah pippalam svâdv atty anaçnann anyo abhi câkaçiti.* (Cf. *Açvattha* dans le second volume.)

[189] Cf. Dans ce volume le mot *Herbes.*

COURONNES (CEINTURES ET GUIRLANDES). L'usage des couronnes est aussi ancien que le premier mythe solaire. Dès que le soleil apparut comme une tête de prince couronné, comme un dieu coiffé de l'auréole, la couronne devint l'attribut de tous les dieux, comme elle l'était de tous les princes. L'hymne nuptial védique nous représente des noces solaires, et c'est sur les rites de ces noces que se sont ensuite réglées presque toutes les noces aryennes[190].

En Grèce et dans les pays slaves, tous les époux, pendant les huit jours de réjouissances qui précèdent le mariage, sont respectés dans le village comme des princes ; ne sont-ils pas en effet les véritables princes de la génération ? À l'origine, le plus puissant étalon, le meilleur taureau obtenait des honneurs royaux ; nous savons déjà (voir notre *Mythologie zoologique*) que, dans la poésie indienne, on emploie souvent l'expression : le *taureau des hommes*, pour indiquer le roi. Le soleil, comme générateur par excellence, était aussi le roi par excellence. Sa couronne, son disque devint, par conséquent, le symbole de la royauté terrestre. Flavius Josèphe, dans ses *Antiquités Juives*, fait remonter l'usage des couronnes au temps de Moïse. Pline (livre XXV) attribue à Glycère l'invention des couronnes de fleurs, à Crassus (livre XXXI) l'usage de donner des couronnes d'or et d'argent à ceux qui remportaient la victoire dans les jeux publics. Les vainqueurs d'Olympie recevaient une couronne d'olivier ; dans les ovations romaines, on employait une couronne de myrte ; la couronne de chiendent était réservée à celui qui délivrait une ville

---

[190] Cf. notre *Storia comparata degli usi nuziali*. Milan, Treves, seconde édition. Sur la tête des époux, dans les églises de rite grec, pendant les cérémonies, deux garçons d'honneur soutiennent une couronne princière dorée. Les fiancés de l'île de Crète échangent entre eux des guirlandes de fleurs ; après les noces, les guirlandes restent suspendues à l'église pendant quarante jours, symbole probable de la virginité qui continue ou, pour le moins, de la lune de miel. L'échange des guirlandes est fait par le prêtre ; de même, dans les noces russes, le prêtre échange trois fois les deux anneaux entre les époux. Dans un chant populaire bulgare, saint Jean est celui qui couronne les époux Stoïan et la Samodiva. Chez Claudien, *De Raptu Proserpinae*, la jeune fille, sans le savoir, cueille des fleurs et en fait une guirlande pour ses noces : Nunc sociat flores seseque ignara coronat Augurio fatale tori.

assiégée ; de chêne était la couronne civique, parce que, au dire de Plutarque, le chêne était consacré à Jupiter, protecteur des villes. Dans leurs festins, les Grecs et les Romains, en signe de réjouissance, portaient des couronnes ; ce qui donne peut-être un sens à l'expression de Virgile : *vina coronant*, à moins que l'on ne préfère penser aux guirlandes de lierre qui entouraient parfois les amphores. Les victimes aussi, ainsi que les sacrificateurs, étaient couronnées dans l'Inde, en Grèce et à Rome. Dans les repas funéraires des Grecs, qui couronnaient aussi leurs morts[191], les parents portaient sur la tête une couronne ; et le témoignage de Cicéron (*Tuscul.* I, Epist. ad Atticum, 8) nous apprend que les Napolitains couronnés avaient fait des vœux pour Pompée malade.

« Hodie, cum alibi, tum apud Anglos, » écrivait au XVIe siècle Polydore Virgile[192], « statis solemnibusque diebus sacerdotes coronati in supplicationibus publicis incedunt, et praesertim Londini sacerdotes paulini, mense junio, die sancto ipsi Paulo apostolo sacro, qui simul omnia eius diei sacra coronati curant faciuntque. »

Dans le sixième livre d'Hérodote, il est question de certaines couronnes symboliques, qui annoncent à la mère de Démaratus son état de grossesse. « La mère de Démaratus dit à son fils : Il faut donc que tu saches que, la troisième nuit après mon mariage, il m'apparut un homme qui ressemblait parfaitement à Ariston. Celui-ci, après avoir couché avec moi, plaça sur ma tête les couronnes qu'il avait apportées avec lui. Il s'en alla ensuite et bientôt après survint Ariston, qui, remarquant ces couronnes, me demanda qui me les avait données ; je répondis que lui-même me les avait données. Ariston n'en convint pas ; je déclarai par serment qu'une pareille dénégation n'était point aimable, puisqu'il s'était bien réellement trouvé là quelques minutes auparavant, il avait couché avec

---

[191] D'où le nom de ἐστεφανώμενος (couronné), donné au mort. L'usage de placer des guirlandes sur les morts, spécialement sur le corps des jeunes filles et des garçons, s'est conservé de nos jours non pas seulement en Grèce, mais chez presque tous les peuples européens. C'est un symbole de virginité, à la fois, et d'immortalité.

[192] *De Rerum inventoribus*, Lugduni, 1586.

moi, et il m'avait fait présent de ces couronnes. Alors Ariston, en voyant que je confirmais ces paroles par serment, comprit qu'il s'agissait d'un miracle. » (Cf. *Prophétiques*, Arbres et herbes —[193].)

La guirlande de fleurs est encore un trait d'union qui a sa valeur symbolique dans les cérémonies nuptiales de l'Inde moderne, lorsque, récitant la strophe védique qui émancipe la jeune fille de l'autorité paternelle et l'attache au mari, le prêtre enchaîne d'un lien fleuri les mains des deux époux placées l'une sur l'autre et plongées dans une cuve remplie d'eau. Dans la cérémonie nuptiale du *svayamvara* ou libre élection, en usage chez les guerriers de l'Inde, l'épouse choisissait l'époux en lui jetant au cou le *varamâlâ* ou *guirlande nuptiale*. Dans le *Vishnupurâna* (I, 9), le sage Durvâsas (un des noms du Çiva destructeur) reçoit de la déesse Çri, la Vénus indienne, une guirlande de fleurs cueillies sur les arbres du ciel[194]. Chemin faisant, il rencontre le dieu Indra assis sur un éléphant ; pour lui faire honneur, il ôte de sa tête la guirlande où les abeilles viennent sucer l'ambroisie. Indra, sans plus de cérémonie, la place sur le front de sa monture ; et voici que, enivré par l'odeur des fleurs, l'éléphant jette la couronne à terre avec sa trompe. Durvâsas, dans son indignation, maudit le dieu qui a dédaigné le céleste présent, et le condamne à être précipité sur la Terre comme a fait l'éléphant de la guirlande divine. Depuis lors, dit-on, Indra et les trois mondes ont perdu leur première vigueur ; et toutes les productions végétales, les plantes et les herbes, atteintes par la malédiction du sage, sont condamnées à périr.

Ce conte rentre évidemment dans le cycle mythique du péché originel. Les amours des anges avec les filles de la Terre, la chute du

---

[193] La guirlande de fleurs sauvages (vanamâlâ) que Vishnu-Krishna porte sur sa poitrine, à la place de la perle cosmogonique *Kaustubha*, doit avoir le même sens que ces couronnes nuptiales laissées à la mère de Démaratus.

[194] Dans l'*Atharvavéda* (VII, 38), Indra est précipité de son Olympe à cause d'une herbe ; cf. *Érotiques* (Arbres et herbes —). On peut encore comparer ici la *guirlande de Narada* (la foudre, sans doute) qui frappe et tue Indumai (le nuage ?), femme d'Aga, mère de Daçaratha (le soleil), endormie dans le jardin royal (le ciel).

premier homme dans le paradis terrestre, la chute de la guirlande d'Indra, la faute commise par ce dieu avec Ahalyâ, et son immersion dans l'eau qui lave le péché, ne sont que des variantes d'une même conception chimérique. Il s'agit toujours d'établir des rapports directs entre les dieux et les hommes, soit que les dieux humanisés descendent dans ce monde du péché, soit que les hommes ou des génies intermédiaires aillent ravir au ciel, par un noble crime, la divine lumière, cette eau d'immortalité qui doit faire à jamais régner la vie sur la Terre. La guirlande de fleurs parfumées d'ambroisie qu'Indra laisse tomber sur la Terre, offre une poétique image de cette semence divine qui vivifie l'univers.

À l'origine du monde, entre les arbres de la Terre et ceux du ciel il n'y a pas de distinction ; dès que l'ambroisie tombe sur la terre, les arbres se fécondent et se multiplient, mais de même que celle de l'homme, leur vie, depuis ce temps, est bornée. Les guirlandes que les jeunes filles indiennes, grecques, allemandes et slaves portent encore à certaines processions du printemps (spécialement vers la Pentecôte), semblent être un hommage au retour annuel de la fécondité. Les jeunes indiennes se parent de ces guirlandes, dans les fêtes de *Kâmadéva*, le dieu de l'amour, solennités célébrées pendant les derniers jours du printemps. La ceinture virginale des *Samodives* est verte comme la végétation du printemps. Dans un chant populaire bulgare recueilli par Dozon les *Samodives* vont se baigner à la source limpide au-delà des sapins verts ; mais, en se déshabillant, elles gardent leur verte ceinture de jeune fille (*sies zelen poias mominksi*). (Cf. *Fleurs*.)

DÉMÉTER (Cf. Cérès).

DHANVANTARI. Le médecin des dieux dans la mythologie indienne ; il paraît avec les premières herbes de la création, tenant à la main une coupe remplie d'ambroisie. (Cf. *Centaures*, et plantes *Médicinales*.)

DIABLE (Arbre et herbe du —; arbres et herbes *diaboliques, maudites, sinistres, scélérates*; arbres *châtiés*). Il y a de bonnes et de mauvaises herbes, de bonnes et de mauvaises plantes; les bonnes sont l'œuvre d'Ahuramazda, les mauvaises l'œuvre d'Ahriman[195]. Toutes les herbes, toutes les plantes tristes, néfastes, maudites, fées, sont des herbes et des. plantes du diable. Mais il y en a entre celles-ci quelques-unes qui ont le privilège spécial de porter le nom propre du diable.

Dans l'Inde, l'herbe *sorcière* (et peut-être l'herbe contre les sorcières), est appelée *asurî* ou *âsurî* (la diablesse) c'est la *sinapis racemosa*[196]. Le nom de *Vritrabhogana* ou *nourriture de Vritra* était donné dans l'Inde à une plante potagère jusqu'ici inconnue.

Dans le Tyrol on croit que les côtes de sorcières sont en bois d'*aulne*. À Hécate, la déesse infernale des Grecs, qui connaissait toutes les herbes et en enseigna les propriétés à ses filles Médée et Circé, étaient spécialement consacrées les herbes suivantes : la *mandragora*, l'*atropa belladona* L., le *solanum nigrum* L., l'aconit, l'*azalea pontica* L., le *cyclamen*[197], le *cyperus officinalis*, la *lavandula stoechas* L., la *mentha cervina* L., le *teucrium polium* L., le *piper aethiopicum*, la *matricaria chamomilla*, le *leontopodion* (un philtre amoureux), l'*adianthum*, (cher spécia-

---

[195] Les mauvaises herbes auraient cependant, elles aussi, leur but providentiel, d'après un récit très naïf que le voyageur Adam Olearius dit avoir entendu en Perse en l'année 1637. Sofi va faire une visite à Saadi, et chemin faisant s'attendrit sur la fatigue des paysans qui arrachent d'un champ les mauvaises herbes; Sofi ordonne aux mauvaises herbes de quitter le champ, qui en est délivré à l'instant même. Saadi lui fait observer qu'il a eu tort, parce que les paysans désormais s'abandonneront à l'oisiveté. Cette remarque semble très profonde à Sofi, qui se place lui-même au service du sage Saadi et y reste pendant sept ans.

[196] Le sénevé blanc s'appelle *rakshoghna, tue-monstre*. Le même nom est donné au *Semecarpus anacardiun* et à l'*assa foetida* (peut-être parce qu'elle tue les vers du corps). Le *bdellion* est aussi appelé *rakshohan* (tueur de monstres).

[197] Dierbach dit qu'il s'appelle en allemand *Schweinbrod* (*pain de cochon*). Le nom de *panporcino* est cependant donné par certains paysans italiens à une tout autre herbe; dans la Valdinievole, en Toscane. on prétend que, le *panporcino* est détesté par les sorcières, parce qu'il découvre leurs sorcelleries.

lement à Pluton), le *cardamone*, la *malva tournefortiana* L., le *sesamum orientale* L., la *smilax aspera* L. Il s'agit évidemment de toute une série d'herbes ayant des qualités bonnes ou mauvaises, et qui, spécialement employées par les sorcières, furent consacrées de préférence à la déesse, à la reine des sorcières, à la sombre Hécate ; c'était la flore du jardin sur lequel veillait Artémis (la lune), proche parente de ce dieu *Lunus* ou *Soma,* que les hymnes védiques appellent « roi des herbes ».

Les sorcières n'ont pas seulement le pouvoir de discerner les vertus des herbes, elles savent rendre mauvaises des plantes innocentes ou propices. Une sorcière de Piémont[198], jugée en 1474, semait, c'est le réquisitoire qui le dit, certaine poussière malfaisante sur l'herbe des prés ; et les vaches de son ennemi, maigrissant à vue d'œil, arrivaient par degrés à une consomption mortelle. Dans la *Tempête* de Shakespeare, les cercles magiques tracés sur la prairie par la danse des Elfes laissent à l'herbe une amertume nuisible au bétail.

L'œuvre des sorcières se fait toujours au nom du diable, le seul qui véritablement possède tous les secrets de la nature et qui consente à les livrer à ses serviteurs. C'est par l'entremise d'une herbe que le diable préside à certains mariages. La demande, chez les paysans russes du gouvernement de Twer, se fait de la manière suivante : on introduit dans une bouteille d'eau-de-vie une herbe appelée *herbe du diable ;* on orne la bouteille de rubans et de petites bougies, et, avec ce présent, le père de la fiancée va faire visite au père du fiancé, qui doit racheter tout de suite ce *diable* en payant cinq *kopecks* (20 centimes). Mais le père de la jeune fille s'empresse d'ajouter : « Notre princesse vaut plus que cela » ; le chiffre du rachat s'élève et atteint finalement la somme de cinquante kopecks, équivalente à un rouble d'argent. C'est le terme de ce jeu convenu d'avance.

Nous verrons au mot *Tabac* que cette plante, herbe sainte pour les Espagnols, est considérée par les Petits-Russiens comme diabo-

---

[198] Publié par M. Pietro Vayra dans les *Ricerche e curiosità di storia subalpina.* (Cf. *Eau* et *Elfenkraut.*)

lique[199]. Plusieurs herbes aussi, qui ont pris leur nom du serpent, du dragon, pourraient être rangées dans la pharmacie du diable, et comme il y a des plantes spéciales contre les serpents, il y en a qui éloignent les sorcières (Cf. *Genévrier*) et le diable. Tel est, en Russie, le *certagon* (chasse-diable) ; sur cette herbe, la princesse Galitzin Prazorova m'a fourni les renseignements suivants, recueillis de la bouche de ses paysans[200]. Le *certagon* pousse dans les prés et dans les bois ; il est quelque peu épineux, et sa fleur d'un bleu foncé. On dit qu'il guérit les enfants de la peur (Cf. *Peur*, herbe de la —, dans le second volume ; — il s'appelle aussi *ispalôh*) et qu'il chasse le Malin. On fait bouillir l'herbe dans l'eau, et on lave les enfants avec cette eau ; quelquefois on place simplement l'herbe sous le coussin. On dit encore qu'à la mort d'un des époux, si le survivant s'afflige et se tourmente pour le salut du trépassé, un serpent de feu apparaît et, prenant la forme du mort, adresse au vivant la parole. C'est le diable ; alors, il faut recourir au *certagon*, talisman qui met l'impur en fuite. La meilleure manière d'exorciser le démon mortuaire est de s'asseoir sur le poêle, de mâcher des semences de camphre en se peignant les cheveux, et en agitant l'herbe tutélaire. Ce moyen est infaillible[201].

---

[199] Cf. *Sabina*, qu'à Bologne on appelle aussi *plante damnée, cyprès des magiciens*, à cause du grand usage que les sorciers en ont fait.

[200] On peut comparer ici le nom de *apetarakshasi* ou *éloigne-monstre*, donné à l'*ocimum sanctum*.

[201] On peut encore comparer ici ce dialogue curieux qui se trouve chez Nider, *Liber insignis de Maleficis et eorum Deceptionibus* : « *Piger* : Unum adhuc est mihi dubium de praefata materia ; utrum ne per *herbas*, petras et melodias valeant expelli daemones. *Teologus* : Valent certe talia nônnunquam débite applicata, et si non semper ut ex toto, tamen ut pro parte liberentur ; patet illud Thobiae 6, ubi Raphael aït Thobiae : Cordis particulam, sed de pisce quem cæpisti, si super carbones ponas, *fumus ejus extricat omne genus Daemoniorum* sive a viro, sive a muliere, ita ut ultra non accedat ad eos. Idem in effectu patuit ibidem, 8, ubi Magister in Historia sic addit : Nec super hoc mirari debemus, eum *fumus cujusdam arboris adustae* eamdem vim habere prohibeatur. Nec hoc venerabilis Hugo negat, communicando eamdem historiam. Immo beatus Hieronimus dicit : Daemonium sustinenti licet petras vel herbas habere sine incantatione. »

On peut lire dans les différents ouvrages de Mannhardt, notamment dans son excellente monographie *Korndämonen*, tous les noms de diables qui s'identifient, en Allemagne avec presque toutes les maladies des plantes, et particulièrement avec celles des blés et des légumes. Les superstitieux, frappés des rapports qui existent entre le monde végétal et le monde animal, arrivent à penser qu'un même démon cause la maladie de la plante et celle de l'homme ; dès lors, pour guérir l'homme, il suffit de lier le démon dans la plante.

Nous apprenons de M. Bernoni[202] qu'à Venise, pour chasser la fièvre, on lie le tronc d'un arbre, et on lui dit trois fois de suite, sans prendre haleine : « Je te place ici, je te laisse ici, et je m'en vais me promener[203] ». La fièvre disparaît, mais l'arbre, s'il est fruitier, cesse de donner des fruits (Cf. *Liés*, arbres). Lorsqu'un arbre vieillit et ne porte plus, sa stérilité est attribuée à un démon. Un proverbe russe dit que « de tout arbre vieux sort soit un hibou, soit un diable ». Les monstres indiens *bhûtâs* et *piçanâs* ont leur demeure dans les arbres. Dans la vie de saint Éloi, écrite au septième siècle par saint Ouen, on lit : « Ne faites point passer vos troupeaux par un arbre creux ou par un fossé ; ce serait, en quelque sorte, les consacrer an démon[204]. » Mon ami M. Pitré m'écrit que, près de l'Etna, les paysans ont soin de ne pas dormir sous les arbres la nuit de Saint-Jean, pour

---

L'arbre qui fume au ciel annonce le feu du jour qui s'allume, la lumière qui chasse les démons. — Chez Du Cange, qui cite Grégoire de Tours, sous le mot *Herba*, il est fait mention d'un *daemon meridianus*, qu'au moyen âge on chassait, en France, en liant des *herbes* et en prononçant certaines formules magiques. « Cum de cultura rediret, subito inter manus delapsa comitantium terrae corruit, ligataque lingua, nullum verbum ex ore potens proferre, obmutuit. Interea accedentibus accolis, ac dicentibus eam Meridiani Daemonis incursum pati, *ligamina herbarum*, atque incantationum verba proferebant. » Cf. *Aristolochia*.

[202] *Credenze popolari veneziane.* Venezia, 1874. (Voir un peu plus loin une croyance indienne analogue.)

[203] *Qua te meto, qua te lasso e me ne vago a spasso.*

[204] En Lombardie, lorsque les vieux troncs d'arbres craquent, on dit que c'est la sorcière qui pleure. Cf. Rosa, *Dialetti, costumi e tradizioni delle provincie di Bergamo e di Brescia*, Bergame, 1858, — et pour les traditions germaniques relatives au démon des arbres, Mannhardt, *Baumkultus der Germanen*, p.61 et suiv., et 72-154.

ne pas être obsédés par le démon[205], s'ils veulent dormir, ils doivent d'abord couper une branche ou, comme ils le disent, faire une saignée à l'arbre (*sagnari l'arvulu*)[206] Les Danois crachent trois fois avant d'abattre un arbre. Mon frère Henri, qui était jadis consul d'Italie à Janina, m'écrivait qu'en Albanie on croit généralement que l'ombre des arbres est malfaisante et cause spécialement des enflures et des douleurs aux extrémités. Les Albanais disent que les arbres possèdent l'*aëricô*, c'est-à-dire un démon aérien. Certains végétaux en sont plus fréquemment visités : tels, par exemple, le figuier, le noyer, le prunier sauvage, le mûrier, le sycomore, le mouron, le saule, et, en général, tous les arbres fruitiers (mais spécialement le cerisier) lorsqu'ils vieillissent et cessent de produire. (Pour guérir de l'*aëricô*, on emploie surtout la *bardane*.) En Lombardie, à ce que nous lisons dans l'*Amanacco agrario*, le Vendredi saint, à trois heures après minuit, chaque paysan va dans le potager, et s'il remarque un arbre qui ne porte plus de fruit, il n'a qu'à le soulever avec la main ; tout l'arbre se laisse à l'instant même déraciner, le diable n'ayant dans cette heure solennelle aucune force. En revanche, par l'effet de la malédiction maternelle, dans un conte breton, le fils de la veuve voit se relever à mesure tous les arbres qu'il coupe[207].

Dans un conte anglais, que M. Brueyre nous a fait connaître, trois filles rouges ensorcelées apprennent à un soldat qu'elles seront

---

[205] On suppose certainement que la nuit de Saint-Jean, la nuit la plus courte de l'année, les démons s'échappent des arbres et des herbes que la lumière a purifiés. En s'échappant, ils cherchent naturellement à pénétrer dans le premier objet qu'ils rencontrent, à moins qu'on ne prenne soin de les chasser de l'arbre avant de s'endormir sous son ombre, laquelle, après leur départ, cesse d'être malfaisante.

[206] C'est bien, paraît-il, une saignée que reçurent ces arbres sur le rivage de la Viçvamitrâ, près de Baroda, dont nous parle, d'une manière d'ailleurs assez vague, M. Rousselet dans son *Voyage dans l'Inde Centrale.* : « Les grands arbres qui la bordent ont leurs branches mutilées, en punition, paraît-il, du crime commis par un perroquet ; — sur l'une d'elles, l'oiseau ayant infligé à la pourpre du prince un indigne affront, l'intercession des courtisans parvint seulement à sauver les arbres eux-mêmes ».

[207] Cf. Brueyre, *Contes populaires de la Grande-Bretagne*, XV.

délivrées s'il parvient à écorcer de haut en bas tout l'arbre qui est près de la maison. En effet, aussitôt que l'écorce se détache de l'arbre, les trois filles redeviennent blanches et lumineuses, et l'enchantement se dissipe[208]. Chaque mythologue reconnaîtra ici aisément une variante de mythes indiens : c'est la védique Apalâ, dont le dieu Indra emporta la peau sombre : c'est le jeune Saptavadhri[209] enfermé dans l'arbre et délivré par les Açvins ; et encore Cendrillon, Peau d'âne, Marion et sa toupie de bois, nombreuse série déjà signalée dans les articles *Bouddha* et *Cendres*. La peau de la jeune fille et cette écorce qui l'enferme et la personnifie sont des équivalents ; le ciel rouge, qui s'assombrit lorsque la nuit tombe, est à la fois l'écorce de l'arbre et la peau de la vierge céleste.

Les arbres souffrent du mauvais œil tout autant que les animaux ; ou considère les songes comme l'œuvre du diable ; si on va raconter à un arbre le songe qu'on a eu, d'après la croyance irlandaise, l'arbre

---

[208] C'est aussi près d'un arbre que, dans les contes populaires italiens, la sorcière, la noire blanchisseuse, fait ses magies, en prenant la place de la jeune fille que le prince allait épouser. On peut comparer ici l'histoire bouddhique du prince Vidjaya et de ses 700 compagnons, dans le septième livre du *Mahâvansa*. Le prince rencontre d'abord le dieu Uppalavanna, assis au pied d'un arbre ; à sa place apparaît bientôt après, en forme de chienne, une esclave d'une femme de *Yaksha*, qui se fait passer pour dévote ; elle attire les 700 compagnons dans un puits souterrain, d'où le prince Vidjaya vient les délivrer, en menaçant la *Yakshini*, qui se transforme en une jeune fille de seize ans admirablement belle. Le prince couche avec elle sous l'arbre, et apprend d'elle la manière de s'emparer de l'île de Lañkâ ; un *yaksha* vient la tuer comme traîtresse. Le *yaksha* prend ici la place du *raksha*, dont il paraît lui équivalent. Cf. aussi le conte bavarois des trois jeunes châtelaines qui menaient mauvaise vie : atteintes par la foudre, elles brûlèrent avec tout le château ; leur âme passa dans le tronc de trois arbres ; lorsque ces arbres tombent, elles passent en d'autres arbres. Selon les croyances indiennes, celui qui viole le lit de son maître spirituel (*guru*) passera cent fois dans une herbe rampante, et dans un animal carnivore qui devra lutter avec les bêtes fauves. Cf. Garrett, *Classical Dictionary of India*.

[209] Le mot signifie proprement, d'après le dictionnaire de Saint-Pétersbourg, « *mit* sieben Riemen gefesselt » ; dans le *Bhâgavata Purâna*, on donne ce nom à l'âme.

perdra ses feuilles et se desséchera[210]. Si on regarde mal un arbre, l'arbre est maudit ; Schweinfurth, dans son voyage au centre de l'Afrique, a trouvé cette superstition chez les Nubiens ; les habitants d'une *zeriba* lui indiquèrent la branche d'un arbre colossal *(fucus lutca)* qui allait tomber seulement parce qu'un guerrier lui avait, en passant, fait le mauvais œil. Quelquefois on transporte la malédiction de l'homme à la plante et de même que les Vénitiens font passer la fièvre dans le tronc des arbres, l'Indien qui épouse une veuve, pour éviter les funestes conséquences que le peuple attribue à ce genre d'unions, lance sa malédiction sur un arbre expiatoire. Le végétal maudit absorbe tous les maux futurs, et périt à l'instant même[211]. Plusieurs arbres doivent leur mauvaise renommée à la malédiction de quelque personnage divin. Beaucoup furent maudits par la Vier-

---

[210] Cf. Mannhardt, *Baumkultus der Germanen.*

[211] Cf. *The Hindoos*, London, 1834, I, 284. Dans ce même ouvrage, II, 103, nous trouvons encore mention d'un autre usage des Garrows, tribu sauvage indienne : ceux qui désirent se venger plantent un arbre et jurent de dévorer la tête de leur ennemi avec le jus du fruit de cet arbre. « Each or them plants a certain tree, and bind himself with a solemn vow, te devour the head of his ennemy with the juice of its fruit. Should an individual, as sometimes happens, fail to accomplish this vow during his own litetime, the feud descends as an heirloom to his children. But the day of vengeange at length arrives. The antagonistes encounter, and the weaker or least fortunate bites the dust. The victor then cuts off his head ; and having with this ingrédient and the fruit of the before mentioned tree made a palataple soup, invites all his friends to a banquet, in wich this soup is the principal dish. After this feast, the *tree* is cut down, the feud being ended. » — En Sicile (province de Noto), lorsqu'on veut maudire quelqu'un et le faire mourir même s'il est éloigné, on murmure une prière à Saint Vite, et on frappe de sa force avec un poignard sur lui tronc d'arbre, en disant :

La campana sona,
'Nta lu cori di Tizia ci a tona ;
E cu gesti e cu palori
Stu cutieddu ci lu appizzu 'ata lo cori.

(La cloche sonne ; dans le cœur de Titius gronde le tonnerre ; avec les gestes [que je fais] et avec les mots [dont je les accompagne], je lui enfonce ce couteau dans le cœur.) Cf. Mattia Di Martino, *Usi e credenze popolari siciliane* ; lettera 2ᵉ ; Noto, 1874.

ge dans sa fuite en Égypte. Un chant bulgare qui fait partie du recueil des frères Miladinov, nous montre la Vierge maudissant trois arbres. La mère de Dieu va ensuite se confesser de cet accès de colère dans un couvent, où un saint allume les bougies, tandis qu'un autre saint balaie, et que saint Nicolas chante. (Cf. dans ce volume *Épines*, et *Arbre de Judas*, et dans le second volume *Figuier, Saule, Genêt, Sureau, Genévrier, Cicer,* etc[212].)

DIEU (Arbre de —). L'indien *dévataru*, l'arbre des dieux, l'arbre cosmogonique, l'arbre du paradis d'Indra, le *ficus religiosa*, est le plus fameux entre les arbres qui portent le nom de la divinité[213]. Mais il y en a beaucoup d'autres qui partagent cet honneur. Ainsi l'*hibiscus mutabilis* Lin. et la *marsilea quadrifolia* Lin., s'appellent *dévâ*, la déesse ou divine. *Dévî*, qui a le même sens, s'applique à la *sanseviera Roxburghiana* Schult., à la *medicago esculenta Rottl.* Roxb. (*Trigonella cornicuala*), et à quelques plantes de l'Inde qui n'ont pas encore été classées. *Dévakî*, la mère de Krishna, est aussi la pomme épineuse (Cf. *Dhatûra*). Le nom de *dévakardama* ou *ordure des dieux* est donné à un mélange parfumé de santal, d'agallochum, de safran et de camphre ; celui de *dévakâncana* ou *or des dieux*, à la *bauhinia purpurea ; dévakusuma* ou *fleur des dieux* désigne une espèce d'œillet (*Gewürznelken* d'après le dictionnaire de Saint-Pétersbourg[214]) ; (peut-être *baquette des dieux*) la *lipeoceris serrata* Trin. et, à ce qu'on suppose encore, la *tuffa fœtida* Cav. ; *dévadâru* la *pinus deodora* Roxb., l'*uvaria longifolia* et l'*erythoxylon sideroxyloïdes*. La *pinus deodora* fournissait souvent le po-

---

[212] Le nom de *morsus diaboli* (en allemand, *Teufelsbiss*, en anglais, *devils bit*), est donné, selon Nork, à une herbe qui « senien Namen davon hat, dass der Teufel mit demselben dermassen Unfug trieb, dass die Mutter Gottes ihm die Macht benehmen musste, worauf er in senier Wuth die Wurzel unten abbiss (nach der Meinung Einiger biss der Teufel sie ab, weil er ihre Heilkraft den Menschen nicht gönnte), und so wächst sie noch heute, dass dem Besitzer desselben die bösen Weiber nicht schaden. » (Cf. *Heinrich.*)

[213] Le nom s'applique aux cinq arbres divins, le *mandâra*, le *pârigâta*, le *kalpavriksha*, le *santâna*, et le *haricandana* ; mais il indique le plus souvent la *ficus reliogiosa*.

[214] On l'appelle aussi *vâriga* ou *né dans l'eau*.

teau où l'on attachait la victime du sacrifice. La *dévadâlî* est une espèce de courge ; la *dévadâsî* (appartenant aux jeunes danseuses au service du temple) est le citronnier sauvage, qui prenait aussi le nom de *dévadûtî*, c'est-à-dire *messagère du ciel ; dévadhanya*[215] ou blé de dieu, l'*andropogon saccharatus* (*andropogon sorghum* Roxb.) ; *dévadhûpa* ou *encens des dieux*, le *bdellion ; dévanala* ou roseau des dieux, l'*arundo bengalensis* Retz ; *dévapatnî* ou *épouse des dieux*, la *patate douce ; dévaparna* ou *feuille des dieux*, une plante médicinale non déterminée encore ; *dévaputrî* ou *fille des dieux*, peut-être la *trigonella corniculata ; dévayôni* ou *matrice du dieu* (c'est-à-dire du feu), le bois de l'arani ; *dévalatâ* ou liane des dieux, une espèce de jasmin. *Dévavriksha arbre des dieux*, synonyme du *dévaturu*, a spécialement servi à désigner l'*alstonia scholaris* R. Br. et le *bdelliòn*. Citons encore *dévaçroni* ou *fesse de dieux*, la *sanseviera zeilanica ; dévâtman* ou *désiré* par les dieux, le *bdellion ;* le féminin *dévesthâ* est réservé au *citronnier sauvage*, déjà pourvu du nom de *dévadûtî*.

Le dieu lunaire Soma est, parmi les immortels védiques, celui qui préside à toutes les herbes ; d'où son nom de *oshadhîpati* ou *seigneur des herbes*[216]. Dhanvantari, le médecin divin des Hindous, partage avec les Arçins la connaissance des vertus des plantes. Les *Gandharvâs*, gardiens des herbes magiques indiennes, ont, comme les centaures des Hellènes, donné leur nom à plusieurs espèces végétales. Parmi les divinités grecques et latines, il n'en est guère qui n'eussent pas sous leur protection spéciale un certain nombre de plantes. Les chrétiens ont transféré cet office à la Vierge et aux saints. Les noms changent, la superstition demeure. Chez les Latins, la Dea Bona, plus que toute autre, possédait à fond cette botanique fabuleuse ; chez les Grecs, c'est Apollon, l'inventeur de la médecine, qui ré-

---

[215] Vulgairement appelé *dedhâna*, en hindi *goara ;* d'après Bassiner, *le Dschugarâ de Chiva* (*Sorgum cernum* Willd.).

[216] Dans la *Taittirya Samhitâ* (I, 7, 10), on célèbre le roi Soma qui est au milieu des herbes, au milieu des ondes (*Somam râganam oshadishv apsu*). Dans la même (V, 5, 9), le dieu Rudra pénètre le feu, les eaux, *les herbes* et toutes les choses. (Yo Rudro agnau, yo apsu, ya oshadhîshu, yo Rudro viçvâ bhuvanâ viveça, tasmai Rudrâya namo astu.)

forma l'empire des plantes. Ovide consacre ses prétentions dans les *Métamorphoses* :

Inventum medicina meum est, opiferque per orbes
Dicor, et *herbarum subjecta potentia nobis.*

Ce dieu communiqua sa science à la nymphe Œnone ; celle-ci, dans les *Héroïdes* du même Ovide, nous apprend qu'elle tient d'Apollon la connaissance de la médecine et des plantes sanitaires

Ipse, ratus dignam, medicas mihi tradidit artes,
Admssitque meas ad sua dona manus.
Quaecumque herba potens ad opem, radixque medenti
Utilis in toto nascitur orbe, mea est.

Le médecin des dieux Paeon, Esculape, avec son épouse Epione et ses deux fils Machaon et Podalire, Chiron, Aristeus, Orpheus, Musaeus, Circé, Médée, Polydamna, ont, chez les anciens poëtes hellènes, une semblable renommée. En parlant d'Homère, Pline (XXV, 2) nous apprend ce qui suit : « Ab eo Pythagoras, clarus sapientia, primus volumen de earnm (herbarum) effectu composuit, Apollini Aesculapioque et in totum Diis immortalibus inventione et origine assignata. » Dans les panthéons de la Grèce, de Rome et de l'Égypte, Artémis (Diane, Lucine, Hécate), Minerve (Minerva medica), Hygie (la déesse de la médecine), Héraclès, Horus, Osiris et Isis jouissent aussi d'un pouvoir reconnu sur le monde végétal. En Grèce et en Italie, l'ombrage des arbres a été le premier témoin du culte des dieux ; le seul temple était, comme chez les Celtes et les Germains, la forêt que la présence des dieux invisibles emplissait d'un mystère solennel. Ces lignes de Pline (XII, I) s'accordent parfaitement avec la célèbre description que Tacite nous a tracée des rites religieux des anciens Allemands dans la *Germania* : « Hae, dit-il, fuere numinum templa, priscoque ritu simplicia rura etiam nunc deo praecellentem arborem dicant. Nec magis auro fulgentia atque ebore simulacra quam lucos, et in iis silentia ipsa adoramus. Arborum genera numinibus suis dicata perpetuo servantur, ut Jovi esculus,

Apolhin laurus, Minervae olea, Veneri myrtus, Herculi populus. Quin et sylvas nos Fauno et deorum genera sylvis ac sua numina tamque e coelo attributa credimus. »

Le peuple roumain appelle *luminarca dominului (allumination du seigneur)* le *thapsus (verbascus)*.

DISCORDIA (Cf. *Concordia*). De même qu'il y a des herbes de sympathie et d'amour, il y a des herbes de haine et de désunion. De là les noms donnés en Italie à certaines plantes *discordia, alterco* (litige), *odio* (haine). On attribue le pouvoir sinistre de séparer ceux qui s'aiment à la jusquiame, à la verveine[217], à la *virga pastoris*. Dans le livre dit de Sidrach[218], l'herbe de la discorde est décrite de la manière suivante : « È un' erba di due palmi e a foglie a guisa di le stelle, fiori vermigli, seme vermiglio, radici lunghe. Chi portasse sopra sé di quella erba, egli sarebbe odiato da tutta gente. E se alcuna bestia l'avesse adosso andando, l'altre bestie no' la vorrano mai vedere né trovare, nè udire di lei favellare, né in camino, né in contrada, tanto com' egli sarebbe di quella deliberato. » Ci-dessus, en parlant du *Bâton*, nous avons cité le passage du *Libellus* d'Albert le Grand, sur la *virga pastoris*, qui, mêlée avec le jus de la *mandragora*, souffle la discorde entre ceux qui la boivent. Dans un chant populaire bulgare[219], il est question de trois plantes, la *tentava* bleue et blanche, la *vratica* jaune et la *koumanila* jaune, qui ont le pouvoir de rendre une personne haïssable. L'ourse monstrueuse, la dragonne Elka, devient amoureuse de Stoïan et le fait jaunir ; la mère de Stoïan dit : « Ne peux-tu, mon fils, l'interroger par ruse : Elka chère dragonne, puisque tu voyages tant, que tu parcours le monde entier, ne connais-tu pas les plantes qui font haïr, les plantes qui séparent ? car j'ai une

---

[217]Nous verrons, cependant, au mot *Verveine*, que cette herpe a, comme le *cumin*, le plus souvent la faculté d'attirer la sympathie. Il est curieux qu'en sanscrit on donne le même nom au *cumin* et à la petite *cardamome* (*upakuñcika* et même simplement *kuncika*), et que l'un des noms sanscrits de la cardamome soit *dvishâ* (haine, plante *haineuse*).

[218] Publié par le professeur A. Bartoli chez Romagnoli, à Bologne, page 493.

[219] Dozon, Paris, Maisonneuve, 1875.

sœur cadette dont un Turc s'est épris ; que je la lui fasse haïr, haïr, Elka, que je l'en sépare ! Elka disait à Stoïan : Stoïan, cher Stoïan, ta mère doit cueillir la *tentava* bleue et blanche, la *vratica* et la *komanila* jaune ; puis queue les fasse bouillir au milieu de la nuit, minuit, dans un pot de terre crue et qu'elle en arrose ta sœur pour la rendre odieuse au Turc, la rendre odieuse, l'en séparer. La mère de Stoïan cueillit, etc., les fit bouillir à minuit, comme Elka l'avait dit, dans un pot non cuit au four ; ce ne fut point la sœur de Stoïan qu'elle en arrosa, mais elle arrosa Stoïan lui-même. Quand ce fut au soir, voilà l'ourse qui arrive, qui arrive et de loin s'écrie : Stoïan, cher Stoïan, que tu m'as aisément trompée et séparée de qui j'aimais ! » Comment ne pas voir un conte mythologique dans ce récit ? Le Turc et l'ourse monstrueuse jouent ici le même rôle diabolique et représentent sans doute le démon de la nuit ; au contact de la nuit, le soleil perd sa couleur naturelle ; son sang se répand par tout le ciel et devient jaune ; la jaunisse mythologique n'est que la maladie du soleil couchant. Pour guérir, pour échapper aux regards et aux étreintes du monstre, pour reprendre au lever du jour sa couleur naturelle, il faut que l'astre se plonge dans l'azur étoilé, dans l'azur blanchissant de l'aube, il faut que la lune et l'aurore l'aient arrosé de leurs eaux. Dans le chant suivant du recueil de Dozon, un serpent se plaint à la jeune Rada que sa mère lui attache à sa chemise des herbes qui font haïr. « Le dragon voit loin ; je viens de passer au-dessus de votre maison ; ta mère est assise à l'étage supérieur, ta mère la magicienne, ta mère l'enchanteresse ; elle coud pour toi des chemises, elle y attache toute sorte d'herbes, toute sorte d'herbes qui font haïr, qui font haïr, qui séparent. Afin, ô Rada, que je te prenne en haine, ta mère la magicienne enchante la forêt et l'eau ; elle a pris un serpent vivant et l'a mis dans un pot neuf, elle alluma dessous un feu de chardons blancs ; le serpent se tordait dans le pot, se tordait et sifflait, tandis que ta mère incantait. (Cf. *Langage des fleurs* et *Jalousie*.)

DRAGON (Cf. *Serpent*).

DRUIDES : « On fait dériver leur nom du mot ὄρῦς (chêne), parce qu'ils vivaient dans les forêts et y avaient leurs principaux sanctuaires. Les Gaulois leur attribuaient la puissance de soulever ou de calmer les tempêtes. » (Chéruel, *Dictionnaire des Institutions, Mœurs et Coutumes de la France.*)

EAU (Plantes d'eau ; herbes qui préservent de l'asphyxie). Le nom d'*abga* ou *né dans l'eau* est donné dans l'Inde au *lotus,* à la *barringtonia acutangula* Gaertn., et encore au médecin des dieux Dhanvantari qui, lors de la création du monde, apparut en même temps que l'ambroisie et l'arbre cosmogonique au milieu de l'océan agité. *Abda* ou *ambuda,* c'est-à-dire *donnant de l'eau,* désigne le *cyperus hexastychus communis* Nees., qu'on appelle aussi *ambupatra, feuilles aqueuses.* Le *cyperus rotundus* Lin. a reçu un nom équivalent, *vârida rotundus.* L'*ambukéçara, au faîte humide,* c'est le *cèdre,* peut-être parce qu'il va se perdre dans les nuages. Les mots *ambucamara, vâricamara,* presque synonymes des précédents, mais qui font allusion à une forme particulière de branchage, servent d'épithètes ou de noms au *çaivala* (*vallisneria, blyxa, octandra* Rich.) Le *nymphea nelumbo* est dit *ambuga, ambhoga, ambuganman, amburuha, vâriga* (qui pousse dans l'eau). On rapporte à la *cassia alata* et à la *tora* L. les noms *ambudhidravâ* (*fontaine marine,* ou mieux : la plante *sur laquelle coule l'eau de la mer*) et *ambupa* (buveur d'eau) ; au *strychnos potatorum,* celui de *ambupratâdana* (*purificateur de l'eau*) parce qu'on clarifie l'eau avec sa graine.

Vârikantaka (épine d'eau), vârikubgaka (bossu des eaux), désignent la *trapa spinosa* L. ; *vârikarnikâ* et *vâricatvara (ayant des oreilles remplies d'eau et bassin d'eau),* la *pistia stratiotes* Lin. (on l'appelle aussi *vâriparnî,* c'est-à-dire *dont la feuille est aqueuse*) ; *vârimûlî, dont la racine est aqueuse, vârivara* on *époux de l'eau,* la *carissa carandas* Lin. ; *vârisambhava,* c'est-à-dire *qui a sa naissance dans l'eau,* une espèce de roseau, une espèce d'œillet (Gewürznelke), et la racine de l'*andropogon muricatus.*

On ne pourrait sans imprudence attribuer à toutes ces plantes un caractère mythologique. En rassemblant les dénominations botaniques tirées de l'eau, j'ai voulu seulement faire prendre sur le fait le procédé, la métaphore, qui est le premier pas du langage vers toute conception mythique.

C'est en effet le titre d'*ambuga*, de *fils des eaux*, qui a donné au lotus la première place dans l'histoire cosmogonique du règne végétal ; c'est son nom de *nîla*, c'est sa couleur azurée, qui en ont fait le symbole du ciel et l'emblème de Brahman, le ciel créateur. Le langage, isolant, pour la personnifier dans un substantif, une qualité naturelle, en a fait un être idéal, élément d'une fable ou d'un mythe.

Ce travail du langage et les illusions qui en résultent apparaissent nettement, ce nous semble, dans un passage de Pline (XIII, 14) relatif à diverses plantes aquatiques : « Extra Herculis columnas porri fronde nascitur frutex, et alius lauro et thymo similis, qui ambo eiecti in pumicem transfigurantur. At in Oriente mirum est statim a Copto per solitudines nihil gigni praeter spinam, quae sitiens vocatur, et hanc raram admodum ; in Mari vero Rubro sylvas vivere, maxime laurum et olivam ferentem baccas, et, cum pluat, fungos qui, sole tacti, mutantur in pumicem. Fruticum ipsorum magnitudo ternorum est cubitorum, caniculis referta, vix ut respicere e navi tatum sit, remos plerumque ipsos invadentibus. Qui navigavere in Indos Alexandri milites, frondem marinarum arborum tradidere in aqua viridem fuisse, exemptam sole protinus in salem arescentem. Iuncos quoque lapideos perquam similes veris per littora et in alto quasdam arbusculas colore bubuli cornus ramosas et in cacuminibus rubentes ; cum tractarentur, vitri modo fragiles, in igne autem ut ferrum exardescentes, restrinctis colore suo redeunte. »

Le même caractère fabuleux se rencontre dans ce que Pline raconte de l'*aquifolium* (XXII) : « *Aquifolii flore aqua glaciatur*, et *baculus* ex eo factus, in quodvis animal emissus, etiamsi citra ceciderit, defectu emittentis, ipse, per sese, recubitu, propius adlabitur. » Il s'agit évidemment ici de la verge magique, du *bastoncrocchia*, de la foudre née dans l'eau du nuage (Voy. l'article *Bâton*). L'herbe, n'importe laquelle, cueillie près de l'eau avant le lever du soleil, possède une vertu magique éminente, c'est encore Pline qui nous l'apprend : « Herba quaecumque a rivis aut fluminibus ante solis ortum collecta, adalligata laevo brachio, ita ut aeger quid sit illud ignoret, tertianas arcere traditur. »

La rosée du ciel est ce qui donne aux herbes leurs sucs bienfaisants. Dans la Frise orientale, on pense que les sorcières, pour nuire au bétail, sucent la rosée des prairies d'où le nom de *daustriker* qu'on leur donne en Holstein[220]. En Angleterre, en Suède, en France, on appelle « cercles des fées » ces cercles verts, que l'on croit voir, au matin, sur l'herbe humide de rosée. Dans une légende populaire du pays de Galles, un certain Rhys danse au milieu d'un de ces cercles magiques ; dès qu'il en sort, il meurt ; et, tout autour de la place fatale, on voit, en signe de mort, l'herbe rougir. D'après une hymne védique[221], toutes les herbes auraient droit au nom d'*aqueuses* ou de *laiteuses* (*payasvatîr oshadhaya*) ; mais il en est qui tirent spécialement leur nom du suc ou lait qu'elles renferment : par exemple, la racine du *scirpus kysoor* Roxp., une espèce de canne à sucre, la noix du cocotier, un *cyperus* (*payodhara*, c'est-à-dire *mamelle à lait*), l'*acacia catéchu* Willd., la *mimosa catéchu* ou *khadira* (*payora*, c'est-à-dire encore « mamelle »), la *batatas paniculata* Chois. (*payolatâ*, la *liane au lait*). Il est cependant curieux que, dans son *Grihyasûtra*, Açvalâyana en recommandant de bâtir les maisons et les tombeaux dans un lieu où l'herbe et les arbrisseaux abondent, prescrive d'éviter les plantes épineuses et les plantes laiteuses ; c'est sans doute à cause du poison que plusieurs d'entre elles contiennent.

Dans le livre attribué à Sidrach[222], nous lisons que l'eau donne aux plantes leur couleur verte ; sans doute la teinte verdâtre des moisissures ou l'humidité des feuillages aura suggéré cette croyance.

Nous avons déjà vu, en parlant de l'arbre de Buddha et de l'arbre cosmogonique, le rôle que l'arbre a joué comme sauveur des hommes ou des héros menacés du naufrage[223] ; le même pouvoir est at-

---

[220] Cf. Mannhardt, *Germanische Mythe*, Berlin, 1858. (Cf. *Diable* et *Elfenkraut*.)

[221] *Rigveda*, X, 17, 14.

[222] Publié à Bologne par le professeur Bartoli, p. 358 : « La più verde cosa che sia si è l'acqua che tutte le cose rinverdisce ; che se l'acqua non fosse, niuna verde rosa non sarebbe. » En sanscrit, le mot *ârdra*, qui signifie *humide* peut aussi signifier *vert*.

[223] Il est même possible que, dans le mot *taru* indien, qui signifie arbre, on ait vu *celui qui passe, celui qui sauve*. La possibilité d'une pareille interprétation nous est

tribué à certaines plantes aquatiques, notamment à ces feuilles où se réfugient des saints déguisés en fourmis, dans un conte très répandu d'origine orientale. Telle est encore la feuille de lotus qui porte sur les eaux Brahma et Vichnou, proche parente de la coupe marine qui ramène Héraclès du jardin des Hespérides. De la même famille est l'herbe qui préserve du naufrage en eau douce ; elle est ainsi décrite dans le livre de Sidrach : « E un' erba poco meno di due palmi e di meno, foglie violette, seme giallo, ridici corte. Chi passasse acqua dolce con essa, egli non avrebbe niuno pericolo ; tutto fosse l'acqua molto pericolosa, si non potrebbe egli annegare. »

Les Russes aussi connaissent une herbe qui s'appelle *pevenka-trava* (*l'herbe qui brait*). Lorsqu'on la tire de la terre, elle brait et gémit ; mais celui qui la porte sur soi ne se noiera jamais.

ÉCORCE (— d'arbre). On a vu plus haut (ARBRE *du diable*) que, si l'on enlève l'écorce de l'arbre qui personnifie la jeune fille ensorcelée, la magie tombe. L'écorce de l'arbre répond à la peau de l'animal. Les anachorètes indiens se couvraient avec des écorces d'arbres, qu'ils gardaient parfois même, par pénitence, humides sur leur corps, lorsqu'ils revenaient de leurs ablutions[224]. On dirait qu'ils espéraient, par la vertu de cette enveloppe végétale, mieux garder leur chasteté et leur pureté. L'usage de se couvrir d'écorces était, d'ailleurs, assez général dans l'antiquité. Les Massagètes, d'après Strabon, les Germains, d'après Pomponius Méla, malgré la rigueur de l'hiver, n'avaient pas d'autres habits. Valerius Flaccus (VI, 97) l'affirme pour les Bastarni,

Quos, duce Teutogono, crudi mora corticis armat.

Les paysans russes fabriquent encore, avec l'écorce du bouleau, une sorte de bottes rustiques qui se vendent à un prix infime.

---

attestée par la signification d'arbre attribuée, sans doute par méprise, au mot *tara* dans le dictionnaire *Bhûriprayoga* cité par le *Çabdakalpa druma*. (Cf. Böthlingk et Roth, au mot *Tara*.)

[224] Cf. le *Matsyopâkhyana*.

L'écorce filamenteuse du tilleul a fourni depuis longtemps la matiè-re d'un grand nombre de tissus grossiers[225]. En italien on appelle *ti-gliosa* (filandreuse comme le tilleul) la viande dure ou coriace (Cf. le mot latin *tilae*), ce qui semblerait prouver qu'en Italie aussi l'écorce de tilleul a dû s'employer pour en faire des tissus. Le dieu Çiva lui-même, d'après le *Mahâbhârata* (XIII, 1160 ; XIV, 196) portait l'*habit d'écorce*, d'où son surnom de *cîravâsas*.

ÉGAREMENT (Herbe d' —). Cf. *Mémoire*.

EIRESIONE. L'*eirésiônê*, dit M. Alexis Pierron en expliquant une épigramme attribuée à Homère, était une branche d'olivier entourée de bandelettes de laine. Le pseudo-Hérodote raconte qu'Homère, à Samos, se présentait (dans une attitude semblable à celle du *bazvalan* ou messager d'amour des Bretons, d'Hermès, de Mercure, et des anciens ambassadeurs de paix), l'eirésiônê à la main, dans les mai-sons les plus opulentes, pour y exprimer des vœux de bonheur. Cet-te cérémonie avait lieu tous les mois, le jour de la nouvelle lune ; et le chant, par suite de l'appareil dans lequel il était débité, a reçu lui-même le nom d'Eirésiônê. L'arbre de mai ou plutôt la branche qu'on appelle *maggio* (*mai*, Cf. ce mot) en Italie rappelle ce vieil em-blème hellénique.

ÉLEPHANT (*ibha, gaga, hastin*). Différentes plantes indiennes ont tiré leur nom de l'éléphant : *Ibhakanâ* ou *graines d'éléphant* (scindapsus officinalis), appelée aussi *gagapippala ; ibhakéçara* ou *crinière d'éléphant* (*mesua ferrea*), appelée aussi *nâgakéçara* (crinière de serpent) ; *ibhadantâ* ou *dent d'éléphant* (*tiaridium indicum*), appelée aussi *nâgadantî* (dent de serpent) ; *ibhyâ* ou *éléphantine* (*boswellia verrata*), *hastikarna* ou *oreille d'éléphant* (le *ricinus communis*, appelé aussi *gandharvahasta ;* Cf. dans ce volume le mot *Centaures* et la *butea frondosa*) ; *hastivishâni* ou *défense d'éléphant* (*musa sapientum*), *hastidanta* ou *dent d'éléphant* (le raifort). Le

---

[225] Hehn (*Kulturpflanze und Hausthiere*) observe à ce propos : « Das griechische φιλύρα, heisst Linde und Bast und ist sicher mit φλοιός Rinde, und Φειλός, Kork, verwandt. Auch Theophrast kennt den Gebrauch des Lindenbastes zu Stricken und zu Kisten. »

pippala, le fruit de l'*açvattha*, est aimé par l'éléphant, d'où les noms de *gagabhakshaka, gagâçana*, donnés au *ficus religiosa* Lin. Du nom de l'éléphant (*gaga*) s'appellent encore d'autres plantes indiennes, certains concombres, certaines citrouilles, certaines courges, *gagacirbhita, gagacirbhitâ, gagadantaphalâ ;* la *bignonia suaveolens* est l'*arbre de l'éléphant, gagapâdapa ;* la *cassia alata*, la *tora* Lin. ont pour épithète *gagâkya ;* la *batatas paniculata* Chois. reçoit le nom de *gageshta*.

ÉLIXIR. Cf. *Ambroisie*, plantes *médicinales.*

ELFENKRAUT, ELFGRAS (*Herbe des Elfes*). Lorsque, dans les nuits claires, sous les tilleuls, les Elfes dansent en rond sur les prés, ils y tracent des cercles verts, où pousseront avec une vigueur merveilleuse les herbes foulées par leurs pieds aériens. Il en est une cependant qui est, par excellence, l'*herbe des Elfes*, c'est la *vesleria caerulea ;* elle doit ce nom à sa forme circulaire.

Gardez-vous d'offenser l'arbre habité par les Elfes ; n'essayez pas de les surprendre dans leurs mystérieuses retraites ; craignez de froisser l'herbe sur laquelle ils menaient leur ronde ; il vous arriverait malheur, quelque mauvaise maladie, si même vous ne perdiez pas la vie[226]. Ce sont de malicieux lutins ; ne s'avisent-ils pas de sucer les doigts des petits enfants, pour en arrêter la croissance ? Heureusement, le remède est facile : il suffira de brûler autour des enfants un peu de valériane ; les Elfes craignent cette odeur ; vous les verrez paraître sous forme de petites poupées qui vous supplieront de rompre le charme et de leur rendre la clé des champs.

Dans la légende indienne de Sâvitrî, le jeune Satyavant, en coupant un arbre, est pris de sueur et de faiblesse. Il s'affaisse et meurt, épuisé par son effort. Dans un des contes toscans que j'ai recueillis[227], un homme est surpris par la mort de la même manière ; depuis Ésope, on dirait que la mort a un faible pour les bûcherons. Dans une légende germanique reproduite par Mannhardt, c'est une

---

[226] Mannhardt, *Baumkultus der Germanen*, p. 62.
[227] *Novelline di Santo Stefano di Calcinaia*. Turin, Negro, 1869.

paysanne qui, dans un bois de sapins, s'efforce de déraciner une souche ; elle en devient si faible, qu'à peine elle peut marcher. Personne ne sait dire ce qui lui est arrivé, jusqu'à ce qu'une espèce de magicien l'avertisse qu'elle doit avoir blessé un Elfe. Si l'Elfe guérit, elle aussi guérira ; si l'Elfe périt, elle aussi devra mourir. La fin ne justifie que trop la crainte du magicien. La souche était la demeure d'un Elfe, et la pauvre femme languit comme le lutin blessé ; tous meurent en même temps. Voyez-vous pourquoi, dans les vastes forêts d'Allemagne et de Russie, au lieu de déraciner les vieux sapins, on les coupe au-dessus de la racine ? La superstition est venue s'ajouter à la paresse du paysan.

Les Esthoniens croient que, pour éviter la foudre, les Elfes craintifs se terrent à plusieurs pieds sous la racine des arbres qu'ils habitent. Au reste ces génies, comme les fées, ne sont qu'irritables ; si on ne les offense pas, non seulement ils ne font aucun mal aux hommes, mais ils leur sont bienveillants, et leur apprennent quelques-uns des nombreux mystères dont ils possèdent le secret. — Les Dryades gréco-latines, les samodives et les russalkes slaves appartiennent à la même famille : Eine Dryas lebt in jenem Baum. Mais le mieux est de ne pas les rencontrer. Ovide, au quatrième livre des *Fastes*, nous apprend que la société des dryades était aussi hasardeuse pour les Latins que celle des Elfes pour les Allemands : « Garde-nous, dit-il, à Palès, de voir les Dryades, ou le bain de Diane, ou Faunus, quand il parcourt les champs au milieu du jour. »

ENVIE. On appelle *invidia* à Rome le mauvais œil. Contre le mauvais œil on emploie l'*erba invidia*. Lorsqu'un enfant à la mamelle est malade, et qu'on a constaté, avec l'huile d'olive (Cf. dans le second volume *Olivier*), que la maladie vient réellement d'une *invidia*, d'un sort jeté par quelque malintentionné, on prend l'*erba invidia*, on la laisse infuser dans l'eau pendant quelques jours, et, de cette eau, on frotte le corps de l'enfant : tout le mal doit sortir sur la peau. J'ignore quelle herbe se cache sous le nom d'*invidia* ; en Toscane, par *lapsus liguae* on appelle quelquefois *invidia* l'*indivia*, endive, une espèce de laitue ; et il serait possible que la même équivoque se fût

produite à Rome ; mais je n'ai pas eu jusqu'ici le moyen de le constater, et je ne puis, par conséquent, hasarder là-dessus aucune
conjecture. (Cf. *Jalousie.*)

ÉPINES. Les plantes et herbes épineuses jouissent en général
d'une assez mauvaise réputation ; nous savons déjà (article *Eau*) que
les Indiens évitaient de construire des maisons et des tombeaux au
milieu des plantes épineuses. Le mot sanscrit *kantaka*, qui signifie
proprement *épines*, est aussi devenu synonyme d'*ennemi*[228]. À une
plante appelée *kantakârikâ* (*Solanum Jacquini* Willd.) une strophe indienne reproche d'avoir des épines, sans avoir aucune odeur et aucun goût ; les épines, au contraire, ajoute-t-elle, sont à leur place
dans l'oranger (*nârañgî*) et dans le *pandanus odoratissimus* (*kétakî*). *Spi-*
na, lisons-nous dans un livre de magie[229], *virum perversum et malum de-*
notat, pro spinarum diversitate ; exceptis tamen spinosis arboribus frugiferis.
Nam eae relatae sunt ad potentiam et splendorem hominum. Si
quae malae sunt, impotentem et improbum et alios vexantem dono-
tant Si quis implicatum se spinis videre visus fuerit, dolorem et ad-
flictionem inveniet, implicationi respondentem. Si spinas adhaesisse
vesti suae videre visus fuerit, pro earum quae adhaesere numero,
sollicitudinem ac distractionem experietur. Si visus sibi fuerit a spi-
nis, quum nudus incederet, pedes in itinere laesus, si vir amplissi-
mus est aut qui versatur in expeditione, pro accepti vulneris modo,
vulnerabitur, si plebeius, in professions quisque sua impedimentum
experietur. » Malgré tous ces mauvais présages, d'après Porta[230],

---

[228] L'enfer indien, comme celui de Dante, est rempli de plantes épineuses ; on
peut comparer ici l'*aspalathos* (probablement la *genista horrida* de De Candolle),
qui déchirait les damnés dans le Tartare hellénique. L'*épine* est parfois, dans
l'enfer indien, représentée par l'épée ; tout comme nous lisons dans les *Mémoi-*
res de Comines (I) que les explorateurs de Charles, duc de Bourgogne, ont pris
un champ de chardons pour les lances de l'armée ennemie. — Les Russes
connaissent une herbe qu'ils appellent *koluka-trava*, c'est-à-dire, *herbe qui pique ;*
on la cueille durant le carême de Saint-Pierre (au mois de juin), et si on en parfume une flèche, on ne peut manquer le but qu'on vise. (Cf. *Armées.*)
[229] *Apomasaris Apotelesmata*, Francfort, 1577, p. 283.
[230] *Phytognomonica.*

l'aubépine (*spina alba*), si on en fait une tisane, guérit de la morsure des serpents, et, si on la porte sur soi en forme d'amulette, a le pouvoir de les chasser. Dans le sixième livre des *Fastes*, le dieu Janus tire de l'aubépine, c'est-à-dire, proprement d'une épine blanche, la verge magique, par laquelle on écarte tous les enchantements du lit des petits enfants :

> Sic fatus, spinam, qua tristes pellere posset
> A foribus noxas (haec erat alba) dedit.
> Virgaque Janalis de spina sumitur alba
> Qua lumen thalamis parva fenestra dabat ;
> Post illud nec aves cunas violasse feruntur.
> Et rediit puero, qui fuit ante, color.

Qu'il s'agisse ici de l'*aubépine*[231], ou du nerprun, ou du prunier sauvage (*rhamnus*), nous nous trouvons devant une plante épineuse, à laquelle on attribue un pouvoir bienfaisant ; ce pouvoir était tel que l'anonyme grec, auteur du petit traité *Peri Botanôn*, indique le *rhamnos* comme la première des plantes contre le mal de tête et les mauvais génies (*pros te ponon kefalès kai daimonas*). La déesse Pallas en avait fait usage dans les combats, et on la suspendait aux portes des maisons ; dans la montagne de Pistoia, on y place une autre plante épineuse, le *genévrier* (Cf. ce mot, ainsi que *Houx*), pour éloigner les

---

[231] L'aubépine semble avoir un pouvoir malfaisant chez les Allemands, à en juger d'après une légende « vom Stodderstubben bei Bönsvig (Prestoe auf Seeland) » reproduire par Mannhardt, *Baumkultus der Germanen*, p. 65 : « Es ist ein Weissdornstumpf, der als Seemarke dient. Wer Hand daran legt, dem widerfährt Unglück. Einem Bauer, der ihn zum Pflughaupt abhauen wolite, fuhr die Axt ins Bein. Als er zum zweitenmal Hand anlegte, starb ihm eine Kuh. *Stodderstubben* (Bettiorstumpf), heisst der *Baum*, weil da ein Bettior begraben ist. » Chez les Kabyles, l'aubépine est invoquée par les femmes adultères ; un chant qui fait partie du recueil d'Hanoteau : *Poésies populaires de la Kabylie*, contient cette étrange invocation : « Salut, aubépine, les hommes t'ont nommée aubépine ; moi je t'appelle le caïd qui commande. Transforme mon mari en un âne, à qui je ferai porter la paille. » M. Hanoteau remarque à ce propos : « Les femmes kabyles sont très adonnées aux pratiques superstitieuses. Elles composent des philtres et des sortilèges avec une foule de substances auxquelles elles attribuent des vertus mystérieuses pour faire obtenir ce qu'on désire. »

sorcières. De même, encore aujourd'hui, dans les étables italiennes, un bouquet de genévrier écarte les mauvais esprits et la foudre ; en Grèce également on le suspendait au cou des bœufs et des vaches et au cou des petits enfants, comme préservatif contre le mauvais œil et tout autre maléfice.

Nous verrons encore, au mot *Genévrier*, que cette plante épineuse est particulièrement vénérée des paysans, parce que, d'après la tradition, elle aurait sauvé la vie à la Madone et à l'enfant Jésus dans leur fuite en Égypte. On peut comparer à cette épine, protectrice de la Vierge, le peigne que jette dans sa fuite la jeune fille des contes russes, et qui fait sortir de terre une forêt impénétrable. Les épines du bois qui favorisent sa course, arrêtent et meurtrissent la vieille mégère acharnée à sa poursuite[232]. Ainsi, les ténèbres de la nuit aident à la fuite du héros solaire.

On lit dans un conte populaire anglais[233] : « À la pointe du jour, la fille du géant s'écria que la respiration de son père lui brûlait le dos. Mets vite ta main, dit-elle au prince, dans l'oreille de la pouliche grise, et jette derrière toi ce que tu trouveras. C'est une *pointe d'épine*, dit-il. Jette-la derrière toi, dit-elle. Aussitôt s'éleva un bois d'épines noires long de vingt milles et si épais qu'une belette eût pu à peine s'y glisser. Le géant arriva tête baissée et déchira aux épines sa tête et son cou. » Dans un autre récit[234], la belle princesse errante, à l'aide de sa verge magique, ouvre une haie impénétrable et continue son chemin ; la laide qui la suit remarque un trou dans la baie et croit passer à son tour ; mais la haie se referme sur elle et la déchire. Rappelons encore, à ce propos, la Belle au Bois dormant, de Perrault. « À peine s'avança-t-il vers le bois, que tous ces grands arbres, ces ronces et ces épines s'écartèrent d'elles-mêmes pour le laisser passer. Il marcha vers le château qu'il voyait au bout d'une grande avenue où il entra, et, ce qui le surprit un peu, il vit que personne de

---

[232] Nous avons vu, dans la *Mythologie zoologique*, que le sorcier, et la sorcière parfois, pour traverser cette forêt, se transforment en *sanglier*.

[233] Brueyre, *Contes populaires de la Grande-Bretagne ; Les batailles des oiseaux.*

[234] *Les trois têtes du puits ;* il fait partie du même recueil.

ses gens ne l'avait pu suivre, parce que les arbres s'étaient rapprochés dès qu'il avait été passé. »

Outre les épines bénites par la Madone, il y a encore l'épine qu'on appelle sainte, parce qu'elle eut la triste gloire de couronner la tête du Sauveur le jour de son martyre. D'après Bauhin, qui a écrit un livre sur les plantes qui tirent leur nom des saints, la *spina sancta* est le *crispinus*, l'*épine-vinette* ; en Sicile on donne le nom de *spina santa* au *lycium europaeum* Linn. ; en Bretagne, on vénère particulièrement, parmi les oiseaux, le rouge-gorge, parce qu'on lui fait un mérite d'avoir cassé avec son bec une épine de la couronne du Christ ; c'est dans cette occasion qu'il aurait versé le sang qui a rougi sa poitrine. Dans la Vénétie[235], plus d'un enfant porte sur lui une épine d'acacia, bien qu'il la croie vénéneuse : c'est, dit-on, en souvenir des souffrances endurées par le Christ, sous les épines d'acacia qui composaient sa couronne.

ERBSENBAR, ERBSENBOCK, ERBSENWOLF. *Ours des pois, bouc des pois, loup des pois*, est le nom donné à un démon germanique qui mange ou souille les pois. Nork, *Mythologie der Volkssagen*, 641, nous apprend que, dans l'*Altmark*, on menace les enfants qui vont faire ravage dans les champs de pois de la *tante des pois, Erbenmuhme* (dans l'Altmark, *Erftenmöm*).

ERNTEBOCK. *Bouc de la moisson*, est le nom d'un démon germanique qui enlève une partie du blé pendant la moisson. (Cf. *Blé*, dans le second volume.)

ÉROTIQUES (Arbres et herbes). Dans un conte du *Pancatantra* indien, le charpentier console son ami le tisseur, malade d'amour, de la manière suivante : « Dans le monde, au milieu de l'œuf de Brahman, il n'y a pas de chose qu'on ne puisse acquérir à l'aide de quelque herbe, de beaucoup d'argent, de quelque formule magique, et

---

[235] D'après une lettre du professeur Remigio Sabbadini.

de quelque bon conseil. » Mais le tisseur répond tristement que pour la maladie de l'amour il n'y a aucun remède.

La nymphe Ænone, qui connaît le secret de toutes les herbes, s'écrie, dans la cinquième des *Héroïdes* d'Ovide :

Me miseram, quod amor non est medicabilis herbis !

Le dieu Apollon lui-même, au premier livre des *Métamorphoses*, se sert presque des mêmes mots :

Hei mihi quod nullis amor est medicabilis herbis !

Mais tout ceci est de la psychologie ; ce n'est pas de la mythologie. La mythologie, au contraire, connaît un nombre infini d'herbes qui ont le pouvoir de rendre amoureux.

Dès les temps védiques, on savait les plantes qui procurent des philtres tout puissants. Dans l'*Atharvavéda* (VII, 38) la femme qui veut s'assurer l'amour de l'homme qu'elle aime conjure une certaine herbe magique avec les mots suivants : « Avec la même herbe avec laquelle la diablesse (*âsurî*) précipita Indra du paradis divin (Cf. *Couronnes, Diable*), avec la même je t'obtiens pour devenir ta bien-aimée (*tena â ni kurve tvâm aham yathâ te sâni supriyâ*). Par le *Rigvéda* (X, 97) et par le *Yagurvéda* noir (IV, 2) nous apprenons que le roi des herbes est Soma, et que la meilleure des herbes est celle qui procure l'amour ; c'est-à-dire que Soma, l'herbe lunaire, l'ambroisie lunaire (et, par hypostase, la plante terrestre qui sert à préparer le *soma* du sacrifice, *sarcostema acidum*), est l'herbe suprême. « Les herbes ayant Soma comme roi, les unes après les autres, sont entrées au soin de la terre ; tu es la suprême ; coule pour notre vie[236]. » L'Hymne du *Rigvéda* s'étend davantage : « Parmi ces herbes nombreuses qui ont Soma comme roi, qui ont le secret de cent guérisons, tu es la suprême, toi qui disposes à l'amour, toi favorable au

---

[236] Oshadhayah somarâgnîh pravishtâh prithivîm anu tâsâm tvam asy uttamâ pra no gîvatave suva. *Taittirîya Samhitâ*, IV, 2.

cœur. A cette herbe ont conjointement donné un pouvoir héroïque toutes les herbes qui ont Soma pour roi, l'une après l'autre créées par Brihaspati, ayant pénétré au sein de la terre[237].» Le dieu de l'Amour lui-même, Kâma, est personnifié dans un arbre qui s'appelle, par conséquent, *kâmatara* ou *kâmavriksha*, c'est-à-dire *arbre de l'amour*. *Kâmalatâ*, liane d'amour, est un nom du phallus (Cf. arbre d'*Adam*, arbre *anthropogonique*). *Messagère d'amour* (*kâmadûtî*) désigne la *bignonia suaveolens* Rox. ; une espèce de manguier porte le nom de *fruit d'amour* (*kâmaphala*)[238], c'est-à-dire *dont l'amour est le fruit;* on l'appelle aussi *kâmâyudha*, c'est-à-dire *arme d'amour*[239] ; et *lié par l'amour* (*kâmabaddha*) est, selon Wilson, l'un des noms du *bois ; kâmavatî* et *kâminî* ou *amoureuse* s'applique à une espèce de *curcuma ;* le *kâmâlu*, ou *pot de l'amour*, a été identifié avec la *bauhinia variegata*, variété rouge du *diospiros ; kâmuka* (l'*amoureux*) qualifie l'*açoka*, (Cf. dans le second volume l'article consacré à cette plante, érotique par excellence), et aussi la *gaertnera racemosa*. Le *croton polyandron* (c'est-à-dire l'herbe *qui se donne à plusieurs hommes*) est appelé en sanscrit *Anurevatî*, c'est-à-dire *la petite Révati*. Révati est la femme de Kâma, une Vénus indienne, qui se donne certainement à beaucoup de monde.

Le dieu Kâma lance des fleurs au lieu de flèches. « Les flèches de Kâma, dit le *Soptaçataka* de Hala, ont un pouvoir très varié ; elles sont très dures quoiqu'elles ne soient en somme que des fleurs ; el-

---

[237] Yâ oshadhîh somarâgnîr bahvîh çataviéakshanâh tâsâm tvam asy uttamâram kâmâya çam hridé. Yâ oshadhîh somarâgnîr vishhtitâh prithivîm anu brihaspatiprasùta asyai sam datta vîryam ; *Rigveda Samhitâ*, X, 97.

[238] Cf. *Manguier ; kâmasakha* ou *compagnon d'amour*, est, d'après Wilson, l'un des noms du manguier, peut-être parce que les amoureux indiens se réunissent de préférence sous cet arbre.

[239] Par une strophe qui fait partie du supplément du *Saptaçataka* de Hàla, publié par le professeur Weber, nous apprenons que les boutons de la fleur du manguier, qui éveillent l'amour chez les jeunes filles au printemps, sont les flèches de l'amour ; mais l'amour ne les lance qu'en été, c'est-à-dire lorsque la chaleur ouvre les boutons et développe la volupté. « Der Duftmonat richtet die Pfeile des Liebesgottes zu, welche ihr Ziel, die Mädchen (leicht) bewältigen, frische Mangoknospen zur Spitze haben, und mit frischen Schösslingen befiedert sind, sendet sie (aber noch) nicht ab.

les nous brûlent insupportablement, même quand elles ne nous touchant point.» Dans le troisième acte de *Çakuntalâ*, le dieu d'Amour est appelé *kusumâyudhâ* «ayant des fleurs pour armes ; » ces fleurs-flèches (Cf. *Fleurs*), dites Kâlidâsa, font, sur les amoureux, le même effet que les rayons froids de la lune qui nous échauffent parce qu'ils nous agitent. Aussitôt que ces fleurs sont lancées, elles deviennent, dans le cœur qui en est blessé, dures comme des pointes de diamant[240]. Dans le *Songe d'une nuit d'été* de Shakespeare, le suc d'une fleur versé sur les paupières de Titania la rend à l'instant amoureuse de Bottom.

Dans l'*Hir et Ranjhan*, légende du Penjab traduite par M. Garcin de Tassy, «la vue des roses produisait sur le cœur affligé l'effet du souffle du Messie. Toutefois, là où cette belle au cœur calciné portait les yeux, elle ne voyait que la face de son bien-aimé. Tantôt elle embrassait un cyprès, croyant tenir son amant ; tantôt elle contemplait le narcisse, croyant que c'étaient ses yeux. Les roses lui offraient sa couleur et l'odeur de ses vêtements. Elle croyait voir ses cils dans les épines et les mettait dans son cœur. »

Chez Pline nous lisons (XIII, 25) : «Iuba tradit circa Troglodytarum insulas fruticem in alto vocari Isidos plocamon, corallio similem sinc foliis, praccisum, mutato colore, in nigrum durescere. Item alium, qui vocetur charitoblepharon, *efficacem in amatoriis*. Spathalia eo facere et monilia foeminas. Sentire cum se capi, durarique cornus modo, et hebetare aciem ferri. Quod si fefellerint insidiae, in lapidem transfigurari. » Ne s'agirait-il pas encore ici d'un mythe phallique et d'un déguisement de l'histoire indienne d'Indra et d'Ahalyâ ? Ahalyâ, surprise par son mari, est condamnée à devenir pierre. Les Indiens devaient jouir auprès des anciens d'une singulière réputation, si l'on en juge par ce passage de l'*Histoire des plantes*, de Théophraste, que la décence m'oblige à traduire en latin : «Ad rem veneream mirum in modum herba pollebat quam Indus attulerat. Non enim solum edentibus, sed etiam tangentibus tantum, genitalibus vim dixere vehementem adeo fieri, ut, quoties vellent coïre, vale-

---

[240] *Kusumabânân vagrasârikaroshi.*

rent. Et quidem qui usi fuerunt, duodecies egisse dixerunt. Indum autem ipsum, qui vel magno atque robusto corpore erat, septuagies aliquando coïvisse fatentem licuit audire ; verum emissionem seminis guttatim fuisse, demumque in sanguinem devenisse. Mulieris vero vehementer etiam citari libidinem cum eo medicamine usae fuerint dicebatur. »

Il s'agit évidemment ici d'une herbe vénérienne bien plus encore qu'érotique ; la *materia medica* populaire connaît une foule de ces herbes ; d'après le *libellus De Virtutibus Herbarum* attribué à Albert le Grand, la plus efficace est celle qu'il appelle *provinsa*[241] ; c'est la même, sans doute, que le *pizzu'ngurdu* des Siciliens. M. Pitré m'écrit à ce propos : « A Caltavuturo croît une plante appelée *pizzu'ngurdu* à laquelle on attribue des propriétés qui troubleraient, en partie, l'ordre de la nature : ainsi., par exemple, la plus honnête des femmes doit brûler d'amour, pourvu que l'homme qui la désire broie le *pizzu'ngurdu* et l'administre lui-même à sa victime, dans n'importe quel aliment. » La mandragore, la *pastinaca*, le *cyclamen*, l'*aizoon*, l'*umbilicus veneris*, le *hontopetalon*, la *valeria*, la *concordia*, (cf.), plusieurs des herbes *génératrices* (cf.), ont la même vertu ; il faut encore ajouter ici toutes les orchidées[242], et spécialement l'*orchis odoratissima*, le *satyrium albidum* (*herba conjugalis*), le *Frigg's Gras* des Allemands[243].

Le recueil des chants populaires de la Serbie publié par Vuk nous fournit le nom de deux herbes slaves, *samdoka* et *okolocev*, que l'on administre sous forme de tisane, et qui sont des philtres amoureux irrésistibles. En Pologne, on appelle *troizicle* (trois herbes) une plante aux feuilles bleues et aux fleurs rouges, qui a le pouvoir de rendre

---

[241] « Quinta herba a Chaldaeis *interisi* dicitur, a Graecis *vorax*, a Latinis *proventalis* vel *provinsa*. Illa enim pulverisata cum vermibus terrae circumvolutis, et cum *sempervira*, amorem inducit inter virum et uxorem si utatur illa in cibariis. »

[242] À cause certainement de leur nom, J. B. Porta, *Phytognomica*, en suivant d'autres auteurs, attribue à toutes les orchidées, mais spécialement à la *cynosorchis*, à la *tragorchis* et à la *triorchis*, le pouvoir d'exciter la sensualité.

[243] Nork, *Mythologie der Volkissagen*, ajoute : « Mehret Arten des Farrenkrauts heissen Mariengras in Norwegen, auf Island und in Dänemark aber noch Freia's Haar (*capillus Veneris*). Die Freia heisst auch Maria Unsere liebe Frau ».

amoureux, de faire oublier le passé et de transporter celui qui en fait usage où il désire[244]. Les mêmes propriétés érotiques et nuptiales appartiennent à certaines herbes de la Saint-Jean.

On peut encore alléguer ici les jeux de mots que fait Kâlidâsa à propos du jasmin (*mallikâ*) et du manguier (*sahâkara*)[245]. Aucune poésie érotique n'étant plus voluptueuse que celle des Indiens, c'est à l'Inde qu'il faut recourir pour mieux se convaincre des relations intimes établies par l'imagination entre les amours des plantes et les amours des vivants. Dès les temps les plus reculés, nous le savons, les amants de l'Inde invoquaient certaines plantes. Les magiciennes védiques (*Atharvavéda*, II, trad. Weber) n'étaient pas moins habiles aux philtres amoureux que les savantes Médées et les Circés des poëtes grecs. « De même, dit l'*Atharvavéda*, que le vent remue les herbes sur la Terre, je remue ton esprit, pour que tu m'aimes, pour que tu ne t'éloignes jamais de moi. Vous deux, Açvins ! réunissez donc le couple amoureux. Lorsque les oiseaux joyeux s'apprêtent à quitter leurs nids, qu'elle vienne à mon appel ! Ce qui est dedans, qu'il sorte ; ce qui est dehors, qu'il entre ! Herbe, saisis le cœur de la vierge agitée. Elle est venue cherchant un homme ; moi, je suis arrivé, cherchant une femme. Pareil à un cheval qui hennit, je suis arrivé avec mon bonheur. » On place, ajoute le professeur Weber, d'après le commentaire védique, entre deux morceaux de bois cou-

---

[244] *Volkslieder der Polen, gesamm.* v. *W. P.* Leipzig, 1833, p. 96.

[245] Le jasmin et le manguier sont compris au nombre des cinq fleurs érotiques que lance l'arc du dieu d'amour Kâmadéva. Chacune des cinq flèches de l'arc est une fleur ; l'arc lui-même est fait avec un roseau à sucre. Chaque fleur correspond à une des cinq sensations, une joie modérée, une joie folle, un trouble, une folie, une distraction. Ainsi, dans notre langage des fleurs, chaque feuille de la fleur de pâquerette répond à un degré d'amour. Les cinq fleurs lancées par l'arc de Kâma sont, d'après les uns, l'*aravinda* (nymphaea nelumbo), l'*açoka*, le *çirisha*, l'*âmra* ou manguier, l'*utpala* ou lotus bleu ; d'après d'autres, le *campaka*, le manguier, le kéçara, la kétakî, le vilva. Le manguier entre dans toutes les combinaisons. Le *Gîta Govinda* (X, 14) mentionne encore parmi les fleurs d'amour le badhûka, le madhûka, le tila, le kunda. « Another account, dit Monier Williams dans une note au troisième acte de Çakuntalâ, includes the *miallikâ*, or *jasmin* amongst the five. »

pés sur un arbre et sur une liane (probablement le manguier et le jasmin), une flèche de *sthakara*, de l'onguent pour les yeux (*kushtha, madhuga*) et une herbe déracinée par l'orage ; on mélange tout cela avec du beurre clarifié, et on touche (sans doute la jeune fille). Dans ces indications, il y a encore pour nous quelque chose d'obscur ; mais il suffit ici de constater que les usages et superstitions érotiques, encore populaires, remontent à une antiquité, non pas seulement védique, mais mythologique. N'avons-nous pas vu Indra séduit par une plante érotique, soma céleste, herbe lunaire, qui n'est autre que la lune elle-même, et, sous les auspices des médecins divins, les vertus spéciales de l'astre qui préside aux herbes transférées par les Açwins à des plantes terrestres particulièrement chères aux amants ? Rien que d'après les données indiennes, on pourrait donc tracer une histoire complète du mythe des plantes érotiques ; les nombreux détails épars qu'on trouve dans les traditions européennes ne peuvent que certifier l'origine mythologique de cette série intéressante, de croyances superstitieuses.

ÉTOILES. *Târa* est le nom indien bien connu de l'*étoile* ; la *lune* de même et l'*argent* s'appellent parfois *târa* ; ce qui a fait nommer *târa* et *târâbhara* le camphre, *târakâ* une espèce de concombre (autrement appelée *Indr-avârunî*, d'après le dictionnaire de Saint-Pétersbourg, *die Coloquinthen Gurke*), et *târapushpa* ou *fleur d'argent* (peut-être encore *fleur-étoile*) le jasmin ; *târatandula* ou *grain d'arqent*, une espèce de sorgho. En Europe aussi, quelques plantes ont tiré leur nom des étoiles : par exemple, l'*asterion* cher à Junon, dont on faisait des couronnes[246] ; le raisin de renard que les anciens appelaient *herba Paridis*, chez les Italiens *uva lupina*, chez les Allemands, *baie de loup* (*wolfsbeer*) ou *herbe-étoile* (*sternkaut*[247]) ; le pied de corbeau ou de corneille des

---

[246] Il tire son nom, dit Pausanias, II, des rivages du fleuve Asterion où il pousse. Les nourrices de Junon étaient les filles de ce demi-dieu. Avec la fleur de l'*asterion* on faisait des couronnes.

[247] Sternapfel est, en allemand, le *cainitier, Sternblume* l'*aster sinensis, Sterndistel* la *chausse-trape, Sternhyacinthe* la jacinthe étoilée, *Sternklee* le trèfle étoilé, *Sternkürbiss* la citrouille étoilée, etc.

anciens (*pes corvinus, koronopous, koronopodion*), que les Italiens appellent *erba stella*[248] (aster) ; c'est peut-être à cause de ce nom qu'on lui attribue le pouvoir d'attraper les poissons[249]. Dans le pays des fées, où pénètre le voleur d'un conte populaire anglais, chaque brin d'herbe portait une lampe, chaque buisson une étoile[250]. Le livre de Sidrach[251] nous enseigne le moyen de voir les étoiles en plein jour. « Anche è un' erba alta uno mezzo dito, e a foglie a guisa di lupini, e gialli i flori, e dentro vermigli, radice di due palmi e più. Chi mettesse di questa erba sopra il capo suo e nella sua bocca, egli vedrebbe apertamente le stelle di gierno. » (Cf. dans ce même vol. *Lune* et *Soleil*.)

FARRE. Proprement « le petit taureau », est le nom donné en Allemagne à l'un des nombreux démons du blé. (Cf. *Blé*.)

FAUNES. Génies sauvages qui présidaient, d'après les croyances romaines, à la végétation ; Nemesianus, I, 66, résumait ainsi leurs mérites :

> Dant fauni quod quisque valet, de vite racemos,
> De campo culmos, omnique ex arbore fruges.

FEU (Arbres et herbes du —). La descente du feu céleste et sa propagation sur la Terre par l'entremise de certains arbres, sont des sujets presque épuisés. L'ouvrage capital du professeur A. Kuhn est

---

[248] Cf. Porta, *Phytognomica*.

[249] On sait qu'on attrape mieux les poissons le soir, à la lumière des étoiles, et spécialement au clair de lune. La croyance populaire me semble fondée sur cette expérience vulgaire ; ainsi je suppose que l'usage sibérien de se parfumer avec une herbe de montagne pour chasser l'odeur de poisson ne signifie autre chose que ceci : sur la montagne on n'est pas blessé par cette odeur dégoûtante. « Wenn man in's (Kinaï) Gebirge zieht, beräuchert man sieh mit der Wurzel eines Gebirgskrauts, um den Fischgeruch zu vertreiben. » Schiefner, dans son introduction au *Radoff's Wörterbuch der Kinaï-Sprache* ; St-Pétersbourg, 1874.

[250] Cf. Brueyre, *Contes populaires de la Grande-Bretagne*, Réveillon des fées.

[251] Édité par le professeur Bartoli, à Bologne, page 492.

connu en France, grâce au substantiel commentaire de M. Fr. Baudry, (*Les Mythes du feu*). Les quelques faits que nous avons pu rassembler ne feront que confirmer les vues et les conclusions de l'un des éminents fondateurs de la Mythologie comparée.

Déjà, dans notre Introduction, nous signalions une croyance populaire toscane qui donne au feu pour berceau la cime des forêts ; nous verrous aux mots *Noël* et *Souche* le rôle qui est attribué au feu dans la formation de l'homme.

Voici d'abord les plantes qui, dans l'Inde, ont pris leur nom du feu, *agni* ou *anala* ; nous donnons en regard leur nom botanique moderne :

Agni ; — *Plumbago Zeilanica, Semcarpus anacardium, citrus acida.*

Agnimukha (gueule de feu) ; — *Semecarpus anacardium.*

Agnidamani (qui dompte le feu) ; — *Solanum Jacquini.*

Agnimantha (qui agite le feu) ; — *Premna spinosa.*

Agnivallabha (ami du feu) ; — *Shorea robusta.*

Agniçikha (crête de feu) ; — *Crocus sativus, Carthamus tinctorius.*

Agniçikhâ ; — *Gloriosa superba, menispermum cordifolium.*

Agnikçara (aigrette de feu) ; — *Safran.*

Agnisambhava (qui prend naissance dans le feu) ; — *Carthamus sylvestris.*

Agniga, Agnigâta ; — id. ?

Analaprabhâ (splendeur du feu).

Dyotishmati (douée de splendeur).

Mahâgyotishmativriksha (Arbre de grande lumière), *agnigarbhâ* (qui recèle du feu), *agnidipra* (allumé par le feu) ; — *Cardiospermum* ?

D'après Açyalâyana (*Grihyasûtra*, IV, 4), l'*avakâ* (*blyxa octandra* Rich.) jouait un rôle important dans les rites funéraires de l'Inde védique : « Dans un fossé qui se trouve au nord-est de l'*Altavanîya* (c'est-à-dire du feu du sacrifice pour les oblations funéraires), qu'il place une *avakâ*, c'est-à-dire un *çîpâla*, par ce chemin passera le mort pour se rendre avec la fumée au ciel. » Açvalâyana nous apprend aussi que, lorsqu'on bâtissait une maison, on plaçait dans les fondements une *avakâ*, pour la garantir des incendies. Le commentateur Nârâyana ajoute qu'on y place aussi l'herbe sacrée *kuça*, avec les pointes tournées vers le nord et vers l'ouest, et qu'on arrose le tout d'eau, de riz et d'orge, en prononçant ces mots : « Bénédiction au dieu de la Terre qui ne tombe pas ! » c'est-à-dire qu'on invoque (en qualité de foudre ?) le dieu Agni pour qu'il ne descende point sur la maison qu'on va construire.

Nous aurons lieu de rencontrer, dans le second volume de cet ouvrage, un certain nombre d'herbes spéciales auxquelles on attribue le pouvoir d'éloigner la fondre. Il suffit, pour le moment, de noter qu'une telle superstition existait déjà dans l'Inde védique. (Cf. *Tonnerre.*) Au moyen âge, où l'épreuve du feu était l'une des formes les plus ordinaires des *jugements de Dieu*, la connaissance de ces plantes préservatrices devait paraître d'un prix inestimable. Nous verrons, aux mots *Immortelle, Raifort, Fève* et autres, les remèdes recommandés pour neutraliser l'action du feu.

FEUILLES. Une suite de comparaisons et de confusions inévitables domine toute l'histoire mythique de la feuille. Par l'écriture, la feuille est entrée dans le monde intellectuel et a reporté dans le monde végétal un esprit et un pouvoir mystérieux.

Le sanscrit *pattra* est à la fois la feuille en général et la feuille de palmier sur laquelle nous lisons encore les manuscrits de l'Inde. Le *papyrus* est à la fois un roseau, et la substance qu'il fournit, le papier. *Folium*, en latin, *blatt* en allemand, *list* en russe, possèdent aussi un double sens. De même *liber*, l'écorce, est devenu le nom du livre. Et comme il est des écorces où la main des amants grave des noms, des devises et des emblèmes, il est aussi des livres où sont tracés des mots mystérieux, où réside une secrète vertu, livres prophétiques, livres sibyllins. les feuilles qui sont renfermées dans ces écorces participent naturellement de leur caractère sacré ; ne contiennent-elles pas les secrets de la sagesse humaine et divine ? Aussi consulte-t-on les livres comme des oracles. Le souvenir des livres sibyllins, encore vivant au moyen âge, reparaît dans certains usages, familiers aux enfants d'aujourd'hui. Pour connaître son sort ou définir son propre caractère, maint écolier italien ouvre au hasard un livre dans lequel il a inscrit, de page en page, quelques mots relatifs soit à un métier, soit à une qualité morale quelconque, ou enfin quelque sentence. Au moyen âge, c'était surtout Virgile qui fournissait aux écoliers ce genre d'oracles infaillibles. Ces superstitions s'en vont ; cependant, il faut voir encore une image affaiblie des livres sibyllins dans ces feuillets que les tireuses de cartes font offrir aux badauds des foires populaires par quelque singe ou par un oiseau apprivoisé.

Mais revenons aux feuilles des arbres ; depuis qu'elles ont reçu l'empreinte de la pensée humaine, elles ont acquis une âme. Ce n'est plus le vent qui les agite, c'est l'être vivant caché en elles. On sait que certaines sectes du Guzerate poussent si loin le scrupule pythagoricien qu'elles évitent même de manger des feuilles vertes, de peur d'engloutir avec la substance végétale quelque être vivant. Notre voyageur Pigafetta[252], au commencement du XVIᵉ siècle, dans l'île de Ciambubon, remarqua un arbre dont les feuilles marchaient, dit-il, comme si elles étaient vivantes ; aussitôt touchées, elles se mettaient en mouvement et elles allaient loin. Il est probable que ces prétendus mouvements, une fois constatés ou imaginés, ont pris rapidement un caractère sacré, un sens prophétique. Nous savons déjà par l'auteur d'un *grihyasûtra* védique, Açvalâyana, et par son commentateur Nârâyana, que, dès les temps védiques, le prêtre ou le fidèle qui offrait le sacrifice confiait à certaines feuilles le soin de porter ses vœux à quelque ami absent, ou de le représenter à une cérémonie lointaine, à un repas funéraire en l'honneur de quelque trépassé ; comme viatique, la feuille chargée du message recevait deux gâteaux, qui naturellement passaient dans les mains du sacrifi-

---

[252] *Viaggio intorno al mondo* : « Anchora in quel luogo trovarono un arbore che aveva le foglie, le quali come cadevano in terra, camminavano come se fussero state vive. Queste foglie sono molto simili a quelle del moro (*mûrier*) ; hanno da una parte e dall' altra, corme duoi piedi corti ed appuntati e schizzandoli non vi si vede sangue ; come si tocca una di dette foglie, subito si move e fugge. Antonio Pigafetta ne tenne una in una scodella per otto giorni, e quando la tocca-va andava a torno la scodella, e pensava che ella non vivesse d'altro che d'aere. » (Cf. *Immortelle*.)

cateur. La feuille et la fleur messagères d'amour sont un lieu commun dans la poésie populaire.

Nous avons vu comment l'arbre en était venu à symboliser la sagesse. Ses organes les plus vivants, feuille et fleur, ne pouvaient manquer de connaître les plus précieux secrets, et par suite, de les livrer à ceux qui sauraient les consulter. Voilà pourquoi les anciennes magiciennes et sibylles s'entouraient la tête de feuilles de laurier ou de lierre.

Un voyageur italien, le père Vincenzo Maria da Santa Caterina, dans son *Viaggio nell'Indie Orientali* (III, 24), parlant des bayadères et de leur procession du mois de juin, nous apprend qu'elles se montrent « con fiori d'*arecha* in mano, e la prima con un vaso d'acqua misturata con calce e *zafrano*, nel cui mezzo arde una lucerna. Questa, dopo aver collocato il vaso nel mezzo, stando tutte l'altre, per la parte del tempio, in giro, si fa portare una tavola, sopra la quale disegnando con li detti e calce stemprata molti serpenti, vi si pone sopra a sedere, dando tempo alli Brahamani di suonare e cantare molte canzoni, le quali terminale, risorge la donna come ispiritata, e corre a collocarsi in un trono, formato nel lato destro del pagode con *foglie* di piante ; da dove, dopo essersi fermata qualche tempo, continuando il suono e il canto ripiglia il corso e con celerità incredibile ascende *una pianta tutta cinta di piante a guisa d'edera*, dove appesa solo con li piedi alli rami, va rispondendo a tutto ciò di che la richiedono[253] ». La feuille de l'arbre parle ; la feuille rend aussi l'arbre *chantant*. Dans l'arbre céleste, dans le ciel, il y a l'harmonie des sphè-

---

[253] Le nom de *Ekaparnâ* et de *Ekapatalâ* est donné à deux pénitentes indiennes dont l'une se nourrissait d'un seul paria (feuille), l'autre d'un seul *patala* (feuille de *bignonia* ?) : l'une épouse Asita Devala ; l'autre Djâigishavya ; cf. Muir, *Sanscr. Texts*, IV. Le nom de Ekapatalâ est aussi donné à la *bignognia*. Dans un conte populaire anglais, qui se trouve dans le recueil de Brueyre, un roi magicien emmène avec lui comme servante la jeune Jenny ; en voyant une larme dans ses yeux, le roi magicien la lui essuye avec une *feuille*, grâce à laquelle la jeune fille voit à l'instant même un paysage magnifique. Ce conte semble avoir un caractère mythique marqué ; le ciel étant l'arbre, la lune et les étoiles sont les feuilles de cet arbre ; grâce au clair de lune et aux étoiles, on découvre à la vérité un tableau merveilleux. (cf. *Fleur*.)

res. Dans la *Bhagavadgîtâ* (XV), il est dit que les Védâs sont les feuilles de l'arbre géant, de l'immortel *açvattha* cosmogonique. Le philosophe grec Thalès, qui pouvait avoir entendu le récit cosmogonique indien de Brahman nageant sur la feuille de lotus, s'imaginait la Terre comme une timbale flottant sur une feuille de platane.

Dans le livre attribué à Sidrach[254], nous lisons que Japhet inventa le premier instrument musical, en prêtant l'oreille au murmure des eaux et au bruissement des feuilles agitées par le vent. Dans une ballade suédoise, lorsqu'une jeune nymphe joue, les feuilles poussent sur les arbres pour venir prendre part au concert.

De même que nous avons vu s'identifier l'arbre phallique ou l'arbre d'Adam avec l'arbre de sagesse, ainsi la feuille qui possède le secret de l'arbre symbolise la vie, la jeunesse sans tache. Lorsque la virginité est perdue, si l'on se couvre de la feuille, c'est moins par honte que pour garder l'apparence de la jeunesse, de la force génératrice encore intactes. Le proverbe piémontais *mangié la feuja* (manger la feuille) veut dire *tuer la vie en germe ;* ce proverbe se rattache à la légende populaire d'Ysengrin ; mais la source de ce récit est probablement un mythe phallique. Adam et Ève couvrent leur nudité avec la feuille de ce même figuier dont le fruit les a induits en tentation. Dans le *Bundehesh* aussi, l'homme et la femme, après leur union, se couvrent de feuilles. Dans le Tyrol italien, les jeunes filles portent sur leurs cheveux une petite feuille verte, symbole de leur virginité, ou, pour le moins, de leur jeunesse ; le jour de leur mariage, elles perdent le droit de la porter et la remplacent par des fleurs artificielles. Le Portugais Barbosa[255] avait remarqué un usage analogue dans l'Inde : lorsqu'une femme reste veuve, elle ôte de son cou une *petite feuille d'or* que son mari lui avait donnée le jour de ses noces, et la jette au milieu des flammes qui brûlent son cadavre, comme signe qu'elle ne se mariera plus. Évidemment ici la feuille n'est plus symbole de virginité, mais de l'organe féminin de la génération qui se ferme pour les veuves honnêtes et fidèles. Dans le *Sommario*

---

[254] Édité par le professeur Bartoli ; p. 215.
[255] Cf. le grand recueil de *Voyages*, de Ramusio.

di tutti li regni, città e popoli orientali, traduit du portugais, au lieu d'une feuille est mentionné un petit cercle d'or (qui répond à notre anneau nuptial) que les maris de la caste des guerriers suspendent au cou de leur épouse, après quatre jours de mariage « in segno di averle levata la verginità ».

Nous voyons donc attribuées à la feuille isolée presque toutes les propriétés qui appartiennent à l'arbre d'après la conception mythologique ; et puisque l'arbre, symbole de vie, a aussi un caractère funéraire comme symbole de l'immortalité, on plante des arbres, spécialement des cyprès toujours verts, sur les tombeaux, et on les couvre de feuilles, spécialement de lierre. D'après une croyance populaire anglaise, le rouge-gorge couvre de feuilles et de mousse le cadavre de ceux qui n'ont pas eu l'honneur d'être ensevelis. L'arbre et la feuille ont conscience de tout ce qui se passe dans l'humanité ; aussi, dans la croyance vénitienne, le Vendredi saint, à l'heure de la Passion de Jésus-Christ, les feuilles de tous les arbres se mettent à trembler ; en Petite-Russie, on dit que les feuilles des arbres tremblent depuis que Judas se pendit à un arbre (Cf. *Tremble* dans le second volume, et, plus loin, arbre de *Judas*).

FIL. On tisse au ciel ; l'aurore védique tisse l'habit de noce pour son royal époux. Tous ces draps lumineux dont le ciel se pare sont l'œuvre d'un *sûtrâkâra* ou tisserand divin. La toile d'Arachné, la toile de Pénélope, la toile que la marâtre donne à tisser dans les contes populaires à la jeune fille persécutée, ne sont autre chose que l'aspect lumineux du ciel enflammé par l'aurore du soir et du matin. Une bonne fée vient d'ordinaire en aide à la jeune fille qui doit filer ou tisser, et cette bonne fée, cette madone qui fait le miracle, est le plus souvent la lune. Les rayons de la lune et du soleil sont les fils (*sûtrâni*) qu'emploient les ouvriers célestes.

C'est grâce au fil conducteur d'une bonne fée, à la voie lactée, que le héros solaire égaré dans la forêt, dans le labyrinthe de la nuit, retrouve sa route ; les petits cailloux blancs, les miettes de pain, les grains de millet que le petit Poucet (dans un conte populaire inédit toscan où, grâce à l'équivoque entre le mot *pouce* et le mot *puce*, il devient un petit enfant qu'on appelait Pulce), sont une légère variante du « fil d'Ariane ». Ce fil était, disait-on, extrait de l'herbe *Théséion*, employée aussi dans les mystères de Cérès : dans le *Théséion*, Dalecham (*Historia gener. plantarum*, II, 28) a cru reconnaître la *leontice chrysostogonnus* L. C'est à l'aide de ce fil conducteur que Thésée parvint à tuer le Minotaure ; c'est à l'aide des cailloux, des miettes, des grains de millet, que le Petit Poucet essaye de retrouver sa maison ; mais la troisième fois, les oiseaux mangent le millet, il s'égare, il arrive au palais de l'ogre qui mange, comme le Minotaure, les petits enfants ; il lui enlève ses bottes, et il finit par le tuer. Il est évident que le conte du Petit Poucet et la légende de Thésée ont une seule et même source mythologique.

Dans la légende grecque, Thésée abandonne Ariane ; de même, Râma abandonne la bonne fée dont il a traversé la grotte ; si la bonne fée est la lune, cet abandon du héros solaire s'explique. Le héros cependant trouve le plus souvent, grâce au fil conducteur, son épouse désirée.

Dans les *Évangiles des Quenouilles* (Bruges, 1471) il est fait mention d'un usage des jeunes filles qui attendent un mari et désirent s'édifier d'avance sur les qualités de l'époux prédestiné : « Fille qui veut savoir le nom de son mari à venir doit tendre devant son huys le premier fil qu'elle filera cellui jour et, de tout le premier homme qui par illec passera, savoir son nom. Sache pour certain que tel nom aura son mari. » La jeune fille persécutée reçoit de la bonne fée des robes lumineuses pour sa noce ; ces robes sont telles, d'un tissu si fin, qu'elles peuvent prendre place dans une petite boîte, voire même dans une noix, ou une noisette. La noix ou la noisette qui cache l'étoffe dont on fait les robes de noce pour l'épouse du prince solaire, l'aurore, semble être la lune elle-même. Grâce à elle, la jeune fille persécutée échappe au pouvoir de la mère magicienne, et se présente habillée d'une robe splendide à la fête du prince. La robe lumineuse, image du ciel, est si mince, si subtile qu'elle peut s'étendre à l'infini.

FLEURS. La fleur n'a pas été seulement admirée à cause de sa beauté, qui en fait la gemme du monde végétal ; on l'a de tout temps vénérée comme symbole de la fécondité. C'est ainsi qu'apparaît sur les eaux, dans les cosmogonies indiennes, le lotus épanoui, fleur de vie et de lumière. Le soleil et la lune, les étoiles, sont les fleurs du jardin céleste[256] ; le rayon du soleil est un roseau fleuri qui sort des eaux et alimente le feu du sacrifice ; la foudre (Cf. *Couronne*) est une guirlande de fleurs lancée par Narada[257]. *Pushpa* (*fleur*) ou *pushpaka* (*fleuri*) est l'épithète qu'on applique au char lumineux du dieu Kuvéra, à ce char ravi par Râvana, le monstre royal de Lankâ, et reconquis par le demi-dieu Râma, incarnation de Vishnu. *Pushpa*, désigne aussi un temple indien[258]. L'arc de Kama, le dieu de l'amour, lance des fleurs en guise de flèches ; ce qui lui a valu les noms de *pushpakétana*[259], *pushpadhvā a*, *pushpaketu*, (dont l'enseigne est une fleur) *pushpaçra, pushpasâyaka, pushpâyudha* (dont les flèches, les armes sont des fleurs) ; *pushpadhanvan, pushpacapa* (dont l'arc est fleuri). *Pushpadhârana* (*porteur de fleurs*) est une épithète de Krishna ; *pushpa, pushpavant, pushpadā shtra, pushpadanta* celle d'un dragon, d'un démon-serpent (probablement le nuage qui vomit des éclairs,

---

[256] C'est à un jardin pareil qu'il faut songer lorsque nous lisons chez Menzel, *Unsterblichkeitslehre* : « Eine recht gute Vorstellung vom Sonnengarten im Norden hat sich in der Vision des Ritters Oenus erhalten, wie sie aus dem 12. Jahrhundert in Massinghams *Purgatorium S. Patricii*, cap. 4, aufbewahrt ist. Oenus kam an eine hohe Mauer und athmete durch das Thor derselben eine liebliche und würzreiche Luft. Als er aber durch dasselbe Thor einging, strahlt es ihm mit einem Glanz entgegen, heller als die Sonne, und er trat in einen Garten, wo unzählbare Blumen von der herrlichsten Art blühten und selige Menschen wanderten. »

[257] D'une voie céleste, on dit aussi qu'elle est un *char de fleurs* (*pushpaçakati*).

[258] Un conte de Somadeva en fait mention : La fille du roi Suçarma, regardant par la Fenêtre, remarque le jeune Dévadatta et l'attire à elle par sa beauté. Elle cueille une fleur et en touche les lèvres du héros. Celui-ci s'en va rempli de trouble ; son précepteur lui explique que, par ce signe, la princesse lui a donné rendez-vous au temple qui s'appelle *pushpa* (fleur).

[259] La fleur s'appelle aussi en sanscrit *Kusuma*, d'où les noms de *kusumakârmuka, kusumavâna, kusumaçara, kusumâyudha, kusumâstra, kusumeshu* donnés à Kama.

ou la nuit sombre fleurie d'étoiles). Le nom de *pushpadanta* (dont les dents sont des fleurs) est encore donné à plusieurs autres êtres mythiques appartenant à la suite de Çiva[260], ou de Vishnu[261], à un Gandharva, à un saint bouddhique[262], et à l'éléphant qui garde la région du nord-ouest. Les Djaïnâs appellent *pushpottara* (fleur du septentrion) le ciel gardé par le roi des dieux Priyamitra, qui chaque jour faisait pleuvoir des fleurs dans l'onde où chaque jour il se baignait. *Pushpagiri* ou la montagne des fleurs, dans la mythologie mo-

---

[260] Ce Pushpadanta est une espèce de Prométhée indien. Pour avoir dévoilé aux hommes le secret des dieux, spécialement le secret phallique du dieu Çiva, il est condamné à renaître sous la forme d'un homme, forme sous laquelle il sera enfermé jusqu'à ce qu'il rencontre sur le Vindhya un Yaska qui lui conte sa propre aventure et les sept grands mystères de la vie de Çiva.

[261] Vishnu lui-même est aussi appelé *pushpahâsa* (dont le rire est fleuri, dont la bouche en riant laisse tomber des fleurs). — Dans le *Gul o Sanaubar*, traduit par Garcin de Tassy, la reine laisse tomber des fleurs de sa bouche chaque fois qu'elle rit ; une donnée pareille revient assez souvent dans les contes populaires.

[262] *Pushpita* ou *fleuri* est le nom d'un *Bouddha*. « Pendant toute la lutte, le Bodhisattva demeure sans cligner les yeux ; il garde ouvert l'œil solaire que l'orage peut obscurcir, mais non fermer, et *qui change en or et en fleurs les armes* atmosphériques que lancent les génies ténébreux. » (Sénart, *Essai sur la légende de Bouddha*, p. 250). D'après une croyance bouddhique, lorsqu'un dieu est prêt de naître au ciel, une déesse se trouve une fleur dans sa main ; par ce signe, elle apprend qu'elle aura un fils. Cf. Beal, *A Catena of Buddhist scriptures from the Chinese*. On sait que Mâyâ, la mère de Bouddha, tient à la main une branche fleurie avant de lui donner le jour. Mâyâ a un songe pendant qu'elle est couchée sur un lit fleuri. « C'est exactement, observe très à propos M. Sénart, cette couche de crocus, de lotus et d'hyacinthes, abritée par un nuage, où Zeus repose avec Hérè sur le sommet de l'Ida. » D'après les croyances bouddhiques, non seulement la fleur annonce la naissance d'un dieu, mais la couleur de la première fleur du ciel qui tombera sous les yeux du dieu nouveau-né sera aussi celle du dieu lui-même ; tellement il est vrai que le dieu s'identifie avec le phénomène céleste. M. Beal, en citant le bouddhique Abhidharma, dit : « All the Devas of the Kâma Loka (le monde de l'amour) are colored according to the nue of the flower they first see after their birt in these heavens ; if the flower is purple, so are they ; and so, whether it be red or yellow, or white. »

derne de l'Inde, est la montagne sur laquelle le dieu Varuna a fixé sa résidence.

« Respondet, dit J. B. Porta (*Phytognomonica*, Naples, 1588) : Respondet *flos* oculo. Pulcherrima in homine pars oculus ; *florem* ad ornandum formosumque stirpium genus reddendum a natura liberalissime donatum retulit Aphrodiseus. Oculi ex tenuieribus et pellucidioribus corporis partibus compositi, quod transparentes sint, et flores ex tenuioribus et purioribus succis, quia plerumque transparentes sunt. Radix omnis fere alba, frons viridis, truncus cortice intectuus est, sola in floribus colorum mixtura et varietas, et in iis solis succorum internorum mixtura, et colores spectandi veinunt, et ex his abditae vires conjiciuntur. Et si in humana physiognomonia dicobamus animam in oculis vivere, quia inde interni et profundiores hominum mores cognoscerentur et cogitationes ; ita in floribus plantae natura sedet, ridetque, et inde veluti occultis verbis aegris mortalibus vires reserat et abstrusarum rerum thesauros. » D'après cette comparaison, la fleur serait un symbole à la fois de lumière et de vie, ce qu'elle est précisément dans le mythe, qui symbolise non seulement le renouvellement de la vie individuelle, mais encore de la vie de la nature au printemps ; en Suède, au XVIᵉ siècle, un *conte des fleurs* devait chaque année représenter le réveil du printemps[263] ; *Pushpâgama* (arrivée des fleurs) et *Pushpasamaya* (temps des fleurs) sont deux appellations indiennes du printemps.

Pushpa désigne aussi en sanscrit, comme en beaucoup d'autres langues, la fleur de la puberté féminine[264]. Par une strophe du *Panca-*

---

[263] Noch um die Mitte des 16. Jahrunderts herrschte zu Gothland und in Süd-Schweden der Gebrauch, dass am I. Mai zwei Reiterschaaren von verschiedenen Seiten in die Stadt rückten. Die eine, ganz eingehüllt in Pelze, mit Handspiessen bewaffnet, Schneeballen und Eisschollen schleudernd führte der Winter ; an der Spitze der anderen, die mit Maien und Erstlingsblüthen geschmückt war, stand der *Blumengraf,* der Frühling. » Jähns, *Ross* und *Reiter, I,* 304 ; Leipzig, Grünow.

[264] On peut comparer ici ce que Porta (*Phytognomonica*) écrit à propos de la fleur de tous les mois : « Caltha est flore luteo, emicat singulis mensium kalendis, qua dote verisimile est sic nominatam kalendulam quod omnium mensium kalendis florere comperiatur, atque hinc fit, ut aliqui *florem omnium mensium* appel-

tantra, nous savons que, dans l'Inde, on couronnait de fleurs le *linga*, pour obtenir un fils qui délivrât son père de la nécessité de renaître. « Celui, est-il dit, qui place lui-même sur la tête du *linga* (phallus) rien qu'une seule fleur en murmurant la formule de six syllabes (c'est-à-dire : *Om Çivâya namah : Honneur au dieu Çiva*), celui-là ne renaîtra plus. » De là cette fête des fleurs, célébrée chaque année dans les trois derniers jours de décembre ; on y sacrifie au dieu Çiva ; les deux premiers jours sont réservés aux femmes, le troisième aux hommes. Les femmes tracent devant la porte de leur maison des lignes blanches avec des fleurs. Sur chaque ligne elles placent de petites boules de bouse de vache ornées d'une fleur de citronnier. C'est à cette occasion qu'on met en liberté, en l'épouvantant par des bruits sauvages, une vache ornée de fleurs et de fruits que la foule des dévots recueille avec avidité lorsqu'ils tombent à terre[265].

Nous avons déjà indiqué plus haut que les dieux indiens s'annoncent à la vie par des fleurs ; la fleur est un symbole d'immortalité. Les fleurs, sur la tête des dieux, ne se flétrissent jamais[266] ; les lecteurs du célèbre épisode de *Nala* n'ont certainement pas oublié cet intéressant détail. Mais non seulement, l'être divin est

---

lent ; cujus flos e vino potus est *menses*, secundas etiam mirifice educit, et aridis suffitibus admota, sexcentibus foeminarum periculis factis. *Senecio* (le cresson) diutine floret ; cum primum senescit, alius atque alius subnascitur, idque per totam hyemem, vereque assidue usque ad aestatem factitatur, ut ex Theophrasto habetur ; apud nos vocitatur *flos cujusque mensis* ; haec herba remorantes *menses* ciere solet. »

[265] Le *jasminum hirsutum* L. est appelé en sanskrit *attahâsaka* (celui qui ressemble à *Attahâsa*, l'un des noms du dieu Çiva (proprement *qui rit tout haut*) dont les étaient cheveux hérissés. L'une des formes de Çiva est Kuvéra, le dieu de la richesse, dont l'un des trésors s'appelle *kunda*, le *jasminum hirsutum* s'appelle aussi *kundapushpa* (aux fleurs de *kunda*) et même simplement *kunda*.

[266] Il s'agit sans doute de fleurs célestes dans ce conte populaire, le *Réveillon des Fées*, qui fait partie du recueil de Bruyere, où des jeunes filles habillées de blanc jettent des fleurs qui à l'instant même prennent racine et grandissent.

annoncé par la fleur[267], il fait encore pousser les fleurs sur son chemin[268] ; et, lorsqu'il rit et lorsqu'il parle, il laisse tomber des fleurs[269].

Les fleurs accompagnent l'homme pendant toute sa vie, avant
qu'il vienne au monde, comme nous l'avons déjà indiqué pour les
dieux[270], et après sa mort ; le jour de sa naissance, toute la maison se
pare de fleurs, et, on raconte aux petits enfants que le nouveau-né a
été cueilli dans un beau jardin ; dans le culte de la Madone, de la
Vierge éternelle, de la mère du petit Jésus, qui s'est tellement développé dans le catholicisme romain, les fleurs jouent un rôle essentiel. Les Athéniens, un certain jour du printemps[271], couronnaient
chaque année tous leurs enfants qui avaient atteint leur troisième
année ; par là, dit-on, les parents témoignaient leur joie de savoir
que les enfants avaient passé l'âge critique des maladies de l'enfance.
Les enfants couronnés et habillés comme des anges, qui accompagnent encore la procession catholique du *Corpus Domini* au commencement du mois de juin, en répandant des fleurs sur leur chemin, symbolisent à la fois leur printemps et le printemps de la natu-

---

[267] C'est ainsi que Junon, aussitôt qu'elle eut touché une fleur, conçut le dieu
Mars (Ovide, *Fasti*, V, 255) :
> Protinus haerentem decerpsit pollice florem,
> Tangitur ; et tacto concipit illa sinu.

[268] Dans la légende de *Çunahçepa*, qui fait partie de l'*Aitareya Brahamana*, le dieu
Indra dit à Rohita que les fleurs poussent sous les pieds du pèlerin ; il dit même
que *les jambes du pèlerin sont fleuries (pushpinyâu carato ganghe)*.

[269] Dans le *Pentamerone* de Basile, Marziella obtient d'une bonne fée auprès
d'une fontaine le privilège que des roses et des jasmins tombent de sa bouche,
lorsqu'elle rit, et que des lys et des violettes poussent sous ses pieds, lorsqu'elle
marche. Dans le conte de Perrault : *les Fées* (voir l'édition Jannet-Picard, avec
introduction et notes de M. André Lefèvre), la jeune fille qui donne à boire de
bonne grâce à la fée reçoit pour prix de sa bonté le privilège que ses paroles, en
sortant de sa bouche, deviendront des fleurs et des perles.

[270] Dans le jeu des enfants berlinois appelé *Mutter Tepperken*, les enfants viennent au monde, chacun avec le nom d'une fleur ; l'un s'appelle rose, l'autre œillet, un autre violette, etc.

[271] En Asie-Mineure, la fête des fleurs commençait le 28 avril ; les maisons et
les tables se couvraient de fleurs ; tout le monde, en sortant dans les rues, se
couronnait.

re. Nous apprenons, par le professeur Weber[272], qu'il y avait aussi dans l'Inde un alphabet fait avec la fleur de lotus, et employé dans un sens mystique et allégorique en l'honneur de Vishnu, de Vâsudéva, de Râma, d'Hanumant et des autres compagnons de Râma. Quoique, dans la Lomellina (province de Novare), on dise que les amours qui recourent au truchement des fleurs passent comme les fleurs[273], les amoureux de tous les temps et de tous les pays ont adopté les fleurs pour messagères fidèles : le dieu de l'Amour est armé de fleurs, et le proverbe vulgaire de la Scolastique : *Ferentes flores aut stulti, aut amatores*, ne se trompe point quant aux derniers.

L'esthétique indienne tire des fleurs un grand nombre de ses comparaisons ; voici, par exemple, de quelle manière s'exprime un poète érotique indien en s'adressant à sa bien-aimée qui s'est montrée cruelle[274] : « Chère, comment le Créateur, qui forma tes yeux avec le lotus bleu, ton visage avec un nymphéa, tes dents avec des jasmins, tes lèvres avec des boutons de rose, tes membres avec des branches de *campaka*, a-t-il pu te donner un cœur de pierre[275] ? » Combien de présages pour leurs noces les jeunes filles de tous les pays cherchent encore dans les fleurs ! Chaque fleur peut contenir dans ses pétales le secret de toute une destinée ; chaque fleur est un mot, et peut avoir un sens dans le langage de l'amour. Il existe, on le sait, un assez grand nombre de livres qui prétendent expliquer le langage des fleurs à l'usage spécial des amoureux ; on y trouve parci par-là quelque symbole populaire et traditionnel : mais la plupart sont imaginés par l'auteur, et il faut se défier de pareilles fantaisies[276].

---

[272] *Râma-Tâpanîya-Upanishad*, p. 63 et suiv.

[273] *Oggi é fiore, doman si muore*, dit le proverbe italien.

[274] Cf. Böhtlingk, *Indiche Sprüche*, I, 1108.

[275] Dans le *Taittiriya Aranyaka* il est dit : « Le parfum d'une belle action se fait sentir de loin, de même que le parfum d'un arbre en fleurs. »

[276] Voici par exemple les valeurs symboliques attribuées aux fleurs dans l'un de ces traités : l'*acacia* représente l'amour pur, l'amour platonique ; l'*acanthus*, l'amour des beaux-arts (à cause certainement du grand usage qu'on a fait dans les ornements architectoniques de la feuille d'acanthe) ; le *houx*, la défense ; le

laurier, la victoire et la gloire ; l'*amaranthe,* la fidélité et la constance ; l'*ananas,* la perfection ; l'*anémone,* l'abandon ; l'*angélique,* la douce mélancolie ; l'*encolie,* la folie (à cause de la ressemblance qu'on a vue entre sa forme et celle du bonnet des bouffons) ; l'*oranger,* la virginité et la générosité ; l'*argentine,* l'ingéniosité ; l'*absinthe,* l'amertume et les tourments d'amour ; l'*aster,* l'élégance ; l'*herbe, gantelée,* l'adulation ; la *balsamine,* l'impatience ; le *basilic,* la pauvreté ; la *bétoine,* l'émotion, la surprise ; l'*aubépine,* la douce espérance ; l'*althéa,* la douceur exquise ; le *buis,* la fermeté, le stoïcisme ; le *bouton d'or,* le sarcasme ; le *camélia,* la constance, la fermeté ; le *chèvrefeuille,* le lien amoureux ; la *ciguë,* la perfidie ; le *cyprès,* le deuil, la tristesse ; le *colchique,* le mauvais caractère ; le *liseron,* la coquetterie ; le *dahlia,* l'abondance stérile ; la *digitale,* le travail ; le *chardon* (à cause de son nom grec), la soif ; le *sureau,* l'humilité ; l'*éphémère,* le bonheur passager ; l'*héliotrope,* l'amour éternel ; l'*ellébore,* le bel esprit ; le *lierre,* l'attachement ; la *fougère,* la confiance ; le *fenouil,* le mérite ; le *bluet,* la clarté et la lumière ; le *pied d'alouette,* le cœur ouvert ; la *fleur de tous les mois (calendula),* l'inquiétude ; le *fraisier,* l'ivresse, les délices ; le *fuchsia,* l'amabilité ; la *fumeterre,* le fiel ; le *fusain,* le souvenir ineffaçable ; l'*œillet* l'amour pur et ardent ; le *jasmin,* l'amabilité ; le *géranium,* la sottise ; la *jacinthe,* l'aménité ; le *lis,* la pureté et la majesté ; la *fraxinelle,* (appelée aussi le sceau de Salomon) la discrétion ; le *tournesol,* l'adoration ; le *jujubier,* le soulagement ; la *jonquille,* la langueur amoureuse ; le *jonc,* la soumission ; l'*iris* l'indifférence ; la *pensée,* ce que le mot dit ; la *bardane,* l'importunité ; la *lavande,* le silence ; le *troëne,* la jeunesse ; le *lilas,* les premiers troubles d'amour ; l'*ivraie,* le vice ; la *lunaire,* le mauvais payement ; le *maceron,* l'oracle (parce qu'on le consulte, en soufflant sur ses flocons, pour savoir si une personne absente se souvient de vous ; si les flocons tombent tous, c'est un indice qu'on est oublié ; s'il en reste quelques-uns attachés à la tige, cela prouve le contraire) ; la *marjolaine,* la consolation ; la *mauve,* la tendresse maternelle ; la *pâquerette,* la candeur et l'innocence ; la *menthe,* la sagesse et la vertu ; la *mille-feuille,* la guérison ; le *myosotis,* le souvenir fidèle ; le *myrte,* l'amour ; le *narcisse,* l'amour-propre, la fatuité ; le *cresson péruvien,* la flamme amoureuse ; le *tabac,* la difficulté surmontée ; le *nénuphar,* la froideur, l'impuissance ; la *nielle,* le lien d'amour (on l'appelle aussi *coma Veneris*) ; l'*olivier,* la paix ; l'*hortensia,* la froideur ; l'*ortie,* la cruauté ; le *pavot,* le sommeil ; le *pentaphylle,* l'amour maternel ; la *pivoine,* la honte ; la *pervenche,* l'amitié inaltérable ; la *rose,* la beauté, l'amour ; le *romarin,* le pouvoir de rallumer l'énergie éteinte, la *ronce,* l'injustice, l'envie qui s'attache à tout ; la *rue,* la fécondité des champs ; la *sauge,* l'estime ; l'*immortelle,* la constance ; la *sensitive,* la pudeur ; le *solanum,* la prodigalité ; le *thapsus,* un bon caractère ; le *thym,* une émotion spontanée ; le *trèfle,* l'incertitude ; la *tulipe,* la grandeur, la magnificence ; la *valériane,* la facilité ; la *verveine,* l'affection pure ; la *viorne,* le refroidissement ; la *violette,* la modestie, etc. — Dierbach, *Flora mythologica der Griechen und*

La sorcellerie a recours aux fleurs pour exploiter les amoureux. À Venise, par exemple, pour ensorceler une jeune fille, on lui fait manger certaines confitures, certains fruits, mais surtout respirer certaines fleurs où la sorcière a enfermé l'esprit magique. L'amour entre par les narines, et toute résistance est vaincue par le philtre[277]. Puisque l'homme est mortel, la fleur, qui accompagne et symbolise tous les phénomènes de la vie, doit périr avec lui. Les dieux même, les héros divins, lorsqu'ils revêtent la forme humaine, lorsqu'ils entrent dans un corps mortel, ne sauraient garantir à leurs fleurs le privilège d'une fraîcheur éternelle. Dans un conte de Somadeva, Çiva donne à deux époux deux fleurs de lotus ; si la fleur se fane, l'époux trompé saura que l'autre est infidèle. Dans le *Tuti Nameh* la femme dit à son soldat : Si le bouquet que je te donne se flétrit, c'est signe que je me serai rendue coupable de quelque faute. M. Brueyre[278] rapproche de ces deux récits orientaux un conte de Grimm, *Les enfants d'or*, où des lis, en se fanant, annoncent le malheur qui arrive aux fils d'un pêcheur ; et le vieux roman français de *Perceforêt*, où une rose, en perdant sa fraîcheur, révèle l'infidélité d'une amante. Ni les mariages[279], ni les funérailles ne se passent de fleurs, ni les fêtes privées, ni les réjouissances publiques. On cueille des fleurs aux Champs Élysées des Hellènes ; le docteur Mannhardt (*Germanische Mythen*) a retrouvé cette croyance dans les traditions allemandes ; là aussi, il est question d'âmes occupées à cueillir des

---

Römer (Francfort, 1833, p. 72), nous apprend encore que, chez les Indiens, le *cynodon* signifie prière, la *poa tenella,* reproche d'inconstance ; la *thuarea involuta,* constance *;* l'*anthisteria aguens,* accusation. Mais la seule source qu'il avait consultée à ce propos était la préface de la *Clavis agrestographiae antiquioris* de Trinius, une source évidemment très suspecte.

[277] Cf. Bernoni, *Le strighe,* Venise, 1874.

[278] *Contes populaires de la Grande Bretagne.*

[279] Dans les noces des Hellènes. tous les assistants se paraient de fleurs : ainsi s'ornèrent les Argonautes pour les noces de Jason avec Médèe. M. Rousselet (*Voyage dans l'Inde centrale*) nous décrit une cérémonie nuptiale de laquelle il a été témoin à Gwalior : « Nous assistons, dit-il, à un *nautch* suivi d'un grand feu d'artifice ; puis le premier ministre en personne nous distribue le *pân* et l'eau de rose et nous passe autour du cou d'épais colliers de jasmins et de roses. »

fleurs[280]. Dès qu'on croit en l'immortalité, la fleur qui symbolisait la vie mortelle, symbolisera, au ciel des bienheureux, la vie immortelle.

On sait que les Grecs avaient une nymphe des fleurs, *Chloris*, et les Latins une déesse des fleurs, *Flora ;* c'est en son honneur qu'on institua à Rome, l'an 513 de la fondation de la Ville éternelle, les *jeux floraux*, et qu'on décida que les frais de ces fêtes seraient payés avec certaines amendes qu'on imposait à des étrangers : « Cet argent ayant reçu dans la suite une autre destination, les fêtes furent interrompues, et les campagnes se ressentiront bientôt du courroux de la déesse. Les vignes et les moissons furent brûlées, et les oliviers stériles. Enfin, cent soixante ans après, on prit le parti d'instituer des jeux annuels en l'honneur de Flore. Alors, depuis le 28 avril (le même jour, ainsi que nous l'avons déjà remarqué, dans lequel, en Asie Mineure, commençait la fête des fleurs ; en Italie, en France et en Allemagne, la fête des fleurs ou fête du printemps, commence aussi vers la fin d'avril et se termine seulement avec la Saint-Jean), jusqu'aux calendes de mai *(calendimaggio ;* Cf. dans ce volume, le mot *Mai)*, le peuple se couronnait de fleurs, il jonchait les chemins de roses, chantait des hymnes de joie, et se livrait aux plaisirs de la bonne chère. Lorsque la nuit était venue, on allumait des torches, et on se portait en foule dans le cirque de Flore, où des courtisanes charmaient par leurs chants et par leur danse lascive la multitude des spectateurs. On les voyait ensuite, donner la chasse à des lièvres ou à des biches, et déployer dans ce jeu la licence la plus effrénée[281]. » Parmi les divinités classiques il y en avait qui chérissaient

---

[280] En Sicile, il y avait une fête en l'honneur de Proserpine enlevée par Pluton, dans laquelle on voyait une procession de jeunes filles portant des fleurs ; au 15 octobre, on célébrait à Rome les *fontinalia*, fêtes dans lesquelles on parait de fleurs les sources *(fontes)* ; dans les *feralia* ou fêtes mortuaires, on étendait, sur l'emplacement du bûcher éteint, une couche de fruits et de fleurs qu'on consacrait *Diis Manibus*.

[281] Cf. *Herculanum et Pompéi*, par H. Roux aîné ; Paris, Didot, 1861, I. Dans un dessin pompéien, Flore est représentée avec des cheveux blonds, ailée, et tenant un pot de fleurs à la main. Les deux lances qui font partie de cette peinture se rapportent peut-être à la classe des jeux floraux.

particulièrement les fleurs, entre autres *Jupiter vernus, Ver, Laetitia, Hymen, Cupidon, Juno Lucina, Vénus*[282], *Zephyrus, Vertumnus, Silenus, Priapus, Pomona, Hébé, Esculape, les Muses, les Heures, Terminus, Spes, Euphrosyne*, etc. — Parmi les fleurs, la suprématie royale est généralement accordée à la rose ; les Aryas de l'Inde, qui avaient peut-être oublié les magnifiques roses du Cachemire, réservèrent le nom de *roi des fleurs* (*kusumâdhipa, kusumâdhirâg*) à la *Michelia campaka*.

FORET (Cf. *Bois*).

FOUDRE (Cf. *Tonnerre*).

FRANÇOIS (Épine de saint —) : Caesalpinus, *De Pl.*, XIII, 28 : « *Eryngium*, simpliciori cacuminibus coerulis pulchro aspectu ; in monte Averno Apennini, *spinam sancti Fancisci* vocant, et *tamquam sacram* ferunt in domos, qui ea loca visitant. »

FRUITS. Dans une hymne du *Rigvéda* (III, 45, 4) le dieu Indra est apostrophé ainsi : « Comme avec un crochet[283] (on secoue) l'arbre, le fruit mûr, secoue (pour nous), ô Indra, une richesse accomplie. » La fleur fait la beauté, le fruit la richesse de l'arbre ; aussi l'un des noms indiens de l'arbre est-il *phalagrâhin* ou *phalada*, c'est-à-dire *fruitier*. Que l'homme au aussi été comparé à l'arbre fruitier, c'est ce que prouve assez le sens spécial de *phalanî* (les deux fruits) et de *phalakoça* (sac des fruits)[284]. Le démon féminin de la destruction, la Kalî, la Durgâ prend, au contraire, le nom de *phalahârî* (celle qui emporte les fruits). Le fruit a reçu aussi un office moral et religieux ; le fruit est le prix des bonnes actions humaines ; ce prix est recueilli, après la vie terrestre, dans le ciel, auquel on a, par conséquent, donné aussi

---

[282] Bernoulli, *Aphrodite*, Leipzig, 1874, observe cependant que seules les Vénus habillées sont ornées de fleurs ; les Vénus nues ne s'en parent presque jamais.

[283] *Vriksham pakvam phalam ankiva dhûnukindra sampâranani vasu.*

[284] Dans le *Râmâyana* (I, 49) il est dit qu'Indra a attaché sur lui les testicules des moutons châtrés que les *pitridevâs* mangent. (*Pitridevas*) *aphalânbhungate meshân phalâis teshâmayogayan* (*Indram*).

dans l'Inde le nom de *phalodaya* (proprement *élévations des fruits*). Nous avons vu le ciel figuré par l'arbre de vie, d'abondance et de sagesse ; nous le trouvons ici considéré comme un arbre fruitier qui dispense aux bienheureux des grâces proportionnées à leurs mérites.

Dans le paradis des enfants chrétiens, les mères représentent la volupté suprême sous forme de fruits lumineux, de pommes d'or que l'arbre divin (analogue au *Kalpadruma*) distribue. Aussi l'arbre de Noël, qui personnifie sur la Terre cet arbre divin, est-il chargé de fruits, de bonbons et autres bonnes choses, apportés par l'enfant Jésus pour les petits enfants qui se sont bien conduits pendant l'année.

D'après les croyances populaires Germaniques[285] la nuit de Noël (c'est-à-dire la nuit après laquelle les jours commencent à devenir plus clairs et plus longs, la nuit dans laquelle le dieu solaire se montre, faible enfant, sur la neige), apparaît ou une vierge blanche avec chapeau d'été, ou un chasseur sauvage qui apporte du blé et des fruits mûrs. On croit que dans cette nuit, par enchantement, les fraises poussent sur la neige, que les pommiers et autres arbres fleurissent et portent des fruits[286].

---

[285] Cf. Mannhardt, *Germanische Mythen*.

[286] A Noël, on fait des invocations aux arbres pour qu'ils se chargent de fruits : « Die mährische Bäuerin, écrit Mannhardt, *Baumkultus der Geirmanen*, streichelt den Obstbaum mit den von Bereitung des Weihnachtsteiges klebrigen Händen und sagt : *Bäumchen bringe viele Früchte*. Man springt und tantz in der Sylvesternacht um die Obstbäume und raft.

    Freie ju Böme,

    Nüjar, is kômen !

    Dit Jar ne Kâre wull,

    Up et Jar en Wagen wull ! »

Telle était la signification des *apotelesmata* gaulois tels qu'ils sont définis chez Du Cange : « Superstitiosa verba qualia sunt illa quibus se rustici Kalendis Januarii, in Picardia praesertim, salutare solent. *Au Guy l'an neuf.* » Respondetur, *plantez, plantez ;* his vero sibi fertilem annum apprecantur. Quem morem rusucum vulgus veterum rituum verborumque tenax a Druidis Gallorum acceptum servavit, ut omnes norunt. — Vox omnino graeca quae Graecis proprie effectus stella-

Le fruit lumineux est un évident symbole du soleil nouveau-né et générateur ; le nom de *bhânuphâlâ* et *ançumatphalâ*, c'est-à-dire *aux fruits lumineux*, a été donné à la *musa sapientum*, l'arbre du paradis terrestre dans la légende d'Adam telle qu'elle se conserve chez les chrétiens de Saint-Thomas. Il s'agit évidemment d'un fruit solaire pareil dans un conte indien de la *Vetala pancavinçati*[287].

Un *Yogin* porte chaque jour au roi un fruit ; un singe y mord, et il en sort un rubis admirable ; chaque fruit contient un rubis qui est trouvé digne, par sa beauté, de l'une des sept parties du monde.

Chez les Annamites, avant que le printemps arrive, on fait un sacrifice à la terre[288]. Par le fruit on féconde à la fois la Terre et la femme. Dans les *Aventures de Kamrup*, traduites par M. Garcin de Tassy, nous lisons ce conte : « Un jour un derviche couvert d'une peau d'animal se présenta devant le zélé ministre. Le souverain de cet empire désire vivement la naissance d'un fils, votre esprit bienveillant éprouvera sans doute de la sympathie pour ce prince et vous lui annoncerez un héritier. Sur-le-champ, le derviche, ému de compassion, remit à Karamchand un fruit de *srî* qu'il avait pris dans les *jungles*, en lui recommandant de le donner au prudent monarque : « Qu'on fasse manger ce fruit à la reine, leur dit-il, si toutefois elle est aimée du mahârâj. Puisque le monarque a ouvert sa capitale aux malheureux, Dieu lui accordera certainement ce qui fait l'objet de ses vœux ardents. » Karamchand, satisfait de ce qu'il venait d'entendre, s'empressa d'aller porter au mahârâj le fruit merveilleux, et de lui répéter les paroles du fakir. De son côté, Pit, se livrant à la

---

rum sonat, et imagine, sub certo sidere factas ad ejus vim detinendam, aut etiam genethliacorum responsa, quibus praenuntiatur, quae fortuna illum maneat, qui sub hac vel illa constellatione natus est. »

[287] Oesterby, *Baital Pachisi*, p. 20.

[288] Des réchauds et des flambeaux avec des cierges jaunes garnissent la partie supérieure de la balustrade, et une table est dressée sur la plate-forme ; cette table est chargée d'une multitude de fruits secs, de fruits confits et de tout ce qu'on petit trouver de fruits frais de saison ; on offre d'abord les fruits à la terre et puis on les partage entre les mandarins. Cf. Chaigneau, *Souvenirs de Hué* ; Paris, 1867, p. 106.

joie, prit le fruit dans sa main, traversa rapidement son palais en prononcent le nom de Dieu, et, l'espoir dans le cœur, il se rendit auprès de la reine et lui présente le *srî*. Sundar-rûp (c'était le nom de la reine) avait en partage la beauté du corps, et l'amour le plus tendre l'unissait à son royal époux. Elle prit ce fruit avec empressement et alla au bain l'esprit rempli des plus douces pensées. Là elle mangea ce fruit précieux, se fit masser et parfumer le corps d'odeurs agréables ; puis elle alla trouver le roi, et en ce jour même elle conçut. »

Nous verrons au mot *Génératrices* (plantes et herbes), et sous le nom spécial de différentes herbes, que le pouvoir d'engendrer est attribué par la croyance populaire à un grand nombre de fruits. D'autres, surtout ceux qu'emploient les magiciennes, ont un caractère funéraire ; ceux qui en mangent perdent leur forme et sont changés soit en animaux inférieurs, soit en arbres ; et il faut pour rompre l'enchantement l'intervention de quelque héros ou de quelque héroïne. C'est en mangeant les fruits que lui offre la nuit magicienne que le soleil perd tous les soirs sa forme lumineuse et passe par une métamorphose obscure dont il a hâte de sortir. La forme funéraire est intermédiaire entre l'ancienne et la nouvelle vie, entre la vie mortelle et l'immortalité.

FUNERAIRES (Arbres et herbes —). Le dieu et le démon, le bon et le mauvais principes se partagent le domaine du monde animal et du monde végétal ; en général, l'arbre divin est propice et lumineux, l'arbre diabolique est sinistre et funéraire. La règle cependant admet des exceptions ; et parmi les plus significatives, on peut citer le caractère funèbre attribué à la *Michelia campaka*, à la reine des fleurs[289].

J. B. Porta nous apprend que c'est aux arbres sombres et noirs qu'on a de préférence attribué un pouvoir funeste[290]. « Nunc de nigris plantarum coloribus loquemur, qui scilicet atram bilem augent,

---

[289] Elle pousse sur les tombeaux ; voilà la raison qui la rend suspecte : « Du *campa* qui croît sur les tombeaux, on doit éviter de s'approcher. »

[290] *Phytognonomica*, Naples, 1588.

unde pessimos morbos, coecitates, furores, deliramenta et dira portenta denunciant. Nigros in floribus colores Theophrastus reperiri negat ; sunt tamen purpurei obsoleti, ferruginei, atris maculis, punctisque interstincti qui idem ostendunt. Antiqui Magi naturales hunc colorem mortem admonere dicebant, quod obscuris notis significari digna esset. Niger color, ex Pythagorae opinione, infamis est, qui dicere solitus erat quae atri coloris essent, ad mortem pertinere. Macrobius Veranii testimonium afferens libro de verbis pontificalibus, dixit nigros arbores infelices, felices vero esse albos fructus ferentes[291]. Tarquinius Priscus in ostentario arboreo dicit, quae inferiorum Deorum avertendorumque in tutela sunt, infelices arbores nominat, ut sanguinem felicem, ficum atram, quae baccam nigram, ingrosque fructus ferunt[292] ; unde fructus nigri coloris, vel flores atram bilem indicare, visus tenebras, obitates oculorum, aut mortem diram portendere. » Si plusieurs plantes doivent leur mauvaise renommée à la couleur sombre de leurs feuilles, de leurs fruits, de leurs fleurs, à plus forte raison celles qui sont vénéneuses revêtent aisément un caractère sinistre et funéraire. Alexandre Pouchkine, en décrivant l'*antchar*[293] indien, a exprimé avec une grande force l'horreur qu'inspirent ces végétaux et leur funeste aspect : « Dans un désert avare et stérile, sur un sol calciné par le soleil, l'*antchar*, tel qu'une vedette menaçante, se dresse, unique dans la création. La nature, dans ces plaines altérées, le planta au jour de sa colère, abreuvant de poison ses racines et la pâle verdure de ses rameaux. Le poison filtre à travers son écorce en gouttes fondues par l'ardeur du midi ; le soir, il se fige en gomme épaisse et transparente. L'oiseau

---

[291] Voici les mots de Veranius cités par Macrobe : « Felices arbores putantur esse quercus aesculus, ilex, superus, fagus, coryltis, sorbus, ficus alba, pyrus, malus, vitis, prunus, cornus, lotus. »

[292] Macrob., *Saturnal.*, III, ajoute encore : « acrifolium, pyrum sylvaticum, pruscum, rubum, sentesque quibus portenta prodigiaque mala comburi jubere oportet. »

[293] Est-ce l'*ativishâ* sanscrite, la plante *très vénéneuse*, une espèce de bouleau ? Haughton reconnaîtrait plutôt dans l'*ativishâ* l'*aconitum ferox*, dont les Indiens se servent pour empoisonner leurs flèches.

se détourne à son aspect, le tigre l'évite ; un souffle de vent courbe son feuillage ; le vent passe, il est empesté. Une ondée arrose un instant ses feuilles endormies, et de ses branches tombe une pluie mortelle sur le sol brûlant. Mais un homme a fait un signe, un homme obéit ; on l'envoie à l'*antchar*, il part sans hésiter et le lendemain il rapporte la gomme mortelle, des rameaux et des feuilles fanées, et de son front pâle, la sueur coule en ruisseaux glacés. Il l'apporte, chancelle, tombe sur les lattes de la tente, et le misérable esclave expire aux pieds de son prince invincible. Et le prince, de ce poison, abreuve ses flèches obéissantes. Elles vont porter la destruction à ses voisins, sur la frontière[294]. »

Le poète russe a certainement chargé un peu les ombres du tableau pour produire plus d'effet, mais ces arbres sinistres existent réellement dans l'imagination du peuple ; un caractère essentiellement funéraire est aussi attribué par la croyance populaire au *manzanillo*, à l'if, au noyer, dont l'ombre, dit-on, donne la mort. Dans l'Inde on appelle Yamadûtikâ (messagère du dieu de la Mort), le *tamarin*, et Yamadruma (Arbre de Yama, du dieu de la Mort), le *bombax heptaphyllum.*

Yama peut aussi être considéré dans sa qualité de « premier des bienheureux », de dispensateur de l'ambroisie, de l'immortalité ; l'ambroisie coule du fruit de l'arbre céleste, du figuier divin, la *ficus indica* du paradis, qu'on appelle, par conséquent, l'arbre *cher à Yama*[295].

---

[294] Traduction de P. Mérimée.

[295] « L'arbre cosmique de la *Kâthaupanishad* (VI, 1), écrit M. Sénart dans son savant *Essai sur la légende de Bouddha*, est encore appelé « l'*amrita* ». Parmi les arbres fantastiques, propres, suivant la légende brâhmanique et la légende buddhique, à chaque continent, se distingue l'arbre de l'*Uttarakuru*, le pays des Hyperboréens, des morts bienheureux. ce paradis du Yima de l'Avesta par sa situation « au Nord ». Il se rapproche de l'arbre *kûtaçâlmali* (cf. dans le second vol. le mot *Çâmali*), instrument, chez les Brâhmanes, des vengeances de Yama, qui a d'ailleurs, chez les Buddhistes, par le voisinage des Garudas, des serpents de l'Océan, conservé tous les traits essentiels des plus antiques variantes de l'arbre à l'*amrita*. Comme souverain des morts, Yama a, près de l'arbre, sa demeure. Hel a de même son siège près d'une des racines d'Yggdrasill, à côté d'une de

Mrityuvancana (apportant la mort) est l'un des noms donnés à Çi-va destructeur, et à la plante *Ægle Marmelos* Corr. Certaines plantes ne fleurissent et ne fructifient que pour mourir, d'où leur nom de *mrityupushpa* (la canne à sucre, dont la fleur porte la mort), de *mrityu-bîga* (dont la semence est mortelle, le bambou), de *mrityuphala* (dont le fruit annonce la mort, une espèce de courge et le bananier, *musa sapientum*[296]). L'arbre qui donne la vie fournit le bois des cercueils[297]. Nous savons que certaines tribus sauvages de l'Inde, les *Puharries*, par exemple, ensevelissent leurs petits enfants dans un pot de terre qu'ils couvrent de feuilles[298] et déposent au pied d'un arbre ; après avoir couvert le pot de broussailles, ils s'en vont. Une semblable sé-

---

ses fontaines. Mîmir, qui, dans le mythe germanique, donne son nom à la sour-ce de vie, est de même un roi des morts, et le bois qui, de lui, est appelé *Hodd-mimis hollt*, sert de retraite au couple qui doit peupler l'univers renouvelé ; là est le lien de la génération et le lien de la mort *(Kâma-Mrityu)*. L'épopée indienne n'a pas non plus perdu le souvenir des arbres d'or qui, avec la *vaitazâvri*, limi-tent l'empire des âmes.

[296] Le *Mahabharata*, III, 156471, dit que le *venu*, le *nala* (deux roseaux) et la *kadali* (la *musa sapientum*, le *bananier*) fructifient pour leur mort et non pour leur vie *(Venuh kadali nalo vâ phalatyobhâvâya na bhûtaye 'tmanah)*.

[297] Nous avons appris par les journaux russes qui donnaient une description dé-taillée des derniers moments et des funérailles du célèbre poète le comte Alexis Tolstoï, qu'il défendit de doubler avec du zin,c l'intérieur de sa caisse mortuai-re, parce qu'il désirait, même après sa mort, rester en contact avec le monde végétal. Qui sait ? Espérait-il renaître lui aussi sur son propre tombeau sous la forme d'un arbre ? Une pareille fantaisie chez un poète tel que le très regretté comte Alexis Tolstoï n'aurait rien de surprenant. — On veut absolument revi-vre après la mort, et l'arbre est le symbole *le plus vivant de la vie*. Nous trouvons des traces de ces croyances presque chez tous les peuples. Paolà Mantegazza, dans son livre sur le *Rio della Plata*, nous apprend que chez la tribu sauvage, presqu'éteinte à présent, des *Calchaquies*, « adoravano alcuni alberi ornati di penne e vi ammucchiavano pietre sulle tombe dei loro morti ». Olearius, dans son voyage en Perse, entrepris en l'année 1637, avait observé cet usage funérai-re : trois hommes portaient devant le cadavre chacun un *arbre* où l'on avait at-taché quelques pommes rouges comme celles de calville, trois tresses de che-veux que les femmes du défunt s'étaient arrachées ou coupées en signe de fidé-lité, et de petits morceaux de papier rouges et verts.

[298] Cf. ce que nous avons dit à propos du rouge-gorge au mot *Feuille*.

pulture est accordée à ceux qui meurent de la rougeole ou de la petite vérole ; le cadavre est mis au pied d'un arbre et abandonné dans la bruyère, couvert de feuilles et de branches ; au bout d'un an, les parents se rendent au même endroit pour prendre part à un repas funéraire[299]. Nous avons remarqué que l'arbre que l'on rencontre sur le chemin de la mort, le fruit de cet arbre, le légume funéraire (Cf. aussi dans le second volume l'article *Asphodèle* (dont les prairies couvraient la région des morts hellènes), sont un symbole de la vie éternelle. Cette croyance a amené l'usage de planter des arbres sur les tombeaux, surtout des *cyprès* symbolisant à la fois la vie et la mort. L'arbre planté sur un tombeau est censé représenter l'âme devenue immortelle, et on pense même que l'arbre pousse spontanément du corps. On se souvient, sans doute, du célèbre épisode de Polydore chez Virgile, et de l'imitation que Dante en a faite dans le chant de *Pictro delle Vigne*, le treizième de l'*Enfer*. Dans un chant populaire bulgare recueilli par Dozon, un amant malheureux pousse cette plainte : « Moi, je deviendrai un vert *érable* ; toi, près de moi, un mince *sapin* ; et les bûcherons viendront, les bûcherons avec des haches arrondies, ils abattront le vert érable, puis le mince sapin, ils en tailleront de blanches planches, ils feront de nous des lits, ils nous placeront l'un auprès de l'autre, et ainsi, ma mie, nous serons ensemble. » L'érable et le sapin, de même que le cornouiller de Virgile, pousse spontanément du tombeau. Dans le recueil de chants populaires de Vuk, on lit : « Peu de temps après que cela s'était passé, du corps d'Omer germa un vert sapin, de Mérima une verte sa-

---

[299] *The Hindoos*, II, 118, London, 1835. — « Confucius nous dit que, dans les temps antérieurs à *Fou-hi*, on mettait les morts sous des monceaux épais d'herbes pour les enterrer dans des lieux déserts et écartés, sans faire de tombeaux, sans planter d'arbres et sans déterminer le temps du deuil. » Schlegel, *Uranographie chinoise*, I, 218. — Dans une formule funéraire égyptienne, traduite par Chabas, on lit : « J'ai prononcé les paroles sur les herbes sacrées placées à tous les coins de la maison, puis j'ai aspergé la maison tout entière avec les herbes sacrées et la liqueur *haq*, au soir et au lever du soleil. Celui qui étend restera étendu à sa place. » Dans le *Grihyasûtra* d'Açvalâyana, on conseille de construire les tombeaux dans des lieux boisés et remplis d'herbes, en évitant cependant les plantes épineuses et laiteuses.

pine ; la sapine autour du sapin s'enroula, comme de la soie autour d'un bouquet de basilic ; de l'hellébore autour de tous deux. » Dans le recueil de Passow, le corps de l'amant malheureux produit un roseau, celui de l'amante un cyprès. Le roseau revient souvent aussi dans les récits populaires italiens ; dans un conte toscan qui fait partie de mon recueil, le jeune homme tué se transforme en un cornouiller (proprement un *sanguiné*), dont on fait une flûte qui chante et révèle en chantant que le jeune homme a été tué, rien que pour la plume d'un paon. C'est évidemment un conte mythique, et ce qui nous a frappé extraordinairement lorsque nous l'avons entendu est le ton absolument archaïque de l'air, triste et monotone, qui accompagnait cette complainte. Dans un grand nombre de contes populaires, la vie des jeunes héros est symbolisée par un arbre, souvent un cyprès (Cf. *Sang des arbres*). De même, Ovide, en sa légende de Philémon et Baucis, nous représente le mari et la femme que la mort ne peut séparer, transformés en deux arbres voisins.

GALLUS. C'est à J.-B. Porta, le médecin napolitain du XVIe siècle (*Phytogononomica*), que nous empruntons ces détails qui se rapportent aux plantes gréco-latines qui ont tiré leur nom du coq ou de la poule : « *Capnos* duplex, alia hortensis, alia, quam *pedem gallinaceum* vocant, in parietinis et sepibus nascens, teste Plinio, nam *gallinacei pedis* similatidinem habet : gallinacei fel aqua dilutum luminum aciem confortat, et *leucomata* tollit, ex Marcello ; veterum gallorum jus expertus est Galenus ventrem solvere ; *herbae succus claritatem facit et alvum solvit*, ex Mesue. Inter *thlaspeas* nomenclaturas etiam *pes gallinaceus* legitur ob similacrum frondium cum illius pedibus. Jus gallinaceum si aestate cum uvis immaturis decoquatur, bilem utrinque, extinguit, ex Nicolao Massa, et bilioso febricitanti juveni propinatur capo a Mundella ; *thlaspi potum* acetabuli mensura bilem utrinque extrahit, ex Dioscoride. *Ischoemonem* Thracia inveniunt, qua ferunt sanguinem sisti, non aperta modo vena, sed etiam praecisa. Serpit e terra milio similis, foliis asperis et lanuginosis, farcitur in nares ; quae nascitur in Italia et sanguinem eadem adalligata sistit, ex Plinio. Exiguum est gramen apud nos surgens, calamulis geniculatis, surrectis, singulis in quinas ternasve exiles florum spicatas caudicellas digitatim sparsis, sapore astringenti et exsiccante, unde non vana conjectura Plinianam ischoemonem possumus existimare ; vulgo *pes galli* dicitur, quod in summo frutice trifariam gallinacei pedis imitationem habet. — *Consolidam regalem,* sive alterum *cumini sylvestris* genus, recentioribus *spron di cavaliero* vocatum, sed melius *gallinaceorum calcar* ; quod ab altera floris parte *cornicula* sursum spectantia promat, instar galli, vocetur *galli calcar ;* Dioseorides potum serpentum morsibus praesidio esse dixit, et calculosis auxiliari ; jus e gallinaceis potum praeclare medetur serpentum morsibus, ex Plinio, sic et lapilli qui in gallinaceorum ventre reperiri solent ; καυκαλις *pes gallinaceus* vel *pes pulli* Romanis dicitur inter Dioscoridis nothas nomenclaturas, quod nomen ruellio adnotatur, nimirum quod extremum folium in gallinae pedem conformetur ; nam folia quae prope imum scapum sunt, apium quadantenus effigiant ; Dioscorides urinam movere dicit, Nicander adversus venenata in theriacis admittit. Galli jus contra venena diximus, ex Dioseoride, quippe venenorum acrimonias hebetat, et contra serpentum morsus, ex Plinio ; praeterea ad calculos deturbandos validam affert opem : quod praestat et *caucalis* multaque alia communia habent.» On reconnut aussi le *pied de coq* dans la *cymbalaria* et dans la *portulaca ;* Porta mentionne encore la *crista galli,* pour la propriété qu'elle a d'exciter la sensualité. En Allemagne, on appelle *hahn* ou *coq* un démon du blé : *herbsthahn* ou *coq de l'automne* est un autre démon germanique.

GAOKERENA. Arbre mythique de l'Avesta ; dans le *Bundehesh* il est appelé *gokarn,* ce qui nous permet de remonter à la forme sanscrite *gokarna, corne de vache ou de bœuf.* On sait que le dieu paradisiaque Çiva, qui demeure sur la montagne, a pour emblème un taureau. Ce taureau se confond avec l'arbre du salut et avec le *naubandhana,* auquel, dans le déluge indien, fut attaché le navire. (Cf. *Eau* et *Bouddha.*) Le *qaokerena,* créé par Ahura Mazda est le siège de l'immortalité et de l'ambroisie ; un lézard voudrait le souiller, mais dix génies, créés par Ahuramazda, le gardent. Cf. Grill, *Die Erzväter der Menschheit*, I, 187. M. Grill compare à cet arbre l'arbre du paradis terrestre de la tradition biblique.

GENESIQUES (*Plantes et herbes —*). L'arbre d'Adam, l'arbre anthropogonique[300], l'arbre cosmogonique, l'arbre de Noël sont des arbres génésiques par excellence. On pourrait donc, à rigueur, rattacher tous les arbres de ce genre à ces quatre types mythiques essentiels. Toutefois, il s'agit ici, comme dans la catégorie des arbres et des herbes *érotiques* d'une qualité spéciale attribuée à un grand nombre de plantes réelles, bien plus que d'un arbre idéal de la génération, d'une *ganî* typique.

L'arbre du ciel, l'arbre solaire, l'arbre lunaire, l'arbre du nuage sont tous des arbres générateurs ; leur lait, leur eau, leur rosée, leur pluie, est l'ambroisie, est la semence divine, qui crée la vie ; la foudre et le rayon solaire qui font jaillir cette semence, qui connaissent et pénètrent les lieux secrets où la vie a sa source, sont à la fois un oiseau savant et un oiseau générateur (le mot *ganaka* sanscrit prête à l'équivoque), un serpent rampant sur l'arbre, un phallus lumineux et puissant.

Parmi les plantes de la Terre, .J. B. Porta indique comme ayant ces propriétés essentiellement génésiques, la vigne, l'olivier, le chervis, la pastenade (*pastinaca*), le cumin, la renouée (*sanguinaria*), le *crataegon*, la coriandre, le basilic, la rue (*polygonus*), le sénevé, le cresson, l'ortie, l'oignon, l'ail, le poireau, la colocasie et la serpentaire. Un grand nombre des herbes, qu'on recueille à la Saint-Jean (Cf. *Saint-Jean*, dans ce même volume, et *Hypericon, Artemisia, Mandragore, Kunalnïtza*, etc., dans le second) ont les mènes vertus. Dans les recettes de Théophraste et de Piperno[301], dans un manuscrit de la Bibliothè-

---

[300] On peut citer encore ici le *riedgras*, sur lequel la mère de la tribu *Flanxtana* descendit sur la terre, d'après une légende Kinai citée par Ant. Schiefner dans son Introduction au *Wörterbuch der Kinaisprache* de Radioff. St-Petersburg, 1878.

[301] Parfois on attribue l'impuissance et la stérilité à quelque ensorcellement. Dans ces cas, on donne des recettes spéciales, que le lecteur sera peut-être curieux de connaître. Nous les tirons d'un livre du médecin Piperno, imprimé à Naples en l'année 1635 et intitulé : « De magicis affectibus. » Pour

l'impuissance : « Sponsus vero et sponsa utantur ante coenam et prandium, *praemissa benedictione*, untia 1 huius ell. R. (recipe) pistachiorum, pineorum, satyrion, palurae Christi, fenugreci (sic, le foin grec) an. unt. 1 radicis *iringi* (eryngu), brioniae an. dr. 2 pul.arthemisiae, bettonicae, hyperrici granorum paradisi (cf. arbre d'*Adam*) nepetae (niephtae), cinamoni (cinnamomi), gariofil. macis an. dr. 1. galangae zedodariae an. scr. ÷ pulverizentur omnia, et cum melle desp. fiat confectio aromatizanda cum musco, item theriacae, diamuschi, diasatyr. an. dram. 1 cum untia 1 decoctionis hyperici bibatur, quid, si addes dr. ÷ pulveris virgae tauri vigorosius operatur ; item R. olei de lilio, astoreo an. un. ÷ nucis muscatae euforbii an. scr. 1 muschi, ambrae an. gr. 3. m. unguantur renes, et virga et peritoneum ante coenam ; laudatur fel corvinum cum balsamo et confert etiam oleum nostrum senibus et frigidis. R. priapi tauri, erucae, piperis, gariof., testiculorum vulpis, cinam, cardamo. an. unt. : S. pulvis cdisis dr. 2 cum vino. « Pour la stérilité de la femme : « *Orationes nuper dictae pia continuandae cum precat. Annae*, 1. Reg. 1. Domine exercituum et cap. 2. Exultavit cor, etc... Tum frequentanda lectio et vota SS. Januario, Festo et Desiderio nostris Ben. civibus ad exorandam prolem, ut exoravit prolem Giphius S. Beneventanus et saepe lib. b. Tobiae ; interrogavit Tobia Angelum etc. 7. 8, « vocavit Raguel ad se Annam etc. », celebratis evacuationibus praesertim in uxore, et decoctis chinae ; accipiat post menstua per mensem pulveris herbae Aron, flor. cinosorci dram. 1 cum vino, vel cum aetio unt. 10 succi Salviae per quatuor dies bibiti, tum ellectuar. Supra descriptum cum pystachiis... item dram. 1. Tripherae magnae et benedictae bibendo desuper vinum cuius fuerit infusus testiculus herbae canis. Tum mulier menstruis munda supponat per tres dies hoc matricale, ac cibis optmis vescatur, et coeat cum viro suo. R. cyperi, zaffarani, acori, saturegiae an. dr. 2 cum coagulo leporis et eius felle et succo mercurialis f. mattricale, continuant aliae serraturae eboris coclear cum optimo vino. » — C'est bien une recette médicale de la force de celle de Piperno, ce passage de l'histoire des plantes de Théophraste : « Humanis corporibus, ultra illa quae sanitatem, morbos, mortemque spectant, alia quoque herbas afferre suis viribus posse affirmant, ut puta, *generandi seminis facultatem atque sterilitatem ;* et quasdam ex eodem facere utumque valere, sicut qui *testiculus* appellatus est. Cum enim gemini sint, alter magnus, alter autem parvus, magum efficacem ad coitum datum e lacte caprino tradunt, minorem vero obesse ac inhibere ; habet folium laseris ; verum levius atque minus ; caulem simillimum spinae quam pirum vocant ; mirum ergo (ut dictum est) ab una eademque natura, diversitatem tantam virium proficisci. Nam vim eiusmodi esse duplicem absurdum putari minime debet. Tum enim alii quidam, tum Aristophilus pharmacopola plataicus, vires quasdam compertas se habere dicebat, partim ut quis magis coire valeat, partim ut nihil penitus valeat. Id quoque prorogare plus minusve temporis posse, ceu bimense aut

que Laurentienne de Florence, intitulé : *Libro de le segrete cose de le donne*, et dans le livre de Sidrach, on trouve la description de quelques herbes magiques douées de ce pouvoir spécial. Quelques-unes de ces herbes cependant ne sont pas nommées, et on ne saurait, par conséquent, les identifier.

Dans un passage du manuscrit de la Laurenziana, on conseille à la femme, qui « non puote avere figliuoli » l'usage interne et permanent de la laine ou de l'ouate mouillée d'huile de roses dans laquelle on aura d'abord fait bouillir de l'*ail*. Le livre de Sidrach permet de supposer que l'une des herbes recommandées en ce cas pourrait être une espèce de cresson. « Anche è un' erba lunga di quattro palmi o di meno, e è a guisa di crescioni e à flori violetti e lo seme vermiglio e radice piccolo forcate. Chi la facesse pestare e bollire con mele, e mangiassene XXX di, a digiuno, egli ingenerebbe, *s'egli o la femina non fosse sterile*. » Une autre herbe est décrite, par le prétendu Sidrach, de la manière suivante : « Anche è un' erba di più d'uno palmo, e è molto nera, e a molte foglie a guisa di mortelle. Le sue fronde si tengono a due, a tre e a quattro ; à piccolo radici. Chi la portasse e mettessela sopra acqua tiepida, e la femina la portasse tre di nella sua natura, e il vespro e al mattino la mangiasse, infine di tre di giacesse cou suo marito, *s'ella non sia isterile, overo lo suo signore*, ella ingraviderà. »

Dans un chant bulgare et dans un chant turc analogue cité par Dozon, une prisonnière, au bout de dix ans de mariage stérile, accouche heureusement après avoir acheté des herbes qui font concevoir. Ce miracle se reproduit souvent dans les contes populaires ; le nom de l'herbe est rarement indiqué ; mais les sorcières pourraient, parmi les herbes, en citer quelques centaines auxquelles elles reconnaissent le pouvoir surnaturel. Une fois enceinte, la femme est impatiente de se délivrer ; ceci s'accomplit, dès les temps védiques, à l'aide de formules magiques et de certaines plantes qu'on touche,

---

trimense, qua quidem herba vel ad temperandos, castigandosque adolescentes aliquando uti aiebat. Quaedam ad procreandum marem aut foeminam valere traduntur ; quamobrem herbam quandam marificam et aliam foemimficam vocant, ambae inter se similes et *ocini* speciem gerentes. »

qu'on baise, dont on se frotte et dont on fait des tisanes. En Suède, les femmes grosses embrassant un arbre, pour faciliter leur délivrance[302].

GEORGES (*Rose, ou fleur, ou herbe de Saint-*) Ce nom a été donné à plusieurs plantes différentes, ainsi qu'on peut l'inférer d'un passage de Bauhin (*De plantis a divis sanctisve nomen habentibus*). Le plus souvent on appelle ainsi la pivoine. Mais Clusius donne ce nom au *lilium convallium* (tandis qu'on attribue le lis blanc, à cause de sa candeur, à saint Louis Gonzaga, le protecteur de la jeunesse ; on représente aussi parfois avec le lys blanc saint Joseph, l'innocent mari de la Vierge). On a appelé *racine de saint Georges* la *dentaria major*, et *herbe de saint Georges* la *valeriane sativa*. Près de Montbéliard on donne, d'après le témoignage de Jean Bauhin, le nom de *violette de saint Georges* au *leucoium luteum*, et chez Auratus Lusitanus on indique le *cucumis agrestis* sous le nom de *fruit de saint Georges*. Dans l'Asie Mineure, l'arbre de saint Georges par excellence est le caroubier. Il y a deux saints Georges : la fête de l'un, le martyr, tombe au mois d'avril, celle de l'autre au mois de septembre. La pivoine, qui fleurit au mois d'avril ainsi que le *lilium convallium*, semble être sous la protection du premier. Le rôle mythologique de ces plantes, le caroubier excepté, est si mince et si insignifiant qu'il me semble à peu près inutile de chercher à ce patronage d'autres raisons que la coïncidence de leur floraison ou fructification avec le jour de la fête du saint[303].

GERSTENWOLF. *Loup de l'orge*, nom d'un démon allemand qui dévore l'orge.

GRASWOLF : *Loup* de *l'herbe*, l'un des nombreux démons végétaux de la superstition allemande.

---

[302] « Schwangere umfassten, sowohl in Wärend als in Vestbo in ihrer Noth den *Vardtrad*, um eine leichtere Entbindung zu erhalten. » Mannhardt, *Bamkultus der Germanen* ; cf. *Sureau*.
[303] Cf. Hehn, *Kulturpflanzen und Hausthiere*. Berlin, 1874.

GUIRLANDES. (Cf. *Couronnes.)*
GUYTERIA *(Yerva de S. —)*. Clusius donne ce nom à la *chondrilla prior* (que Bauhin appelle *dent de lion*), au *phyllum marificum* et au *phyllum seminificum.*

HABERGEISS, HAFERBOCK : *Chèvre de l'avoine, bouc de l'avoine*, noms de deux démons germaniques.

HALMBOCK : *Bouc de la paille, bouc de la tige*, nom d'un démon germanique.

HERBES. D'après le *Rigvéda*, certaines herbes ont éte créées trois âges avant les dieux[304]. Avant de créer l'animal, ne fallait-il pas produire ses aliments, c'est-à-dire les herbes ? « Lorsque le Vrâtya, est-il dit dans l'*Atharvavéda*[305] songea aux animaux, le roi Yama apparut et se mit à sa suite, après qu'il eut créé les herbes. » L'hymne du *Rig véda*, que nous venons de citer, devait être récité en semant : on invoque de même celles qui donnent des fruits et celles qui n'en donnent pas (*phalinîr aphalâ uta*), celles qui donnent des fleurs et celles qui donnent des boissons (*pushpavtîh prasûvatîh*, proprement *les productives*, celles dont on tire quelque suc, par exemple le *soma*). On les appelle *mères divines* (ou lumineuses), et on les invoque pour la destruction du mal[306].

La strophe onzième de l'hymne du *Rigvéda*, septième de la *Taittirîya Samhîtâ*, s'exprime ainsi : « Dès que je prends ces herbes dans ma main et que je les secoue (pour les semer), l'essence du mal est

---

[304] *Yâ oshadhih pûrvâ* □ *âtâ devebhyas triyugam purâ* ; *Rigv.*, X, 97 ; *Taitt. Samhita*, IV, 2. Cf. le mot *Fleur* : nous avons vu que les dieux s'annoncent d'abord par une fleur.

[305] XV, 14.

[306] *Oshadhir iti mâtaras tad vo devir upabruve rapânsi vighnatir ita rapah.* Dans le *Yagurveda* blanc aussi, les herbes, spécialement les herbes médicinales, sont appelées *ambâs* (*mères*).

tuée comme par des meurtriers[307]. » La force, est-il dit, sort des herbes, comme les vaches sortent de l'étable (*ucchusmâ oshadhînâm gâvo
goshthâd iverate*). La strophe quinzième du *Rigvéda*, seizième de la *Taittirîya Samhitâ*, invoque les herbes créées par Brihaspati (une forme
de Brahman, le ciel), qui donnent des fruits et qui n'en donnent pas,
celles qui donnent des fleurs et qui n'en donnent pas, pour qu'elles
délivrent du mal (*tâ no muncantu anhasah*). Dans le *Rigvéda* on rencontre encore cette strophe « Qu'elles me délivrent de la malédiction, des eaux de Varuna, du lacet de Yama, de tout châtiment divin[308]. » L'origine céleste des herbes est indiscutable pour le poète
védique[309], lequel fait des vœux pour que l'homme ne gâte point
l'œuvre de la divinité : « *En tombant du ciel*, les herbes ont dit : Cette
vie que nous venons d'obtenir, l'homme ne la détruit point ; celles
qui écoutent ces mots de près, et celles qui sont éloignées, en se
donnant rendez-vous ici, toutes lui (à l'herbe *soma*) accordèrent la
puissance curative par excellence[310]. » Le semeur védique prie encore la taupe de ne pas endommager les herbes (*ma vo rishat khanitâ*), et
il demande aux dieux que nul bipède ou quadrupède ne prenne le
dessus sur lui (*dvipac catushpad asmâkain sarvam astv anâturam*).

---

[307] *Yad aham vagayann ima oshadhîr hasta à dadhe atmâ yakshmasya naçyati purâ giva-
gribho yathâ.*

[308] *Muncantu mâ çapathyâd atho varunyâd uta, atho yamasya padbiçat sarvasmâd devakil-
bishât.* Puisque cette strophe n'est pas reproduite dans la *Taitt. Sam.*, il faut la
supposer interpolée dans le recueil définitif du *Rigv.*, après la rédaction du *Ya-
gurv*, noir. On peut d'ailleurs reconnaître dans cette strophe quelques traits de
modernité relative, par exemple le caractère spécial de Yama et des dieux pu-
nisseurs, les jeux de mots et les assonances entre les mots *çapathiât* et *varunyat*,
entre *padbiçât* et *kilbishât*, et l'emploi ici à peu près pléonastique de la particule
atha.

[309] Dans le livre de Sidrach, il est dit que « Le sette pianeté fauno nascere tutte
l'erbe del mondo e tutti i frutti della terra ».

[310] *Avapatantir avadant diva oshadhayah pari yam givam açnavâmahai na sa rishyâti pú-
rushah yâc cedam upa çrinvanti yâç ca dúram parâgatâh iha samgatya tâh sarvâ asmai sam
datta bheshagam.* Ces deux strophes, qui dans la *Taittirîya Samhitâ* (IV, 2, 6) se
trouvent réunies, sont séparées dans l'hymne X, 97, du Rigvéda.

Les poètes voyaient dans chaque herbe la présence d'un dieu, mais surtout dans les Herbes médicinales (Cf. dans ce volume l'article : *Médicinales* (plantes et Herbes) ; le dieu qui faisait pousser les herbes était le dieu lunaire, Soma, le roi Soma caché dans les plantes et dans les eaux, ou mieux peut-être dans l'eau, dans le suc des plantes[311]. Soma, ainsi que la lune (Cf. ce mot), est appelé *oshadhîpati*, c'est-à-dire seigneur des herbes, à cause de l'influence qu'on attribue au dieu lunaire sur toutes les opérations agricoles : on devra cependant consulter les renseignements donnés au mot Soleil (Arbres et herbes du —). Dans le Véda, les plantes s'entretiennent avec Soma leur roi, ou avec l'herbe *soma*, la meilleure d'entre elles[312]. Parmi les Herbes de la Terre, la *meilleure* (*trinottama*) est, pour les Indiens, l'*andropogon*, appelé aussi *bhûrîpatra* (qui a beaucoup de feuilles)[313]. Le mot *trina* cependant se dit souvent d'une herbe qui a peu de prix et, par comparaison, d'une chose vulgaire[314] ; *oshadhî* au contraire, a presque toujours une signification noble, et représente surtout l'herbe médicinale.

Le *Brahmavâivarta Purâna* fait mention d'un personnage nommé *Trinâvarta* (qui fait venir les herbes ? ou qui tourne au milieu des

---

[311] *Somam râganam oshadhishv apsú ; Taitt. Samhitâ,* I, 7, 10. Une sentence indienne (Böhling, *Indische Sprüche,* I, 1228) nous apprend que *toutes les semences sont contenues dans l'eau* (*udake sarvabigâni*).

[312] *Oshadhayah sam vadante somena saha râgnâ* ; *Rigv.*, X, 97, 22.

[313] Parmi les *trina*, à cause certainement de leur feuillage, les Indiens placent aussi les palmiers, spécialement *palma vinifera*, qu'ils appellent *trinendra, trinarâga* (Indra ou roi des herbes). A la *musa sapientum* on donne aussi le nom de *trinasârâ* « *celle qui contient en elle l'essence de toutes les herbes* ». Dans le *Vishnupurâna* une espèce de vigne est appelée la mère du monde, et l'arbre autour duquel elle s'enroule est le dieu Vishnu lui-même.

[314] Nous employons de la même manière le mot paille ; nous disons, par exemple, *feu de paille,* et les Indiens *trinâgni* (feu d'herbes, feu de paille). Dans le *Râmâyana* IV, 54, 18, on lit : *trinâdapi bhayodvigna* (qui se laisse épouvanter même d'un fétu, d'un brin d'herbe), III. *Kshipram râgyacyute dinas trinatulyo bhavishyasi* (aussitôt déchu de la royauté, tu seras misérable comme un fétu, comme un brin d'herbe) ; dans le *Pancatantra,* I, 190 : *trinamiva laghu manyate* (il est tenu pour léger comme de la paille).

herbes) ; on pourrait peut-être rappeler ici ce nain Pantéléï de la tradition populaire russe[315], qui sait distinguer les bonnes plantes des mauvaises, et qui frappe celles-ci de son bâton : donnée dont s'est servi le comte Alexis Tolstoï dans sa terrible et peut-être excessive satire contre *Nihilistes.*

Trinapâni (ayant des mains de paille ?) est le nom donné à un *rishi ;* s'agit-il ici du mythe et du conte populaire du manchot qui, ayant perdu ses mains, reçoit par un miracle mains d'or : d'où le nom d'*hiranyahasta* donné au héros solaire ? Nous avons dit qu'il y a des dieux dans les herbes. Très souvent cependant les démons à leur tour vont s'y cacher ; de là ces vertus malfaisantes attribuées à bon nombre de végétaux, surtout aux plantes desséchées.

Lorsque Hanumant, dans le *Râmâyana,* va chercher auprès du lac de la Montagne des parfums (*Gandhamâdana*) l'herbe de résurrection, il trouve commis à la garde de cette herbe un *gandharva* (mot que dans ma *Mythologie zoologique* j'ai traduit : celui qui marche dans les parfums, parallèle au nom *apsarâ*, celle qui réside au milieu des eaux). Ce *gandharva* qui marche au milieu des parfums, naturellement les boit : d'où le nom de *Trinapa* (celui qui boit les herbes, c'est-à-dire *le suc des herbes*) donné à un *gandharva* dans le *Mahâbhârata.* Ce gandharva a donc le même caractère que les centaures hellènes, gardiens des eaux et des herbes, et fameux, comme leurs ancêtres védiques les gandharvâs, pour leur connaissance des herbes médicinales.

Ces centaures, ces gandharvâs, ces dragons qui retiennent les eaux et qui sucent les herbes et qui, avec tant de difficulté, permettent aux hommes d'en jouir, se changent aisément en démons de la sécheresse. On connaît le monstre Çushna qui dessèche les eaux du nuage et empêche la pluie de tomber sur la terre ; *trinaçoshaka* (celui qui dessèche les herbes) est le nom donné à une espèce de serpent, de dragon mentionné par Suçruta. Dans l'herbe se cache toute la force du monde. Celui-là donc qui connaît la vertu secrète des her-

---

[315] Le nain du Tyrol qui assiste aux semailles semble avoir le même caractère de *trinâvarta.*

bes est tout-puissant. Indra lui-même se sert d'une herbe dans son combat contre les démons (Cf. *Armes* et *Ouvrir*, herbes pour —) ; mais il faut, dit l'*Atharvavéda* (II, 27), un œil de faucon pour découvrir cette herbe, une dent de sanglier pour la déraciner. Un proverbe hongrois, pour indiquer un homme qui sait tout, dit qu'il « entend pousser l'herbe ». C'est un des privilèges du jeune héros de plusieurs contes populaires. (Cf. entre autres les *Contes populaires de l'Andalousie* par Caballero, les *Contes populaires de la Grande-Bretagne* par Brueyre, et les contes populaires russes dans le recueil d'Afanassieff.)

Nous verrons dans ce même volume, en décrivant les herbes *magiques, médicinales, miraculeuses, nuptiales, prophétiques, sacrées, saines*, et dans le second volume aux mots *Tulasi, Arthemisia* (armoise), *Verveine, Fougère, Rue*, etc., le pouvoir extraordinaire, attribué par la croyance populaire à certaines plantes. On peut même dire que toute la sorcellerie se fonde essentiellement sur la science de ces propriétés des herbes. Le plus grand sorcier est celui qui connaît le mieux les secrets du monde végétal[316]. La présence supposée du dieu et du démon dans les herbes, la croyance même au passage des âmes du corps humain dans un arbre ou dans une herbe, croyance que la mythologie indienne et hellénique a contribué à propager, et que les doctrines pythagoriciennes ont changée en article de foi religieuse et scientifique[317], ont dû jadis aider puissamment aux pratiques des magiciens, et rendre leur profession aussi lucrative que dangereuse ; puisque, tenant leur science du diable auquel ils avaient vendu leur âme à prix d'argent, on les consultait et payait d'abord, pour les persécuter ensuite si leur magie n'avait pas bien tourné. De nos jours les prétendus sorciers ont presque entièrement disparu ;

---

[316] Au moyen âge, à Venise, on appellait *erberia* la *sorcellerie* ; cf. Cecchetti, *La repubblica di Venezia e la corte di Roma*. Venise, 1874, I, 45.

[317] Le père Sebastiani qui voyageait dans l'Inde, dans la seconde moitié du XVII° siècle, en observant les mœurs de certains pénitents du Guzerate dans sa *Prima spedizione all' Indie Orientali*, nous renseigne de la manière suivante : « I più, come Pitagorici, non mangiano mai carne, nè pesce, né ova, né *l'erbe che siano rosse*, stimandole pure vivificate dall' anima di qualche antenato. »

mais on croit cependant encore à la magie. Voilà pourquoi tous les travaux champêtres qui se rapportent aux herbes sont encore accompagnés de certaines pratiques superstitieuses.

Dans le Tyrol, on croit que, pendant les semailles, un nain vient parfois donner aux paysans de salutaires conseils. En Suède, lorsque le vent du printemps souffle, on craint qu'un démon féminin n'emporte dans les plis de sa robe toutes les semences. En Chine, au printemps, l'empereur doit assister chaque année à la cérémonie religieuse des semailles et planter de ses mains un grain de riz[318]. La semence est le principe de la vie annuelle de la nature et de la vie de l'homme. « Rien ne naît, dit une sentence indienne[319], sans semence ; sans semence il n'y a pas de fruits ; la semence naît de la semence ; chaque fruit provient d'une semence. » Mais la semence peut devenir stérile si le diable s'en mêle, ver rongeur pour la corrompre[320], vent ou oiseau pour l'emporter ; ou si on la sème sur le sable du désert et sur le rocher.

Une strophe du *Mahâbhârata* (XIII, 301) nous dit que la destinée ne pourrait s'accomplir sans l'intervention des hommes, ainsi qu'une semence ne porterait aucun fruit, si on la jetait hors du champ cultivé. L'hymne védique par lequel nous avons ouvert cet article nous prouve l'importance que, depuis l'antiquité, la race aryenne attribuait à la cérémonie des semailles, et le caractère sacré et solennel de cette fonction agricole. La moisson et la récolte sont aussi accompagnées de quelques pratiques superstitieuses ; pour ce qui est des usages modernes germaniques, Mannhardt nous rensei-

---

[318] « It is known, that at the vernal equinox the ceremony of ploughing the soil and sowing of the *5 kinds of corn* are performed by the Emperor assisted by members of the board. According to the *Ta-thing-hui-tien*, a description of the Chinese Government, where this ceremonial is described, the 5 corns sowed are : *Tao* (rice), *Mai* (wheat), *Ku* (setaria italica), *Shu* (panicum miliaceum) and *Shu* (soja bean). The Emperor sows the three princes and the members of the boards sow the remaining cereals. » Bretschneider, *Chinese Recorder*, Foochow, dec. 1870.

[319] Cf. Böhtling, *Indische Sprüche*.

[320] Cf. le nom de *sanctum semen*, donné, dans Bauhin, à l'absinthe, parce qu'elle chasse les vers du corps des petits enfants.

gne dans son *Baumkulus der Gerimanen ;* pour l'antiquité grecque, nous trouvons des détails curieux dans l'*Histoire des plantes* de Théophraste : On devait faucher certaines herbes, le *thapsia,* par exemple, pour éviter l'enflure du corps, le visage tourné contre le vent et le corps huilé. Certaines herbes devaient être cueillies le jour, d'autres la nuit, plusieurs avant le lever du soleil.

Il y a des herbes malfaisantes qui ont cette propriété de « veretrum incendere et ignis modo urere ». Avant de les déraciner, il faut manger de l'ail et boire du vin. L'herbe chaste (quam alii *dulcifidam* vocant) doit être cueillie la nuit ; car si on la cueillait le jour et qu'on fût surpris par le pic (un oiseau phallique, qui naturellement ne doit pas permettre qu'on recueille l'herbe chaste, laquelle personnifie sans doute, la virginité de la femme), on risquerait de perdre la vue. Si on veut faucher des herbes fébrifuges, on doit prendre garde à un certain faucon (*tritestiger*)[321].

Après que les herbes ont été fauchées, avant de les livrer au bétail, on les bénit. C'est un usage observé dans les étables slaves, allemandes et latines. En Piémont et en Toscane, on porte une poignée de foin chez le prêtre, qui doit le bénir pour que les sorcières ne fassent point de mal au bétail. En Allemagne on appelle *heupudel* et *heukatze* (chien du foin ; chat du foin) deux démons qui nuisent au foin ; de même, lorsqu'on fauche l'herbe, ou en laisse sur le pré une poignée pour l'*Holzfräulein,* génie sylvestre, qui sans cela pour-

---

[321] Théophraste, après avoir très sérieusement mentionné ces pratiques, ajoute : « Precari autem in secando haud quiequam absurdum fortasse sit. Sed quae addunt, absurda potius dixeris.Panacem enim *asculapicam* cognominatam effodientes varium genus frugum vicissim terrae injicere aiunt, et placentas veluti mercedem quamdam exsolvere, et ense bina adacto acie ter circumscribentes, succidere ; quotlque primum inciderint sublime tenere ; deinde alterum caedere. et eiusmodi alia complura narrant. Mandragoram quoque ense ter circumscribere dubent ; et alterum succidere ed occasum spectando, alterum circumsaltare, plurimaque de re venerea dicere, quod maledictis et execrationibus sane proximum est, quos satui *cumini* necessarios putant. Quia et *elleborum* nigrum circumscribere spectando exortum, precandoque, cavereque aquilam tam dextera quam a sinistra ; periculum enim secantibus imminere aiunt ; et si aquila prope advolaverit, moriturum illo anno qui succidit, augurium esse. »

rait s'offenser et maudire toute la moisson. Son pouvoir ne doit pas s'étendre cependant sur ces prairies hantées par le cheval solaire qui n'admet aucun autre animal au pâturage[322], ni à ce qu'il paraît, sur la *medica sativa Dodonaei* qu'on nomme en France sainfoin (*saint foin*)[323].

D'après les *Apomasaris Apotelesmata*, le foin est un symbole d'or et de richesse. « Si quis, est-il dit, foenum sustulisse, vel in acervum congessisse sibi fecerit, pro ejus tum copia, tum pulchritudine, divitias et aurum consequetur. » Mais si le foin vu en songe est mouillé par la pluie, ce sera un présage certain d'appauvrissement. Si le foin rêvé est brûlé par le feu, le magistrat privera le rêveur malencontreux de ses richesses ; le foin reçu signifie richesse, le foin donné misère. L'herbe ne symbolisait pas seulement la richesse (qu'on ne confonde cependant pas l'herbe et le foin avec la paille qui a eu presque toujours une signification vile ou infâme), mais encore, du moins chez les anciens romains, l'un des plus grands honneurs que l'on pût accorder à un citoyen. Le proverbe *herebam porrigere* signifiait honorer *grandement*. Un tel proverbe peut avoir une double origine, soit qu'il remonte à l'usage hospitalier de présenter du gazon avec de la verveine ou herbe sacrée, lorsqu'on voulait mettre quelqu'un en possession d'un bien, soit qu'il fasse allusion à l'usage de la *corona qraminea* qu'on accordait au sauveur d'une ville assiégée, d'où son nom de *corona obsidionatis*. « Corona quidem, dit Pline (XX-II), nulla fuit, graminea nobilior, in majestate populi terrarum principis, praemiisque gloriae. Numquam nisi in desperatione suprema contigit nulli nisi ab universo exercitu servato decreta. Dabatur haec viri-

---

[322] Deux chevaux de la forêt consacrée à *Hesus* (*Hesus, hess* est le cheval) sur lesquels aucun héros n'a monté, dont l'un est vieux, l'autre est jeune (on peut comparer ce que nous avons noté dans la *Mythologie zoologique* à propos du nom des *Açvins*, proprement ceux qui sont doués de rapidité ; la course céleste est d'abord accomplie par les chevaux, ensuite, à la place des chevaux paraissent les cavaliers), tous les deux blancs et lumineux, ne permettent à aucun autre animal de partager leur pâturage. « Was die Ernährung der heiligen Rosse betrifft (écrit Jähns, *Ross und Reiter*, I, 421), so scheint dieselbe wärend des Sommers dadurch gesichert gewesen zu sein, dass ausser ihnen keine anderen Tiere im Haine geduldet wurden. »

[323] Cf Bauhin, *De plantis a divis sanctisve nomen habentibus.*

di e gramine, decerpto inde ubi obsessos servasset aliquis. » Cette récompense qui nous semble si humble avait, au fond, un prix réel bien supérieur à celui d'une couronne d'or ; c'était probablement un symbole de l'investiture décernée au triomphateur. Le chiendent vert et la touffe de gazon ainsi que la *festuca*, la *stipula* que nous avons mentionnée au mot *Bâton*, conférait en quelque sorte un droit seigneurial sur la ville délivrée. Quant à la *festuca* qui intervenait dans les contrats d'achat et de vente, pour représenter le droit de propriété foncière, il faut la rapprocher du brin d'herbe qui scellait au moyen âge les traités de paix. « Pacem, abraso crine supremo et cum *gramine*, datisque affirmant dextris », dit Ditmarus, au livre VI, *De Lusatiis paganis*, cité par Du Cange.

Nous verrons plus loin le culte rendu par les Indiens à l'herbe du *sacrifice* ; chez les Grecs et les Latins aussi, l'autel de la déesse Vesta était d'abord jonché d'herbe. Vertumnus était couronné d'herbes ; Palès portait à la main un bâton de pâtre, et sur la tête une couronne d'herbe, symbole de la protection qu'elle accorde aux pâturages. Le professeur Weber note[324] que le premier hommage rendu par le prince au *purohita*, c'était un siège d'herbes. Ce rite faisait probablement partie de la grande cérémonie qu'on appelait *argha*, et qu'on réservait pour les hôtes de distinction. Aujourd'hui dans les maisons seigneuriales indiennes, on fait servir *la feuille* qu'on doit mâcher avec la noisette d'*arecha* Sur cet usage on peut consulter tous les voyages aux Indes Orientales, à commencer par les relations italiennes, où il est mentionné et élucidé avec plus de soin.

HERCULE (plantes et herbes consacrées à). Les anciens Romains consacraient à *Herculus, Hercules*, dieu protecteur des clôtures (*herciscor, herctum*) et des jardins, un assez grand nombre de plantes, celles-ci entre autres : le palmier, l'*hyosciamus albus* L. ; l'*heraclem panaces* L. ; le *papaver herculem* (dans lequel Sprengel a cru reconnaître la *gratiola*

---

[324] *Indische Studien*, X, 159.

officinalis L.) ; la *nymphae alba* L.[325] ; l'*origanum heracleoticum* L. ; la *verbena herculea* ; l'*urtica herculeana* ; l'*heraclion sidereum*, décrit par Pline (*scrophularia lucida* L.) ; l'*herba heraclea* (*parietaria officinalis* L.), le *polygonum aviculare* L. (Dioscor., IV, 4.)

Dans Apulée, *De virtutibus herbarum*, nous lisons que l'herbe d'Hercule garantit des voleurs[326]. Je suppose qu'Hercule s'est servi de cette plante pour découvrir la retraite du brigand Cacus ; elle aurait ainsi quelque analogie avec l'*herbe qui ouvre*, dont il est fait mention dans les hymnes védiques, dans la légende latine de *Picus Martius*, et avec la *rasriv trava* ou *herbe qui ouvre*[327] de la tradition populaire salve, sur laquelle nous aurons occasion de revenir.

On peut, en attendant, rappeler le rôle de la fleur de fougère parmi les herbes de la Saint-Jean, où nous la voyons précisément découvrir les trésors et les bœufs égarés. Le noisetier a la même propriété, et, d'après une tradition de l'Italie méridionale (Cf. *Noisetier*), aussi l'*olivier sauvage*, dont la massue d'Hercule était faite, dit-on. Cette massue d'Hercule remplit ici évidemment la fonction de l'*herbe qui ouvre*, de l'*herbe qui découvre les trésors*. Il s'agit évidemment d'un mythe céleste ; au ciel, la lune, l'herbe par excellence, la reine des herbes, découvre les cachettes des voleurs ; de même, la foudre, dans le ciel nuageux où se cachent les vaches, les jeunes épouses, les trésors, est parfois représentée comme une herbe qui ouvre l'étable, la prison, la caverne où le monstre s'est réfugié. (Cf. *Jean*.)

HEUKATZE : *Chat du foin*, et

---

[325] Chez Du Cange : « *Baditis*, Galis veteribus, herba quae Graecis *nymphaia*, latinis *clava Herculis*. Marcell. Empir. cap. 33. » D'après une autre tradition, la massue d'Hercule était faite avec l'olivier sauvage. Johnston, *Thaumatographia Naturalis*, p. 240, Amstelodami, 1670 : « Eadem in Corinthiacis clava Herculis ex *oleastro* actis radicibus regerminavit. »

[326] « Herbam heracleam si tecum in via portaveris, latrones non timebis. » On appelle aussi cette herbe *sideritis, ferraria, crista gallinacea, herculania*.

[327] Cf. l'herbe *aethiopidon*, mentionnée parmi les plantes *magiques*.

HEUPUDEL : *Petit chien du foin*, noms donnés à un démon germanique.

HOSTILINA. Divinité romaine qui préside à la formation des épis.

IAMGOMAS. Sur cette plante, voici les curieux renseignements que nous fournit Dall' Horto dans sa *Storia de' semplici aromati* (traduction italienne, Venise, 1589) : « Ho inteso da persona degna di fede che il vero modo di seminarlo è di aspettare che un certo uccello ne mangi, e poi di haverlo rimandato per secesso, seminarlo insieme con quel sterco, et in questo modo dice nascer più presto e viene ancora più presto a menare i frtitti. »

ILPA OU ILYA (Cf. *Anthropogoniques, Cosmogoniques* Arbres —), *Kalpadruma, Bouddha* dans ce même volume, *Açvattha* dans le second) est le nom donné dans la *Kaushîtaki Upanishad*[328] à l'arbre cosmogonique, demeure spéciale de Brahman, le dieu créateur, le *Pra︎ âpati* par excellence. Cet arbre pousse au milieu du lac Ara (d'où, sans doute le nom de *ara* donné au *madhurâmlaphala*, espèce de manguier céleste), au-delà de la *vigarâ nadî*, le fleuve sans vieillesse, ou dont les eaux procurent une jeunesse éternelle, ainsi que l'arbre lui-même, auquel Brahman donne son propre parfum (*brahmagandhah*). On l'identifie aussi avec le *gambu, l'eugenia Sambolana, rose apple*, à cause de l'étymologie capricieuse proposée par Çankara pour le nom *Ilpa*, qu'il tire de *Ilâ*[329], la *terre*. L'*Ilpa* serait le *gambudvîpa*, l'île où croit le *gambu*. Dans tous les cas, il est évident qu'il s'agit ici d'une région ou île de l'océan céleste, et de cet arbre, si souvent mentionné dans le Véda, qui sauve les naufragés. (Cf. *Bouddha, Eau.*)

On a aussi reconnu dans l'*ilpa* un *açattha* (ficus religiosa) *somasavanah*, c'est-à-dire qui fait couler le *soma*, l'ambroisie, l'eau de la jeu-

---

[328] Cf. Weber, *Indische Studien*, I 397, 401 ; et Grill, *Die Erzväter der Menschheit*, I, 174.

[329] Cf. *Irâ*. Cette étymologie fait croire que *ilpa* n'est qu'une faute de copiste pour *ilya*. La ressemblance qu'il y a dans l'écriture dévanâgari entre les signes qui représentent les lettres *p* et *y* explique aisément cette confusion.

nesse éternelle ; c'est de cet arbre, sans doute, que Brahman tire la sève vitale ; c'est à ses branches que s'attachent les morts pour entrer dans l'immortalité. M. Weber rappelle, à propos de cet arbre, qui a une si grande ressemblance avec le pommier des Hespérides, placé dans une île de l'Occident où Hercule va reprendre des forces avant de commencer son grand voyage, les arbres d'or (*hiranmayâ mahîruhâh*, et *hiranmayâ nagâ adrimûrdhani*) du Râmâyana (III, 59, 19) et du Mahâbhârata (XII, 12087), qui s'élèvent sur le sommet d'une montagne et marquent les confins du royaume des bienheureux.

IMMORTALITE (plantes qui donnent l' — ; Cf. *Ambroisie*, plantes *Magiques*.)

INDRA. Plusieurs plantes indiennes ont tiré leur nom du premier dieu de l'Olympe védique :

Indradâru ou *indradru* « arbre Indra », *terminalia Arjuna, wrightia antidysenterica* (la graine de cet arbre se nomme *indrayava*[330] « orge d'Indra ») ;

Indravârunikâ « appartenant à Indra et Varuna », une espèce de citrouille (on l'appelle aussi *indracirbhitî* : la *cirbhitî* est le *curcumis utilissimus*) ;

Indrapushpâ « fleur d'Indra », *methonica superba ;*

Indrasurasa, indrasurâ « liqueur d'Indra » (le roi des ivrognes), *vitex negundo ;*

Indrâçana « nourriture d'Indra » le *chanvre*, dont la pointe séchée et mâchée enivre, et l'*abrus precatorius* L.

Indra est grand, Indra est le beau, Indra est le fort enivré ; en ces trois qualités il a donné son nom aux plantes que ne nous venons de nommer. Le mot, Inda a signifié supérieur, royal, roi ; la *methonica superba* est donc bien nommée *indrapushpâ*. Cf. *Ilpa* et *Ouvre*, herbe qui —.

---

[330] On l'appelle aussi *upavâka* ; peut-être, au lieu de *upavakya* « digne de louanges », puisqu'on le trouve indiqué dans le *Yagurvéda* blanc comme un remède : *upavâkâbhir bheshagam*.

INVULNERABLE (Herbe qui rend — ; Cf. *Achille, Centaures, Gentiane, Miraculeuses* [plantes]).

IRA ou IDA (Cf. *Ilpa*) est un nom donné à la nymphe *Sarasvati* déesse des eaux courantes. Cette fille de Daksha, cette femme de Kaçyapa dans le *Mahâbhârata* et dans le *Harivança*, est la *mère des plantes* (*irâvatî* est aussi le nom d'une plante indienne inconnue). Nous verrons que cette qualité est spéciale à la lune ; cette *irâ* ou *idâ* ou *sarasvatî* serait donc ici tout spécialement la lune, quoiqu'il soit nécessaire de reconnaître aussi, et même le plus souvent, une *sarasvatî*, c'est-à-dire une déesse des eaux, et même simplement une *mobile*, dans l'aurore lumineuse et inondée de rosée, qui joue et qui danse au ciel, et dans le nuage, ainsi que nous avons essayé de l'expliquer dans nos *Letture sopra la Mitologia vedica* (Florence, 1874). Irâ, en tout cas (qu'elle soit la lune, l'aurore ou le nuage), est la nymphe ou déesse qui fournit aux plantes l'eau, le lait, le suc.

Varron, cité par Servius, connaissait une déesse *Lactans* qui remplissait la même fonction ; d'après saint Augustin, on l'appelait aussi *Lacturosa* ou *Lacticinia*. C'est surtout aux blés qu'elle communiquait le lait divin.

IRMINSUL. Le tronc de l'arbre cosmogonique allemand qui correspond parfaitement au *Skambha* védique. On doit rappeler ici la définition qu'en donne Rodolphe de Fulda (Pertz, II, 676) « Truncum quoque ligni non parvae magnitudinis in altum erectum sub divo colebant ; patria eum lingua *Irminsul* appellantes, quod latine dicitur *universalis columna* quasi *sustinens omnnia*. »

ISIS. Déesse lunaire, la Cérès égyptienne, couronnée de fleurs et tenant à la main des épis et un flambeau. Les anciens mélangeaient l'herbe d'Isis avec l'armoise (l'herbe d'Artémis) dans leurs pratiques de magie ; chacune des deux herbes s'appelait de même *soteira* ou *salutaris*.

JACQUES (*Herbe de Saint —*) On appelle ainsi en Espagne le *senecio major*. On cite encore la *jacobaea marina*, ou *Sancti Jacobi herba marina*. Bauhin, *De plantis a divis sanctisve nominatis* (Bâle, 1591), remarque : « Plantam hanc primum Bononiae in *horto di San Salvaror* al *Burgo di S. Catharina* observavi ; quam aliqui cinerariam et chrysogonum Dioscoridis vocabant. »

JALOUSIE. L'hymne 145 du Xe livre du *Rigvéda*, d'un intérêt saisissant à cause du sentiment éloquent de la jalousie qu'il nous présente au vif, est exclusivement consacré à l'herbe qui doit chasser la rivale, la *sapatní*, la concubine du mari. Nous le donnerons ici traduit en entier. « Je déracine cette herbe puissante, extrêmement forte, par laquelle on tue la concubine, par laquelle on (re)trouve le mari. O toi, dont les feuilles sont larges, ô plante heureuse, ô envoyée des dieux, ô robuste, éloigne de moi la rivale, fais de sorte que l'époux m'appartienne exclusivement (*patim me kevalam kuru*). Donne-moi le dessus, le dessus, le dessus sur toutes les femmes supérieures (*uttarâham uttara uttared uttarâbhyah*, c'est-à-dire : moi supérieure, supérieure, oui supérieure aux femmes supérieures) ; que ma rivale au contraire devienne la plus infime des infimes. Je ne veux pas la nommer ; elle ne doit pas prendre du plaisir avec cet homme ; nous faisons partir bien loin la rivale. Je suis forte, et toi aussi (ô herbe) tu es forte ; nous deux fortes nous allons vaincre ma rivale. (Cette dernière strophe devait s'adresser au mari pendant le sommeil, tandis que son épouse lui entourait la tête avec l'herbe magique) : Je place sur toi la puissante ; je t'entoure avec la puissante ; que ton esprit coure vers moi comme la vache vers le veau, comme l'eau sur sa pente. » L'hymne 159 fait suite à l'hymne 145. Le soleil se lève, et avec le soleil le bonheur de la femme ; l'épouse est guérie de sa jalousie, elle a regagné l'amour de son époux. Mais dans cet hymne il n'est plus question de l'herbe magique qui a chassé la rivale et on se réjouit seulement de son départ. Il n'y a donc pas lieu de le reproduire ici.

JARDIN. Le nom sanscrit du jardin est *udyâna*, qui signifie un endroit *élevé*. Si les étoiles sont des fleurs, si le soleil, la lune et les nuages sont des arbres, il est clair que le ciel est un *udyâna* par excellence, le premier des jardins. Le paradis est toujours un jardin de plaisance. De même que chaque roi de la Terre a son *udyâna* annexé à son palais, Indra est au ciel le seigneur du *nandana* ou jardin de volupté ; Varuna, le dieu du ciel, possède aussi un jardin de plaisance, *Ritumat*, mentionné par le *Bhâgavata Purâna*. Lorsque dans les contes populaires il est question d'un jardin féerique improvisé, dieu jardin enchanté gardé par un dragon, il faut presque toujours sous-entend le *devodyâna*, c'est-à-dire le ciel. Dans le livre de Sidrach, le bon Dieu est représenté comme un homme riche qui demeure au-delà d'un pont au milieu d'un beau jardin.

Il s'agit encore du ciel, dans ce conte de l'*Anvari Sohéili*, imité par la Fontaine et traduit par Garcin de Tassy, où il est fait mention d'*arbres aussi beaux que le plumage du paon*. « Un jardinier, dit-on, possédait un jardin plus agréable et plus voluptueux que les jardins les plus célèbres de l'Orient. Ses arbres, de différentes espèces, étaient aussi beaux que le plumage diapré du paon, et ses fleurs, de mille variétés, avaient l'éclat de la couronne de Kaons (roi de Perse de la deuxième dynastie). La surface du sol y était brillante comme la joue de la beauté élégamment vêtue, et le zéphyr de l'atmosphère parfumé comme le magasin d'un marchand d'aromates. Les rameaux, chargés de fruits, étaient courbés comme le vieillard accablé d'années ; et les fruits, doux et embaumés, étaient confits, sans la chaleur du feu. »

C'est encore le ciel, ce jardin de Bakavali, dans la région du soleil, tel que le dépeint la *Rose de Bakawali* traduite par le même savant hindoustaniste. « La Terre, y est-il dit, était d'or, les murs qui l'entouraient se composaient de rubis de Badakhschan et de cornalines d'Yémen ; au milieu de parterres d'émeraudes serpentaient des ruisseaux de turquoises qui roulaient des flots d'eau de rose. Par la vue de ce jardin, il se manifestait comme un crépuscule aux yeux de ceux qui le regardaient, tant ils étaient éblouis par la couleur vermeille de ses fleurs ; le soleil, rose rouge du ciel, était tellement honteux, par la jalousie qu'il éprouvait d'être surpassé en éclat, qu'il était trempé de sueur. Il y avait sur des arbres de rubis des bouquets de fruits tellement brillants qu'ils étaient pareils aux grappes des étoiles qui se groupent autour de l'arbre du soleil[331]. Sur l'eau des bassins, où des gouttes d'essence de rose figuraient des diamants, se penchaient des branches d'émeraude agitées par le vent. Des canards pareils aux vers luisants y voguaient et y prenaient leurs ébats. » C'est encore un symbole de jardin céleste de volupté et d'abondance que Marco Polo nous décrit sous la forme du jardin d'Aladin, le Vieux de la Montagne. Dans ce jardin, qui devait réaliser sur la Terre le paradis de Mahomet, il y avait des arbres de toute espèce, des ruisseaux de vin, de lait, de miel et d'eau claire on s'ébattaient en chantant et en jouant des nymphes séduisantes, qui charmaient les héros au service du Vieux de la Montagne[332].

On doit de même reconnaître le ciel dans cette fournaise où, d'après la légende mahométane[333], Abraham fut jeté et dont le feu se changea en eau et le sol en un jardin. Il s'agit enfin d'un *avatar*, c'est-à-dire d'une descente du ciel sur la Terre, lorsque, dans une légende du moyen âge, nous trouvons Virgile transformé en une espèce de médecin inspiré par le diable qui connaît le secret de toutes les herbes, et possesseur d'un jardin magique sur le *Monte Vergine* (confusion née de bonne heure entre les mots *Virgo* et *Virgulius, Virginius* et *Virgineus*, entre *Virgile* et *le prophète de la Vierge, Mons Virgilianus*[334]. Le jardin, suppose un jardinier ; le jardinier céleste est

---

[331] Dans un chant populaire toscan d'origine sicilienne, et qui date vraisemblablement du temps où le roi Guillaume régnait en Sicile, on compare le jardin royal avec le jardin du soleil, où fleurissent les violettes embaumées :

> E tu sei stato sui giardin del sole,
> Dov'hanno imbalsamato le vïole.

[332] Le docteur Graham, dont il est parlé dans le *Ratcliff* de Heine, se rappelait sans doute ce conte, lorsqu'il inventait en Écosse à son profit une industrie pareille.

[333] Cf. Garcin de Tissy, *Gul o Sananbar.*

[334] Cette légende se trouve dans un manuscrit du XIIIe siècle qui contient la *Vie de saint Guillaume.* Elle a été recueillie par Comparetti dans son ouvrage remarquable : *Virgilio nel medio evo*, II, 51 : « Nuncupatur Mons Virgilianus a quibus-

parfois la lune, parfois le soleil, représenté le plus souvent par un dragon. Les jardins des Grecs et des Romains étaient sous la haute protection d'Hercule, peut-être à cause du rôle exceptionnel que joue dans sa légende le fameux jardin des Hespérides, placé dans la région où le soleil se couche.

En outre, chez les Latins, les jardins étaient gardés par les divinités suivantes : *Pomona, Feronia, Runcina, Puta, Spinensis* (qui éloignait les épines), le mari de Pomone et l'inventeur des jardins, *Adonis, Priapus* ou *Multinus* et *Aruneus*, qui veillait spécialement aux semences. J'apprends qu'à Modica, en Sicile, au mois de juin, les jardiniers célèbrent leur fête en l'honneur de saint Paulin de Nola, élevé à la dignité de protecteur des jardins, depuis qu'il délivra un esclave en le remplacent dans ses fonctions de jardinier. Les jardiniers de Modica portent très solennellement leur saint bien-aimé en procession, après lui avoir mis sur la tête une couronne de tomates, au cou un collier de citrouilles et dans les mains des poivrons. Ils se dirigent vers une fosse remplie d'eau, près de laquelle ils déposent saint Paulin ; puis ils se partagent en deux camps, en se lançant des petits cailloux et des poignées de fange qui le plus souvent vont frapper le saint, ce qui le fait ressembler un peu trop à l'ancien Priape.

JEAN (*Plantes et herbes de saint —*). Saint Jean représente parmi les saints chrétiens la lumière par excellence ; sa fête tombe au solstice d'été, c'est-à-dire le 24 juin, le dernier des trois jours qui marquent le point culminant de l'ascension solaire. Le jour de la Saint-Jean le

---

dam operibus et maleficiis Virgilir, Mantuani poetae inter latinos principis ; construxerat enim hic maleficus daemonum cultor eorum ope hortulum quemdam omnium genere herbarum cunctis diebus et temporibus maxime vero aesutis pollentem, quarum virtutes in foliis scriptas monachi quidam nostri fide digni fratres, qui praedictum montem inhabitant, apertis vocibus testantur, saepe casu in praedictum hortum, non semel, dum per iugà montis solatii causa errarent, incidisse, nihilominus intra hortum huiusmodi maleficiis affectos esse, ut nec herbas tangere valuisse, nec qua via inde agressi sint cognovisse, retulerunt. Deinde, mutato nomine Virgilii, Virgineus appellatur a Semper-virgine Maria, cui templum positum est. »

soleil ne se couche point ; il n'y a pas de nuit ; tout le ciel s'illumine et s'enflamme. Les feux de la Saint-Jean sont sur la Terre un symbole du feu céleste[335]. La naissance du précurseur Jean précède de six mois la naissance du Christ sauveur. Celui qui précède annonce celui qui va arriver ; Jean prépare la voie du Seigneur. Jean institue l'eau du baptême comme signe de rédemption ; la rosée qui tombe sur les herbes avant le lever du soleil de la Saint-Jean, d'après la tradition populaire toscane, garantit du mal aux yeux pendant toute l'année. Et non pas seulement la rosée, mais aussi l'eau qu'on laisse dehors dans un pot quelconque pendant la nuit de la Saint-Jean. Le professeur Remigio Sabbadini m'écrit qu'à Sarego, dans la Vénétie, pendant l'aurore de la Saint-Jean, on recueille dans une petite fiole la rosée et on y plonge une herbe appelée *basalica* (le basilic ?). A Salaparuta en Sicile, on recueille l'*hypericum perforatum* et on le plonge dans l'huile, ce qui le transforme en baume infaillible pour les blessures. Je note à ce propos que dans le district de Florence, le nom de *herbe de saint Jean* est donné à cette plante grasse dont on applique la feuille, après en avoir ôté la pellicule, aux blessures ; en Piémont, on l'appelle *erba di taï* (herbe des coupures) ; à Monsummano, et à Sanminiato en Toscane, *erba della Madonna*. (Serait-elle la *crassula. Major* ? Cf. le mot *Madone*, pour la parenté que l'on voit entre la Saint-Jean et la fête de la Madone.)

Mais, pour revenir à l'eau de la Saint-Jean, nous apprenons par Mannhardt (*Germanische Mythen*) qu'un usage pareil existe en Allemagne, mais qu'il a lieu le second jour du mois de mai. En Nor-

---

[335] Lavater, *De spectris Lemuribus*, etc. Lugduni, 1659, p. 234, nous apprend que ces feux étaient allumés dans l'intention de chasser les démons : « Die divi Joannis, quidam fasciculum herbarum consecraturum (consecratum ?) incenderunt at fumo earum daemones fugarent. » On sait que l'*hypericum*, l'herbe de Saint-Jean par excellence, était aussi appelé, au moyen âge, « fuga daemonum ». L'usage des feux de la Saint-Jean était encore vivant en Italie dans presque toutes les grandes villes, il n'y a que trente ans. En Corse, à la veille de la Saint-Jean on allume encore un tronc d'arbre ou même tout un arbre, et les jeunes filles et les garçons dansent autour de cette grande flamme, qu'on appelle *fucaraja*. Cf. Provenzal, *Serenata di un Pastore di Zicavo*, preceduta da brevi cenni intorno agli usi nuziali Corsi. Livorno, 1874.

mandie et aux Pyrénées, on va se baigner dans la rosée de la Saint-Jean, pour éloigner les maladies de la peau, évidemment pour rajeunir. L'eau lumineuse est une eau de longue vie. En Bretagne, on pense que de tels bains éloignent la fièvre. Un usage semblable existait à Ferrare, d'après le décret du synode de l'année 1612 : « Prohibemus ac vetamus ne quis ea nocte, quae diem S. Johannis Baptistae nativitatis sacrum praeit, *filices, filicumve semina* colligat, herbas cujusvis generis legat, succidat, evellat, earumque vel aliarum semina terrae mandet, neve « pannos linneos » aut « lanaeos » nocturno aeri aut rori excipiendo exponat, inani superstitions ductus fore ut tineae aliave animalcula ea ne attingant aut corrodant. » Le professeur Liebrecht a retrouvé la même superstition en Portugal dans la poésie *Donna Branca*, et en Égypte[336]. Chez les Slaves, les femmes vont, avant l'aurore de la Saint-Jean, jeter des essuie-mains sur le blé, et on les emporte mouillés de rosée ; arrivées à la maison, elles les pressent de manière que la rosée tombe dans un pot. Avec cette eau la jeunesse se lave pour embellir. En Suède et en Islande, on se baignait dans la rosée de Saint-Jean, « ut morbi corporis miraculose sanentur.[337] » Dans le gouvernement d'Arkangel, les paysans chauffent les bains la veille de la Saint-Jean, y mêlent l'herbe appelée *kunalnitza* (*ranunculus ac.*) et se baignent dans la rivière.

---

[336] « The nucta or miraculous drop falls in Egypt precisely on St. John's day in June and is supposed to have the effect of stoppaing the plague. » Liebrecht, dans *Gervaise de Tilbury*, d'après une note de Thomas Moore dans Lala Rookh : *The Paradise and the Peri ;* cité par Mannhardt.

[337] Dans le *Calendarium Æconomicum*, cité par Praetorius mentionné par Mannhardt dans ses *Germanische Mythen*, on décrit ainsi la manière de recuenlir la rosée du second jour de mai : « Vom Vollmond im May au fangen en an zu fallen die rechten und gesunden und balsamirten Himmelsthau (welche ethch aus dem Paradiese herzurühren vermeinen). Die soll man, wenn die Nacht zuvor klar und helle gewesen « in subtilen Tüchern oder Leinwand auffangen, besonderlich auf den guten Kräutern und Getreidig oder Weitzen, weil es im Schossen noch steht, dass man die Tücher drüber herziehe und in irdene oder gläserne Gefäss ausswinde, welche über das jahr zu behalten siud. Dieser Thau ist unseres Landes Manna, dass in vielen Krankheiten schr heilsam und zuträglich ist. »

J'apprends aussi que, dans certaines localités de la Russie, on place les herbes recueillies la nuit de Saint-Jean sur le toit des maisons, spécialement des étables, pour en éloigner les mauvais esprits. La cinquième journée des *Évangiles des Quenouilles* nous apprend qu'en France on frottait les pis des vaches avec les herbes de la Saint-Jean, pour en obtenir plus de lait, et qu'on plaçait ces herbes sous le seuil des étables, en disant : « Que Dieu les sauve et saincte Bride ! » À Venise, ceux qui sont chauves vont recueillir la rosée de la nuit de Saint-Jean, qui a, dit-on, la propriété de faire repousser les cheveux[338].

L'eau lumineuse de la Saint-Jean, comme celle du baptême, est évidemment une eau bienfaisante qui délivre à peu près de tous les maux, une eau de salut. De là la croyance si répandue parmi toutes les populations chrétiennes que les herbes sur lesquelles a dû tomber la rosée, recueillies avant l'aurore de la Saint-Jean, ont une vertu médicinale exceptionnelle.

Le jour de la Saint-Jean, c'est-à-dire après le lever du soleil, il serait dangereux de cueillir des herbes. Dans l'Altmark, on prétend qu'en cueillant des herbes après le lever du soleil, le jour de Saint-Jean, on gagnerait le cancer ; .dans le district de Florence, certains paysans apportent dans les églises, pour le faire bénir, un ruban dont ils se ceignent le front, pour se garantir des maux de tête. Toutes les herbes, même les mauvaises, les vénéneuses, les malfaisantes, perdent, la nuit de la Saint-Jean, leur poison et leur pouvoir diaboliques ; toutes sont purifiées par la rosée : il y en a cependant qui excellent parmi toutes les autres, à cause des propriétés extraordinaires qu'elles acquièrent sous la pluie de la rosée de Saint-Jean. Parmi ces herbes, il faut distinguer spécialement les fougères, l'*hypericum* et l'armoise. Nous avons déjà vu qu'il est question de la fougère dans le décret du synode de Ferrare. En Russie, pendant la nuit qui pré-

---

[338] D'où le chant populaire vénitien :
Anema mia, da la zuca pelada,
Quando te cressarà quei bei capeli ?
La note de San Zuane a la rosada,
Anema mia de la aica pelada !

cède la Saint-Jean, on cherche la fleur de *paporot* ou *paporotnikt* (*aspidium filix mas* L.[339]). On prétend que le *paporotnik* fleurit seulement la nuit de Saint-Jean à l'heure de minuit, et que le mortel heureux qui peut assister à cette floraison verra s'accomplir tous ses souhaits. Cette fleur mystérieuse, en outre, partage avec le noisetier la faculté de découvrir les trésors enfouis dans les profondeurs de la Terre et les bœufs égarés ou volés.

En Petite-Russie, on prétend que celui qui parvient à trouver la fleur de fougère acquiert la sagesse suprême. La fougère ne fleurit, dit-on, qu'un instant, à minuit, et pour la voir fleurir il faut vaincre le diable lui-même. On conseille ce moyen pour y parvenir[340] : celui qui ose tenter l'entreprise doit choisir, la veille de la Saint-Jean, la fougère qu'il désire voir fleurir ; poser auprès la serviette dont il s'est essuyé le jour de Pâques. Il trace, avec le couteau dont il s'est servi dans le même jour, un cercle autour de la fougère et autour de lui-même. À neuf heures du soir, le diable essaye d'épouvanter le chrétien, en jetant des pierres, des arbres, et d'autres objets très lourds. On exhorte le chrétien à tenir bon, à ne pas s'effrayer, à ne pas lâcher prise, puisque le diable ne pourra jamais entrer dans le cercle magique tracé avec le couteau sacré. A l'heure de minuit, la fougère fleurit, et sa fleur tombe sur la serviette, que le chrétien doit à l'instant même plier et cacher dans son sein. Cet homme heureux connaîtra, grâce à la fleur de fougère, le présent et l'avenir, et découvrira les trésors ensevelis, les bœufs égarés.

On raconte en Petite-Russie que, la veille de la Saint-Jean, un paysan avait perdu ses bœufs. En marchant à leur recherche, à travers les bois, il passa près d'une fougère à l'instant même où elle

---

[339] Cf. *Spiçok rastenii s narodnimi nazvaniami etnograficeskimi primieganiami predstavlennih v yugo-zapadnii.* Atdiel imper. rusk. Georgr. Obscetva M. Th.Semirenkom ; oppredielenuih v botaniceskom atnashenie professeur A. S. Rogovicem. — Le même professeur Rogovic', *Opit slovarya narodnih yugozapadnoi rossii* (Kiev, 1874), identifie le *paporotnik* avec le *polipodium vulgare*. On le prescrit dans la Petite-Russie contre les vers ; et on en fait aussi des tisanes pour ne pas avoir d'enfants.

[340] Cf. les détails que nous ajoutons, à l'article *Fougère*, dans le tome II.

fleurissait, et la fleur tomba dans ses souliers. Aussitôt, il vit où les bœufs étaient cachés, il les reprit et il les ramena chez lui. La fleur de fougère étant restée dans ses souliers, il lui arriva, grâce à elle, de voir certain lieu où il y avait un trésor caché ; et il déclara à sa femme qu'il voulait aller à la découverte. « Change de bas, » lui dit sa femme, voyant qu'il avait des bas humides : c'était le conseil du diable ; il l'écouta ; il ôta ses souliers, la fleur de fougère tomba sur le sol, et au même instant il oublia tout. Dans une autre variante du même conte qui m'est communiquée par mon savant ami le professeur Michel Dragomanoff et par M. Antipowié, le diable, pour tromper le paysan, lui propose de changer contre les bottes du diable ses pauvres souliers dans lesquels, à l'insu du paysan, était tombée la fleur de fougère qui lui avait permis de retrouver ses bœufs et qui lui permettrait bientôt de s'emparer d'un trésor caché ; le paysan agrée cet échange et, en cédant ses souliers, perd le souvenir du trésor. (Cf. ce que nous avons remarqué à propos d'*Hercule* et de l'herbe qui *ouvre*.)

Évidemment, cette fleur de fougère est la foudre ou le soleil lui-même qui apporte la lumière en déchirant le nuage, la caverne ténébreuse.

Dans un document français de l'année 1364, nous voyons qu'il était d'usage en France, dans la ville de Saint-Just, de faire veiller dix petits enfants au berceau dans la rue « devant leur huys, et de y faire ramées de bois vert entour les dis enfants pour la solempnité de la feste ». Du Cange, en parlant des Picards, s'exprime ainsi : « Nescio unde habent illiam consuetudinem colligendi *artemisiam*, gallice *armoise*, pervigilio Nativitatis S. Johannis Baptistae, quam inde vocant : *Herbe de la Saint-Jean* ; cui hac die collectae, prolatisque tum superstitiosis quibusdam verbis, multas inesse sibi fingunt virtutes. Quare ex illa cingulos plectunt et coronas quas ubique in domibus, stabulis, ovilibusque appendunt per annum integrum asservandas. » Ces guirlandes étaient souvent formées de lis blancs, de bouleau vert, de fenouil, d'*hypericum*, d'armoise, de feuilles différentes, et de pattes de gibier. Ces guirlandes, ainsi composées de sept éléments, avaient, disait-on, un immense pouvoir contre les mauvais esprits.

Parmi les herbes de la Saint-Jean qu'on cherche à Kiew, en Russie, le professeur Rogovic' signale la *tirlic* ou *tirlictrava*, qu'on identifie avec la *gentiana amarella*[341]. Il faut cependant se garder, dit-on, des sorcières qui dans cette nuit fréquentent la montagne pour s'emparer de cette herbe[342], à la possession de laquelle arrivent seulement ceux qui d'abord auront eu la chance de trouver la *salicaria*[343]. Une autre herbe ne doit être cueillie que dans la nuit de la Saint-Jean : c'est le *hieracium pilosella*, que les Allemands appellent *Johannisblut* (sang de Jean) ; elle porte bonheur, mais il faut, pour cela, la déraciner avec une monnaie d'or[344]. Cette croyance rappelle le conte populaire des chercheurs du trésor : ils le trouvent en défrichant la terre, qui, de stérile, aussitôt défrichée, devient productive. Il semble que la croyance allemande veuille insinuer qu'il faut de l'or et du travail pour réaliser le bonheur.

C'est dans les herbes de la Saint-Jean que les jeunes filles européennes cherchent des présages sur leur époux futur.

Les jeunes Suédoises[345], la veille de la Saint-Jean, composent un bouquet où entrent neuf fleurs différentes, parmi lesquelles

---

[341] *Opit slovaria narodnih Nazvanii iugo-zapadnoi Rossii*, Kiew, 1874. Cf. aussi Markevic, *Obicai Povieria*, etc. *Maiorossian*, Kiev, 1860, p. 86.

[342] « Dans l'Angleterre Shakespearienne, dit François-Victor Hugo, la nuit qui précédait *Midsummer* était la nuit fantastique par excellence. C'était pendant cette nuit, au moment précis de la naissance de saint Jean, que sortait de terre cette fameuse graine de fougère qui avait la propriété de rendre invisible. Les fées, commandées par leur reine, et les démons, conduits par Satan, se livraient de véritables combats pour cette graine. »

[343] Cf. dans le second vol. Plakun.

[344] Cf. Rochholtz, *Deutscher Glaube und Bräuche* — Nork, *Mythologie der Volkssagen*, p. 326, observe : « Wie man vorher an Baldrs blutigen Tod gedacht, so erinnert man sich nun an das blutende Haupt des Täufers, und gab der Saude *(Hypericon quadrangulare)*, an der man einst Baldrs. Blut zu sehen glaubte, den Namen *Johanniskraut* ; kurz alle Heilkraft Baldrs ward zur Mirakelgabe des neuen Heiligen. Aut Island, den Faröern, in Schonen, Iutland, wird que hellstrahlende Arthemis cothula, que in der Sommerwende blüht, noch *Baldrs Braue* genannt. » En Sicile, on appelle *Varva di S. Giovanni* (barbe de saint Jean) deux fleurs, l'une rouge, l'autre bleue ; la seconde est la *campanula gracilis* L.

[345] Cf. Léouzon Le Duc, *La Balique*.

l'*hypericum* (Cf. ce mot, tome II), ou fleur de *Saint-Jean*, est toujours de rigueur. On doit cueillir ces fleurs sur neuf terrains différents[346]. On place le bouquet sous le coussin du lit, et on tâche de s'y endormir et d'y rêver. Ce que les jeunes filles auront vu en songe ne manquera pas d'arriver.

Dans le mythe, le lumineux est un savant ; et le savant devine l'avenir. Saint Jean annonce le Christ ; les herbes de la Saint-Jean dévoilent tous les mystères, et chassent tous les démons ; la plus grande lumière qui se manifeste à la Saint-Jean est la médecine la plus puissante, la richesse et la science par excellence. Nous ajouterons encore ici, d'après l'ouvrage de Bauhin *De plantis a divis sanctisve nomen habentibus* (Bâle, 1591), le nom des herbes et plantes que la botanique populaire a consacrées spécialement à saint Jean : les *Raisins de Saint-Jean, fleurs de Saint-Jean,* ont été appelées les groseilles ; la fleur de Saint-Jean est le *buphthalmus* ou *oculus bovis*, et, d'après Dodonaeus, le *chrysanthemum ;* l'armoise a pris les noms différents d'*herbe de Saint-Jean, ceinture de Saint-Jean* (Cf. le passage de Du Cange cité plus haut), *Sancti Johannis balteus. Herbe de Saint-Jean* se nomme encore la *mentha sarracenica,* ou *costus hortensis,* le *gallithricum sativum* ou *centrum galli* ou *orminum sylvestre ;* en Picarque, l'*abrotone* (espèce d'armoise) ; d'après Anguillara, la *verbenaca vulgaris ;* d'après d'autres, l'*androsoemon,* la *scrophularia* et la *crassula major ;* enfin l'*hypericum,* qui a la première place parmi les *herbes de Saint-Jean.* Il y a une espèce de *noix* (Cf. ce mot) qu'on appelle *noix de Saint-Jean ;* le *pain de Saint-Jean* est la *caroube* « quoniam credunt D. Ioannem Baptistam hoc fructu loco panis in solitudine victitasse. » (Cf. *Judas.*)

JOSEPH (*Plantes de saint —*). On voit assez souvent saint Joseph représenté avec une fleur de lis blanc à la main, symbole probable de sa candeur et de son innocence. Le Joseph du Nouveau-Testament joue un rôle aussi pudique que le Joseph du Vieux-

---

[346] Cf. un usage nuptial védique analogue, dans notre *Storia comparata degli usi nuziali indo-europei.* Milano, Treves, 2ᵉ édition. — Voyez aussi le mot *Fève* dans le second volume de cet ouvrage.

Testament. Le fils de Jacob décline les avances de la femme de Putiphar ; l'époux de la Vierge chrétienne renonce à ses droits de mari. Le lis, symbole de candeur, lui revient donc de plein droit. À Bologne, probablement pour la même raison, on vénère beaucoup, d'après les renseignements que nous fournit Mme Coronedi-Berti, sous le nom de *bastunzein d'San Iuesef* (petit bâton de saint Joseph), une fleur blanche, dans laquelle on reconnaît une *campanula*. En Toscane, on donne le nom de *mazza di San Giuseppe* (bâton de saint Joseph) à l'oléandre. On raconte que le bon Joseph avait d'abord un bâton tout simple ; mais que, lorsqu'un ange lui annonça qu'il deviendra l'époux de la Vierge, il en fut si joyeux que le bâton lui fleurit dans les mains. Je soupçonne dans ce conte populaire une allusion phallique assez grossière : le bâton de l'époux de la Vierge qui lui fleurit dans les mains ne semble être autre chose que le phallus, condamné, par le mariage avec une femme qui devra garder sa virginité, à une abstinence continuelle. (Cf. *Oléandre, Oléastre.*) L'oléandre, ainsi que nous le verrons, a un caractère funéraire ; saint Joseph, vieillard stérile, dont on célèbre la fête au milieu du carême, la saison de pénitence, représente de même avec son âne, animal phallique et funéraire, et son métier de charpentier, un personnage sinistre ; la mort du vieux phallus impuissant a été vraisemblablement déguisée dans la légende chrétienne sous la forme du mythe de saint Joseph.

JUDAS. Plusieurs arbres ont eu le triste privilège de tirer leur nom du traître de la légende chrétienne. Judas, le douzième apôtre, après avoir vendu son maître, de désespoir, alla se pendre à un arbre. Quel est cet arbre ? Un figuier ? un caroubier ? un tremble ? un tamarix ? *La rosa canina* ? Le fait est que tous ces arbres ont pris tour à tour le nom d'arbre de Judas. Judas, dans la symbolique populaire chrétienne, ayant représenté, comme Treizième des convives qui assistaient au dernier repas du Christ avant sa Passion, le nombre 13, ce nombre vint à signifier non pas seulement la trahison diabolique, mais la *mort* elle-même. Nous verrons que le figuier, le tremble et le caroubier jouent essentiellement, dans la superstition populaire, un rôle funéraire et diabolique (Cf. aussi *Diable*). Nous avons indiqué, en parlant de l'arbre d'Adam, les rapports qui existent entre le figuier phallique d'Adam et le figuier de Judas. Mais la superstition populaire ne pouvait pas se faire à l'idée que le figuier, après avoir servi au supplice de Judas, pût encore produire des fruits. Alors, on imagina que le figuier sur lequel le traître se pendit avait été maudit par le Christ, et que tous les figuiers sauvages proviennent de cet arbre maudit. Abélard, dans la première des épîtres, compare Anselme de Laon à cet arbre. De loin, c'était un bel arbre chargé de feuilles ; de près, il était sans fruits, ou ne portait que la figue desséchée de l'arbre que le Christ a maudit. Dans le feu, il produisait de la fumée, mais point de flamme[347].

Les chrétiens de la côte de Coromandel donnent le nom de bourse de Judas à une espèce de figue que le père Vincenzo Maria di Santa Caterina, dans son *Viaggio all'Indie Orientali* (IV, 9), nous décrit de la manière suivante : « La pianta di Giuda nasce nella costa di Coromandel, con le foglie come quelle del nostro fico, col fiore a guisa d'una campana, con foglie simplici, pavonazzo ; al quale succede un frutto similissimo ad una borsa verde, pastosa, che giunta alla maturità rimane in parte vuota con trentatre fave rotonde, bianche, spiccate, della grandezza di mezzo giulio (une petit monnaie romaine) ; che, perciò riconoscendo in quello una figura della borsa del traditore, la pianta viene chiamita di Giuda. » En Sicile on appelle *arvulu di Giuda* ou *arvulu di Giudeo* (Arbre de Judas ou arbre du Juif) le caroubier sauvage (*cercis siliquastrum*). On prétend que les sorcières hantent spécialement cet arbre ; si on en tombe, on meurt sans faute ; les sorcières peut-être poussent le malheureux qui monte sur cet arbre, dont la hauteur suffirait d'ailleurs pour expliquer les cas de mort.

---

[347] Ad hanc itaque quum accessissem ut fructum inde colligerem, depreihendi illam esse ficulneam, cui maledixit Dominus, seu illam veterem quercum, cui Pompeium Lucanus comparat, dicens :
Stat magni nominis umbra
Qualis frugifero quercus sublimis in agro.

Un proverbe russe[348] dit : « Il y a un arbre maudit qui tremble, sans que le vent souffle. » En Petite-Russie, on dit que les feuilles du *tremble* (*oçina* en russe, *populus tremula* ; Cf. *Bouleau*) sont agitées depuis le jour que Judas s'y pendit. D'après une tradition sicilienne recueillie par le docteur Joseph Pitré[349], Judas ne se serait point pendu à un figuier, mais à un tamarix, appelé *vruca* (*tamarix africana*), beaucoup plus commun que le *tamerix gallica*. La *vruca* n'est maintenant qu'un arbrisseau ; autrefois, dit-on, elle était un grand arbre et tout à fait beau ; depuis que Judas s'y pendit, par une malédiction divine, elle devint l'arbrisseau actuel, laid, petit, difforme, inutile, pas même capable d'allumer un tout petit feu. D'où le proverbe populaire : *Si' comu lu lignu di la vruca, chi nun fa ni cinniri ni foca* (Tu es comme le bois de la *vruca*, qui ne donne ni cendres ni feu). L'âme de Judas tourne toujours autour du tamarix, et se tourmente en voyant que son corps y demeure à jamais suspendu.

JUPITER. Nous avons vu que plusieurs herbes ont pris leur nom du Zeus ou Jupiter indien, Indra. De même, quelques herbes gréco-latines ont emprunté le leur au Jupiter hellénique et romain. Nous apprenons par Porta (*Phytognomonica*, Naples, 1588) que les Romains de son temps appelaient *occhio di Giove* (œil de Jupiter) l'*aïzoon* ou *sempervivum majus*. Sa forme est celle d'un astre, avec un bouton au milieu ; sur les pétales qui l'entourent, on distingue un petit œil, d'où la superstition mentionnée par Dioscoride, d'après laquelle cette plante guérissait l'inflammation des yeux. On l'appelait aussi *buphtalmon* et *zoophtalmon*, et simplement *oculus*. L'œil de Dieu, l'œil de Jupiter, les yeux d'Argus se retrouvent dans le nom de *milloculus* (*sahasrâksha*) donné en sanscrit au dieu Indra. L'œil divin, qu'il soit la lune ou le soleil, est l'*aïzoon* du ciel.

Macer Floridus nous donne la définition suivante de l'*acidula minor* :

---

348 Dans le recueil de Dal, Moscou, 1862.
349 *Fiabe Siciliane*, I. CXXVIIIᵉ et suiv. : *Lu cuntu di Giuda*.

Dicimus acidulam, quam Graecus dicit *aïzoon*.
Affirmant istam qui secum gesserit herbam
Quod non appetat hunc letali scorpius actu.
Altera vero minor species est istius herbae,
Quam *sempervivum* dicunt, quoniam viret omni
Tempore ; *barba Jovis* vulgari more vocatur.

(Cf. dans ce même vol. le mot *Tonnerre*.) *L'aïsoon* qui pousse sur les toits (*sempervivum tectorum*) a, dit-on, le pouvoir d'éloigner la foudre des maisons allemandes et scandinaves.

KALPADRUMA, KALPAKA, KALPARIKSHA (Cf. *Ilpa* ou *Ilya*, arbre de *Bouddha, Ciel,* arbres *Cosmogoniques,* arbres de *Cocagne, Mangûshaka,* arbres du *Paradis, Açvattha, Djambu*). — D'après la doctrine des Djaïnas[350], le *kalpaka* est un arbre qui par ses reflets produisait le jour et la nuit, avant la naissance du soleil et de la lune. Le soleil et la lune ne furent créés qu'au moment de l'apparition des premiers Manus ; lorsque le quatorzième Manu parut, la pluie tomba sur la Terre, toutes les espèces de plantes poussèrent : les blés pour les nourrir, le coton pour les habiller, les fleurs avec leur parfum. Ce quatorzième Manu semble symboliser la 14ᵉ phase lunaire ; nous savons que le dieu Lune (Soma) était considéré comme le roi de la végétation. Rousselet (*Voyage dans l'Inde centrale*), dans des grottes près de Gwalior, observa des statues bouddhiques portant sur leur tête le *kalpa,* ou *kalpavriksha* : « Quelques-unes, dit-il, ont la tête entourée d'une auréole de serpents. D'autres portent, au sommet de la mitre, le *kalpa vrich* ou *arbre de la science,* qui forme trois branches, et mérite d'attirer l'attention à cause de son analogie avec le symbole mystique des bouddhistes. » C'est un, l'arbre bienheureux qui pousse au milieu des fleurs et des ruisseaux sur la montagne escarpée où Tathâgata, faisant pénitence, se sacrifia pour un tigre affamé en lui

---

[350] Cf. Bower Cintamani (Madras, 1868), cité par Garett, *Classical Dictionary of India.*

livrant son corps[351]. Le *kalpadruma* est un arbre qui remplit tous les désirs ; c'est au pied de cet arbre que demeure Râma, seigneur du monde, et *Kâmarûpa* (qui change de forme à son gré), dans la *Râma-Tâpaniya-Upanishad*. Il faut encore reconnaître ce même arbre dans ce *colparaqnin* (corruption probable de *kalpavriksha*) dont parle notre voyageur du XVIIe siècle, Vincenzo Maria da Santa Caterina : « Nel cielo credono vi sia una di queste piante detta *colparaqnin*, di tanta grandezza che niuno dei mortali la puote misurare, la quale dicono che dia o ognuno quanto vuole e sa desiderare, per cibo e delizia ; et dans ce *campanganghi* (du sanscrit *kamopangin*, qui signifierait : *accomplissant les désirs*), dont il est fait mention dans le *Viaggio intorno al mondo* de Pigafetta, habité par des oiseaux merveilleux, des garudàs, proches parents de l'oiseau d'Indra et de Vishnu : « Sotto Iava maggiore, dit-il, verso tramontana, nel golfo della China che gli antichi chiamano Sino Magno, trovasi un albero grandissimo detto *Campanganghi*, in cui abitano certi uccelli detti *garuda*, grandi, che prendono fra gli artigli e portano a volo un elephante al luogo dell' albero ; il qual luogo chiamasi *puzathaer* (*pûgyadaru* ? l'arbre qu'on doit vénérer.). » Évidemment, notre voyageur crédule prenait pour un fait réel le sujet d'un conte mythologique. Les mahométans de l'Inde ont probablement hérité des bouddhistes le fond de leur croyance au *kalpa* « Maometto, écrit Lazzaro Papi dans ses *Lettere sull' Indie Orientali*, pose pur anco nel suo paradiso l'albero della felicità detto *Tuba*, ogni ramo del quale stendesi nell' abitazione di ciascun fedele e gli somministra ogni più soave e desiderabile nudrimento. Da esso i beati hanno seta finissima per vestirsi e bellissimi cavalli magnificamente sellati escono da quell' albero prodigioso per servizio de' fedeli. Il suo tronco s'inalza tanto ed i suoi rami si spandon in cosi vasto giro che il più veloce e gagliardo cavallo appena in cento anni potrebbe uscire di sotto all' ombra di esso. »

Parmi tous les dons que le *kalpadruma* peut procurer aux mortels, celui de la science est le plus recherché par Bouddha et par les

---

[351] Cf. Beal, *Travel of Fah-Hian and Sung-Yun buddhist pilgrims from China to India.* London, 1869, p. 192.

Bouddhistes ; c'était bien un *kalpadruma*, le rêve du roi Salomon, lequel, pouvant choisir parmi tous les biens du monde, préféra avoir en partage le don de la science universelle. Le *kalpadruma* réunit en lui-même toutes les richesses et toutes les connaissances ; ce n'est donc qu'une fade calomnie que la strophe de ce poète courtisan qui, s'adressant à un roi indien, lui disait : « Le *kalpadruma* (qui donne) ne sait pas ; Brahaspati (qui sait) ne donne pas ; ce roi seul sait et donne en même temps. »

KARACHARES (*herbae*). Nous lisons dans Du Cange qu'elles étaient des « herbae praestigiis, ut putabant, aptae. » Il cite le Libellus Pirminii abb. (Mabillon, tom. IV *Analect.*), où est ordonné : « Karachares herbas succino nolite vobis vel vestris appendere. »

KARTOFFELWOLF. *Loup des pommes de terre*, nom d'un démon germanique. (Cf. l'*Introduction*.)

KATZENMANN. *Homme-chat*, nom d'un monstre germanique qu'on prétend habiter dans le blé.

KLEESAU. *Truie du trèfle*, nom d'un démon germanique.

KONAR. Nous avons mentionné la tradition toscane d'après laquelle le *feu* se serait développé au sommet des *arbres* ; dans le XVe chapitre du *Bundehesh*, il est fait mention d'un arbre générateur nommé *Konar*, d'où aurait jailli la première étincelle.

KÖNGUL. Est le nom d'une herbe funéraire, laquelle, d'après une tradition altaïque recueillie par Radloff[352], poussera sur la Terre à la fin du monde et produira des monstres, qui sèmeront la destruction parmi les hommes et les animaux. Alors *Schal-jime* demandera l'aide de *Mandy-Schire*, en l'assurant qu'il ne touchera point à l'herbe *köngul*

---

[352] *Proben der Volksliteratur der türkischen Stämme Süd-Sibiriens* ; St Petersbourg, 1866.

puisque la racine de cette herbe est un serpent jaunâtre. Mais Mandy-Schire se taira et ne viendra en aide à personne.

KORNWOLF, KORNSAU, KORNSTIER, KORNSKUH, KORNMUTER, KORNKIND, KORNMAID, *Loup du blé, truie du blé, taureau du blé, vache du blé, mère du blé, enfant du blé, jeune fille du blé*, est le nom donné à différents monstres, démons, génies germaniques.

KRAUTESEL, *l'âne de l'herbe,* est un démon germanique particulièrement ennemi de la laitue.

KUVERA. Le *dieu des richesses* des Indiens, gardien de la région du Nord ; dans son pays mythique, on plaçait une espèce de paradis terrestre appelé *kuveravana* ou *bois de Kuvera* ; *kuveraka* désigne la *cedrela toona* Rox., et *œil de Kuvera* (*kuverâkshî*) la *bignonia suaveolens*.

LANGAGE (— des plantes et des herbes). En donnant une âme à la plante, la croyance populaire l'a douée de la parole : langage muet le plus souvent, langage emblématique, mystérieux, et qui sait pourtant se faire entendre. Témoin ces fleurs qui servent d'interprètes aux amours, et qui, entre elles (les lecteurs de Heine n'ignorent point ce détail), se racontent de petits *maerchen.* L'arbre qui craque, la feuille qui bruit, le vent qui siffle à travers les forêts modulent chacun leur note, disent leur mot, leur phrase dans ce concert végétal dont la poésie a fait un langage.

C'est à ce langage que les arbres, les herbes, les feuilles, les fleurs doivent le don prophétique. L'arbre-nuage éclate en détonations menaçantes ; l'arbre qui chante est la nuée qui tonne ; la foudre védique est l'oiseau brillant à la voix sonore. Il y a bien des analogies entre la lumière et la parole. Souvent la même racine suffit aux deux idées, aux deux catégories *briller et parler. Ce qui se manifeste est* à la fois *lumière* et *parole.* L'arbre chantant n'est pas seulement le nuage qui tonne ; c'est encore le soleil, Apollon ou Orphée avec sa lyre, et la lune, divinité pastorale, dont la flûte magique rythme la danse des Elfes.

Et sur la Terre, à combien d'arbres n'a-t-on pas prêté une voix humaine ! Virgile fait parler le cornouiller de Polydore ; et, du tronc où Dante l'a enfermée, l'âme de Pierre des Vignes s'écrie :

Anime fummo, ed or sem fatti sterpi !

Rappellerons-nous l'*acis* qui sortit du sang d'Acis tué par le Cyclope, la fleur qui naît du sang d'Adonis, le cornouiller sanguin (en italien *sanguine*) et le roseau qui, dans les contes italiens, poussent sur le cadavre du jeune homme assassiné et se changent en flûte magique pour dénoncer l'assassin[353] ? Chez Loccenius, auteur du XVIIe siècle, cité par Mannhardt *(Baumkultus der Germanen* 34), c'est un beau *genévrier* qui s'indigne et crie lorsqu'on vient l'arracher. (Cf. *Cerisier, Bouleau, Sureau, Sang* —des arbres—, arbres *Sacrés*).

Le livre de Sidrach mentionne deux herbes magiques ; l'une avait le pouvoir de faire parler[354], l'autre de rendre sourd : « Anche è un' erba lunga presso di due palmi, e à fiori come bottoni gialli, seme fesso e bianco, radici rotonde. Chi metesse di questa erba sopra la criatura che dorme, cioè solamente di quelli bottoni, egli manifeste-

---

[353] On peut citer encore la fleur dont parle un chant populaire répandu dans presque toutes les provinces italiennes, et qui révèle la mort de la jeune fille, victime de son amour. M. Rubieri (*Storia della poesia popolare italiania*) nous fait connaître la version toscane :

> Voglio fare una cassa fonda
> Da poterci stare in tre,
> Il mio babbo e la mia mamma,
> Lo mio amore insiem con me.
>   Ed in cima di quella cassa,
> Un bel flor ci vô piantâ ;
> Voi piantarlo nella sera,
> La mattina florirà.
>   E le genti che passeranno,
> Gli diranno : oh che bel flor !
> Egli è il fior della Rosina
> Che l' è morta per amor.

[354] La vigne, dont on tire le vin qui enivre et fait parler (d'où le proverbe latin : *in vino veritas*), peut être rangée au nombre de ces plantes magiques.

rebbe ciò ch' egli avesse fatto già X anni[355].» «Anche è un' erba piccola di mezzo dito sopra terra, e a foglie nere. Chi la metesse in bocca, e andasse tra gente, niuno gli potrebbe favellare, tanto come egli lo senti, sono.» (Cf. dans ce même volume l'herbe *Sholoä.*)

LANGUSTA. Nous trouvons chez Du Cange la définition, qui suit : « *Langusta*, herbae species, quae in Syria nascitur, qua vesci solitum sanctum Joannem Baptistam aiunt, pro qua *locustam* manducasse postea persuasum. »

LEGUMES. Dans la symbolique végétale, les légumes ont une signification essentiellement funéraire. Les uns sont considérés comme impurs, spécialement la fève et la lentille ; d'autres sont déposés à côté du cadavre, dans les tombeaux anciens ; c'est un viatique. Comme on l'a vu ci-dessus (Arbres du *Ciel*), c'est presque toujours sur la tige d'une plante légumineuse (haricot ou pois) que le jeune héros ou le vieillard monte au ciel ; quelquefois c'est sur un chou ; le chou aussi est un emblème funéraire ; en Italie, pour *mourir*, on dit vulgairement : *andar tra i cavoli, andare a rincalzare i cavoli*. Par une confusion vraisemblable, l'âme s'est identifiée avec son viatique végétal. Elle a passé dans son légume, haricots pois ou chou, et la plante en montant l'a élevée jusqu'au soleil.

Le légume du ciel est la lune. Elle reçoit l'âme du soleil mourant, et la porte au royaume des bienheureux, ou descend avec elle aux enfers, dans la maison du monstre ; le jeune homme reconnaît son chemin au retour par les légumes qu'il a semés le long de la route ; le héros solaire sort de sa retraite ténébreuse nourri par les légumes, guidé par les conseils et l'assistance de la bonne fée, de la Madone ou de la lune. — D'après le *Vishnupurâna* (I, 6), Brahman, dans la toute première création du monde, créa ces légumes : le *mâsha* (pha-

---

[355] Le même livre cite une autre herbe douée de la même vertu : « Anche é una erba a pochi fiori, bianche le foglie, a guisa di *lingua d'uccello*, sottili radici, ritonde, seme giallo. A persona che avesse perduto la favella per infermità, chi gli metesse una foglia di questa erba sotto la lingua, la favella gli tornerebbe una grande ora, se ella fosse pesta e secca. »

seolus radiatus), le *mudga* (phaseolus mungo), la lentille, *masûra* (ervum hirsutum), le *nishpâva* (que le Dictionnaire de Saint-Pétersbourg définit : *eine bestimmte Hülsenfrucht, Dolichos sinensis* Lin. *oder eine verwandte Art*), le *kulatthala* (doliches biflorus), l'*adhakî* (citysus cajanus), le *cananka* (cicer arietinum), et le *çana* (crotolaria). Selon Pausanias (VIII), Cérès, allant à la recherche de Proserpine emportée dans la région infernale, distribua les légumes à tous ceux qui l'avaient bien reçue, à l'exception de la fève, qui depuis lors fut regardée comme une nourriture impure[356]. Le rôle que jouent les légumes dans la légende de Proserpine, une forme lunaire bien connue, confirme le rapport que nous avons établi entre cette plante légumineuse qui croît jusqu'au ciel, ce légume, viatique du trépassé, et la lune qui visite, dans sa période lumineuse, le royaume des bienheureux et, dans sa quinzaine obscure, descend aux enfers. De quelque manière que l'on veuille expliquer le mythe, cette identification semble inévitable.

Les anciens connaissaient un *lion des légumes*, un démon à la fois et une plante nuisible aux légumes. (Cf. *Lion*.)

LIES (Arbres et herbes —). Nous verrons aux mots *Figuier, Noyer, Orme, Bouleau, Sapin, Chêne, Platane*, plantes *Médicinales* et autres, différents exemples d'un usage très répandu qui a laissé des traces, notamment en Russie, en Allemagne, en Italie, en France, en Belgique, etc. À Vaux sous Chèvremont, en Belgique, les paysans « vont le premier de l'an sur leurs terres et dans leurs prairies ; ils enroulent des cordes de paille, *des toirchelles de strain*, autour d'un arbre, en répétant : *Ji v sohaite inne bonne année à l'nvâde de Dieu*[357]. C'est sans doute une manière de souhait pour que les fruits des arbres puissent arriver à leur maturité et la jeune plante elle-même prendre racine. En

---

[356] Nous verrons aux articles *Cicer* et *Lupin*, que, dans sa fuite en Égypte, la *terre noire*, la Madone a béni le genévrier qui la protégeait contre la persécution des soldats d'Hérode, et maudit les *pois chiches* et les *lupins* qui allaient la dénoncer. Il me semble impossible de ne pas voir des rapports entre la légende hellénique et la légende chrétienne ou, à mieux dire, gréco-alexandrine.

[357] D'après un article de M. Stecher dans la *Revue de la Belgique* de l'année 1875.

Italie, d'un fruit qui promet de mûrir sur l'arbre, et que le vent ou les vers n'ont pas fait tomber, on dit : *esso allega* (proprement, *il se lie, il s'attache ;* en français : le fruit *se noue*)[358]. Les anciens Romains entouraient de certains liens les vieux arbres, probablement pour les préserver de la pourriture et de la mort[359]. Parfois nous voyons lier l'arbre pour lui communiquer la maladie de l'homme ; nous avons déjà fait allusion à cet usage en parlant des arbres *Diaboliques* et *Maudits*. Plinius Valerianus, au quatrième siècle, conseillait de lier un arbre en prononçant une certaine formule, pour se délivrer de la fièvre-quarte : « Panem et salem in linteo de lyco liget et circa arborem licio alliget et juret ter per panem et salem : Crastino mihi hospites venturi sunt (c'est-à-dire, la fièvre) ; suscipite illos ; hoc ter dicat. » Le professeur Ad. Kuhn nous apprend[360] comment on procède, dans l'Altmark, pour se guérir des maux de tête ; on se bande trois fois la tête avec un fil ; puis on lie avec ce même fil un arbre ; le premier oiseau qui se posera sur l'arbre emportera le mal de tête. Quant au *licium* mentionné par Plinius Valerianus, nous le voyons aussi employé au même usage, c'est-à-dire à lier le mal, chez Marcellus de Bordeaux, médecin du quatrième siècle. « Inguinibus, dit-il, potenter medebere, si *de licio septem nodos* facias, et ad singulos viduas nomines, et supra talum eius pedis alliges, in cuius parte erunt inguina. » Pour obtenir un effet semblable, et précisément « ne inguen ex ulcere aliquo aut vulnere intumescat », Marcellus de Bordeaux recommande encore les *sept nœuds d'anet* : « Surculum anethi in cingulo aut in fascia habeto ligatum in sparto vel quocumque vinculo, quo holus aut obsonium fuerit innexum, *septem nodos* facies et per

---

[358] Nous apprenons par M. Pitré qu'à Vicari-Alimena, en Sicile, on lie avec l'*ampelodesmon* le tronc du noyer, pour que la noix se forme et ne tombe pas avant le temps.

[359] « Ces anciennes habitudes, dit M. Boissier (*La religion romaine d'Auguste aux Antonins*) ne se sont jamais tout à fait perdues ; elles se conservaient dans les campagnes, où les paysans honoraient les dieux en couvrant de bandelettes de vieux troncs d'arbres et en versant pieusement de l'huile sur des blocs de pierre (Tibulle 1, 1, 10 ; Apulée, *De Mag.* 56). »

[360] *Zeitschrift*, XIII, 73.

singulos nectens nominabis singulas anus viduas et singulas feras et in crure vel brachio cuius pars vulnerata fuerit alligabis. Quae si prius facias antequam nascantur inguina, omnem inguinum vel glandularum modestiam prohibebis, si postea, dolorem tumoremque sedabis. »

L'observation des *nœuds* dans les plantes a fourni différents présages. Voici, par exemple, ce que le père Martini, dans la *China illustrata* de Kircher (Amsterdam, 1687), nous rapporte sur une plante chinoise : « *Nascitur* et in provincia *Quantung* planta quam *Chisung* dicunt, quod idem est ac *herba ventum demonstrans ;* siquidem nautae, ut P. Martinius refert, ex illa, quo mense, quae toto anno futurae sant tempestates, colligere se posse autumant ; idque ex *geniculis* ipsius ; quo enim *nodi* pauciores sunt, eo tempestates eo anno futurae sint pauciores, atque adeo ut, ex multitudine *geniculorum*, paucitas aut copia ventorum tempestatumque innotescat, uti ex distantia *nodorum* a radice, quo mense accidere debeant. »

En Vénétie, la superstition consulte une tige d'herbe à plusieurs nœuds sur la destinée dans la vie future. On commence par la pointe ; sur le premier nœud, on dit : Paradis ; sur le second : Purgatoire ; sur le troisième : Enfer (*Caldieron*), et ainsi de suite ; le mot qu'on prononce lorsqu'on est arrivé au dernier nœud dit la vérité. Dans d'autres parties de l'Italie, la même herbe à plusieurs nœuds apprend aux filles si elles se marieront au village ou hors du village ; elles brisent un nœud en disant : *je me marierai ici,* un second en disant : *je me marierai dehors ;* le dernier mot qu'elles prononcent arrivées au dernier nœud leur révèle leur sort.

M. Stecher a retrouvé cette coutume chez les Liégeoises[361]. « Elles se réunissaient le 1ᵉʳ mai, au lever du soleil, pour lier le jonc ; elles cheminaient vers les confins d'une verte prairie, du côté où un buisson d'églantiers abritait le mieux un gazon frais et touffu. C'était là que les curieuses choisissaient avec le plus grand soin trois brins d'herbe, (*trois foilles d'erbe,* comme dit la Chanson des Lohe-

---

[361] Article cité, sur les *Superstitions wallonnes,* dans la *Revue de Belgique* (15 mars 1875).

rains). Elles coupaient, elles arrangeaient ces tiges menues de façon à leur donner exactement la même longueur. Puis à chaque brin était attaché un fil de soie de couleur différente. Le noir représentait le célibat, le rouge l'amant inconnu, le vert l'objet des vœux secrets. Après dix jours d'attente, l'oracle se prononçait par celui des trois brins qui avait surpassé les deux autres en hauteur. »

L'oracle consulté par les copeaux, par les lis, par les brins de paille et d'herbe a déjà été mentionné au mot *Bâton ;* ici, à propos de plantes liées, de nœud des herbes et de brin d'herbes entourées par un fil, nous rappellerons encore ces brins d'herbe symboliques serrés entre les doigts des Chinois, dont il est question dans le *Livre des Changes*[362] : « Le nombre du grand chaos est cinquante ; mais on n'emploie que 49, qu'on partage en deux parties égales pour imiter le dualisme ; on place un brin d'herbe entre le doigt moyen et le quatrième doigt, pour imiter les trois puissances (le ciel, la Terre et l'homme), et on les prend quatre à quatre pour imiter les quatre saisons. » Ceci n'est pas bien clair, et les seuls sinologues pourront répondre de l'exactitude de la traduction ; il nous suffit de constater que, de l'extrême occident européen à l'extrême orient asiatique, s'est propagé la même superstition sur le rôle prophétique des fétus.

Il nous semble avoir déjà remarqué que la feuille, le fétu, le brin d'herbe, la verge, la branche, le bâton ne sont qu'un fragment de l'arbre prophétique ; et que l'arbre prophétique de la Terre n'est qu'une hypostase de l'arbre divin, de l'arbre nuageux où le tonnerre parle, de l'arbre de sagesse, de l'arbre peuplé par des oiseaux qui savent tout, qui pénètrent dans toutes les retraites secrètes, enfin de l'arbre cosmogonique et phallique. Le brin d'herbe entouré d'un fil de soie en Belgique n'est qu'une forme de ce bâton ou arbre de mai, dont le rôle essentiellement phallique ne semble plus douteux. On orne le brin d'herbe, comme on décore le bâton de mai, comme, en Russie et dans l'Inde, les jeunes filles couronnent au printemps (le jour de la Pentecôte) des arbres (Cf. arbres *Sacrés*), et comme, dans l'antiquité, on couronnait et on décorait le phallus, et l'âne de Silène

---

[362] Schlegel, *Uranographie Chinoise*, I. 255.

et Silène lui-même, et Priape qui le représentait, au réveil de la végétation du printemps. Ceci explique en partie pourquoi le jeu des fétus est resté essentiellement un jeu de garçons et de jeunes filles, et affecté tout particulièrement aux cérémonies symboliques qui précèdent le mariage.

Lièvre. Le lièvre (en sanscrit *çaça*) a donné à la lune l'un de ses noms indiens, *çaçin* (*celle qui porte le lièvre*) ; *çaça* est aussi une plante indienne, la *symplocos racemosa* Roxb. En Allemagne une espèce de *zittergras* (herbe qui tremble) est appelée *hasenbrod* (*pain du lièvre*) et *hasenöhrlein* (*petite oreille de lièvre*) ; et l'*oxalis acetosella, hasenkohl* (*chou de lièvre*).

Lion. Le nom de *sinhî* ou *lionne* est donné dans l'Inde à plusieurs plantes : *gendarussa vulgaris* Nees. (appelée aussi *sinhaparnî, dont la feuille est un lion*) ; *solanum melongena, solanum, Jacquini, hermionitis cordifolia* Roxb. (appelée aussi *sinhapushpî* ou *fleur de lion*) ; *phaseolus trilobus* (appelé aussi *sinhaparnikâ*, dont la feuille est un lion) ; *crinière de lion* ou *sinhakeçara*, le *mimusops dengi* Lin. ; *rugissement de lion* ou *sinhanâdikâ*, l'*alhagi maurorum* de Tournefort ; *bouche de lion* ou *sinhamukhî*, la *glycine debilis ; visage de lion* ou *sinhasya*, la *gendarussa vulgaris* et la *bauhinia variegata*.

Nous avons vu dans la *Mythologie zoologique* que le lion représente le *soleil* ; les plantes qui lui doivent leur nom sont des plantes essentiellement solaires. Tel est, visiblement, le caractère du *löwenzahn* ou *dent de lion* (*taraxacum pratense*). Dans la Suisse allemande, d'après Mannhardt (*Germanische Mythen*), les enfants forment une espèce de guirlande avec la tige de la *dent de lion*, et, tenant cette chaîne à la main, ils dansent en cercle ; en Argovie, on appelle cette plante *sunnenwirbel* (*solstice*), ainsi que le *solsequium heliotropium*. Nous verrons au mot *Soleil*, que les romains trouvaient à la fleur d'*hélianthe* (*fleur du soleil*) une ressemblance avec la *bouche de lion*. Dans l'*orobanche* (le *sonnenwurz, racine du soleil*, des Allemands) on a cru reconnaître parfois une bouche, parfois un pied de lion ; mais, le *léontopode* a été surtout identifié avec le *gnaphalium alpinum*, la *filago stellata*, l'*edelweiss* des Allemands, la *pertière des Alpes* des Français, le *semprivio* des Frioulans. Sur l'*orobanche*, nous avons les renseignements suivants dans le livre de J. B. Porta, *Phytognonomica* : « Est orobanche herba, quae inter nothas Dioscoridis nomenclaturas *leo* dicitur ; in summis enim caulibus flore fert *leonis rictum* ostendentes, ex Sotione graeco in *Geoponicis* (Cf. Osiris). *Leguminum leo, osprioleon* dicitur, quod si quis velit in totum hanc herbam non apparere, quinque testas accipiat, et in ipsis pingat Herculem colore albo leonem strangulantem, atque testas ad quatuor angulos et in medium ruris deponat. » (C'est évidemment une réminiscence du combat d'Hercule avec le lion ; le lion des légumes voit son influence paralysée par la seule représentation du combat d'Hercule.) Porta nous apprend encore, d'après Démocrite, une autre manière de chasser le lion : le lion, dit-on, a peur du feu ; le lion s'effraie aussi de la crête du coq, c'est-à-dire de ce qui est rouge comme le feu. La crinière du lion et la crête du coq se jalousent et, par homéopathie, elles se neutralisent mutuellement ; ceci nous explique le passage suivant de Porta : « Quia leo animal, gallo viso expavescit et contrahitur, si quis gallum manibus strenue comprehensum circa agrum gestet, *leonteios-poa* mox abolebitur, tamquam et ipsa leonem umente. Alii, experientia docti, semina terra mandanda gallinaceo sanguine irrigant, tamquam tuta sit a leonina herba futura. Nicander veneno adversari orobanchen tradidit ut leonis caro. » Cette *orobanche* a été anciennement rattachée, non seulement au lion, mais au chien, comme l'indique son nom de *cynomorion*. Une coïncidence analogue réunit dans la canicule l'étoile *du chien*, Sirius, et le signe du Lion. Le nom italien de la canicule, *sollione, solleone*, rappelle d'ailleurs l'entrée du soleil dans le Lion.

On comprend aisément que le soleil-lion ait pu se transformer en une espèce de démon ennemi des légumes, puisque c'est précisément pendant la canicule que l'absence de pluies dessèche la terre et les végétaux. La victoire d'Hercule est réellement remportée sur le soleil de la canicule, le soleil-lion, sorte de Çushna (le démon védique de l'aridité) qui détruit la végétation. Nicander prétendait que l'*orobanche*, ainsi que la chair de lion, est bonne contre les poisons ; la force des poisons résidant, pensait-on, dans leur humidité, la chaleur de la canicule, le feu du soleil-lion devait les anéantir. Lorsque le lion est tué, le miel, l'eau, la pluie tombent. J. B. Porta, dans le livre cité, nous offre aussi quelques renseignements sur l'origine de la dénomination du *léonlopode* ou *pied de lion* : « Dicunt *leontopodion*, quasi *leoninum pedem*, propter *villosam* foliorum, non florum, effigiem, crus pedi annexum aliquantum referentem. Sunt et in floribus quaedam foraminula impressa, quasi leonis vestigium vel soleam imitata : Dioscorides ad amatoria valere dixit et ad tubercula. Magi promittunt, apud Plinium, perunctos leonum adipe faciliorem gratiam apud reges populosve obtinere : idemque ad hemorroïda et tonsilla *leontopetalon* dicunt, ac si aliquam in folus cum leone vel leonis pedibus similitudinem habeat, etsi authores non exprimant ; habet enim brassicae folium divisum papaveris forma. Dioscorides dicit in vino potam serpentum ictibus auxiliari, nec alia re dolorem citius finiri. » Apulée, *De Virtutibus herbarum*, nous apprend encore que le léontopode fournissait aussi un remède tout puissant, « *si quis devotatus defixusque fuerit in suis nuptiis* » ; voici la recette : « Herbae pedis leonis frutices numéro septem sine radicibus decoque cum aqua, luna decrescente, lavato eum et teipsum qui facis ante limen extra domum prima nocte, et herbam incende *aristolochiam*, et suffumigato eum, et redito ad domum, et ne post vos respiciatis, resolvisti eum. »

LOUP. *Louve* ou *vrikî* est le nom sanscrit de la *clypea hernamdifolia* ; *œil de loup* ou *vrikâkshî* désigne l'*ipomaea turpethum*[363]. *Vrika*, dans certains passages védiques, a le sens de *chien* et de *soleil* ; il me semble démon germanique *graswolf* ou *loup de l'herbe*[364] n'est autre chose que le chien Sirius, le soleil de la fin de juillet et du commencement d'août, qui dévore la végétation. On verra, à l'article *Soleil,* que l'*hélianthe* (ou *fleur du soleil*) est appelé tout aussi bien *lycostomos* ou *lupios* que *bouche de lion*. Le *lupin* aussi est une plante solaire ;

---

[363] On peut comparer ici le *lycopsis* des Grecs.
[364] Le démon Loki, dans la superstition scandinave, est l'ennemi de l'*avoine ;* on sait que Loki prend volontiers la forme d'un *loup.*

« Lupinus, dit J.-P. Porta (*Phytognonomica*), *cum Sole* circumagitur, horasque agricolis, *etiam nubilo die*, demonstrat ; disolorem hominem frequens in cibo exhilarat et pulchriorem reddit. » Le lupin annonce donc le *soleil*, même lorsqu'il est *caché* ; comment ne pas voir un rapport intime entre ce phénomène naturel et la légende chrétienne, toujours vivante à Bologne[365], de la vierge qui fuit en Égypte (le pays noir) avec le Christ, et maudit les lupins, dénonciateurs de l'enfant Jésus, qu'ils devraient cacher aux soldats d'Hérode. Le lupin est amer, et c'est mauvais signe d'en rêver « Si quis haec in domo sua videre visus fuerit effusa, pro modo illorum rixam et acerbitatem domi suae reperiet. Si coctis vesci visus sibi fuerit, pro modo manducationis in adflictionem et morbum incidet. »

LUMIERE. L'arbre du ciel lumineux (le *dyutaru* du *Bhâgarata Purâna*) porte des fleurs et des fruits ; ces fleurs lumineuses, ces fruits suaves, nous l'avons dit, sont le soleil, la lune, les étoiles. La douce lumière, *glykeron phaos*, avec une sensualité poétique, fut considérée comme un fruit immortel, le fruit de l'ambroisie. Différentes plantes indiennes ont tiré leur nom de la lumière, par exemple l'*hemionies cordif. (dyutilâ)*, le *ricinus communis* (*rucaka*), le *safran*, le *raifort*, le *girofle* (*rucirâ*), l'*hyperanthera moringa* (*rucirângana* et *çobhângana*), le *strychnos potatorum* Lin., le *riz*, l'*aegle marmelos* (*rucya*) ; l'*herbe*, en général, est appelée la *brillante* (*argunî ; argunopama* ou *semblable à Arjuna*, le héros solaire, fils d'Indra, est la *tectona grandis ; arjuna*, au masculin, n'est pas seulement le héros solaire, c'est encore la *terminalia* luisante). Nous avons déjà cité les deux noms indiens de la *musa sapientum* (*bhânuphalâ* et *ançumtphalâ*) ; dans tous les idiomes indo-européens on pourrait trouver un grand nombre de plantes auxquelles leurs fruits, leurs fleurs, leurs feuilles, voire même leurs tiges ont valu l'épithète de *lumineuses* ; dans l'Inde encore, le *kuça, purificateur* et le *soma*, ami du feu, accompagnent les phénomènes lumineux du ciel : la *tulasî* pareillement et toutes les nombreuses herbes solaires et lunaires annoncent la lumière.

---

[365] Cf. *Rivista Europea*, Florence, 1875, septembre.

Mais une mention spéciale est due à l'*aglaophotis*, de Pline (XXIV, 17) : «*Aglaophotin herbam*, dit-il, quae admiratione hominum propter eximium colorem acceperit nomen, in marmoribus Arabiae nascentem Persico litore, qua de et *marmoritiden* vocari. *Magos utique ea uti, cum velint deos evocare.*» On se rappelle les hymnes védiques où il est dit que l'aurore et le feu du matin *apportent les dieux*, et où le dieu *Soma* est célébré comme *raksohan* ou tueur des monstres ; comment ne pas voir, dans cette herbe lumineuse orientale qui naît dans le marbre (c'est-à-dire qui remplace l'aube, la blanche), l'aurore, épouse du soleil, ou la lune qui chasse les monstres de la nuit et ouvre aux dieux la carrière ? Nous avons déjà signalé, en parlant du *Chien*, le *cynospastos ;* le *cynospastos* et l'*aglaophotis* ont été identifiés : « *noctu stellae istar lucens*, dit J. B. Porta, *et igneo splendore coruscans*, facile in conspectum venit.* » On l'arrache, dit-on, à peu près comme la *mandragore* (cf.), c'est-à-dire en la faisant déraciner par un chien, qui en meurt. D'après Ælien, l'*aglaophotis* est un excellent remède pour les yeux malades ; ce qui s'explique fort bien mythologiquement ; qu'elle soit la lune ou l'aurore, l'herbe lumineuse, l'*aglaophotis* chasse les ténèbres, dans lesquelles nous sommes tous aveugles, et nous permet de voir ou de revoir. On peut encore ranger au nombre des herbes lumineuses qui donnent la vue, l'*herba locusta* ou *herba sanctae Clarae* ou *clareta* de Bauhin[366], et l'herbe suivante décrite dans le livre de Sidrach[367] : « È un' erba alta mezzo palmo e à *foglie verdi a guisa d'occhi*, e à poco seme e poche radici e lunghe. Chi la tenesse in bocca *egli vedrebbe tanto chiaramente*, che egli *conoscierebbe apertamente lo rerde da bruno da lungo VII miglia, e vedrebbe di notte chiaramente.* »

D'après Gervaise de Tilbury, Virgile, poète et magicien, cultivait sur le *Mons Virginum* ou *Mons Virgilianus* un jardin rempli d'herbes ayant des propriétés magiques. On trouvait, entre autres, l'herbe *lucia*, laquelle rend la vue aux aveugles, aussitôt qu'ils parviennent à la toucher[368]. En Toscane, on donne le nom de *lucia* à un petit scara-

---

[366] *De plantis a divis sanctisve nomen habentibus*. Basileae, 1591.

[367] Bologne, Romagnoli, publié par le professeur Bartoli, p. 48.

[368] Sainte Lucie est la protectrice des aveugles ; le proverbe toscan dit : *Santa Lucia, il più corto di che sia*. Cependant, le jour de Sainte-Lucie, que l'on fête le 13

bée rouge (*coccinella septempunctata*), et le nom de *lucciola* (luisante) à une herbe par laquelle on s'assure si un enfant a été effrayé ou non. Dans la *Mythologie zoologique*, nous avons reconnu dans la *lucia* la *lune*, la lune qui dissipe les épouvantails ; et l'herbe *lucciola*, qui constate si on a été épouvanté, me semble s'y rapporter également (Cf. le mot *Lune*).

À côté des herbes qui donnent la lumière, qui rendent la vue, les magiciens en connaissent aussi quelques-unes qui ont, comme certains chapeaux, certains manteaux mythiques, le pouvoir de rendre invisible le héros solaire. Ce chapeau, ce manteau, cette herbe mythique qui donne l'invisibilité, c'est toujours le nuage ou le ciel ténébreux ; l'une de ces herbes est mentionnée dans le livre de Sidrach : « Anche è un erba piccola di mezzo dito sopra terra, e *à foglie nere*. Chi la ponesse in bocca e andassi tra gente, niuno lo potrebbe vedere » (Cf. plantes *Miraculeuses*).

LUNE. Une strophe indienne appelle la lune *la gardienne de l'ambroisie et celle qui amène les herbes* (*amritanidhânam nâyako 'pyoshadhî-nâm*[369]). Cette double qualité lui vient de ce qu'elle-même est considérée comme la première des herbes, l'herbe par excellence, le roi des herbes. Nous avons déjà vu (Cf. le mot *Herbe*) que les herbes, dans les hymnes védiques, s'entretiennent avec leur roi Soma, *Oshadhîpati* (roi des herbes). Soma est le dieu lunaire ; la plante *soma*, sur laquelle nous aurons lieu de revenir, semble le représenter le

décembre, n'est point le jour plus court ; mais avant la réforme du calendrier grégorien, le 13 décembre répondait au 20 décembre ; de manière que, le jour de Sainte-Lucie tombant le jour du solstice d'hiver, le peuple a imaginé que Lucie protégeait les aveugles : ou, mieux encore, on consacra le jour le plus court de l'année, celui après lequel on commence à voir mieux, à sainte Lucie, la sainte qui, ayant perdu les yeux, doit être la patronne des aveugles. Après la réforme du calendrier, le jour de Sainte-Lucie cessa d'être le plus court de l'année ; mais le proverbe était né et se conserva ; de même, on dit encore en Toscane : *San Barnabâ, il più lungo della strà*. La Saint-Barnabé tombe le 11 juin, qui n'est pas certainement le jour le plus long de l'année ; mais il l'était avant la réforme du calendrier, puisqu'il coïncidait avec le solstice d'été, avec le 20 juin actuel.
[369] Cf. Böhtlingk, *Indische Spüche*, I, 551.

plus souvent ; par extension cependant, le même suc immortel, l'ambroisie lunaire, est identifié avec la rosée de l'aurore, avec la pluie du nuage. La lune est froide et humide ; c'est d'elle, on l'a cru du moins, que les plantes reçoivent leur sève ; c'est grâce à la lune qu'elles multiplient et que la végétation prospère. Rien d'étonnant donc si les mouvements de la lune président, en général, aux opérations agricoles, et si on lui accorde une influence spéciale sur les mois et les accouchements de la femme qui représente, dit-on, l'eau, l'élément humide. La déesse romaine *Licina* (la lune) veillait sur les accouchements et avait sous sa protection le dictame et l'armoise (*artemisia*, de *Artemis*, la déesse lunaire) considérée, ainsi que le *soma* védique, comme la *reine des herbes* (Cf. le mot *Armoise* dans le second volume).

Pour déterminer le caractère du *Râgasûya*, cérémonie indienne, on a proposé deux étymologies : d'après l'une, le mot *râgasûya* signifierait : *qui doit être accompli par un roi ;* d'après l'autre, *la production du râga*, la plante lunaire de laquelle on tire le jus du *soma* sacrificiel. Un savant indien[370] remarque avec justesse que la seconde étymologie n'est point recevable, attendu que la production du soma qui a donné lieu à une foule d'autres cérémonies, ne joue pas dans ce sacrifice le rôle principal, mais la vraisemblance fortuite de ce rapprochement a pu contribuer à la popularité du *Râgasûya*, dont le nom, à mon sens, ne comporte guère qu'une signification : *production, génération d'un roi*. Il est tout naturel qu'un roi, et surtout un *cakravartin*, puisse seul présider à un sacrifice qui a pour but la génération d'un roi ; *Rishyâçringa*, le jeune ascète de la légende qui, en sortant de sa retraite, fait tomber la pluie, et vient assister, dans la célébration du *Râgasûya*, le roi désireux d'obtenir un royal héritier, me semble personnifier l'astre qui veille à la génération, cette herbe de l'ambroisie, dont le suc, la liqueur vivifiante, a son emploi marqué dans le *Râgasûya*. Les deux étymologies, au lieu de se contredire, se confondent dans la même donnée mythique ; le *soma* pouvait être superflu dans d'autres cérémonies, il était nécessaire dans celle qui

---

[370] Râgendralâla, *An imperial assemblage at Dehli three thousand years ago* ; Calcutta, 1876.

d'autres cérémonies, il était nécessaire dans celle qui avait pour objet de procréer des étalons de race royale.

Plusieurs plantes indiennes ont tiré leur nom de la lune (*candra, indu, soma*) : *candrâ* est la *cardamone* (appelée aussi *candrikâ*) et le *cocculus cordifolius* ; *candrî* et *candraprabhâ* (qui a la splendeur de la lune), la *serratula anthelmintica* Roxb. ; *candrâkânta* (aimé par la lune) ou *candradyuti* (resplendissant comme la lune), le bois de sandal (*candana*) ; *candrapushpâ* (fleur de lune), une espèce de *solanum ; candravallî et somalatâ*, la plante rampante qui produit le *soma* (*asclepias acida*) ; *candraçura* (*héros* ou *lion lunaire*), plante heureuse *(bhadrâ)* et réjouissante (*nandanî*), le *lepidium sativum ; candrahâsâ* (le rire de la lune), le *cocculus cordifolius* Decandolle ; *candrâhvaya* (qui tire son nom de la lune), le *camphre ; ardhacandru* (demi-lune) est le *convolvulus turpethum ;* (appelé aussi *krishnatrivrit*, peut-être le *triple cordon sacré de Krishna ;* la tige de cette herbe est triple) ; *indukalâ* (luna falcata, corne lunaire), le *cocculus cordifolius*, le *sarcostema viminale*, le *ligusticum ajowan ; indukalikâ*, le *pandanus odoratissimus ; indupushpikâ* (aux fleurs de lune), la *methonica superbâ*[371]. Nous renvoyons au mot *Soma* l'énumération des plantes qui tirent leur nom de ce synonyme lunaire.

La Lune, qui veille à la végétation, lorsqu'elle est propice, c'est-à-dire pendant sa croissance, produit des herbes médicinales ; lorsqu'elle est néfaste, pendant son décours, elle remplit les herbes de poisons ; l'humidité de la lune peut être tout aussi nuisible que bienfaisante. Sur d'anciennes broderies chinoises[372], on voit la lune représentée avec un lièvre, sous un arbre *cassia*, pétrissant des plantes médicinales dans un mortier. D'après un traité d'astrologie arabe[373], pour planter des arbres il faut éviter le signe de Mars ; la lune doit se trouver dans les signes fixes, spécialement dans le Taureau ou dans le Verseau (*Aquarius*) ; pour semer, au contraire, des plantes annuelles, il faut que la lune se trouve dans les signes

[371] La lune, en sa qualité de *çaçin* (proprement celle qui porte en elle la figure d'un *lièvre*), a donné le nom à quelques autres plantes, entre autres, à une *nymphée* nocturne (*çaçiprabha*, ou *splendeur de lune*) et à la *boerhavia procumbens* Roxb. (*çaçivâtikâ*).

[372] Schlegel, *Uranographie Chinoise*, p. 607.

[373] Haly, *De indinis*, Venetiis, 1520, p. 80.

annuelles, il faut que la lune se trouve dans les signes mobiles. Nos paysans observent encore rigoureusement les mouvements de la lune avant de planter, de semer, de labourer, de tailler la vigne ; je les ai entendus moi-même se moquer d'un paysan inexpérimenté qui avait semé les pois chiches pendant le déclin de la lune ; ils étaient d'accord pour déclarer qu'il n'aurait pas de récolte. La récolte en effet, manqua ; mais comme elle manque aussi très souvent lorsqu'on a semé pendant la phase ascendante à cause des brouillards épais qui surviennent parfois, il n'est guère possible de faire dans ces coutumes agricoles la part de l'expérience et celle de la superstition.

La lune, dans les Védas, tue les monstres ténébreux du ciel ; ces monstres sont souvent des serpents ; l'armoise (*artemisia*), la *sélénite*, de Séléné (la lune), la *lunaria* ont naturellement le pouvoir de chasser les monstres, les serpents ; Plutarque, dans son livre sur les fleuves, nous apprend que, près du fleuve Trachée, pousse une herbe appelée *sélénite*, qui laisse couler une liqueur spumeuse avec laquelle les pâtres au printemps oignent leurs pieds pour les garantir des morsures de serpents. Cette écume rappelle cette rosée que l'on trouve le matin sur les herbes et sur les plantes, et que les anciens Grecs regardaient comme un don des nymphes compagnes d'Artémis ou Diane, la déesse lunaire.

Le *Libellus De Virt. Herb.* attribué à Albert le Grand, s'appuyant sur l'autorité de l'empereur Alexandre, décrit ainsi l'herbe de la lune : « Herba tertia Lunae *chrynostates* (je suppose une faute d'impression, au lieu de *chrysostates*) dicitur ; succus purgat exacerbationes stomachi, thoracis et castorem, quia ostendit se esse *herbam lunae*. Flos autem hujus herbae purgat splenes magnos et curat ipsos, *quia ipse crescit el decrescit sicut Luna*. Valet ad ophtalmiam (Cf. *Lumière*), et facit acutum visum, et valet contra sanguinem oculorum. Si radicem ejus tritam ponis super oculum, mirabiliter visum clarificat, quia lumen ocalorum[374] propinquatum habet mysticum substantiae Lunae. »

---

[374] Le même auteur, après avoir mentionné plusieurs herbes plus ou moins magiques, ajoute : « Praedictas tamen herbas a 23ᵉ *die lunae* usque ad triginta inci-

Le professeur Saraceni m'écrit de Chieti dans les Abruzzes, que les montagnards de la Majella pensent que si, dans certaines coïncidences heureuses des étoiles, on touche l'herbe de la lune avec des métaux, ces métaux se transforment en or. Les Grecs connaissaient une herbe *chrysopolis*, dont les feuilles devenaient d'or rien qu'à les toucher avec de l'or pur. La lune et le soleil ne font-ils pas, chaque nuit et chaque jour, le miracle de la transmutation ? Ne changent-ils pas en or tout ce qu'ils touchent ? (Cf. *Or, Palmier*, arbre qui produit l'or, *Fougère, Noisetier*, plantes par lesquelles on trouve l'*or* et les *trésors* cachés, et herbes de saint Jean). Les Allemands appellent *mondveilchen* (violette de la lune) la *lunaria annua*, le *leucoion*, appelé aussi *fleur de la vache*, c'est-à-dire fleur de la vache lo (l'un des noms de la lune). On sait que cette fille d'Inachus, étant aimée par Jupiter, fut persécutée par Junon. Pour obliger le roi des dieux, la terre complaisante fit pousser cette herbe qui devait nourrir la déesse errante. (Cf. *Isis.*)

MADONE, MARIE (Herbes de la —, herbe de la vierge). Dans les contes populaires, la Madone, la vierge Marie, remplace souvent la bonne fée, la vieille qui apparaît au jeune héros, à la jeune héroïne solaire, et vient en aide à leur détresse.

Nous avons déjà fait allusion à la légende populaire, vivante en Italie, de la fuite en Égypte. Pour soustraire son fils aux sicaires d'Hérode, la vierge le cache sous des plantes et des arbrisseaux que, naturellement, elle bénit. Parmi ces plantes de la Madone, le genévrier est tout particulièrement investi du privilège de chasser les démons et de détruire les charmes magiques. C'est lui qui, dans la version toscane, sauve la mère et l'enfant.

Il y a, en Toscane, une petite plante grasse qui pousse sur les murs, une *parietaria* ; ses fleurs minuscules sont d'un rose blanchâ-

---

piendo collectionem istam levare, a Mercurio per totam horam dierum evellendo, mentionem fac passionis (c'est-à-dire du mal qu'on a) ut rei scilicet, nomina passionem vel rem propter quam ipsam colligis, et ipsam accipe herham. Loca tamen ipsam super frumentum, vel hordeum, et ea utere ad opus tuum postea. »

tre ; ses feuilles sont minces, et elle n'a presque pas de racine ; on la cueille le matin de l'Ascension, et on la garde, suspendue au mur de la chambre à coucher, jusqu'au jour de la nativité de la Vierge (8 septembre), ce qui lui valait probablement le nom d'*herbe de la Madone*. Le plus souvent, elle achève de fleurir après avoir été cueillie. Il lui reste assez de sève pour arriver à son épanouissement. Cette floraison d'herbe coupée est, pour le peuple, un miracle, une bénédiction spéciale de la Madone ; si, au lieu de fleurir, la plante se dessèche, c'est un présage de malheur, une malédiction divine. A Sarego, dans la Vénétie, on ne cueille l'herbe de la Madone que le jour de l'Assomption, et on lui attribue la propriété de guérir un grand nombre de maux.

En Allemagne, le *polypodium vulgaire* (en France, on l'appelle *Marie bregne*), qui pousse aux fentes des rochers, passe pour être né du lait de la Vierge, anciennement de Fréya. D'après Bauhin, les Allemands nomment aussi *lait*Notre-Dame (*Unser Frauenmilch*) la *pulmonaria*.

Dans la province de Bellune, en Italie, on donne le nom d'*herbe de Sainte-Marie* à la *matricaria parthenium* L., que les Athéniens vénéraient comme consacrée à la déesse Athènè (Cf. *Minerve*) ; on racontait qu'au temps où Périclès faisait bâtir les Propylées, un ouvrier tomba du toit et mourut ; Périclès en fut troublé ; la déesse lui apparut en songe et lui indiqua le *parthenion* ou *herbe de Vierge*, comme un remède assuré. Depuis ce jour, la plante salutaire fut suspendue aux murailles dans l'acropole d'Athènes.

Bauhin, dans son livre *De plantis a divis santisve nomen habentibus* (Bâle, 1591), mentionne beaucoup d'autres herbes de la Madone, de sainte Marie, de la Vierge : le *romarin, arbre de Marie*, qui doit sans doute son nom à une équivoque entre *marinus* et *marianus*, ou encore à une certaine analogie de son feuillage avec celui du *genévrier*[375], qui servit à cacher la Vierge fugitive ; le *calceolus*, en Allemagne *soulier de*

---

[375] Cf. ce mot dans le second volume ; nous trouverons aux articles *Palmier, Saule*, etc., d'autres légendes qui se rapportent à la Madone. — Cf., pour les herbes qui cachent et rendent invulnérable, *Lumière* et plantes *Miraculeuses*.

Marie (Marienschuh) ; une espèce de chardon *(Sanctae Mariae carduus, c. marianus)* nommé, en France, *chardon de Notre-Dame*, en Allemagne, *Mariendistel ;* la *campanule* et la *digitale*, gant de Marie *(Sanctae Maria chirolecae)* ; le *nardus celtica* (en allemand *Marienblumen*, et aussi *Marien Magdalenenblumen)* ; l'*absinthe* à fleurs blanches, en allemand *Unser Frauen rauch, fumée de sainte Marie ;* le *mille-feuille* des Alpes, en allemand *Unser Frauenschwartz-rauch, fumée noire de Notre-Dame ;* la *mentha spicata, h. de sainte Marie, menthe de Notre-Dame (Unser Frauenmüntz)* ; le *costus hortensis*, l'*eupatorium* (appelé aussi herbe de saint Jean, près de Rome), la *matricaria*, le *gallitrichum sativum*, une *parietaria*, le *tanacetum*, le *persicaria.*

On a nommé *larmes de Notre-Dame* ou de Sainte-Marie (et aussi *lachryma Jobi*, d'après Bauhin) le *lithospermon* de Dioscoride, le *satyrium maculatum*, le *satyricum basilicum maius*, le *testiculus vulpinus ; lys de sainte Marie*, le *narcissus italicus ; lin de Notre Dame (Unser Frauenflachs)*, la *linaria ; herbe de Marie-Magdeleine (Marien Magdalenenkraut)*, la *valeriana sativa ; pommier de Marie Magdeleine* (Marien Magdalenenaepfet), le *grenadier ; main de sainte Marie*, la *cardiaca ; manteau de Notre-Dame* (en espagnol, *mante de Nuestra Senora ;* en allemand, *Unser Frauenmantel)*, la *planta veris* ou *alchimilla*, le *léontopode*, la *drosera*, la *senicula major ; rose de sainte Marie* la *rosa Hyerici* ; sceau de Notre-Dame *(Sanctae Mariae sigillum*, et aussi *sigillum Salomonis)*, le *polygonatum*, la fraxinelle, *secacul Arabum, glyey pikros, cyclaminus altera, vitis nigra, bryonia nigra ; lit de sainte Marie (Unser lichen Frauenbett, Sanctae Mariae stramen)*, le *gallion*, le *serpillum*, l'*hypericon*[376], le *senecio.*

Nork *(Mythologie der Volkssagen)* nous apprend qu'en Norvège, en Islande et en Danemark, on donne le nom de *Mariengras* (herbe de Marie) à différentes fougères, et que Marie remplace souvent la Vé-

---

[376] Nous avons dit que l'*hypericon* est l'herbe spéciale de saint Jean. Mais entre saint Jean et la Madone on a vu une parenté assez étroite. La légende évangélique ne met que six mois entre la naissance du Christ et celle de son précurseur. La tradition populaire a modifié cette donnée en faisant de Jean un frère de Marie. En Russie et en Allemagne on appelle *Johann-Maria* une herbe qui, sur la même tige, produit des fleurs de deux couleurs, l'une jaune, l'autre violette : en Pologne on appelle cette herbe *bratki* « les deux petits frères ».

nus septentrionale, Fréya ; C'est ainsi que plusieurs de ces herbes consacrées à la Vierge se trouvent douées de propriétés essentiellement érotiques ; d'autres se rapportent à la Madone dans son caractère de *Lucina* (Cf. *Lune*).

MAGIQUES (plantes). Les propriétés extraordinaires de certaines herbes sont attribuées à la présence d'une divinité par l'esprit religieux, et à un effet magique par l'esprit superstitieux. L'esprit religieux a produit la croyance aux herbes et arbres sacrés, l'esprit superstitieux la croyance aux plantes magiques. Le fond des deux croyances est le même : c'est le *surnaturel ;* seulement la plante sacrée suppose la présence du dieu, la plante magique l'œuvre du démon. La science des magiciens est essentiellement une science botanique.

Dans les combats célestes, le rôle des herbes magiques est considérable ; si les dieux, héros guerriers, brandissent le glaive et triomphent par la force ouverte, les démons, réduits à la ruse, préfèrent les stratagèmes, les armes magiques, les poisons secrets ; il faut donc que les dieux opposent au poison le contre-poison, aux herbes malfaisantes les plantes salutaires. Comme il n'est pas de démon qu'un dieu ne puisse vaincre, le peuple est amené à croire que toute vertu maligne peut être combattue à l'aide d'un pouvoir supérieur, que les effets d'une herbe délétère cèdent nécessairement à la puissance d'une herbe bienfaisante.

Le père Sebastiani de Rome, qui voyageait dans l'Inde méridionale dans la seconde moitié du XVIIe siècle, après avoir parlé des herbes qui contiennent du poison, ajoute : « Quasi ciascheduna di queste n' ha vicine dell' altre, che sono contraveleno a proposito per rimedio di quelle, il che più singolarmente accade nell' isola del Macasar, il re della quale si chiama, per questo, *re de veleni e contraveleni*[377]. » Quelquefois la même herbe est salutaire pour l'homme vertueux et malfaisante pour le pervers[378] ; dans un passage de la *Taitti-*

---

[377] *Prima spedizione all'Indie Orientali* ; Roma, 1666.
[378] Cf. ce que nous aurons lieu de noter (T. II) à propos de l'herbe *skolôä*, des Bushmen, qui donne ou ôte la parole selon la manière dont on s'en sert.

riya Samhitâ (I, 4, 45) l'homme pieux souhaite que les eaux et les *her-bes* soient propices (*sumitrâs*, bonnes amies) pour lui-même, et mauvaises (*durmitrâs*, mauvaises amies) pour son ennemi, pour celui, dit-on, *qui nous hait et que nous haïssons* (*yo 'smân dveshti yam ca vayam dvish-mah*).

Le docteur Schweinfurth a trouvé chez les Nubiens et chez les Nyam-Nyams les croyances aux herbes magiques profondément enracinées : « La croyance à la magie, dit-il, dans son *Voyage au cœur de l'Afrique*, était universelle parmi les gens de mon entourage. Pendant qu'on déjeunait, Mohammed Amine, un de mes serviteurs, se mit dans la tête que j'avais découvert une plante de laquelle j'allais tirer de l'or. Peu de temps avant, c'était d'un crâne particulier que je devais extraire un poison subtil ; et quand je tuais une antilope, cette chance me venait de la possession de quelque racine merveilleuse. Pour ces êtres-là, pas un fait ne peut avoir lieu naturellement ; toutes les plantes sont pourvues de propriétés magiques, dont, paraît-il, les Européens ont seul le secret : « Connais-tu l'herbe qui donne la jeunesse perpétuelle ? » demande l'Oriental ; et ce sont des recettes miraculeuses que l'Africain attend du voyageur. Plus que tous les autres, les Nyam-Nyams croient à l'existence de racines qui rendent heureux à la chasse. »

La *Naturale et generale historia delle Indie* (Occidentali), qui fait partie du recueil de Ramusio, nous apprend qu'au XVIe siècle, en Amérique, la croyance populaire aux vertus magiques des herbes assurait un grand respect aux sorciers, qui étaient surtout des botanistes (*herbolarii*)[379].

---

[379] « Aveano queste genti fra loro alcuni huomini, che chiamano *Buhiti*, e che faceano l'uflicio di auruspici o d' indovini, e davano loro ad intendere che 'I Cemi era signore del mondo e della terra ; e questi Cemi o indovini predicevano molte cose che gli indiani credeano che fussero dovute riuscire vere in loro favore o danno ; e questi erano la maggior parte grandi *herbolarii*, e conoscevano la proprietà e natura di molti alberi e herbe, e perchè guarivano con tale arte, molti n' erano come santi, in gran riverenza e rispetto tenuti, e erano fra queste genti tenuti a punto come fra i christiani i sacerdoti ».

En Europe, on se moqua de bonne heure de ces superstitions, mais lui-même, qui dénonçait à la science de son temps les *vanitales* de la magie dans son *Histoire naturelle*, accueille de bonne foi un grand nombre de fables. Voici ce qu'il rapporte (1. XXIV, 17) d'une certaine plante, indienne de provenance, persane de nom : « *Achemenidon* colore est electri, sine folio, nascens in Tardastilis Indiae, cujus radices in pastillos digestae, in dieque potae in vino, noxii per cruciatus nocte confiteantur omnia per varias numinum imagina. tiones. Eamdem hippophorvadem appellant, quoniam equae praecipue caveant eam. Super omnia adjuvere eum magicae vaintates in tantum evectae ut abrogare herbis fidem cunctis possent. *Aethiopide* herba amnes ac stagna siccari conjectu tactu clausa omnia iperiri. *Achemenide* conjecta in aciem hostium, trepidare agmina ac terga vertere. *Latacen* dari solitam a Persarum rege legatis, ut, quocumque venissent, omnium rerum copia abundarent, ac multa similia. » (Cf. *Mercure*.)

Dans le livre de Sidrach, les différentes couleurs des vaches et des chèvres sont attribuées aux herbes dont elles se nourrissent[380].

Le suc des herbes nous apparaît comme le principal élément générateur ; la semence immortelle, l'ambroisie divine, avant de passer dans l'animal, a fécondé et multiplié les végétaux. L'homme puise l'eau de vie, l'eau qui rajeunit, l'eau qui rend immortel, aux sources divines et atteint l'immortalité à l'aide d'une certaine herbe qui possède le privilège de lui rendre la vie, ou de lui donner la beauté et l'immortalité. Cette herbe doit être naturellement considérée com-

---

[380] « Perciô ch' elle (les bêtes) non sono alla simiglianza di Dio, si conviene ch' elle sieno di molti colori ; e perciô ch' elle pascono l'herbe calde e umide e fredde e secche. Quando le bestie sono grosse e pascono l'erba, della maggior parte de l'herbe eh' ella mangia, conviene ch' ella abbia maggiore somiglianza. E se la maggior parte è solamente calda, conviene ,ch' ella sia vermiglia ; e s' ella è umida, ella sara taccata ; e s'ella è fredda, ella sarà bianca ; e se le quattro nature dell' erbe saranno comunali, sarà baio ; e altrettanto quando ella averà pasciuto dell' una erba più che dell' altra, di quella averà poco colore nella lana. » — Dans le même livre, les limaçons naissent « del sudore e del calore dell' erbe e dell' umidore della terra. »

me la meilleure entre les herbes magiques. Dans l'Inde, le nom de magique (*mâyin, mâyaphâla, mayika*) appartient notamment à la *noix de galle*. (Cf., pour l'Inde, *Ambroisie* et *Gangida*, et, plus loin, plantes *Médicinales, Soma.*)

Le père Martini, missionnaire du XVIIᵉ siècle, dans son *Atlas sinicus*, mentionné par Kircher (*China illustrata*), nous indique deux herbes chinoises qui avaient la propriété de rendre la jeunesse et, par conséquent, de prolonger la vie. « *Atlas sinicus*, dit Kircher, meminit, in provincia Hu*quang, pusu* dictae, quam mille annorum durare *immortalemque esse* fingunt ; hujus enim usu homines credunt *senio confectos rejuvenescere*, non alia de causa quam quod aqua macerata ac epota canos albosque crines in nigros convertat » ; et, en parlant de l'herbe *ginseng* : « Nomen sinicum illi a figura, divaricatis quippe cruribus hominis formam refert (*gin* porro hominem significat). Mandragoram (Cf. *Mandragore*) nostratem credas, nisi quod ea multo minor sit. » Suit une énumération de ses propriétés ; enfin, Martini ajoute : « Debilibus, fatigatis vel morbo diuturniori, aliaque de causa exhaustis, id miraculum prodest ; *moribundis ita vitales quandoque vires reddit*, ut saepe illis adhuc tempus sit sumendis aliis medicamentis sanitatique recuperandae. »

La Renaissance amena, avec la Réforme, la persécution des sorcières ; à mesure que la science marchait, elle sentait le besoin de se défendre contre le préjugé et la superstition ; mais au commencement, au lieu de combattre l'ignorance par des arguments scientifiques et de confondre, par la démonstration de l'erreur, soit les hypocrites qui exploitaient un métier lucratif, soit les naïfs qui suivaient aveuglément la tradition populaire et ne reconnaissaient point d'autre autorité, elle eut recours au pire des expédients : elle dénonça les magiciens, les prétendus sorciers à l'Église, qui se chargea de leur arracher, par la torture, l'aveu de relations directes avec le diable. Ainsi, les premiers médecins qui commencèrent à voir juste sur la vanité de certaines croyances populaires, et à réagir contre la sorcellerie, ne réussissaient qu'à nuire à leur cause. En apprenant à considérer les sorciers comme des serviteurs du diable, le peuple se persuada plus que jamais de l'existence du démon et de son intervention constante dans les affaires humaines ; il se confirma dans l'opinion que le diable enseignait lui-même aux sorciers l'usage des herbes magiques.

Dans les contes populaires, c'est presque toujours la fille ou la sœur du monstre persécuteur qui donne ou indique au jeune héros l'herbe qui doit lui assurer la victoire sur le monstre. Le peuple, malgré tous les procès contre les sorcières, en dépit même de toutes les démonstrations scientifiques, a gardé presque toutes ses anciennes croyances aux propriétés magiques de certaines herbes.

L'Église, d'ailleurs, a fait tout ce qu'il fallait pour perpétuer les superstitions qu'elle prétendait vouloir extirper ; la forme des exorcismes catholiques est tout à fait païenne. Un livre attribué à Salomon et intitulé *La véritable magie noire*[381], traduit de l'hébreu (?) par un pseudo-magicien, *Iroc Grego*, nous fournit l'énumération suivante des herbes qui peuvent entrer dans un *aspersoir* pour exorcisme : « Tu feras l'aspersoir avec la verveine, pervenche, sauge, menthe, valérienne, fresne et basilic ; tu n'y ajouteras point l'hysope, mais le romarin ; fais un petit aspersoir de toutes ces herbes, mets-y un morceau de bois de noisetier vierge, long de trois palmes, auquel tu lieras les dites herbes avec du fil qui soit filé par une jeune fille vierge ; avec ceci tu opéreras toutes les fois que tu voudras et sache qu'en quelque lieu que tu aspergeras de cette eau, tu feras disparaître tous les fantômes, en sorte qu'ils ne pourront donner empêchement ; de laquelle eau tu te serviras en toutes préparations. » Toutes ces herbes indiquées pour les exorcismes sont connues pour leurs prétendus effets magiques ; on peut encore ajouter l'armoise, toutes les fougères, la rue, le genévrier, le *kuça* indien, la *sholôä* des Bushmen, etc. On peut enfin mentionner ici cette plante rampante, recommandée dans l'*Atharvavéda* (II, 7, 2) pour détruire l'effet d'une malédiction. Ses racines, est-il dit, descendent du ciel ; ce qui ferait penser au *nyagrodha* (ficus indica), dont les branches, retombant sur la terre, y prennent racine et donnent naissance à des plantes nouvel-

---

[381] Il porte la date de Rome, 1750, mais il semble avoir été publié par les spirites de Paris beaucoup plus récemment.

les. L'amulette de l'*Atharvavéda* représente soit ce *nyagrodha* soit quelque arbre analogue ; à chaque racine on attribue une propriété spéciale. Wuttke (*Der Deutsche Volksaberglaube d. Geg.*, § 529) dit que, contre la fièvre, on emploie l'infusion de *plantain*, et le plantain n'a pas moins, dit-on, de quatre-vingt-dix-neuf racines.

MAI (Arbre de —). La naissance annuelle du soleil est célébrée par les fêtes de Noël, du Carnaval, et du printemps. On sait que l'arbre solaire est ordinairement phallique. L'arbre fleuri représente essentiellement le phallus dans sa fonction génératrice. Le premier mai, les *kalendae maii*, a été symbolisé, en Toscane, par un nouveau personnage mythologique, appelé *Calendimaggio*, beau jeune homme, espèce d'Hermès ou de Bacchus avec le thyrse, qui figure le printemps, le réveil annuel de la végétation. M. Mannhardt a épuisé le sujet pour ce qui concerne les usages germaniques relatifs aux fêtes du mois de mai et surtout du premier mai. Nous renvoyons aux riches détails contenus dans ce livre le lecteur curieux de connaître l'immense développement de ces croyances sur le sol germanique, et notamment l'attribution au mois de mai d'usages et de superstitions qui se rapportent ailleurs aux fêtes du *Corpus Domini* et à la Saint-Jean.

Pour les catholiques, le mois de mai n'est plus le mois des roses, mais le mois de Marie ; ces rogations, cependant, par lesquelles le prêtre appelle sur les campagnes la bénédiction du ciel, ne sont que la continuation directe et manifeste des cérémonies agricoles des Romains au retour du printemps. Les fêtes de l'Ascension et de la Pentecôte tombant le plus souvent dans le mois de mai, il arrive que des usages propres au mois de mai, et surtout au premier jour de mai, sont affectés, dans certaines parties de l'Allemagne et de la Russie (gouvernement de Moscou), à ces deux solennités chrétiennes ; Wiedemann a remarqué la même confusion chez la tribu des *Mardwas* le long de la Volga[382].

---

[382] « Kurz vor Pfingsten haben die alten Weiber ihr Fest. Sie ziehen an das nächste Wasser hinaus, stecken dort am Ufer junge Bäume in die Erde und be-

L'arbre de mai se trouve déjà parfaitement décrit par Polydore Virgile, un Ombrien, dans son *De rerum inventoribus* (Lugduni, 1586, p. 412) : « Est consuetudinis, dit-il, ut juventus promiscui sexus laetabunda *Calendis Maii* exeat in agros, et cantitans inde virides reportet arborum ramos, eosque alite domorum fores ponat, et denique unusquisque eo die aliquid viridis ramusculi vel herbae ferat, quod non fecisse poena est, *praesertim apud Italos*, ut madefiat. Haec vel a Romanis accepta videntur, apud quos sic Flora cunctorum fructuum dea mense Maio lascive colebatur, vel ab Atheniensibus sunt, quod illi infame in templo delphico, *iresionem* (Cf. *Eiresione*) ponebant, hoc est ramum olivae sive lauri, plenum variis fructibus, autor Herodotus. Sic nos tunc eo anni tempore, cum virent omnia, quasi per hunc modum fructuum ubertatem ominamur, ac bene precamur. Item in Umbria praesertim, insigni regione Italiae, unde nos oriundi sumus, consuetudo est, ut quotannis pridie Calendas Martias, id est, ea nocte quae primum diem mensis Martii praecedit, crebros passim faciant ignes, et pueri facibus quae ex arundinibus jam aridis, ut plurimum fiunt, accensis, per arva currant, ut precantes foecunditatem agrorum, tum terra jam foetum parturienti. Quod acceptum dixerim ab ipsis quoque Romanis, qui quasi per manus talia nobis sacra, seu celebritates, vel observationem tradiderunt ; illi enim cerealia Cereri sacra colentes cum facibus noctu currebant. »

On serait tenté de croire qu'il y a eu confusion entre les calendes de mai et celles de mars, et qu'à l'origine les fêtes du premier mai tombaient au premier mars, c'est-à-dire le premier jour de l'année romaine, jour qui coïncide encore avec la fin des réjouissances du carnaval, où la procession romaine des *moccoletti* rappelle parfaite-

---

reiten sich einen Eierizuchen, den sie an Ort und Stelle selbst verzehren. Am Pfingstrest ziehen die jungen Mädchen unter Anführung einer erwâhlten Königin in dem Wald, flechten sich dort Kränze, und machen auf einem grossen Hofe eine Allee aus zwei Reihen in die Erde gesteekter *Maien*, hinter welchen sie sich niedersetzen, um die in dem Gauge wandelnden jungen Männer mit Bier und Branntwein zu bewirthen. Bald gesellt sich dann ein Violin oder Zitherspieler dazu, und das Fest schhesst mit einem Balle oder mit einer Orgie. » *Grammatik der Ersa-Mordwinischen Sprache* (Saint-Pétersbourg, 1865.)

ment les *faces* des anciens Romains et les feux ombriens dont il est question chez Polydore Virgile. Lorsque l'année romaine commença au premier janvier, on essaya d'y reporter aussi les fêtes du premier mars, mais on n'y parvint pas ; les peuples latins aiment trop les fêtes pour s'en priver : ils gardèrent donc celles du premier mars (fin du carnaval) et les renouvelèrent le premier de janvier (qui tombe le septième des douze jours où le soleil atteint et dépasse le solstice d'hiver). Noël est le premier de ces douze jours de naissance du soleil ; l'Épiphanie, l'apparition de l'étoile qui annonce au monde la naissance du Christ, tombe le dernier ; en Toscane, du mot *Epiphania* on a fait une *Befana,* une sorcière qu'on éloigne aux sons criards de trompettes de verre ; il est fort naturel de reconnaître dans cette sorcière qui s'en va la saison ténébreuse qui recule à mesure que les jours s'allongent.

Mais les traditions italiques les plus anciennes plaçaient le réveil annuel du soleil, non pas dans les douze jours qui s'écoulent de Noël à l'Epiphanie, mais au mois de mars, dans lequel s'ouvre le printemps. La résurrection du soleil printanier et la résurrection du Christ tombent quelquefois presque le même jour ; les jours qui précèdent cet événement sont des jours de pénitence, de privation, de carême. On fête cependant la Mi-carême, qui se rencontre parfois avec la fête d'un saint très funéraire (saint Joseph), comme pour annoncer la fin de la saison triste, le réveil de la nature en fleur, et la résurrection du Christ. La Résurrection est précédée par la fête des Oliviers, dont les branches bénites, portées dans chaque maison, rappellent l'*eirésioné* des Athéniens.

C'est pendant le Carême que les amoureux toscans jouent avec les petites branches de myrte, qu'ils ont rompues en deux parties, et qu'ils doivent garder sur eux jusqu'à Pâques, comme gage réciproque de fidélité. Ce jeu, qu'on appelle en Toscane *giuoco del verde,* me semble une forme plus élémentaire d'un autre jeu toscan du premier mai, où figure une branche fleurie et ornée de fruits, appelée *maggio.* En tout cas, il paraît évident que les réjouissances du premier mai et le *maggio* enrubanné n'ont originellement d'autre objet que de célébrer le soleil renaissant, le renouveau printanier.

L'arbre de Noël ouvre la série des triomphes glorieux du soleil, qui se terminent avec l'Ascension, la Pentecôte, la fête du *Corpus Domini* et la Saint-Jean ; l'arbre ou la branche de mai affirme une fois de plus que la terre est fécondée, que la vie se continuera, que le génie du mal est vaincu, que l'amour et la lumière inondent le monde. L'origine et la signification primitive de ces fêtes sont phalliques ; mais la poésie s'est chargée d'ennoblir, d'embellir, de déguiser sous de charmants détails tout ce qu'il y avait de grossier et de trivial dans les idées et les symboles antiques.

« Dans toute la Provence, dit De Nore (*Coutumes, mythes et traditions des provinces de France* ; Paris, 1846), le premier mai, on choisit de jolies petites filles qu'on habille de blanc et que l'on pare d'une couronne et de guirlandes de roses. On l'appelle le *mayo ;* on lui élève, dans les rues, une sorte d'estrade jonchée de fleurs, ou bien on le promène dans la ville. Les *mayos* sont toujours en grand nombre dans chaque localité, et ses compagnes ne manquent pas de réclamer une offrande à tout passant. » Cette fête champêtre n'était pas uniquement réservée au peuple ; parfois aussi la noblesse prenait part. « C'était, écrit Chéruel (*Dict. hist. des Institutions, Mœurs et Coutumes de la France*), l'usage au premier mai d'aller présenter le *mai*, ou, comme on disait, *esmayer*. Souvent, le *mai* que l'on offrait ainsi était un défi. Un chroniqueur du XVe siècle, Lefèvre de Saint-Rémy, parle de cette coutume à l'année 1414 « Messire Hector, bâtard de Bourbon, manda à ceux de Compiègne que le premier jour de mai il les irait esmayer, laquelle chose il fit, monta à cheval, ayant en sa compagnie deux cents hommes d'armes des plus vaillants avec une belle compagnie de gens de pied, et tous ensemble, chacun un *chapeau de mai* sur leur harnais de fêtes, allèrent à la porte de Compiègne, et avec eux portaient une grande branche de *mai* pour les *esmayer*. » La coutume de planter un *mai* dans les villes subsistait encore au XVIIe siècle. En 1610, on en planta un dans la cour du Louvre. Les Bazochiens avaient aussi coutume d'en élever un dans la cour du Palais, qui en reçut même le nom de *cour de Mai*. La corporation des orfèvres de Paris était dans l'usage de faire un présent tous les ans à l'église de Notre-Dame le premier jour de mai. En 1449, ils offrirent un arbre vert qu'on nomma « le mai verdoyant ». Nous savons qu'à Florence les mais étaient déjà en usage au XIIIe siècle. Dans le poème l'*Intelligenza*, attribué à Dino Compagni, nous lisons ce quatrain :

> Ne bei mesi d'iprile e di maio,
> La gente fa di fior le ghirlandette,
> Donzelle e cavalieri d'*alto paraio*
> Cantan d'amore novelle e canzonette.

La noblesse florentine aimait donc ce jeu et y prenait part. De même, nous savons que les premiers Médicis, et spécialement Laurent le Magnifique, prenaient beaucoup de plaisir aux chants du Carnaval (*carnascialeschi*) et du premier mai ; Laurent lui-même en composa un certain nombre. L'une de ses chansons qui accompagnaient la danse (*canzoni a ballo*) commence ainsi :

> Se tu vuo' appicare mi maio
> A qualcuna che tu ami, etc.

En Toscane l'expression : *Appiccare il maio ad una porta* est devenue proverbiale et signifie : assiéger, une femme et faire l'amour avec elle[383]. On chante encore aujourd'hui des *maggi* en plusieurs parties de la Toscane[384]. Du même genre est l'idylle en octaves, intitulée *Bruscello*, qu'au Montamiata près de Sienne, au carnaval, les jeunes gens ornés de rubans et de fleurs chantent autour d'un arbre tout paré.

Ces chants font parfois allusion à des exploits de chasse, de pêche et même de guerre[385]. Près de Syracuse on célèbre la fête de

---

[383] L'arbre d'amour, de même que l'arbre *nuptial* (cf.), est un arbre phallique ; les chants populaires ne manquent pas d'y faire allusion.
[384] Cf. Tigri, *Canti popolari toscani*, introduction. Florence, Barbera.
[385] Rubieri, *Storia della poesia popolare italiana* ; Florence, Barbera.

l'arbre au mois de mai, et précisément le jour de l'Ascension[386], en souvenir de la victoire remportée par les Syracusains sur les Athéniens de Nicias. Dans la vie de ce capitaine, écrite par Plutarque, on lit en effet que les Syracusains vainqueurs, avant de rentrer dans leur ville, suspendirent les dépouilles aux grands arbres qui s'élevaient sur les rivages du fleuve appelé aujourd'hui Asinaro. Encore aujourd'hui la jeunesse de Syracuse représente cette ancienne victoire par un triomphe, dont la pièce principale est un grand arbre porté sur un char et chargé d'épées, de boucliers et autres trophées de guerre[387]. Cet exemple prouve combien le peuple est fidèle à ses anciennes traditions, et nous permet de supposer que, du temps de Nicias, il existait déjà en Sicile au mois de mai une fête populaire, dont une victoire inespérée modifia le sens et rehaussa le caractère. L'histoire prit la place de la légende et en perpétua le symbole. C'est ainsi que des pensées nouvelles, souvenirs de gloire, hommages rendus à des héros ou à des dieux, entrent dans les formes antiques ; l'homme se substitue à la nature. Un renouvellement pareil a conservé jusqu'à nos jours les fêtes du carnaval que la ville d'Ivrée célébrait au moyen âge. C'est un élément local, qui, se mêlant aux traditions du paganisme, les a animées pour ainsi dire en les dénaturant. La fête du printemps est devenue la fête de la liberté ; et dans l'antique mannequin qui représentait le monstre hivernal, les gens d'Ivrée ne voient plus qu'un luxurieux tyran chassé par leurs ancêtres.

MANDARA. Nom d'une montagne et de l'un des cinq arbres du *svarga* ou paradis indien. (Cf. *Cosmogoniques, Kalpadruma, Ciel et Paradis.*)

---

[386] En Russie, dans le gouvernement de Moscou, j'ai vu, le jour de la Pentecôte, les paysans planter des branches de bouleau devant leur *isba*.
[387] Cf. Avolio, *Canti popolari di Noto*.

MANORATHADAYAKA. Arbre *qui remplit tous les désirs*, arbre merveilleux de la mythologie hindoue. (Cf. *Miraculeux, Kalpa, Ciel, Cosmogoniques, Cocagne.*)

MAUDITS (Arbres —). Cf. *Diaboliques.*

MEDEE. Cette magicienne, fille d'Hécate (la nuit ténébreuse et infernale), représente à notre avis l'aurore fille du ciel, à laquelle, est-il dit dans les hymnes védiques, la nuit prépare le chemin. Le serpent (le monstre de la nuit) garde la toison d'or, l'agneau lumineux, le soleil, au milieu du grand chêne. Le jeune Jason voudrait s'emparer de ce trésor, c'est-à-dire, s'en couvrir et briller en forme de soleil du matin. Médée, l'aurore magicienne, qui connaît le secret des herbes, endort le serpent et permet à Jason, son époux, de s'approcher de la toison d'or. Voici maintenant le nom des herbes desquelles Médée connaissait le nom et l'usage : l'*ephemeron* ou *colchicon autumnale* L., le *knekos* qu'on a identifié avec le *carthamus tinctorius* L., l'*anchusa tinctoria* L., le *chalkanthos* ou *chrysanthemon*, le *psylleion* ou plantain (*psyllium* L., le *struthium* L.), le *juniperus oxycedrus* L.

MEDICINALES (Plantes —). C'est dans la forêt céleste, c'est dans la prairie aux fleurs de lumière, qu'est née l'herbe d'immortalité, d'où le médecin de l'Olympe indien, Dhanvantari, sut extraire l'ambroisie. D'après une autre tradition, l'ambroisie ne serait pas le suc d'une plante spéciale ; elle proviendrait de toutes les herbes médicinales que, par ordre de Vishnu, les dieux et les Asurâs jetèrent dans la mer de lait. En ces temps reculés, les Asurâs n'étaient pas déchus encore ; ils devinrent plus tard des démons qui disputèrent aux dieux l'ambroisie et leur déclarèrent la guerre. Les fables relatives aux amours des anges, d'Indra et de Zeus, avec les filles des hommes, et des nymphes divines avec les héros de la Terre, aux rébellions des Titans et des anges, les mythes d'Adam, de Prométhée, se rattachent tous plus ou moins à ce grand événement du symbolisme génésique.

L'ambroisie, cet aliment réservé d'abord aux dieux immortels, est dérobée par les Asurâs, demi-dieux que cette fraude même dégrade et transforme en démons ; c'est pendant la mêlée entre les démons et les dieux que quelques gouttes d'ambroisie, tombant du ciel, donnèrent à l'homme la vie et, à défaut d'immortalité, la puissance génératrice qui assure à sa race une existence indéfinie. Le barattement de la mer de lait produit d'abord la fécondité, l'abondance, puis la déesse Varuni, l'arbre *Pârigâta*, délices des nymphes *apsarâs*, qui parfume tout l'univers, ensuite les nymphes elles-mêmes ; le dieu *Lunus*, roi des herbes ; le poison, nourriture des serpents (c'est-à-dire les herbes remplies de poison) ; immédiatement après, le médecin des dieux, Dhanvantari, portant la coupe d'ambroisie, contrepoison universel ; enfin la nature elle-même, riante, verdoyante, resplendissante, la Vénus indienne, Çrî, assise sur un lotus : ainsi, dans sa coquille de nacre, la Vénus hellénique, du sein de la mer agitée, s'élève sur l'écume des eaux, qui est l'ambroisie, la semence féconde. Çrî apparaît, elle s'approche de Vishnu ; et les hymnes des sages saluent son avènement, et l'assemblée des dieux fait éclater sa joie. Au mot *Herbes* (cf.), on trouvera d'autres notes sur l'origine des herbes védiques. Nous ajouterons seulement ici quelques détails. Le *Yagurvéda* noir nous offre très souvent cette invocation « Herbe, délivre ! (*oshadhe, trayasva*). » Dans une hymne de l'*Atharvavéda* (VIII, 1) il est dit que *les herbes ayant Soma pour roi délivrèrent le mourant de la mort* (*ut tvâ mrityor oshadhayo somarâgnîr apîparan*). Les plantes médicinales, auxquelles le *Yagurvéda* blanc accorde le titre auguste de mères (*ambâs*), se trouvent, d'après le *Yagurvéda* noir (I, 6, 5), dans *la région septentrionale* (*udîçyâm diçi*). C'est là que, d'après les idées indiennes, était situé le royaume des bienheureux, le pays de l'ambroisie.

Il paraît cependant que cette croyance aux propriétés médicinales des herbes divines était déjà fort affaiblie dans l'Inde au temps de *Bhartrihari*, puisque ce poète, dans l'une de ses strophes spirituelles, se demande avec emphase : « A quoi bon les herbes du ciel, lorsqu'on possède un ami ? (*Yadi suhrid divyâushadhâih kim phatam ?*) » Un médecin indien n'aurait pas eu ce dédain, puisque toute la médecine indienne est une magie botanique : il y a bien peu d'herbes auxquelles les dictionnaires médicaux de l'Inde ancienne n'attribuent quelque merveilleuse et spéciale vertu curative. Le lecteur européen s'en convaincra aisément s'il parcourt, à défaut des manuscrits des *Nighantavas*, qui ne sont point accessibles à tout le monde, le volumineux *Hortus Malabaricus* de Rheede.

Nous avons vu plus haut que, tout en se moquant des herbes magiques, le sage Pline avait rempli son livre de descriptions et de recettes fabuleuses. Toute sa méfiance n'a pu le préserver de superstitions si invétérées. Voici son remède contre la fièvre tierce : « *herba quaecumque a rivis aut fluminibus ante solis ortum collecta*, adalligata laevo brachio, ita ut aeger quid sit illud ignoret, tertianas arcere traditur.» C'est, comme on voit, une de ces panacées, bien connues depuis Dhanvantari, Esculape et Chiron jusqu'aux charlatans qui vendent l'élixir de longue vie. Les magiciens, les sorciers, les astrologues fondèrent leur science au moyen âge sur cet amas de superstitions populaires. En Allemagne, on croit que les génies de la forêt, les *Waldgeister*, possèdent seuls le véritable secret des herbes médicinales ; les petites fées sauvages participent de cette science, et en livrent de temps en temps quelque secret à leurs protégés.

Les traités du moyen âge nous initient aux pratiques bizarres de ce monde mystérieux ; le livre de Sidrach est peut-être l'un des plus riches en instructions et révélations de ce genre ; nous devons donc en faire notre profit[388], en tenant compte de la prudente restriction

---

[388] Aucune de ces herbes vantées n'est indiquée par son nom, ce qui rend difficile et périlleuse toute constatation ; le livre de Sidrach nous apprend seulement qu'il y en a pour arrêter le sang, pour se préserver de la morsure des serpents, « per guarire dalle contrazioni o paralisie, per avere la vista, per male degli stranguglioni, per guarire l'euteriole, per impregnare, per guarire del giallore, per lo male dell' orinare, per male di denti, per lo fiato che pute, per la sordità, per la tigna, per la rogna, per lo male del corpo, per far parlare (cf. *Langage*), per non dormire (cf. *Sommeil, Songe*), per vedere chiaramente (cf. *Lumière*), per saldare ferite, per la tosse, per iscaldare il corbo d'un nome, per infrescare il corpo, per la sete, per guarire del farnetico, per colui che non puo tenero l'orina. » Il recommande ainsi une herbe contre le froid : « Anche è un' erba lunga a due branche o più, e flori bianchi e seme bianco, radici ritonde e grosse. Chi la pestasse e prendesse lo sugo, e quando il male medesimo (fosse) nelle orecchie, e

finale que le pieux auteur croit devoir apporter à ses dithyrambes en l'honneur des herbes médicinales : Quelle que soit, dit-il, la vertu des plantes, plus grande est la puissance des paroles, des prières, s'entend : « per tutte le cose a vertù, ciò è *nelle parole, e nell'erbe* e nelle pietre preziose ; ma sopratutto sono le vertudi *nelle parole*[389]. Ciò sono le parole che adorano Iddio, lo criatore di tutto il monde. Tali parole vagliono a tutti i bisogni, e scampano e scamperanno le persone di molti pericoli. »

L'ignorance du peuple, le charlatanisme des médecins et des prétendus sorciers et sorcières n'ont pas peu contribué à conserver jusqu'à nos jours cette science médicale populaire et à l'usage du peuple, qui a donné lieu à tant d'impostures, à tant de crimes et à tant de malheurs. Il suffit de lire nos *Sacre Rappresentazioni*, où les médecins sont presque livrés au ridicule comme de vaniteux charlatans, et on l'on ne guérit d'une maladie que par l'intervention miraculeuse de la divinité, pour apprécier le discrédit profond où était tombée la science médicale à l'époque de la Renaissance italienne. Mépris et défiance si absolus, que, dans ces temps, où l'art brus-

---

se ne ugnesse gli anari (le nari) e gli orecchi e le labbra tre volte, egli guarirebbe. » Une herbe « per colui che cade di rio male ; anche è un' erba lunga sottile e à foglie che si tengono a due, molto vermiglie, a piccole radici ; chi la metesse sopra il capo di colui che è impazato, al nome del Padre e del Figliuolo e dello Spirito Santo, egli ritornerebbe incontanente a suo senno. » Albert le Grand nous nomme (*De Virtutibus Herbarum*) une herbe *melisophilos* qui a des propriétés magiques extraordinaires, mais qu'on ne saurait trop reconnaître : « Quartadecima herba a Chaldaeis Celeyos dicitur, a Graecis Casini, a Latinis Melisophilos, de qua Macer facit mentionem. Haec autem herba collecta viridis, et conjecta cum succo cypressi unius anni, posita in pulmento, facit pulmentum videri plenum vermibus, et deferentem facit esse benignum et gratiosum, et adversarios devincere (cf. *Concordia*). Et si praedicta herba ligetur collo bovis, sequetur te, quocumque ieris (cf. les propriétés du Cumin) ; et si praedicto succo corrigiam miscueris, et de tertia parte sudoris hominis ruffi, et, te sub ascellis statim lingens, crepabit per medium. »

[389] Dans l'Inde de même, ce qui fait la force magique de certaines médecines recommandées par l'*Atharvavéda*, ce n'est pas la médecine elle-même, mais la formule, la prière, l'imprécation qui l'accompagne ; d'où le nom de *Brahmavéda* donné à l'*Atharvavéda*.

quement sorti de ces impasses où l'avaient retenu le christianisme et le moyen âge, cherchait ses inspirations dans les souvenirs de l'antiquité classique, païenne, les détracteurs de la médecine ne trouvaient de recours qu'en Dieu et dans la protection des saints. On sera surpris peut-être d'une conséquence si peu scientifique, si peu digne de libres esprits. C'était cependant un premier pas vers une émancipation plus complète : il n'existait pas encore de véritable science médicale ; il n'y avait que des médecins décriés et avides ; on ne pouvait en appeler contre eux qu'à la divinité. Celle-là, tout au moins, devait posséder le secret suprême de la vie et de la mort ! Mais bientôt l'heure viendra où les *sacre rappresentazioni* elles-mêmes, avec leur dévotion naïve ou narquoise, tomberont en oubli. La Réforme va mettre en pleine lumière les impostures de l'Église, et cette exploitation éhontée de la sottise publique. Les marchands d'indulgences et les spéculateurs en oracles n'auront pas plus d'autorité en Occident que ce gardien de l'arbre de Caswin, pris sur le fait par l'adroit Adam Olearius dans son voyage en Perse, en l'année 1638 : « A Casvin, dit-il, on voyait, auprès du logis des ambassadeurs, un gros et vieil arbre, plein de clous et de petits cailloux qui sont autant de marques de miracles qu'un de leurs anciens Pyrs ou Béats, qui est enterré sous cet arbre, a accoutumé de faire en ce lieu-là, en guérissant le mal de dents, la fièvre et plusieurs autres maladies. Ceux qui sont travaillés du mal de dents, y touchent un clou, ou un petit caillou, qu'ils fichent dans l'arbre, à la hauteur de la bouche, et croient par ce moyen y trouver du soulagement. Ceux qui s'imaginent en avoir été guéris, témoignent leur reconnaissance en attachant aux branches de l'arbre plusieurs rubans de toutes sortes de couleurs ; quoique, d'ailleurs, ces miracles ne se fassent point gratuitement et qu'ils soient fort profitables à un certain prétendu religieux, qui a la garde de l'arbre, et qui convertit à son profit les offrandes et les aumônes que l'on y fait. » Des pratiques analogues ont été constatées dans l'Inde, et spécialement dans le Guzerate, par les voyageurs italiens du dix-septième siècle.

MELISOPHILOS. Cf. *Médicinales.*

MÉMOIRE. On sait que le nom populaire du *myosotis* est *ne m'oubliez pas*, en allemand *vergissmeinnicht, niezaboudka* en russe, *nontiscordardime* en italien ; on sait aussi que, dans les amours élégants de nos jours, cette fleur qui éveille le souvenir joue encore un certain rôle.

Nous avons décrit le *giuoco del verde*, familier aux amoureux toscans. C'est aussi un aide-mémoire : quand l'un des amants, au cri de *fuori il verde*, ne montre pas son petit morceau de bois, c'est un signe d'oubli qui efface l'amour. Les deux moitiés de la branche sont raccordées le jour de Pâques, terme généralement admis pour cette épreuve de la fidélité.

En Grèce, ce n'est plus la branche de myrte, c'est la feuille de platane qui, partagée en deux, sert de gage. Le jour où les amants se retrouvent, ils rapprochent les deux fragments qu'ils ont portés sur eux depuis leur séparation[390].

L'amour est souvenir. Les Indiens ont donné à l'*amour* (*kâma*) le nom de *smara, souvenir ;* la plante, qui fait croître l'amour s'appelle *kâmavriddhi* et *smaravriddhi. Smaranî* (mémoire) est aussi le nom sanscrit d'une plante que l'on identifie avec la *brâhmî* (*clerodendrum siphonanthus*) : on l'appelle encore *smritivardhinî*, c'est-à-dire la plante *qui fait croître la mémoire*[391]. C'est peut-être cette plante, qui, dans les contes, rappelle au héros la femme dont un enchantement lui a ravi le souvenir. Brahman est la sagesse ; nulle autre plante, mieux que celle qui lui est consacrée, ne peut rendre la mémoire à qui l'a perdue. On sait que le nom de Minerve (*Menerva*) contient la même racine que *monere* (*man*).

Le peuple des Abruzzes a vu aussi une relation entre les mot *menta* (la *mentha*) et le mot italien *rammentare* (se souvenir) ; par conséquent, les amoureux de ces montagnes ont l'habitude de se présenter réciproquement de la menthe en accompagnant le présent de cette formule sacramentelle :

---

[390] Cf. (tome II) *Kadambha*, l'une des fleurs de l'arc de l'Amour indien.
[391] Cf. *Concordia*.

Ecco la menta,
Se si ama di cuore, non rallenta.

Nous verrons à l'article *Menthe* que, d'après une tradition orientale, la *menthe*, parmi les plantes, exerce le métier odieux de délateur, probablement par suite d'une équivoque de langage ; et, d'autre part, qu'une analogie verbale avec *mentula* lui assigne souvent un office génésique. Par une contradiction assez curieuse, la *menthe*, qui dans les Abruzzes, est un gage de souvenir devient, dans la Pouille, un signe d'oubli. À Mesagne, dans la Terre d'Otrante, pour rompre avec une femme, on lui envoie de la menthe. Je crois trouver l'origine de cet usage dans la mythologie grecque, qui a dû régner longtemps dans la *Grande Grèce*. Ovide y a puisé sans doute la légende de la nymphe Mynta, aimée de Pluton, que la jalousie et la malédiction de Perséphone changèrent en *menthe :*

Foemnicos artus in olentes vertere menthas
Persephone licuit.

Le livre de Sidrach nous décrit encore une herbe qui empêche d'oublier : « Anche è un' erba lunga come una uomo o di meno, in guisa di ulivo, e à fiori a guisa di bottoni biondi, seme vermiglio, radici lunghe e grosse. Chi portasse uno di questi fiori sopra capo non potrebbe perdere la sua memoria, per niuna ragione, per cruccio, nè per vino, nè per niun' altra cosa. » Il est évident que la notion de l'herbe du souvenir, l'herbe qui donne ou rend la mémoire, est exclusivement mythique ; de pareilles herbes n'existent point sur la Terre. Dans notre *Mythologie zoologique* nous avons rapporté au soleil ou à la lune, le sceau, l'anneau, la perle de reconnaissance ; par ce signe Dushyanta reconnaît Çakuntalâ, Sîtâ reconnaît le message de Râma ; une foule de héros et d'héroïnes se retrouvent ainsi ; les deux parties de la feuille de platane que les amoureux grecs gardent pour les raccorder le jour de leur union sont le symbole d'une ancienne union céleste entre le soleil et l'aurore. L'aurore est célébrée dans les hymnes védiques en sa qualité de *bodhayatí*, celle qui réveille, et le professeur Max Müller a reconnu dans la Minerve grecque cette aurore qui réveille, lumineuse et illuminante, sage et distribuant la sagesse ; l'herbe de la mémoire n'est autre que la perle solaire, la fleur lumineuse du ciel oriental, soit l'étoile qui annonce le jour (Lucifer), soit l'aurore elle-même, ou le disque, l'anneau du soleil. À côté de l'herbe de mémoire[392], la tradition populaire place une herbe d'oubli, qui égare et trouble l'intelligence. On se rappelle ce *lotus* qui fait perdre aux héros de l'Odyssée le souvenir de leur patrie ; Appien d'Alexandrie nous parle d'une herbe qui arrêta les Parthes poursuivis par Antoine ; cette herbe faisait oublier le passé et poussait les guerriers à ne s'occuper d'autre chose qu'à fouiller des pierres[393]. Dans le premier numéro de la *Mélusine*, M. Fr. Baudry nous raconte ce qui suit[394] : « Une fois que je m'étais égaré dans un bois (en Normandie) que je connaissais pourtant assez bien, un paysan me dit : ce n'est pas étonnant ; vous aurez sans doute *petillé* (mis le pied) sur une mauvaise herbe. C'est la croyance à l'herbe qui égare. » Mme la comtesse de Gasparin m'écrit de Genève : « On parlait dans le temps d'une plante qui faisait égarer ceux qui mettaient le pied dessus, mais personne n'en a jamais su le nom, même vulgaire, et nul ne l'a jamais cru. » M. Bertolotti m'apprend qu'une pareille croyance existe en Piémont. Il se souvient d'avoir entendu un vieux chasseur se plaindre d'avoir perdu son chemin deux fois et dû errer toute la nuit avant de retrouver sa maison, quoique le pays lui fût très familier ; il attribuait cet égarement à une seule possibilité, celle d'avoir, par méprise, foulé l'herbe qui fait perdre la mémoire, herbe, disait-il, que bien peu de personnes connaissent et que lui-même, d'ailleurs, n'avait jamais vue. Cette ignorance est un indice certain du caractère entièrement mythologique de l'herbe qui égare ou herbe de l'oubli. Je serais tenté de lui attribuer un caractère lunaire ; l'astre nocturne, qui est si souvent un guide précieux, exerce néanmoins un singulier empire sur la santé intellectuelle. L'homme bizarre est traité de *lunatique ; être dans ses lunes, aver la luna* ou *le lune,*

---

[392] Cf. aussi la *muma padura* des Roumains, qui fait retrouver le chemin aux enfants égarés.

[393] Cf. *Bernavi* dans ce volume, et *Datura* dans le second.

[394] Cf. le même auteur, *Revue Germanique*, XV, 26 (année1861).

équivaut à « être maussade, capricieux, démonté ». Les changements et les phases de la lune ne sont pas, on le pense du moins, sans influence sur la raison humaine ; les Parthes, qui oublient et fouillent des pierres au lieu de se tourner contre l'ennemi ou de s'enfuir vers leur pays, étaient frappés d'un véritable accès de folie. Dans le *Yagurvéda* noir, il est fait mention des génies, des centaures *gandharvâs*, et des nymphes *apsarasas* qui *font perdre la raison* (*unmâdayanti*) ; les génies sauvages qui égarent, d'après la tradition allemande, les audacieux qui pénètrent dans certaines forêts sont leurs parents mythologiques ; et dans les prestiges qui trompent les voyageurs il faut probablement reconnaître les jeux de la lumière lunaire, représentée sous la forme d'une herbe qui égare, d'une herbe d'oubli. Il est enfin possible que cette plante funeste symbolise une éclipse de lune, le nuage qui dérobe soudain la clarté salutaire. La rencontre de cette herbe est rare ; mais celui qui a le malheur d'y toucher, très naturellement, ne retrouve plus son chemin. Quoi qu'il en soit, il ne me semble pas douteux que sous le mythe de l'herbe d'oubli se cache quelque phase sinistre de l'évolution lunaire.

MERCURE. Hermès ou Mercure a été considéré comme l'inventeur de la fameuse herbe homérique *môly*, qu'il indiqua le premier à Ulysse, et aussi de la *mercuriatis annua* L., appelée encore *parthenion*, bien que, sous ce nom, cette plante appartienne spécialement à la déesse-vierge, Athènè. (Cf. *Madone* et *Minerve*.) L'opuscule *De Virtutibus herbarum* attribué à Albert le Grand, sur l'autorité tant soit peu suspecte de l'empereur Alexandre, décrit ainsi l'*herbe de Mercure*. « Herba quinta Mercuri dicitur *pentaphilon,* a quibusdam *pentadactylus,* ab aliis *saepe declinans,* a quibusdam *calipendula.* Radix hujus herbae sanat plagas et duritiem, etc., et si quis secum deferat, opus dat et auxilium (Cf. *Baltrachan*). Amplius si quis vult a rege vel a principe petere aliquid, copiam dat eloquentiae, si secum eam habeat, et obtinebit quod voluerit (Cf. *Magiques*). » Nous avons déjà vu qu'on donnait aux *ambassadeurs* auprès du roi de Perse une herbe semblable à celle de Mercure, l'ambassadeur des dieux[395]. J. B. Porta nous a laissé la description suivante de l'herbe *mercurialis*[396] : *Merculiaris* (peut-être au lieu de *mercurialis*) habet ocymi semeri, ut foemina, copiosum, uvae modo acinis dependentibus, mari juxta folia exiguum, rotundum, semper genuinum, testiculorum modo connexum. Mirum est quod de utroque eorum genere proditur ; quidam decoquunt eam in novo fictili cum heliotropio et duabus aut tribus spicis, donec decoquatur : decoctum dari jubent, et herbam ipsam, in cibo, altero die purgationis, mulieribus per triduum, quarto die a balneo, coire eas. Hippocrates miris laudibus in mulierum usu praedicavit has ; ad hunc modum medicorum nemo novit. Ille eas vulvae cum melle, vel rosaceo, vel irino, vel lirino admovit, item ad ciendos menses, secundasque. Herbam *hermupoam* vocant Graeci, nos *merculiarem*, ex Mercurio fortasse, ex foetu, propter binos veluti testiculos coeuntes mari et foeminae quamdam racemorum speciem praebente, in masculum et foeminam divisa et ad utriusque sexus partus generandos inventa sit, et ob id folia genitalibus locis adhiberi. »

On a encore attribué à Mercure la découverte de la *potentilla reptans* L., et de la *portulaca oleracea* L.[397] ; et, par quelque équivoque du langage, on a sans doute placé sous la protection spéciale de la planète *Mercure* les pâquerettes, qu'on appelle, en Italie, *margaritine* (en les confondant aisément avec d'hypothétiques *mercuritine*).

MESSAGERES. Nous trouvons souvent chez les poètes indiens l'image du *nuage messager*[398] ; le nuage est parfois représenté comme

---

[395] Cf. aussi *Osiris*, pour l'usage d'enduire de graisse de lion ceux qui devaient approcher des rois de Perse, allégorie qu'on peut interpréter ainsi : pour visiter des lions, il faut être ou se faire croire lion.

[396] *Phytognonomica.*

[397] Les Grecs appelaient cette plante *andrachne*, parce que, d'après Pausanias (IX), le dieu Hermès fut élevé sous elle.

[398] Schiller, dans sa *Marie Stuart*, a certainement subi l'influence d'une vieille idée populaire, lorsqu'il adresse à un nuage les vœux et les regrets de la reine

une feuille qu'emporte le vent. Déjà nous avons fait mention des *feuilles messagères* (Cf. *Feuille*). La *lettre* est appelée *foglio* en Toscane. La lettre de Bellérophon est, sans doute, une feuille mythique. Les contes populaires ont tiré un grand parti de ce mythe ; la reine-mère ou marâtre, la reine rivale, la reine sorcière, change en dénonciation perfide la lettre de recommandation que le jeune héros solaire porte avec lui ; au lieu d'un accueil favorable, il trouve chez son hôte la prison ou la mort. La lettre revêt ainsi un caractère sinistre et funéraire.

Le nuage et le ciel ténébreux de la nuit ont donné lieu à une série de phénomènes et de mythes correspondants analogues. Dans les chants populaires italiens, la voûte du ciel est souvent comparée à une feuille de papier sur laquelle l'amoureux voudrait écrire, à l'infini, les louanges de la femme qu'il adore. Il s'agirait ici du ciel fixe, et il serait, par conséquent, difficile de concevoir tout le ciel comme un messager. Mais, en dehors du nuage, il y a encore d'autres messagers au ciel. Ceci nous ramène aux herbes d'Hermès ou Mercure, l'ambassadeur des dieux. On a identifié Hermès avec la chienne messagère védique Saramâ, la foudre qui court au milieu de l'orage, et qui découvre les trésors cachés dans la montagne nuageuse, les vaches, les épouses volées par le monstre, par le brigand des nuées. Mais il y a au ciel, dans le ciel nocturne, une autre messagère qui court, qui visite tous les espaces, une feuille, une herbe, une fleur, à laquelle tous les amoureux et tous les poètes adressent leurs prières et leurs vœux : c'est la lune ; et de même que la lune change d'aspect, de même le contenu de la lettre de Bellérophon, altéré par la nuit magicienne, prend, sous l'influence des phases obscures de la lune, une signification sinistre. (Cf. l'article *Mémoire*, où il est question de l'*herbe qui égare*.) On peut aussi considérer comme des herbes *messagères* celles que portaient les ambassadeurs auprès du roi de Perse (Cf. *Verveine*). Les *feuilles*, les *fleurs* messagères sont enfin un lieu commun bien connu du langage poétique des amoureux

captive. — V. le *Méghadûta* de Kalidâsa, traduit en vers français, par M. André Lefèvre (*Virgile et Kalidâsa*).

(Cf. plantes *Érotiques*). J'ignore la raison pour laquelle, parmi les noms donnés à la *fleur du kadamba* (*kadambapushbî*), on trouve l'étrange qualification de *dûtaghnî* (celle qui tue le messager)[399].

MINERVE. Nous avons indiqué, dans nos *Letture sopra la mitologia vedica*, que les hymnes védiques nous permettent de reconnaître tour à tour dans l'aurore la belle Vénus, la sage Minerve et la Pallas guerrière. Ainsi, dans les contes populaires où figure la Madone chrétienne, on peut reconnaître en elle tantôt la bonne fée et déesse Artémis, tantôt la chaste et sage Minerve. Dans les mythes qui se rapportent à la Vénus hellénique et lucrétienne et à la *Sîtâ* indienne, on trouve parfois des souvenirs de phénomènes qui se rattachent à la manifestation de la première aurore céleste, et d'autres qui représentent la première végétation printanière, au moment où elle naît de l'humidité, (de la mer) fécondée par le soleil. Cette possibilité d'expliquer un même mythe par un grand nombre de phénomènes fait sourire les rationalistes peu familiarisés avec la mythologie comparée ; ils trouvent beaucoup trop leste et commode notre façon d'éluder les difficultés et de concilier les contradictions. Nous ne prétendons point à des tours de force ; notre procédé, nous l'avouons avec un peu de confusion, est fort simple. Mais il arrive assez souvent que les simples devinent tout naturellement des vérités qui échappent à ceux qui les cherchent dans des profondeurs où l'on risque souvent de se noyer. Si on admet, et on n'ose pas le nier, que la religion primitive est fondée sur le *panthéisme*, il faut être logique jusqu'au bout et, lorsqu'on veut s'occuper des dieux, avoir le bon sens de les chercher un peu partout dans la nature ; ainsi, par exemple, s'il est question d'un dieu lumineux, dans tous les phénomènes de cet ordre particulier, qu'il s'agisse de la lumière solaire ou de la lumière lunaire, voire même de la lumineuse végétation de la terre verdoyante ; ce sont des degrés et des détails différents qui

---

[399] Je doute cependant que ce soit une faute, et qu'on doive lire *bhûtaghnî*, un nom qui est donné au *Basilic*, en sa qualité *tueur* de monstres *bhûtaghna* est une espèce de *Bouleau*.

composent l'épopée de chaque divinité ; chaque dieu a son propre domaine où il se plaît, où il se développe, où il grandit de préférence ; mais puisqu'il se compose de lumière, rien de ce qui est lumineux ne peut lui être absolument étranger ou indifférent. Il arrive parfois que nous assistions dans le ciel même à la lutte de deux divinités, de deux phénomènes lumineux ; mais cette rivalité est la preuve que tous les dieux lumineux ont le sentiment de leur essence commune et fondamentale. La jalousie n'est jamais excitée que par la crainte de voir passer à un autre, exclusivement ou dans une très large mesure, le bien, la qualité que nous ambitionnons ; parfois les ressemblances créent la sympathie, parfois la jalousie ; de la première naît le désir de se lier, de s'identifier avec son semblable ; de la seconde, l'envie et la rage d'exterminer, d'écarter le possesseur d'un bien ou d'une qualité dont on voudrait jouir seul. Ainsi, dans le mythe des deux frères, nous voyons, à côté du frère qui se sacrifie pour son frère, le *frère* qui sacrifie son frère. Si ces frères sont la lune et le soleil, nous voyons, dans le premier cas, une telle sympathie entre eux, qu'elle permet d'identifier les deux frères, de voir indifféremment le même être lumineux, le même dieu, dans la lune ou dans le soleil ; dans le second cas, bien qu'issus, comme deux jumeaux, d'une même souche, ils se séparent, ils s'éloignent, pour se déclarer la guerre et s'anéantir l'un l'autre.

Cette digression ne nous a qu'en apparence écartés de notre sujet. L'herbe de Minerve, en effet, le *parthenion*, nous ramène à la Madone (cf.) qui, dans certains contes populaires, en a hérité ; or, la Madone et la bonne fée ont pris le plus souvent la place d'une divinité lunaire. D'autre part, la Minerve grecque (Athènè), est un nom, un aspect de l'aurore. Il nous fallait faire comprendre par quelle naturelle confusion d'attributs la Madone chrétienne en est venue à représenter souvent, tout ensemble ou tour à tour, l'aurore et la lune. Pour ce qui est de la consécration successive du *parthenion* à Minerve et à Marie, le sens du mot la justifie aisément. Il était naturel que l'herbe *virginale* passât de la Vierge du paganisme à la Vierge du christianisme.

Une autre plante partage avec le *parthenion* le nom d'herbe de Minerve : c'est l'*argemon* ou *lappa canaria.*

MIRACULEUSES (Plantes —). Toutes les plantes du *ciel, cosmogoniques, solaires, lunaires,* etc., sont des plantes *Miraculeuses,* mais rien d'elles ne nous étonne, puisque leur patrie est le *ciel.* Je ne ferai mention ici que de certaines plantes absolument fabuleuses, dont l'existence *terrestre a* été longtemps article de foi. On y croit encore en beaucoup d'endroits, sans que jamais on ait pu les identifier avec quelque plante réelle, portant un nom, je ne dis pas scientifique, mais populaire, comme sont, par exemple, le *Baranietz* ou herbe-agneau, l'*Anatifera* ou *Barnacle-tree,* le *Moly.*

Nous commencerons par le commencement, c'est-à-dire par cet arbre d'où sont issus tous les autres, notamment ceux qui sont entrés dans la construction de l'église de saint Thomas dans l'Inde. Marignolli[400] nous apprend que le saint bâtit son temple « de uno ligno inciso in monte Adae in Seyllano, quod fecit secari et *de pulvere secaturae seminatae sunt arbores.* Fuit autem *lignum illud ita maximum* incisum per duos sclavos suos, et ipsius cingulo tractum in mare, et praecepit ligno, dicens : vade, expecta nos in portu civitatis Mirapolis ; quo cum pervenisset rex cum toto exercitu suo, conabatur trahere in terram, nec movere potuerunt homines decem millia ; tunc supervenit sanctus Thomas Apostolus, indutus camisia, stola et mantello de pennis pavonum super asinum, sociatus duobus illis sclavis et duobus magnis leonibus, sicut pingitur ; et clamavit : nolite, inquit, tangere lignum, quia meum est. Unde, inquit rex, probas tuum ? Qui, solvens funiculum quo erat praecinctus, praecepit sclavis : ligate lignum et trahite in terram ; quo facillime in terram tracto, rex convertitur et donat sibi de terra quantum voluit cum asino circuire. Ecclesias aedificat in civitate in die ; sed, nocte, ad tria miliaria italica ferebatur, ubi sunt pavones innumeri ; unde sagitta, quam *fricciam* (*freccia* en italien, *la flèche*) vocant, in latere, sicut misit manum in latus Christi, percussus, hora completorii, ante suum ora-

---

[400] *Chronicon Boëmorum.*

torium jacens, et sanguinem sacrum totum per latus effundens, tota nocte praedicans, mane, reddit animam Dei. Sacerdotes tunc terram illam sanguine mixtam collegerunt et secum sepelierunt.

Arrêtons-nous un instant à cette légende curieuse ; on l'a, pour ainsi dire, affectée à saint Thomas ; mais certains détails trahissent une origine évidemment indienne. Nous avons fait mention, en parlant de l'*arbre de Bouddha* et de l'*eau génératrice*, de ces arbres cités dans une hymne védique où le héros se sauve du naufrage sur un navire ou sur un chariot traîné par deux animaux, tantôt par des chevaux, tantôt par un taureau et un dauphin. Les deux lions qui aident saint Thomas à tirer de l'eau sur le rivage la poutre destinée à la construction du temple remplissent le même office que les deux animaux védiques et leurs cavaliers, que les deux coursiers et les deux Açwins[401]. Les Açwins gagnent, dans les Védas, la course céleste en chevauchant un âne ; saint Thomas fait sur l'âne le tour de la Terre que le roi lui donnera ; et il joua probablement, sur l'âne qui par sa rapidité gagne la course dans les Védas, un tour semblable à celui du nain Vishnu tirant la terre de l'eau, lequel, autorisé à occuper autant d'espace qu'il peut en mesurer en trois pas, fait trois pas de géant, et occupe ainsi toute la Terre. Vraisemblablement, saint Thomas, sur son âne, mesura lui aussi toute la Terre ; ce qui ne devait pas réjouir beaucoup le roi. Ce que nous avons dit de l'arbre d'Adam et du temple de Salomon, dont la construction ne s'achève jamais, peut servir à expliquer une autre particularité de la légende de saint Thomas. Celui-ci promet au roi de bâtir le temple, mais il ne fait que se mettre en prière ; il a déjà reçu sa récompense, que le temple ne paraît pas encore. Il va être conduit au supplice, quand le frère du roi, qui est mort, apparaît en songe et déclare qu'il habite au ciel un temple superbe construit par saint Thomas, dont les prières ont opéré ce miracle. Le ciel n'intervient pas directement dans le

---

[401] On peut aussi comparer ici le miracle de Vishnu qui tire la terre de l'eau, où elle est submergée. — Saint Thomas qui tire la poutre de la mer pour bâtir ce temple fait un miracle semblable à celui de Manu (*Çatapatha* Brâhmana) liant son navire sauvé du déluge au tronc d'un arbre qui s'élève sur la montagne, et ensuite se préparant par la prière à repeupler le monde. (Cf. *Bouddha, Eau*.)

récit de Marignolli ; mais il y est sous-entendu, notamment dans les passages où il est question du manteau *couleur de paon*, et de l'église qui se déplace et se transporte dans la *région des paons*. Le ciel est ce paon ; nous espérons l'avoir démontré avec toute évidence dans le chapitre de la *Mythologie zoologique*, consacré à cet oiseau. L'arbre miraculeux de Marignolli est donc l'arbre du ciel, le ciel lui-même.

Nous trouvons quelques autres détails intéressants sur ce même arbre représenté comme une espèce de *kalpadruma* dans la description de l'Inde du Portugais Odoardo Barbosa[402]. La pièce de bois flotte sur la mer et personne, pas même à l'aide des éléphants, ne parvient à l'amener sur le rivage ; saint Thomas promet d'accomplir seul, au nom de son Dieu, le miracle, si on lui donne autant de terre qu'il peut en désirer pour la construction de son église. Le roi consent, et l'apôtre, sans le moindre effort, attire la poutre sur la plage. Ici, comme dans la légende de Marignolli, le saint ne demande que l'espace nécessaire pour construire son église ; mais l'église sera infinie, comme est inépuisable ce bois qui fournit à l'apôtre autant de pièces d'or qu'il en désire. Lorsque ses ouvriers ont faim, saint Thomas prend du sable, probablement de la sciure de bois, et en fait du riz ; lorsqu'ils demandent à être payés, il détache un petit morceau de la poutre qui se change à l'instant même en une monnaie. Ici encore nous avons la représentation évidente de l'arbre du ciel, dont la sciure, les étoiles, se change en grains de riz et en petites monnaies d'or[403].

---

[402] Cf. Ramusio, *Navigazio e viaggi*.

[403] Dans le voyage de Gaspare Balbi aux Indes, à la date de l'année 1582, on raconte la même légende avec un détail qui rappelle la construction du temple de Salomon. La mer jeta sur le rivage un arbre énorme ; on en prit la mesure et on fut surpris de voir que sa longueur était celle précisément que l'on désirait pour les piliers de l'église que l'on construisait en l'honneur de saint Jean Baptiste, le saint qui annonce le couronnement du temple par le Christ, et qui verse son sang pour la gloire du Christ ; les légendes de saint Baptiste et celle de saint Thomas semblent se confondre dans le récit de la mort de l'apôtre dans l'Inde par Marignolli, que nous venons de citer. On scie l'arbre et on est étonné de voir qu'il en sort tout juste le nombre de piliers nécessaire pour achever le temple. Seulement, on ne saurait pas trop s'expliquer la puanteur qui infecta

Le ciel ténébreux de la nuit et le ciel nuageux sont aussi comparés à des arbres qui rendent invulnérable le héros solaire ; nous expliquons du moins ainsi ces chapeaux, ces manteaux qui rendent invisibles et invulnérables certains héros des contes populaires, et nous ne pouvons interpréter autrement leurs formes correspondantes, c'est-à-dire les arbres, les herbes qui non seulement cachent aux persécuteurs le héros et l'héroïne (Cf. *Genévrier, Bois*, etc.), mais encore les sauvent de n'importe quelle atteinte des armes ennemies. Dans la *Rose de Bakavali*, le jeune héros trouve un arbre qui a le pouvoir de rendre invisible celui qui se fait un chapeau de son écorce. L'arbre lui-même est gardé par un serpent qu'il est impossible de blesser. Il produit des fruits rouges et des fruits verts : si quelqu'un place les fruits verts sur sa tête, il devient invulnérable ; s'il place les fruits verts dans sa ceinture, il lui pousse des ailes et le voilà capable de s'élever dans les airs ; les fruits rouges rendent à sa forme naturelle le héros qu'un maléfice avait changé en corbeau. Les feuilles de cet arbre guérissent les blessures ; son bois ouvre les serrures les plus fortes (Cf. l'herbe qui *Ouvre*) et brise les corps les plus solides.

Le voyage dans l'Inde de Niccolò di Conti signale une autre plante, de Java, qui avait la propriété de rendre invulnérable : « Et nell' isola maggiore di Giava dice haver inteso che vi nasce un arbore, *ma di rado*, in mezzo del quale si trova una *verga di ferro* (probablement la foudre, l'arme qui défend le héros solaire caché dans le nuage), molto sottile e di lunghezza quauto è il tronco dell' arbore, un pezzo del qual ferro è di tanta virtù, che chi lo porta addosso che gli tocchi la carne, non può esser ferito d'altro ferro, e per questo molti di loro si aprono la carne, e si le cuciono tra pelle e pelle e ne fanno grande stima. » Le livre de Sidrach nous décrit aussi une herbe qui rend invulnérable celui qui la porte, mais il n'en indique point le nom. « Anche è un' erba di lunghezza di sei palmi o di meno, e à sottili fronde a guisa di ramerino (Cf. *Genévrier* et *Madone*), e fiori verdi, e il

---

tout le pays, lorsque l'arbre fut scié ; au lieu de puanteur, on doit probablement lire âcre parfum de sainteté ; les récits analogues qui se rapportent à l'arbre de la croix semblent autoriser cette correction.

seme nero, vermiglie radici e lunghe e forente. Chi questa erba portasse sopra sè, e passasse in terra tra' suoi mortali nimici, *niuno gli potrebbe nuocere*, tutto ch' eglino avessono la sua morte giurata. »

Le monstre indien fabuleux, ennemi du lion et de l'éléphant, la bête à huit jambes, ce *Çarabba* dont Vishnu et Bouddha *Çakyamuni* ont emprunté la forme et le nom, s'appelle aussi *agâukas*, « *qui habite l'arbre* ». Il appartient à la famille, déjà bien connue, des fils ou produits ou habitants de l'*arbre* par excellence. Rappelons seulement l'arbre anthropogonique, l'arbre à l'agneau et celui qui a pour fruit des oiseaux ; c'est toujours l'arbre cosmogonique, qui parle et chante, visité par les deux oiseaux du ciel, le jour et la nuit, le soleil et la lune. La mythologie explique, on le voit, tous les miracles.

MOIS. La lune, reine des herbes, préside non seulement à la végétation, mais aussi à la conception et à la naissance ; les *mois* et les accouchements sont donc de son ressort, et, par conséquent aussi, les plantes qui favorisent ou règlent les évacuations périodiques des femmes, le fenouil, par exemple, nommé en Piémont, dans le Montferrat, *herbe des mois*. La médecine populaire attribue, d'ailleurs, ces propriétés à un grand nombre de plantes. Mais ce qui pour les femmes est un indice heureux de fécondité exerce, selon les croyances superstitieuses, une très mauvaise influence sur la végétation et sur la floraison des plantes. À Venise, la femme qui est dans son mois doit se garder de toucher une fleur ; elle la ferait sécher. Une croyance pareille existe en Toscane ; les femmes de ce pays nouent autour des fleurs ou fixent dans la fente d'un piquet fiché en terre à côté de la plante un petit chiffon *rouge*, et l'influence malfaisante est neutralisée. Le chiffon rouge ou vermeil rappelle la crête du coq qui terrifie le lion solaire à la crinière d'or. *Similia similibus*. Ce sont préservatifs homéopathiques.

MOLY. Cette plante, célèbre, dans l'Odyssée, qui détruit le charme jeté sur Ulysse par la grande magicienne Circé, exerce depuis longtemps l'ingéniosité botanique des commentateurs. C'est en vain qu'on a essayé de l'identifier avec des herbes connues. Dodonaeus,

Anguillara, Caesalpinus, Linné, y ont vu l'*allium magicum* ; Mattioli et Clusius l'*allium subhirsutum* ; Sprengel l'*allium nigrum ;* Sibthorp l'*allium Dioseoridis ;* Wedel, auteur des deux dissertations : *De Moly Homeri, De Mythologia Moly Homeri* (Iena, 1713), une espèce de *nymphéa ;* Siber et Triller (*De Moly,* Schneeberg, 1699 ; *De Moly Homerico et fabula Circaea,* Lipsiae, 1716), le *nieswurz* noir. Les anciens aussi avaient beaucoup écrit sur cette *clarissma herbarum,* comme l'appelle Apulée (*De Virtutibus herbarum*), mais sans nous fournir aucun renseignement utile. On lui attribuait la forme globuleuse d'un bulbe, et Apulée ajoute que l'« herba môly contusa et imposita, *dolorem matricis* aufert potenter. » Ses feuilles, dit Théophraste, ressemblent à celles d'un « oignon de mer ». Ce moly, excellent contre poison, poussait en Arcadie. En résumant ces traits divers, on aurait donc une plante magique, ronde comme un oignon, qui flotte sur l'eau, qui détruit l'effet des poisons et qui soulage puissamment les douleurs de matrice. Seulement cette herbe est difficile à déraciner, ainsi que la *mandragore* (cf.) ; et, si l'on y parvient, on en meurt.

Quelques anciens ont cherché dans la légende du môly une allégorie morale. Bien que le texte homérique[404] ne se prête aucunement à ces gloses, pour les commentateurs profonds le *môly* serait *la science ;* mais pourquoi une racine noire ? Parce que, disait-on assez naïvement, on n'y voit pas clair ; et pourquoi ne pouvait-on le déraciner sans mourir ? Parce qu'on meurt avant de pouvoir épuiser la science. Les fleurs blanches comme du lait symboliseraient les lumières de la science. N'est-ce pas Mercure ou Hermès qui découvre l'herbe môly, et qui l'indique à Ulysse ? et l'Hermès égyptien, le dieu Thoth, n'est-il pas l'inventeur du langage, de la science et des arts ?

Mais nous n'avons que faire ici des allégories morales. Hermès dit que *môly* est le nom donné par les dieux à la plante magique ; c'est chez les dieux, dans le ciel, qu'il faut la chercher. Hermès ajoute que la plante est difficile à déraciner, mais que pour les dieux il n'y a rien d'impossible. Nous savons que la mandragore, assimilée

---

[404] Voici d'ailleurs ce qu'en dit le Xe livre de l'Odyssée : Ῥίζῃ μὲν μέλαν ἔσκε γάλακτι δὲ εἴκελον ἄνθος· μῶλυ δὲ μὲν καλέουσι θεοί· χαλε☐ όν δὲ τ' ὀρύσσειν.

par Pline au *môly*, sous le nom de *Circaeum*, ne peut être déracinée par l'homme ; on y emploie le chien ; non pas, certes, un vulgaire et terrestre chien, mais sans doute cette chienne du ciel, Saramâ, dont Hermès porte le nom (*Sarameyas*). C'est bien à cette messagère des dieux, qui découvre les trésors cachés, c'est à elle qu'il appartient de déraciner l'herbe magique, mandragore ou môly.

Maintenant, quelle est cette plante divine ? M. Cerquand, dans son étude sur *Ulysse et Circé* (Paris, Didier, 1873), nous semble avoir eu la main très heureuse lorsqu'il a rapproché le *môly* homérique du *soma* indien. Nous regrettons seulement qu'il ait compromis sa thèse ingénieuse par une tentative étymologique aussi malheureuse que vaine : n'a-t-il pas essayé de donner une origine commune aux deux mots *soma* et *môly* ? C'est justifier l'épigramme du sceptique : Alfana vient d'equus, sans doute !

Soma, le roi des herbes, est, à n'en pas douter, le dieu *Lunus ;* sa fleur est blanche, argentée ; sa racine est la nuit. Cette racine ténébreuse brave l'effort des mortels. Un dieu seul peut l'arracher, ou bien la chienne, messagère des dieux. Mais, dans *l'Odyssée*, il ne s'agit point de déraciner le môly ; il suffit, pour détruire les charmes de Circé, de cueillir la fleur blanche, la fleur lumineuse qui neutralise le poison, la douleur, l'enchantement. *Soma* est un *rakshohan* ou *destructeur de monstre*, comme le *môly*.

M. Cerquand a rapporté, dans son étude, la légende relative à cette herbe, que, d'après Eustathe, les descendants d'Esculape, les Asclépiades connaissaient. (On sait que dans l'Inde on appelle *Soma* l'*Asclepias acida*.) « Le géant Picoloos, après la bataille contre Zeus, prit la fuite et s'arrêta dans l'île de Circé, d'où il tenta de chasser la déesse. Mais son père Hélios la couvrit de son bouclier, et tua le géant. Du sang versé naquit une plante nommée *Môly* en souvenir de la guerre où avait péri le géant. » Circé, fille du soleil qui attire Ulysse dans ses filets, semble représenter l'aurore du soir, aussi belle que sinistre ; le *môly*, l'herbe lunaire, la lune, vient au secours du héros ; et le soleil, délivré par une intervention divine, peut achever sa course, son pèlerinage, et regagner son palais. La magie de Circé, qui s'empare du héros solaire, le bouclier du soleil qui couvre Circé, la toison d'or que Médée suspend sur les arbres pour attirer les Argonautes, ne sont, à mon avis, que des variations sur le même thème : le coucher ou le lever du soleil. Entre Circé et Médée il y a cette différence, que la première, la séductrice du vieil Odysseus (le voyageur, l'homme des routes ?), représente visiblement l'aurore du soir ; tandis que la seconde, jeune maîtresse du jeune Jason, semble personnifier l'aurore du matin. La lune est le navire des Argonautes qui porte Jason aux rivages où brille la toison d'or ; la lune est l'herbe magique qui délivre Ulysse des ruses de Circé.

MORT (Arbres de la — ; Cf. *Funéraires*).

MUMA PADURA. Nom d'une fée sauvage roumaine qui vient dans la forêt en aide aux enfants égarés ; on donne aussi ce nom à une plante, l'*asperula odorata* (en italien *asperaggine, asperella*). (Cf. *Mémoire*.)

NAVIRE. Il est souvent question dans les contes mythologiques de boîtes merveilleuses, ou de navires, grâce auxquels le héros ou l'héroïne se sauve de la mer ou du déluge. Aux mots *Bouddha* et *Eau*, nous avons vu qu'au lieu du navire, apparaît quelquefois un arbre sauveur. Au vaisseau mythique, M. Cox, dans sa *Mythologie of the Arian Nations*, donne (avec raison, il me semble) une signification originaire phallique.

NOËL (Arbre de —). L'usage de l'arbre de Noël est trop répandu en Europe pour qu'il soit nécessaire d'en expliquer ici l'origine. En Suède, au Danemark, en Allemagne, en Angleterre, en France, en Russie, la veille de Noël, les familles chrétiennes réunissent les petits enfants autour d'un arbre, le plus souvent un sapin, illuminé de petits cierges, orné de fleurs et de rubans, chargé de fruits dorés, de pâtisseries sucrées, et, chez les riches, de précieux cadeaux. En Italie, l'arbre de Noël n'est plus populaire ; il y a été remplacé par l'arbre de *Mai* (cf.), symbole équivalent. Toutefois, de sûrs indices permettent d'affirmer que l'Italie a possédé sa *Noël*, sa fête du solstice hivernal : dans presque toutes ses provinces, la plus grosse bûche (*ceppo*) est toujours mise en réserve pour le feu de Noël ; en Toscane, non seulement Noël a reçu le nom de *Ceppo*, mais on y dresse encore ce jour-là de petites machines en bois colorié, ornées de rubans, qui peuvent passer pour des diminutifs assez grossiers d'arbre ou de cabane ; sur la base de cet édicule (*capannuccia*), parmi de petites bougies, un enfant Jésus en cire est couché dans la mousse. La forme indécise de la *capannucia* semble combiner les deux traditions qui se rattachent également à la naissance du Christ, l'arbre et la crèche. Seulement l'arbre et la bûche qui en est un fragment n'ont pas pour les catholiques un caractère vraiment orthodoxe ; une méfiance instinctive semble les avertir qu'il s'agit d'un usage antérieur au christianisme, d'une réminiscence païenne. La crèche, au contraire, est pour eux un attribut spécial, une partie de leur culte. C'est là que Jésus est né, en hiver, par un temps de neige, sous un toit misérable, entre un âne et un bœuf qui le réchauffaient de leur haleine ; là que les pâtres, instruits de la bonne nouvelle, vinrent adorer le sauveur du monde. L'enfant Jésus qui reçoit les cadeaux des bergers et des mages est devenu à son tour le Bambino qui les distribue aux petits enfants.

Il est hors de doute que des deux traditions, celle de la crèche est la plus chrétienne. Et cependant, combien de menus souvenirs étrangers à la légende évangélique sont venus l'enrichir et la dénaturer ! Nous verrons, par exemple, au mot *Houx*, que les propriétés attribuées à cette plante que l'on bénit le jour de Noël tiennent à des superstitions essentiellement païennes ; Mme Coronedi Berti nous apprend qu'à Bologne on garnit la crèche de mousse, de laiteron, de cyprès et de houx-frêlon. À Bologne aussi, le jour de Noël, on distribuait des branches de genévrier, plante qui tient une si grande place dans la magie des anciens, et que les chrétiens firent leur en lui attribuant le salut de la Vierge en Égypte. On imagine encore que le genévrier (simple arbuste, comme on sait) avait fourni le bois de la croix sur laquelle le Christ fut cloué.

L'arbre de Noël (Cf. *Anthropologiques* et *Générateurs*) n'est pour nous que le représentant de l'arbre du soleil qui renaît chaque année après le solstice d'hiver, précisément à l'époque où, d'après les traditions chrétiennes, serait né le Christ, le sauveur du monde. Le soleil, appelé aussi *Savitar* ou *Djanaka,* c'est-à-dire générateur, est l'arbre anthropogonique par excellence. Pour la création des animaux, il faut, d'après les croyances populaires, le concours de deux éléments essentiels, l'élément féminin représenté par l'eau, et l'élément masculin représenté par le feu ; la lune, et l'arbre lunaire par conséquent, préside spécialement à l'eau et gouverne les femmes ; le soleil, et par conséquent l'arbre solaire, préside essentiellement au feu et enfante les héros. L'arbre solaire de Noël enfante le Christ sauveur. La légende chrétienne de l'arbre de Noël a d'autant plus aisément fleuri sur le mythe païen de l'arbre anthropogonique solaire qu'on a dû sentir de bonne heure l'identité des deux types mythologiques. Pour quelques autres détails sur ce sujet, Cf. deux petits essais sur l'*Arbre de Noël* que nous avons publiés dans la première et dans la dernière année de notre *Rivista Europea* (Florence, 1869-1876).

NRISINHAVANA. Il est encore incertain si cette forêt indienne, composée, à ce qu'il paraît, d'arbres *palaça,* s'appelait ainsi parce qu'elle était consacrée au dieu Vishnu, sous son nom de *Nrisinha* ou *Narasinha,* ou bien parce qu'elle était le séjour de fabuleux *hommes-lions.* (Cf. Weber, *Indische Studien.* IX, 62.)

NUPTIALES (Plantes —). Si l'arbre est anthropogonique, il préside aux mariages. Il doit donc y avoir des arbres et des herbes qui représentent d'abord les fiancés, et puis les jeunes mariés. Dans notre petit livre intitulé : *Storia, comparata degli usi funebri indo europei,* nous avons mentionné un certain nombre de ces herbes, celles surtout qui fournissent aux fiancés des présages[405]. L'arbre de *mai,* que

---

[405] Cf. Une superstition prussienne, d'après laquelle l'amoureux oblige la personne qu'il aime à l'aimer, toujours en mettant trois de ses cheveux dans la fente d'un arbre qui est censé représenter l'amoureux. On pense que les cheveux et l'amour de la jeune fille pousseront ensemble avec l'arbre. Parmi les présages de noces, je citerai ici celui que les jeunes filles de la campagne de Bologne cherchent dans les épis de certaines herbes. On détache l'épi de la tige, on le

nous connaissons déjà, est le représentant populaire du jeune fiancé. Chez Olearius, nous trouvons un représentant parallèle de la vierge épouse. Olearius, qui en l'année 1637 voyageait en Perse, y observa cet usage : Si l'épouse n'était pas vierge, l'époux la renvoyait, souvent après lui avoir coupé le nez et les oreilles ; si l'épouse était vierge, l'époux (ainsi que cela est encore en usage chez les Arabes, chez les Grecs, dans certains districts de la Russie méridionale, en Sicile) envoyait les preuves de la virginité aux parents, et, en signe de réjouissance, on faisait des festins pendant trois jours. A ces festins on engageait souvent des poètes, on y apportait sur un plat un petit arbre dont les branches étaient chargées de fruits ; les invités essayaient d'en cueillir un, sans que le mari s'en aperçût ; s'ils y parvenaient, le mari pour racheter ce fruit devait un gage, un cadeau à l'invité ; le convive était-il pris sur le fait par le mari ? il lui payait cent fois la valeur du fruit ou de l'objet touché.

La *guirlande de noces* indienne, la *varamâlâ*, réunissait les deux époux. Le docteur Mannhardt, dans son *Baumkultus der Germanen* (p. 46), nous a fait connaître, d'après Strackerjan, un usage assez curieux qui est toujours vivant près d'Oldenbourg : parmi les habitants de ce district, lorsqu'un époux quitte la maison paternelle pour passer dans un village étranger, il fait broder sur le coin du linge de lit qu'il emporte avec lui des fleurs et un arbre sur le sommet et sur les branches duquel on voit des coqs. Aux deux côtés du tronc de cet arbre sont brodées les initiales du nom de famille et de baptême du jeune marié. Les jeunes filles, à leur tour, brodent sur leurs che-

---

coupe en deux et on le remet tout de suite en place, de manière qu'on ne s'aperçoive pas qu'il est brisé. Avec deux doigts de la main gauche, on prend l'épi par la partie inférieure et on le soutient ; avec la main droite, on se donne un coup sur le bras gauche : si la partie supérieure de l'épi s'en va, c'est bon signe, l'amour est vivant ; si l'épi reste intact, le fiancé ou l'amoureux est indifférent. On consulte aussi de même cette herbe, qu'on appelle en Piémont *herbe de coucou* et à Bologne *furtona* (fortune), dont la semence est un duvet que le moindre souffle disperse dans l'air. On regarde dans quelle direction vole ce duvet poussé par le vent ; s'il tourne du côté de la jeune fiancée, elle le prend comme le meilleur des présages pour son amour et pour son mariage.

mises un arbre avec les initiales de leurs deux noms. Dans plusieurs pays slaves et germaniques, on plante devant la maison des époux ou on porte devant eux un ou deux arbres, symboles du bonheur qu'on leur souhaite (Cf. *Cyprès, Pin, Sapin, Mai, Fleurs, Feuilles, Érotiques, saint Jean, Hypericon, Fève, Oliviers Rose, Générateurs*, etc.)[406].

Dans l'île de Crète, ce n'est pas seulement à l'époux qu'on souhaite longue vie et bonheur, c'est encore à ses parents. Un chant populaire crétois, traduit par Elpis Melena, nous fait voir l'épouse, tandis qu'on la pare de fleurs, demandant le romarin de bon augure et la fleur du nectar qui donne longue vie aux deux époux, au beau-père et à la belle-mère.

OKOLOCEV. Nom d'une herbe érotique chez les Serbes. (Cf. *Samdoka.*)

OR. Les plantes qui produisent de l'or ou aident à découvrir les trésors sont étroitement apparentées aux arbres de la lune et du soleil. Rien de plus conséquent que la croyance populaire qui attribue

---

[406] Mannhardt, *Baumkultus der Germanen*, nous confirme cet usage assez général, par les exemples suivants : « In den wendischen Dörfern bei Ratzeburg, hatte ein grüner Baum auf dem Brautwagen Platz. Auf den lettischen Bauerhochzeiten in Kurland wurde, sobald das neue Paar aus der Brautkammer trat, nachgeforscht, ob der junge Ehemann die Liebesprobe kräftiglich bestanden. Befand es sich so, so wurde grosse Fröhlichkeit geübt und ein grosser grüner Baum oder Kranz oben auf das Haus gestellt. Der Lebensbaum des Bräutigams, oder des neubegründeten Stammes steht gut, wenn Aussicht auf Nachkommenschaft da ist. In Hochheim, Einzingen und anderen Orten in der Nähe von Goth besteht der Brauch, dass das Brautpaar zur Hochzeit oder kurz danach zwei junge Bäumchen auf Gemeindeeigenthum pflanzen muss. Au sie knüpft sich der Glaube, wann das eine oder das andere eingehe, müsse auch das eine oder andere der Eheleute bald sterben. — Auf ähnliche Anschauungen, vermöge deren der Liebhaber einen Baum mit sich selbst identifiziert, gründet sich, u. A., auch der preussische Aberglanbe, wenn man die Liebe eines Mädchens begehrt, drei Haare desselben in eine Baumspalte einzuklemmen, so dass sie mit dem Baume verwachsen müssen. Das Mädchen kann dann nicht mehr von einem lassen. » Nous avons déjà fait mention, au mot *Calomnie*, de l'herbe russe *pricrit* (proprement l'herbe *qui couvre, qui défend*), employée pour détruire l'effet des calomnies qui se répandent en temps de noce.

des vertus de ce genre, par exemple au palmier et au lotus[407]. (Cf. ces mots, et l'article *Lune*, où l'on cite cette fabuleuse *chrysopolis* dont les feuilles, au simple contact d'un or pur, en prenaient la couleur. Cf. aussi *Noisetier, Fougère*, saint *Jean*.)

Le mythe du roi Midas, qui changeait en or tout ce qu'il touchait, symbolise le miracle constant de la lune et du soleil. Ces astres illuminent périodiquement la Terre ; et le soleil change l'herbe verte en épis d'or. L'arbre solaire couvre d'or le ciel et la Terre : et presque tous les arbres terrestres qu'on suppose en relation directe avec le soleil (tels que le palmier, le blé) possèdent, en quelque degré, la même propriété ; ils produisent des fruits d'or et, lorsqu'on chercha dans les mythes populaires des allégories, des fruits qui se changent en or, puisqu'ils sont pour l'homme une source inépuisable de richesses. Tout ce qui luit n'est pas or, dit le proverbe ; cependant, l'imagination populaire a souvent assez grossièrement confondu avec l'or tout ce qui en avait plus ou moins la couleur ; enfin, l'observation du rôle que jouent dans la végétation les excréments, le caractère générateur de l'œuf cosmique de l'*hiranyagarbha* (*germe d'or*) considéré comme excrément d'une divinité, ont fait croire non seulement aux œufs d'or, mais à l'or tiré des excréments. Tel est le fond d'un conte populaire, qui de l'Orient est parvenu jusqu'à nous, et a suggéré plus d'une grossière facétie au lourd Uhlenspiegel germanique. Cette histoire du misérable et astucieux avare qui s'enrichit par la ruse en vendant tout de bon pour de l'or ses propres excréments, n'est que le sale développement d'un ancien mythe cosmogonique et solaire fort innocent. Sur la tête du Jupiter hellénique qui siège sur le sommet de son chêne, le scarabée vient déposer ses excréments ; Jupiter est le dieu du ciel, son arbre est

---

[407] Le *Kathâsaritsâgara* et Suçruta mentionnent aussi un lotus d'or (*hiranyâbga suvarnapadma*) ; du mot *suvarna* (or), ont tiré leur nom de différentes autres plantes indiennes : *survana* est la *pomme épineuse* ; la *cathartocarpus* (*cassia*) *fistula* ; *survana kadali* ou *alâ* une espèce de *musa*, « aux fruits d'or » ; on mentionne aussi une *ketakî* d'or, un *campaka* d'or, une espèce d'amarante « aux fleurs d'or » (*survanapushpâ*), le *jasmin jaune* (*survanâhvâ, qui tire son nom de l'or*), la *Bauhinia variegata* (*survanâra*).

l'arbre du ciel ; le scarabée peut être tout aussi bien la lune que le soleil ; son excrément, c'est le scarabée lui-même qui se féconde et qui se renouvelle. Une fois le mythe expliqué, on conçoit aisément que ces excréments se changent en or, puisque la lune et le soleil donnent leur couleur à tout ce qu'ils éclairent.

De cette confusion naturelle est née la science superstitieuse des alchimistes, occupés à la recherche de l'or et s'imaginant pouvoir le fabriquer à l'aide de certaines plantes (solaires ou lunaires), des mois des femmes (qui correspondent aux mois lunaires et sont sous la protection de Lucine), du sperme viril et des excréments : ce qui fâchait, à bon droit, certains écrivains raisonneurs du XVIe siècle[408], incapables naturellement de soupçonner les explications, que seule la mythologie comparée est en mesure de fournir à notre époque critique.

OSIRIS ou OSIRITES. Plante consacrée au dieu solaire des Égyptiens ; on l'appelait aussi en grec *Cynocephalia*, ou *tête de chien*, à cause de la tête de chien qu'on prêtait à Osiris. D'après Pline (XXVII) cette herbe aurait possédé plusieurs vertus magiques ; on a cru y reconnaître l'*antirrhinum*[409] et la *Linaria pyrenaica* Cand. On a encore donné le nom de *couronne d'Osiris* à l'*atriplex halimus* L.

---

[408] Cf. par exemple, *Jn Ioannem Braceschum Gebri interpretem* Animadversio, authore *Roberto Tauladano Aquitano* (Basileae, 1561) : « Haec est, dit-il, illa Saga Thessalica, haec illa est Medea quae meo tempore permultos non mediocris doctrinæ viros adeo excoecavit et dementavit, ut eorum alii sibi persuaserint formam auri et argenti effectricem *a plantis* mutuandam, alii ex ignobilibus animalium excrementis, veluti ex sanguine menstruo, spermate virili, imo et ex ipso stercore humano eruendam esse. Unde versus ille :
Qui quaerit in merdis secreta Philosophorum
Expensas perdit.
[409] Bauhin nous apprend qu'on donna le nom de *S. Catherinenblumen* (*fleurs de S. Catherine*) au melanthium *arvense*, au *melanthium sylvestre* et à l'*antirrhinum*. J. P. Porta nous donne la description suivante de qui n'est autre chose que notre muflier ou gueule de loup (*Phytognonomica*) » « Antirrhinum insignitur purpureis floribus ex rubro violaceis, vel roseis, oblongis, superne flaccidis, buccas rictumve vitulini vel leonini oris aemulantibus et conniventibus, nunc patulis,

OUBLI (Herbe de l' — ; Cf. *Mémoire*).

OURS. *Rikshagandhâ* et *rikshagandhikâ* (odeur d'ours ou parfum qui plaît à l'ours) sont les noms sanscrits de l'*argyreia argentea* Swet. et de la *batatas paniculata* Chois. On donne en Italie le nom de *branca orsina* à l'*acanthe*. Dioscoride prétendait que cette plante servait contre les brûlures ; Pline dit que la graisse de l'ours avait la même propriété, ce qui nous ferait croire que la dénomination italienne remonte jusqu'au temps de Pline.

OUVRIR (Herbes pour —). Parmi les herbes magiques, l'une des plus extraordinaires et intéressantes est, sans doute, *l'herbe qui ouvre*, que les Russes désignent précisément par ce nom (*rasriv-trava*). La princesse Marie Galitzin Prazorova, ayant eu la bonté de questionner pour moi ses paysans au sujet de cette herbe, m'apprend que la *rasriv-trava* pousse au printemps dans les prairies humides ; c'est une herbe très souple, mais elle n'a aucune forme particulière qui la distingue. On la reconnaît, cependant, de cette manière : on coupe beaucoup d'herbe dans l'endroit où l'on suppose que se trouve la *rasriv-trava*, et on jette le tout dans une rivière on un ruisseau ; s'il y a dans la botte une *rasriv-trava*, non seulement elle flottera sur l'eau, mais elle nagera contre le courant. Les voleurs n'ont qu'à approcher la *rasriv-trava* des serrures ; elles s'ouvrent à l'instant même. On ajoute que dans l'emploi de cette herbe, jugée sans doute diabolique, la prière ne serait d'aucune utilité. Dans un petit livre de Markevic[410], je trouve sur cette herbe quelques autres détails curieux.

---

nunc vero quasi valvulis occlusis, ut potius leontostomos nominari debuisset (cf. *Lion*) traditur quasi ab hac leonina forma, perunctos eos cum oleo lilino venustiores fieri (ut venustius inter plantas lilium) nec ullo medicamento laedi posse, si quis appensum gestet ; et leonis adeps amuletum esse adversus insidiantes ; et Plinius ex Magis perunctos eo adipe faciliorem gratiam apud Reges populosque promittit, praecipue tamen eo perungi quod sit inter supercilia (cf. *Mercure*). » J. B. Porta ajoute que cette plante se trouve sous l'influence spéciale de l'astre de Vénus.

[410] Obicai, Povieria, etc. *Malorossiam*, Kiev, 1860, p. 86.

On dit que la *rasriv-trava* est très rare, et que celui-là seul peut la trouver qui possède déjà l'herbe *plakun* (cf.) et la fougère (paporotnik). La fougère, comme le noisetier, découvre les trésors ; c'est aussi une *herbe qui ouvre*. Mais, ajoute-t-on, la *rasriv-trava* a la propriété spéciale de réduire en petits morceaux n'importe quel métal ; les serrures des souterrains gardés par le diable, c'est-à-dire les portes de l'Enfer[411], ne s'ouvrent que par la vertu de la *rasriv-trava*. Il faut reconnaître une plante du même genre dans cette merveilleuse racine indienne, appelée *nervellicori* par notre voyageur Vincenzo Maria de Santa Caterina, et grâce à laquelle l'oiseau *paperone* (grande oie) brise les ferrements de la cage où sont enfermés ses petits oisons. Si nous remontons à la source des croyances relatives à l'herbe qui ouvre, il nous serait difficile de ne pas l'identifier à la foudre qui déchire la montagne nuageuse, ou au rayon solaire qui disperse les ténèbres et découvre tous les jours les trésors de la lumière.

Nous avons fait mention de quelques plantes qui produisent l'or et le représentent ; la même analogie mythologique a créé les plantes qui attirent l'or et qui le révèlent. L'*açvattha*[412] devait être pour les Indiens l'un de ces arbres, et chez les Scandinaves modernes, le sorbier est encore investi de cette puissance. La même vertu d'ouvrir les endroits qui cachent des trésors est attribuée aux baguettes magiques des sorciers, sans doute à cause de la qualité spéciale du bois dont elles sont faites, bois qui devait être toujours en quelque rapport mystérieux avec la foudre et les phénomènes de l'orage ainsi qu'avec le soleil. La fougère, l'*alraun* des Allemands, la mandragore, la verveine[413] et l'armoise classique, le noisetier, la

---

[411] En Piémont on appelle *infernót* (petit enfer) le souterrain qui se trouve parfois sous la cave.

[412] Le professeur Ad. Kuhn a reconnu aussi l'*açvattha* dans le □ άρηβον indien de Ctésias dont la racine □ άντα ἕλκει □ ρὸς ἑαυτὴν, χρυσὸν, ἄργυρον, χαλκὸν, λίθους καὶ τἆλλα □ άντα □ λὴν ἠλὲκτρου.

[413] Les Allemands l'appellent *cisenkraut*. — On sait que la mandragore doit être déracinée par un chien ; les *Vedâs* connaissent une herbe appelée *pata* (qui ouvre, qui brise), que le faucon remarque, que le sanglier déracine et qui est censée défendre le garde-manger contre les entreprises des animaux. D'après

glücksblume, en un mot, toutes les herbes et plantes qui ouvrent et découvrent les trésors, tiennent leur pouvoir de quelque intime ressemblance mythique avec la branche lumineuse du ciel, de l'arbre céleste, la foudre et le rayon solaire, pénétrant au sein de la montagne orageuse ou nocturne qui cache les dieux, l'ambroisie, l'eau de la vie, les épouses, les vaches, le *pecus* et la *pecunia*, les trésors, les joyaux et l'or de la lumière divine. Parfois on a imaginé la foudre sous la forme d'un oiseau, d'un épervier qui découvre l'endroit secret où se cache l'ambroisie, la nourriture des dieux ; mais il y parvient grâce à une herbe qui ouvre ; ici le mythe, et le cas est assez fréquent, se dédouble ; dans un moment on a dit : celui qui ouvre est un oiseau, dans un autre moment : celle qui ouvre est une herbe ; ensuite, on a réuni ensemble les deux moments, les deux images, et on a compliqué le mythe en disant que l'oiseau ouvre au moyen d'une herbe. Cet oiseau admirable, porteur de l'herbe qui ouvre, est assez connu dans la tradition indo-européenne. Pour les Indiens, c'était d'ordinaire un faucon (*çyena*), chez les Latins et les Germains le plus souvent un pic[414]. Albert le Grand, ou l'auteur qui a usurpé son nom, confirme la tradition (*De Mirabilibus Mundi*) : « Si vis solvere vincula, vade in sylva et prospice ubi pica nidum habuerit cum pullis, et quando eris ibi, ascende ad arborem et foramen ejus circumliga quocumque vis, quia cum videt te, vadit pro quadam herba quam ponit ad ligaturam, et statim rumpitur, et tunc cadit herba illa in terram super pannum quem debes posuisse sub arbore, et tu sis praesens et accipe. » Il est vraisemblable que l'auteur du livre *De Mirabilibus Mundi* n'a fait que suivre l'autorité de Pline, qui le premier avait parlé de cette herbe magique à propos du pic.

---

l'*Atharvavéda* (II, 27) commenté par le professeur Weber, le dieu Indra se servit de cette herbe comme d'un talisman, pour abattre les démons. Dans chaque repas védique, on invoquait cette herbe, et puis on l'enveloppait dans sept feuilles pour la suspendre à un endroit donné, évidemment pour éloigner les démons qui auraient pu se cacher dans les mets sous forme de vers, et les faire passer peu chrétiennement dans les mets des impies.

[414] Cf. pour les légendes qui s'y rapportent et les analogies, Kuhn, *Die Herabkunft des Feuers und des Göttertranks*.

PARADIS (Arbres du — ; Cf. dans ce volume, *Jardin, Fleur, Cosmo-goniques, Ambroisie, Abondance, Cocagne, Adam, Bouddha, Pârigâta,* et, dans le second volume, *Figuiers, Pommier, Açvattha, Musa paradisiaca,* etc.). Le ciel ayant été conçu parfois comme un bois où les dieux jouissent des voluptés qui leur sont réservées (d'où le nom de *nan-dana (réjouissant)* donné au jardin de plaisance d'Indra), ce bois, ce jardin, avec ses sources et ses ruisseaux, avec ses fleurs lumineuses et ses fruits immortels, avec ses oiseaux dont le chant charme les dieux, a constitué essentiellement ce qu'on nomme le Paradis ; on sait que l'on a expliqué le mot grec ☐ αράδεισος de ☐ αρά et δεύω, ce qui ferait du paradis un jardin *extrêmement arrosé ;* cette étymologie me semble non seulement suspecte, mais inadmissible. J'ignore d'après quelle autorité Pollux prétendait que le mot Paradis était d'origine persane ; mais le jardin de plaisance étant spécialement un luxe des souverains de l'orient, il n'est pas improbable que les Grecs aient tiré le mot de quelque langue orientale, et vraisemblablement du perse[415]. Quoi qu'il en soit, il n'y a presque pas un seul peuple qui n'ait imaginé l'existence d'un paradis sous la forme d'un jardin admirable par sa beauté et par ses produits exceptionnels.

L'Inde a placé, naturellement, dans son paradis les cinq arbres qui sont les premiers apparus du sein des eaux agitées, au commencement de la création ; le principal est le *pârigâta* (dans lequel on a pu voir l'arbre qui prend sa *naissance dans l'eau ; pâri,* réservoir d'eau) ; les autres sont le *mandâra,* le *santâna,* le *kalpavriksha* et le *hari-candana.* Les arbres cosmogoniques étaient, à l'origine de l'humanité, des arbres anthropogoniques ; voilà pourquoi les premiers hommes se trouvèrent au milieu d'un paradis terrestre ; créatures des dieux, dès qu'ils prétendirent s'égaler aux immortels, ils furent chassés du paradis ; l'herbe cessa de croître spontanément sur le sol maudit, l'homme se vit condamné au travail, et Prométhée, pour avoir enseigné aux hommes les arts et les industries, fut enchaîné au rocher.

---

[415] Le Zend *pairidaêsa* ferait de cette conjecture une certitude.

Les arbres de l'Éden, comme ceux du paradis indien, étaient doués de propriétés merveilleuses, énumérées dans le si curieux *Livre de Sidrach* : « Sono albori di diverse maniere ; egli sono buoni contra diverse infermitadi ; uno tale albore v'a che, se l'uomo mangiasse del frutto, giammai fame non avrebe ; e, se del secondo mangiasse, giammai istanco non sarebbe ; e, al drieto (enfin), s'egli mangiasse di quello che si chiama frutto di vita, giammai non infermerebbe e non invecchierebbe, e mai non morrebbe. »

Souvent le paradis est une vaste prairie aux fleurs d'or, séjour des immortels et des esprits, bienheureuse contrée ou se reposent les âmes avant d'entrer ou de rentrer dans la forme humaine. De là, les croyances à la vie future ; on a supposé que les âmes, au sortir de la vie mortelle, passent par une prairie mystérieuse ; le professeur Mannhardt nous apprend (*Germanische Mythen*) que, dans une poésie allemande en *mittelhochdeutsch*, cette prairie est interdite aux suicidés.

PACIFIQUE (Herbe — ; Cf. *Concordia.*)

PANACEE (Cf. *Ambroisie, Æsculape, Médicinales*).

PARIDJATA (l'un des cinq arbres du paradis indien et le principal) ; on a reconnu en lui l'*erythrina indica*, « un arbre splendide, dit le Dictionnaire de Saint-Pétersbourg, qui perd ses feuilles au mois de juin et se recouvre en même temps de grandes fleurs cramoisies. » Le ciel lumineux est souvent représenté sous la forme du *pârigâta*, dans lequel, nous l'avons dit, on a pu voir l'arbre né dans la pârî (masse d'eau). On sait que le *pârigâta*, ainsi que les quatre autres arbres du paradis indien ont poussé sur les eaux, après le barattement de l'océan cosmique par les dieux et les démons. De ces arbres pleuvait l'ambroisie ; nul étonnement donc qu'à côté de la légende sur lutte entre les dieux et les démons pour la possession de l'ambroisie, il s'en soit formé une autre sur un combat dont le *pârigâta* est le prix : *Krishna* enlève à Indra ce trésor divin. A l'origine, *Krishna* et Indra correspondaient aux deux aspects du ciel ; dans les Védas on voit Indra, le roi des dieux, poursuivre la troupe des

Krishnâs, les démons *noirs*. À mesure que pâlissait la fortune d'Indra, le chef des *Krishnâs* montait vers le rang suprême ; il semble l'avoir atteint définitivement quand les Aryas, ayant passé le Gange, se répandirent dans la grande presqu'île. Loin de lui nuire, sa couleur, aux yeux des populations noires du Dekkan, ne pouvait qu'ajouter à son prestige. La légende de *Krishna* ravisseur du *pârigâta*, telle que nous la trouvons dans le *Vishnu-purâna*, en trahissant la concession faite par les vainqueurs aux idées de leurs sujets indigènes, laisse deviner encore un travail de conciliation. Les Brahmanes, pour rattacher au dieu lumineux des Védas son noir successeur aborigène, supposèrent qu'Indra lui-même avait autorisé l'enlèvement de l'arbre sacré. Nous assistons peut-être ici au point culminant de l'évolution du mythe. Indra, est-il dit, visita *Krishna* dans la ville de Dvarakâ et lui apprit ce qui se passait chez Naraka, le monstre des Enfers. Krishna va sans délai tuer Naraka, enlève les boucles d'oreilles de la déesse Aditi, qui avaient été ravies, et délivre les princesses prisonnières. Revenu à Dvarakâ, avec sa femme Satyabhamâ, il se met en voyage vers le ciel, entre dans le Svarga, rend à Aditi ses boucles d'oreilles et visite le jardin d'Indra. Satyabhamâ (une Ève indienne) ne peut détacher ses yeux du *pârigâta* (Arbre évidemment phallique) et presse *Krishna* de l'enlever. Çacî, l'épouse divine d'Indra, ne peut souffrir un tel larcin et engage Indra à recouvrer l'arbre perdu. La guerre entre les dieux de l'Olympe védique et *Krishna* éclate ; les dieux sont vaincus ; Satyabhamâ les raille ; *Krishna* transporte, avec le consentement (quelque peu forcé) d'Indra, l'arbre *pârigâta*, à Dvarakâ, où il épouse les princesses qu'il a tirées des Enfers.

M. Loys Brueyre[416] rapproche le mythe de la légende du *Saint-Graal ;* mais ce dernier nous rappelle de plus près encore la coupe de l'ambroisie, de la semence immortelle, que les dieux et les démons se disputent dans le *Mahâbhârata*. La description de la fleur du *pârī âta* dans le *Harivansa*, citée par M. Brueyre, nous fait assister à la dernière évolution du mythe, lorsque la morale religieuse

---

[416] *Contes populaires de la Grande Bretagne*, notes, p. 140.

s'empare de la donnée mythologique. « Cette fleur, dit-on, conserve sa fraîcheur toute l'année ; elle renferme toutes les saveurs, toutes les odeurs, et procure le bonheur qu'on demande. Bien plus, elle est un gage de vertu ; elle perd son éclat avec l'impie et le conserve avec la personne attachée à son devoir ; elle présente la couleur qu'on aime, le parfum qu'on recherche, elle peut servir de flambeau la nuit. Cette fleur remédie à la faim, à la soif, à la maladie, à la vieillesse ; elle procure les concerts et les chants les plus doux et les plus variés. »

PLUVIEUX (Arbres —). Le nuage ayant été comparé à un arbre, la croyance populaire aux arbres pluvieux découle naturellement de cette métaphore. Beaucoup d'arbres et de plantes ont, d'ailleurs, la propriété d'absorber une grande quantité d'eau, de la recueillir au point d'insertion de leurs feuilles, de la distiller en gouttes ou de la répandre en véritable pluie. Le fait est venu en aide à la superstition.

Alessandro Tassoni, dans le premier chant de son poème l'*Occano*, qu'il n'a pas achevé, nous décrit un arbre fontaine :

Vede rustici alberghi e abitatori,
E d'acqua chiede ; maraviglia strana,
Trova il terren che non produce umori,
Ma un grand' arbore in vece e di fontana
Stringonsi intorno a lui tutti i vapori
Del luogo, e fuor d'ogni credenza umana,
La virtù di quell' arbore gli scioglie
E gli distilla giù dalle sue foglie.

Évidemment, Tassoni s'inspirait, du *Sommario dell' Indie Occidentali* de Pietro Martire, qui nous décrit ainsi l'Ile de Fer : « Alli venticinque di settembre del 1493, con prospero vente, fecero vela da Gades, e il primo d'ottobre arrivorono a una delle Canarie chiamata l'isola del Ferro ; nella quale dicono non essere altra acqua da bere che di rugiada, la quale casca da uno arbore in una lacuna fatta a mano sopra un monte della detta isola. »

L'arbre du nuage, l'arbre pluvieux, l'arbre de l'orage, auquel d'ailleurs nous avons déjà fait allusion en parlant de l'arbre d'Adam, a été l'objet d'études à peu près définitives ; nous renvoyons le lecteur aux deux ouvrages classiques des professeurs Kuhn et Schwartz (*Die Herabkunft des feuers* et *Der Ursprung der Mythologie*). Parmi les arbres terrestres particulièrement hygrométriques et doués du pouvoir d'attirer ou de produire la pluie, le professeur Schwartz signale le pommier, le chêne, le frêne, le figuier, le tilleul, le lotus, l'olivier, le palmier, le peuplier noir, l'*Yggdrasill* et la *metrosideros tomentosa* ou *pohutukawa* de la Nouvelle-Zélande, née, dit-on, des feuilles tombées de la couronne du dieu des vents, Hatupatu. Le même nous fait connaître une légende de l'archipel indien qui procède du même fonds. Dans la maison du Guru Batara coule la source de vie et fleurit l'arbre Akaulea, lequel, par ordre de Dieu, envoie aux mourants la nacelle des trépassés. Cet arbre qui devient nacelle symbolise encore l'arbre pluvieux céleste, le nuage qui nage sur l'océan du ciel. C'est un arbre sauveur, ainsi que l'arbre du déluge, l'arbre qui sauve le naufragé védique. (Cf. *Eau*.)

PROPHÉTIQUES (Arbres et herbes —). Nous avons déjà fait mention des feuilles et des fleurs prophétiques ; les propriétés attribuées à la feuille et à la fleur appartiennent à la plante tout entière, soit arbre, soit herbe. L'arbre pluvieux, l'arbre funéraire, l'arbre érotique, l'arbre nuptial sont des formes différentes de l'arbre prophétique. Nous savons ce que cet arbre symbolise et représente au ciel ; le nuage étant un arbre, la voix puissante du tonnerre qui éclate dans cet arbre prend un accent, un caractère solennel : c'est un oracle divin. Ainsi est né le culte des chênes de Dodone (Cf. *Chêne*.) Le nombre des arbres et des plantes auquel le peuple demande encore la bonne aventure est infini. Jusqu'au tison ardent qui brûle dans la cheminée, tout bois à son langage prophétique

En Lombardie, le grésillement du tison, les gémissements de la bûche sont de funestes présages. Dante condamne un cordelier de mauvaise vie à verser des larmes dans le feu. Dans un chant corse,

l'âme de Tonino qui est mort parle à son amoureuse dans la flamme
d'une bûche de poirier :

> In un ciocco di pero
> Parlò la fiamma con tiasto latino.

Les paysans lombards consultent l'épi de la *lirga* ; au premier épi,
ils disent *lirga*, au second *bonlirga*, au troisième *bondanza*, au quatrième *calastria*, et ainsi de suite, jusqu'à ce qu'ils arrivent au dernier épi
qui doit dire si l'année sera stérile ou féconde[417]. L'oracle de la mar-
guerite, bien connu des jeunes filles, est consulté de la même manière. Elles lui demandent comment elles sont aimées. Dans les villes
de la Lombardie, les jeunes filles touchent l'une après l'autre les
branches de leur éventail, en disant : *monega, capuscinna, toeu-mari, sta
cossi* (*nonne, capucine, marie-toi, reste ainsi,* c'est-à-dire *fille*) : la dernière
baguette dit la vérité. À Fano, dans les Marches, la belle-mère présente à la nouvelle mariée une marmite remplie de cendres et de
mauvaises herbes ; l'épouse doit la jeter par terre ; le mariage sera
heureux et fécond si la marmite se brise en plusieurs morceaux.

Le professeur Mannhardt[418] rapporte des traditions suisses du
XVe siècle : les trois fils d'un bottier de Bâle, ayant chacun dans leur
jardin un arbre de prédilection, observèrent, durant le carême, la
floraison. Les deux sœurs Adélaïde et Catherine ont vu dans les
fleurs leur prédestination à l'état de nonne ; le garçon Jean vit pousser une rose rouge qui prédisait son entrée en religion et son martyre ; en effet, dit-on, il fut martyrisé à Prague par les Hussites.

Dans les Siebenbürgen de la Saxe, on suppose qu'au moment où
un enfant meurt dans la maison, la Mort passe dans le jardin et
coupe une fleur. Nous verrons plus loin, en parlant du *sang* des arbres, et de l'arbre *sec*, que ce sang et l'arbre qui sèche sont des présages de mort ou de malheur. Pline (XVI, 32) indique, au contraire,
comme un signe de bon augure pour l'empire romain la chute d'un
saule qui eut lieu à Philippi. Dans l'année (écrit Pline, XVIII, 18) où

---

[417] Cf. un essai de Cherubini dans la *Rivista Europea* (Milan, 1847).
[418] *Baumkultus der Germanen*, p. 49.

Annibal fut vaincu, sous le consulat de Publius, Ælius et de C. Cornelius, le froment poussa sur les arbres (in arboribus nata produnt frumenta). Lors de l'arrivée de Xerxès à Laodicée, un platane fut changé en olivier ; Pline, qui mentionne cet événement, ajoute : « Qualibus ostentis Aristandri apud Graecos volumen scatet, ne in infinitum abeamus ; apud nos vero C. Elpidii commentarii, in quibus *arbores locutae* reporiuntur » ; et il nous apprend lui-même que, près de Cume, on remarquait un arbre à l'aspect sombre et sinistre qui avait poussé « paulo ante Pompeii Magni bella civilia, paucis ramis eminentibus ». En voyant le grave savant romain recueillir avec autant de soin les croyances superstitieuses du peuple qui dominait le monde ancien, nous étonnerons-nous que Schweinfurth ait trouvé chez les sauvages du centre de l'Afrique des pratiques superstitieuses fort étranges fondées sur la croyance au pouvoir prophétique du monde végétal ? En parlant des usages des Niams-Niams, le savant naturaliste de Riga note ces particularités : « Ils ont de petits bancs pareils à celui dont se servent les femmes, et taillés dans le bois du sarcocéphale de Russeger, qu'ils appellent *dâmma*. La surface du banc est polie avec le plus grand soin. Lorsqu'il est nécessaire de consulter l'augure, un bloc est taillé dans le même bois et poli également à la fin de ses bouts ; on verse une ou deux gouttes d'eau sur le petit banc, on le frotte avec la partie lisse du bois qu'on vient de tailler, en faisant mouvoir le bloc par un mouvement analogue à celui d'un individu qui se sert d'un rabot. Si le morceau de bois glisse aisément, l'affaire en question réussira, cela ne fait pas le moindre doute ; si la glissade rencontre quelque difficulté, l'entreprise est douteuse ; si les deux surfaces deviennent adhérentes et que, suivant l'expression consacrée, vingt hommes ne suffisent pas à mouvoir le bloc, on est averti d'un échec certain. Puisque le mot *borrou* qui est le nom de cet augure, a été choisi pour désigner les prières des mahométans, c'est donc que le frottement dont il s'agit est considéré par les Niams-Niams comme une pratique religieuse. Je leur ai souvent demandé ce que pour eux signifiait le mot prière ; ils m'ont toujours répondu par celui de *borrou*, en l'accompagnant du mouvement que je viens de décrire. Cette machine à prier est dérobée avec soin aux regards des musulmans ; cependant, à l'époque où nous étions en guerre avec les gens d'Ouando, elle fut souvent consultée par mes Niams-Niams, et l'oracle m'ayant été favorable mes hommes se trouvèrent singulièrement affermis dans la confiance que leur inspirait mon étoile. Les Niams-Niams ont encore d'autres augures, qui sont également en faveur chez différentes peuplades, et dont quelques-uns même sembleraient avoir plus d'autorité que le *borrou*. En cas de guerre, un liquide oléagineux, extrait d'un bois rouge appelé *benghyé*, est administré à une poule ; celle-ci vient-elle à mourir, la campagne sera désastreuse ; au contraire, si l'oiseau survit, la victoire est assurée. À peine trouverait-on un Niam-Niam qui voulût se battre sans avoir consulté l'augure. Ils ont tous une foi pleine et entière dans ces oracles. Ouando, notre ennemi acharné, était parvenu à soulever deux districts contre nous ; mais il fit administrer le *benghyé* à une poule ; celle-ci mourut, et il n'osa pas nous attaquer personnellement. »

RACINE. Le monde animal et le monde végétal sont plus inséparables encore dans la mythologie que dans la nature. Tout d'abord n'était-il pas naturel de supposer que le premier est né du second, qui le nourrit ? L'analogie et la métaphore aidant, tout être végétant s'est trouvé doué de vie ; tout être animé a reçu une forme et des caractères végétaux. Bien plus, les choses inorganiques et les phénomènes de la nature ont été personnifiés en dieux, en hommes, en animaux et en plantes.

Une botanique fabuleuse a fait du ciel un arbre, de l'astre une fleur. Toute plante ayant des racines, l'imagination en a prêté à tous ces végétaux divins ; bien plus, elle les a identifiés à des racines, et, par une confusion inévitable, elle a attribué à certaines racines terrestres, réelles, des vertus divines, célestes et fabuleuses.

Appliquons cette logique étrange aux étoiles.

Chacune possède un génie qui la dirige ; elle est ce génie même. L'âme est un génie qui a quitté son étoile, une étoile tombée sur la Terre. D'autre part, l'étoile est une fleur de l'arbre cosmogonique, anthropogonique ; elle a donc une origine végétale ; elle a sa racine, elle est une racine, et ses propriétés divines peuvent se retrouver en des terrestres, qui à leur tour peuvent être ou produire des étoiles.

Ainsi s'explique une légende africaine recueillie par le docteur Bleek (*Account of Bushman Folk-Lore*, London, Trübner, 1875). Les Bushmen racontent qu'une jeune fille, fâchée contre sa mère avare qui lui donnait trop peu à manger d'une certaine racine rouge, en jeta par dépit des morceaux au ciel, où ils devinrent des étoiles, et formèrent la Voie lactée.

En expliquant, dans le second volume, la signification funéraire attachée à la *rave* et au *raifort*[419], nous aurons à tenir compte des rapports intimes qui existent entre les mythes mortuaires ; la résurrection implique la mort et la sépulture, le séjour aux enfers, sous la terre où plongent les racines.

Dans un chant populaire de la Kabylie, éditée par M. Hanoteau, les racines sont ainsi invoquées : « Salut à vous, ô racines ! Dieu fasse renchérir les femmes ! que celle dont on donnait trois cents réaux ne soit pas livrée pour quatre cents. »

Les Aryens de l'âge védique connaissaient aussi la puissance symbolique des racines. L'emploi des racines donnait lieu aux pratiques d'un art magique, nommé *mûlakarman* (œuvre des racines) ; le *mûlakrit* était le personnage versé dans la science des racines. L'*Atharvavéda* attribue cet art et la puissance qui en résulte à un mauvais génie, dans lequel nous devons reconnaître un confrère de ce *Mûladéva* ou *dieu des racines*, sorte d'Hérode indien, dont le nom ordinaire est *Kamsa*. Dans le Râmâyana, le Râkshasa, le monstre, l'ogre, reçoit l'épithète de *mûlavat*.

Les sorciers de l'Occident ont usé et abusé des racines. En Allemagne, par exemple, on recommande spécialement le *meisterwurzel* (racine de maître, *impératoire*), le *bärwurzel* (racine d'ours), l'*eberwurzel* (racine de sanglier, *caroline*) et le *hirschwurzel* (nom donné au grand persil sauvage, à la gentiane noire et au thapsia) comme moyens

---

[419] En italien, on l'appelle simplement *radice* ; de même en sanscrit, le nom du *raifort* est *mûlaka* (racine).

sûrs de faire courir un cheval trois jours de suite sans lui donner à manger[420].

ROSEAU (Cf. *Bâton*). Quoique le roseau semble, dans le monde végétal, appartenir plutôt à l'espèce qu'au genre, dans le monde mythologique il joue le rôle générique de la verge, du bâton magique. Dans son livre *De Re Rustica*, Caton conseillait au paysan qui se cassait quelque partie du corps de fendre un roseau et de le presser contre la partie blessée, en chantant, en même temps, entre autres formules, celle-ci :

> Huat hanat huat
> Isla pista
> Damiabo damnaustra,

que M. Ermolao Rubieri, dans un livre récent[421], interprète ainsi :

> Coeat, canna, coeat,
> Islam pestem siste,
> Da mea bona, damna subtrahe.

Quoi qu'il en soit de cette ingénieuse interprétation, il est cependant évident, d'après la description de Caton, que le roseau, chez les Romains, fut investi d'un certain pouvoir magique. Mme Coronedi-Berti nous apprend qu'à Bologne on attribue à l'*arundo donax* une vertu extraordinaire contre les serpents ; il suffit, dit-on, pour les abattre, de les toucher avec le roseau[422]. On peut ajouter qu'avec le

---

[420] Cf. Jähns, *Ross und Reiter*. Leipzig, Grünow. Voir aussi au mot *Bois* un curieux passage de Schweinfurth, sur les racines magiques chez les *Bongos*.
[421] *Storia della poesia popolare italiana*, Firenze, 1877.
[422] *Canna* ; le roseau est devenu le *bâton* ; lorsque le serpent se dresse et qu'on le frappe avec le bâton, on lui casse l'épine dorsale ; ceci explique peut-être l'origine de la superstition populaire. Cependant, M. Saraceni qui a trouvé chez les paysans des Abruzzes le même préjugé, observe que le roseau doit être vert ; le roseau vert, si petit qu'il soit, jette à terre les serpents, tandis que les plus gros bâtons n'y parviendraient pas.

roseau on fabrique des flûtes, à l'usage des enchanteurs et dompteurs de serpents. Dans un conte populaire qui fait partie de mon recueil (*Novelline di Santo Stefano di Calcinaia*), c'est un roseau qui couvre un homicide. On connaît le mythe hellénique de Pan qui poursuit la nymphe Syrinx ; elle arrive près d'un fleuve infranchissable ; les dieux ont pitié d'elle et la transforment en roseau (*Arundo, Portumus, jonc de Palaemon*) ; Pan s'en fait une flûte. Le roseau a parfois une signification phallique comme la verge ; ce qui explique pourquoi on couronnait de roseaux verts la tête de Priape et, d'après Virgile, celle de Silène ou de Sylvain.

> Venit et agresti Silvanus honore
> Florentes ferulas et grandia lilia quassans.

Dans la férule creuse de Prométhée (*narthex*), Tournefort a cru reconnaître la *ferula glauca*, et le Suédois Berggren l'*Ammi Visnaga* de Lamark.

Dans les contes, c'est parfois sur une tige de roseau que le héros monte au ciel ; ce roseau céleste est la lune. Les roseaux du pays merveilleux décrit par Iambole (Voyez Diodore de Sicile) croissaient et décroissaient avec la lune. Ce sont aussi les phases lunaires qui, d'après les croyances indiennes, remplissent de jus et vident tour à tour la canne à sucre. Une strophe citée par Bühdinck (*Indische Sprüche*, I, 1088) compare l'amitié, qui augmente ou diminue avec le temps, selon qu'elle est contractée avec un homme vertueux ou avec un méchant, au suc de la canne qui abonde ou s'appauvrit au gré de la lune.

L'*ishîkâ* (roseau ou tige) paraît souvent dans le *Mahâbhârata* et dans le *Râmâyana* comme instrument magique. En Chine, lorsqu'en hiver on ne voit pas repousser le bambou, on dit que la tortue l'a avalé ; mais au printemps, lorsqu'elle entend le tonnerre, cette tortue relève la tête et revomit le bambou qu'elle avait caché sous terre[423]. À simple titre de curiosité, signalons encore, d'après Marignol-

---

[423] Cf. Schlegel, *Uranographie chinoise*, I, 60.

li, voyageur toscan du XIVe siècle, le roseau-ombrelle des Indiens ; l'ombrelle paraissait au moyen âge une chose si étrange que l'on avait désigné certaines tribus indiennes comme des gens qui marchent « avec un pied qui donne de l'ombre ». « Nec illi qui finguntur uno pede sibi umbram facere sunt natio una, sed quia omnes Indi communiter nudi vadunt, portant in arundine parvum papilionem semper in manu, quem vocant *Cyatyr* (le sanscrit *chattra*) sicut ego habui Florentiae, et extendunt contra solem et pluviam, quando volunt ; istud poetae finxerunt pedem. »

SACRES (plantes et herbes). Toute la mythologie végétale se fondant essentiellement sur la croyance au caractère sacré ou diabolique de certaines herbes ou plantes, nous ne pouvons que renvoyer le lecteur aux notices spéciales consignées soit dans ce premier volume, soit dans le second. On ne devra chercher ici que des indications générales.

Les superstitions botaniques sont aussi vieilles que l'esprit humain. Elles bravent les philosophies, la science, à plus forte raison les religions passagères. L'Église, après les avoir combattues, et vainement, a dû bien souvent les consacrer, en les revêtant de sa liturgie. En maint endroit, elle n'a et ne pouvait rien imaginer de mieux que d'accommoder la chronologie hagiographique aux exigences de l'idolâtrie populaire. Nous avons vu cent exemples de ces compromis. Saint Jean a hérité des arbres et des plantes consacrés au soleil. La Vierge, succédant à la chaste Diane, a usurpé les pures couronnes et les fleurs divines de l'Olympienne.

Partout, en France, comme dans le nord de l'Italie[424] et le midi de l'Allemagne, on rencontre des vierges ou des crucifix, soit nichés

---

[424] Les notes du poème *L'Esule* (publié vers l'année 1830) confirment cet usage pour toute l'Italie. « L'uso, y est-il dit, d'affigere immagini sacre negli alberi, è, in generale, comune per le campagne d'Italia. Sono però quasi tutte della Vergine e sotto qualcuna è una cassetta, perche i passeggeri vi depongano le offerte. Talvolta i curati vanno in processione ad incensar quelle immagini. Io ho sentito un buon agricoltore narrare che, trovandosi in cammino per qualche

dans le tronc, soit suspendus aux branches de certains arbres sacrés. Ces images sont censées écarter de l'arbre les démons cachés sous l'écorce ; mais, tout au fond, c'est à l'arbre même qu'elles doivent leur sainteté et l'adoration du vulgaire. Derrière elles siège encore la terreur, « l'horreur sacrée » que Lucain respirait dans les forêts de la vieille Gaule.

Ces démons qu'elles écartent, ce sont des dieux plus anciens, les vieilles forces de la nature. C'est pourquoi elles occupent d'ordinaire la demeure même du « monstre ». Parfois on dirait que le peuple converti s'étonne, s'afflige de voir la Mère de Dieu enfermée comme une prisonnière dans le creux des arbres. Dans la terre seigneuriale de Wroblewice en Gallicie, qui appartenait à mon ami regretté le poète et musicien comte Wladislas Tarnowski, j'ai admiré un chêne colossal deux ou trois fois centenaire, solitaire au milieu d'un champ[425], creusé à sa base d'une niche où une espèce d'autel supportait une image de la Vierge. Le comte Tarnowski m'apprit que, pendant quelques années, le peuple grommelait, en passant près du chêne, songeant que la Vierge y était prisonnière des mauvais esprits ; mais ces pauvres gens avaient fini par se persuader qu'elle s'y

---

notte oscurissima, mentre il contado era infestato da gente cattiva, non s' era mai creduto in sicuro, finchè non giungesse all' albero della Madonna. »

[425] Il me rappelait parfaitement cet autre chêne chanté par Lucain (*Pharsale*, I) :

> Qualis frugifero quercus sublimis in agro
> Exuvias veteres populi sacrataque gestans
> Dona ducum ; nec jam validis radicibus haerens
> Pondere fixa suo est ; nudosque per aera ramos
> Effundens, trunco, non frondibus ellicit umbram ;
> Sed quamvis primo nutet casura sub Euro,
> Tott circum sylvae firmo se robore tollant,
> Sola tamen colitur.

Il paraît que le même culte des chênes existe encore en Serbie (si on en juge d'après ce passage de la *Nouvelle Géographie* de M. E. Reclus (I, 281) : « Jadis la Serbie était une des contrées les plus boisées de l'Europe ; tous ses monts étaient revêtus de chênes : qui tue un arbre, tue un Serbe, dit un fort beau proverbe qui date probablement de l'époque où les raïas opprimés se réfugiaient dans les forêts et où de "saints arbres" leur servaient d'églises. »

trouvait bien et que sa présence avait chassé pour toujours ces ennemis de leur salut.

Le Glossaire de Du Cange nous donne quelques indications sur l'horreur que les *arbores sacrivi* inspiraient dans le moyen âge aux hommes d'église. Le *Concilium Autissiod.*, contient cette défense : « Non licet... inter sentes (broussailles) aud ad *arbores sacrivos*, vel ad fontes, vota exsolvere. » Saint Éloi et saint Audouin ordonnent de couper les arbres qu'on appelle sacrés : « Arbores quos sacrivos vocant succidite. » Le *Concilium Nannetense* (de Nantes) s'exprime dans le même sens : « Ut arbores daemonibus consecratae, quas vulgus colit et intenta veneratione habet, ut nec ramum vel surculum inde audeat amputare, radicitus exscindantur. » Un prêtre, auteur d'un *Opus Paschale*, cité par Du Cange, ne s'indigne pas moins contre ces *Xylolâtres* (le nom par lequel Nicetas, dans son éloge de saint Hyacinthe, désigne les adorateurs des arbres sacrés) : « Alius, dit-il, arboreis radicibus aras instituens, dapes apponens, ramos ac robora flebiliter orare non cessat, ut natos, domos, rura, conjugium, famulos, censumque custodiant. Unde enim putas tantam miseris mortalibus vel superbiae vel ignaviae perversitatem insolevisse, ut non colentes Deum daemoniis aut elementis subditis serviant, aquas, ignem, sidera, arbores, simulacra venerantes cum impiissima divinae majestatis injuria ? » Cette sorte de lamentations remonte d'ailleurs au temps d'Arnobe. On lit dans le premier livre de ses *Disputationies adversus gentes* : « Venerabar (o coecitas !) nuper simulacra modo ex fornacibus prompta, in incudibus deos et ex malleis fabricatos, elephantorum ossa, picturas, *veternosis in arboribus* taenias ; si quando conspexeram lubricatum lapidem et ex *olivi* unguine ordinatum, tanquam inesset vis praesens, adulabar, affabar et *beneficia poscebam nihil sentiente de trunco ;* et eos ipsos, divos quos esse mihi persuaseram, afficiebam contumeliis gravibus ; cum eos esse credebam ligna, lapides atque ossa, aut in huiusmodi rerum habitare materia. »

Je renvoie le lecteur curieux de renseignements plus abondants sur le culte christianisé des arbres au chapitre II (pag. 72-154, *Die Waldgeister und ihre Sippe*) du savant ouvrage du docteur Mannhardt : *Baumkultuss der Germanen.* J'ajouterai seulement ici quelques traditions orientales qui prouveront l'universalité du culte des arbres. Dans la *China illustrata* du Père Kircher nous lisons, par exemple, ce qui suit : « Unum tantum hic adjungam quod anno 1632, in Cocincina accidisse in suo *De expeditione Japonica* libro P. Philippus Marinus. Ceciderat ventorum impetu in terram ingentis magnitudinis arbor, 80 cubitorum longitudinem habens, tanti ponderis, ut centeni homines eam loco dimovere nequirent, quae adjurata dixisse fertur ; se capitaneum Chinensem fuisse et, centeni sannis jam delapsis, tandem in hunc truncum fuisse transmutatum ; venisse autem ad intimandum Cocincinae bellum ; cum vero non esset qui arborem resecare nosset, fuisse ibidem relictum solis imbriumque injuriis expositum, ea spe fretum, futurum ut nulla elementorum vis contra duritiem soliditatemque corticis, qua veluti lorica quadam muniebatur, praevalere posset ; quae seu fabula, seu daemonica illusio tantum in animis gentilium potuit, ut dum arbores comperiunt magnitudine eximias, illi scutellam oryzae portione refertam, radicibus apponere soleant, veriti ne diuturno jejunio animae Heroum in illis viventes tandem deficiant[426]. » Un autre voyageur italien, Marignolli, qui avait été dans l'Inde au commencement du XIVe siècle, dans son *Chronicon Bohemorum* nous renseigne sur deux arbres sacrés de l'île de Ceylan « In claustro sunt duae arbores dissimiles in foliis ab omni alia ; sunt circumdatae coronis aureis et gemmis, et luminaria sunt ante eas, et illas colunt. Et adorant, ut dicunt, et fingunt se ex traditions Adae ritum talem suscepisse, quia ex ligno dicunt Adam futuram sperasse salutem, et consonat illi versui David : Dicite in gentibus, quia Dominus regnabit in ligno. » Il s'agit évidemment de l'un de ces arbres bouddhiques, signalés avec détail par M. Sénart dans sa *Légende du Buddha* : « Le Dipavansa et le Mahâvansa, dit-il,

---

[426] Notre voyageur Pietro della Valle nous parle d'un arbre semblable qu'il avait remarqué dans l'Inde, au XVIIe siècle : « A canto all' Idolo, dalla parte destra, c'era un grosso tronco d'albero, come secco, attaccato alla sua radice, ma poco alto da terra, mostrando d'essere reliquia d'un grand'albero, che ivi fosse stato, ma ora tagliato o caduto a poco a poco secco, che solo poco n'era rimasto ; e m'imagino che quell' albero fosse l'abitazione de' Diavoli, che in quel luogo volevano stare e far già molti mali. »

offrent des exemples bien connus du respect que les bouddhistes les plus orthodoxes témoignaient à certains arbres et du prix qu'ils attachaient à les posséder. Cependant, il y est question d'un arbre particulier, de l'arbre de Buddha-Çayâ, que son rôle important dans la scène capitale de la légende de Çâhya devait faire considérer comme une relique personnelle, comme un souvenir vivant du Docteur. Tous les couvents et toutes les villes ne pouvaient pas posséder un rejeton du figuier de Çâhya. On s'entoura du moins d'arbres qui, sans avoir cette origine sainte, rappelaient et symbolisaient par leur présence un lieu vénéré et un événement célèbre. Il en fut de l'arbre pour le bouddhiste comme de la croix dans le culte chrétien. Cet emploi emblématique de l'arbre était d'autant plus naturel que, par le dogme de la multiplicité des Bouddhas antérieurs, par le caractère d'immobilité hiératique que revêt la légende uniformément transportée à chacun d'eux, l'arbre devint pour tout Buddha, c'est-à-dire pour le Buddha, dans l'acception la plus générale et la plus abstraite, un attribut nécessaire et constant. Chaque docteur eut son arbre à lui. Les bouddhistes ne sont pas les seuls dans l'Inde qui accordent à l'arbre ou à certains arbres une vénération particulière. Le culte appartient également aux Indiens brâhmaniques[427] ; Quinte-Curce en constatait l'existence parmi eux. Elle est attestée à toutes les époques (Clitarque, frag. 17, ed. C. Müller, parle d'arbres portés sur des chars dans les cortèges indiens) ; aujourd'hui, comme au temps du Râmâyana, certains arbres occupent une place d'honneur à l'entrée des villages, ou sur les places des vil-

---

[427] On peut ajouter encore les peuplades indigènes. M. Rousselet, en traversant le pays des Bhîls, a remarqué cet usage : « A un jour fixé, tous les jeunes gens à marier choisissent parmi les jeunes filles nubiles, et chacun se retire avec l'objet de son choix dans la forêt ; d'où il revient légalement marié quelques jours après. Leur religion est toute primitive ; leurs principales divinités sont les maladies et les éléments ; un amas de pierres barbouillées d'ocre rouge, ou une dalle grossièrement sculptée constitue leur temple. Ils ont cependant une dévotion toute particulière pour le *mhowah* ou *mhaoah*, ce géant de leurs forêts qui leur fournit tout, du pain, du bois et de l'eau-de-vie ; ils suspendent des ustensiles de fer à ses bras. (Cf. dans le second volume *Casse*, mais surtout le grand ouvrage de M. Fergusson sur l'arbre bouddhique et le serpent.)

les (certains textes menacent de destruction avec sa famille l'homme qui coupe un arbre). Les buddhistes le constatent eux-mêmes ; dans une légende traduite par Burnouf, il est question « d'arbres consacrés » dont l'abri est opposé à celui que l'on trouve près de Buddha. Une légende rapportée par Hiouen-Thsang montre l'arbre associé aux pratiques çivaites, et l'on signale encore la part qu'il a dans certaines fêtes de Çiva, où son rôle offre des particularités bien remarquables et d'un aspect très antique. Il est associé aussi au culte des Vishnuites ; la tulasi y tient, on le sait, une place importante. Rien de plus ordinaire, dans les légendes buddhiques, que l'intervention des *Vanadevatâs*, des génies qui sont censés présider aux arbres, dont ils font leur demeure. (Cf. les rites qui terminent la fête Navarâtrî en l'honneur de Çiva ; les flèches que le dieu lance contre l'arbre sacré, les détonations bruyantes qui accompagnent cette cérémonie symbolisent assez clairement les traits et les fracas de la foudre qui signalent le triomphe du dieu sur l'arbre atmosphérique.) Appartiennent à la catégorie des arbres sacrés, les arbres du ciel, cosmogoniques, anthropogoniques, du déluge, etc., que nous avons déjà décrits, et qui se retrouvent presque tous dans l'arbre de Bouddha. Nous savons, par Fah-hian et Sung-Yun (traduction de S. Beal, Londres, 1896, p. 121), que l'un des lieux saints Boudhiques les plus vénérés était l'endroit où une branche d'arbre, tendue par un dieu *endendros*, avait sauvé le Bodhisattva[428].

---

[428] « We arrive at the spot, where Buddha entering the water to bathe himself, the Deva held out the Branch of a three to him, to assist him in coming out of the water ». Monsieur Beal remarque : « The ordiriary account is : Bathing himself in the Nairañjâna river all the Devas waited on him with flower and perfumes and threw them into the midst of the river. After he had bathed, a tree-deva holding, down a branch as with a hand assisted Bodhisattva to come out of the water. » On indique aussi aux Bouddhistes, un arbre autour duquel le fils et la fille du roi tournaient incessamment, lorsqu'ils furent surpris par le *brâhmane* qui voulait les réduire en esclavage. Les lecteurs des contes indo-européens n'auront pas de peine à reconnaître ici des traces de ce conte bien connu où il s'agit d'un jeune couple qui, poursuivi par le sorcier et la sorcière, se transforme parfois en jardin et jardinier, parfois en arbre et fontaine, etc., pour tromper ses persécuteurs. Pag. 195 : One *li* N. E. of the tower, fifty paces

Les Hellènes non seulement imaginaient que presque chaque arbre remarquable cachait une divinité, une nymphe ou un faune, mais attribuaient à chaque arbre une origine divine et, en tout cas, mythique ; c'est ainsi que, d'après Pausanias, le platane aurait été planté par Ménélas, le *vitex* par la déesse Héra de Samos ; le chêne de Dodone remonterait à Zeus, l'olivier à la fille de Zeus, le laurier à Apollon, et ainsi de suite. L'une des formes les plus anciennes de Bacchus est celle du Dionysos Endendros de la Béotie. « Sur un vase peint, écrit Fr. Lenormant (*Dictionnaire des antiquités grecques et latines*, art. *Bacchus*), « on voit le buste du dieu imberbe et juvénile sortir du milieu du feuillage d'un arbre bas, d'une sorte de buisson. La vigne sacrée d'Icaria semble avoir été un fétiche du même genre et la Pythie avait ordonné aux Corinthiens d'honorer comme le dieu lui-même le lentisque ou le pin sous lequel avait été frappé Penthée[429]. À côté de ces idoles naturelles, la main de l'homme commençait à en façonner d'une rudesse primitive. C'était un simple pieu fiché en terre, un tronc d'arbre que l'on ne prenait même pas soin d'équarrir, et les gens de la campagne conservèrent l'usage de ces représentations grossières du dieu. A Thèbes on adorait, sous le nom de Dionysos Cadmeios, un morceau de bois que l'on donnait comme étant tombé du ciel dans le lit de Sémélé et ayant été revêtu de bronze par Polydorus, un des successeurs de Cadmus. On avait aussi en Béotie un Dionysos-stylos ou pieu ; un autre, à Thèbes, s'appelait Perikio-

---

down the mountain, is the place where the son and daughter of the Prince persisted in circumambulating a tree (in order to escape from the Brahman who had begged them from their father as slaves. « On this the Brahman beat them with rods tili the blood flowed down and moistened the earth. This tree still exists, and the ground, stained with blood, now produces a sweet fountain of water. »

[429] Pausanias, II : « Pentheum aiunt, cum Liberum Patrem multis contumeliis vexaret et alia insolenter facere ausum, et postremo, ut foeminarum *operta* sacra specularetur, ad Cithaerouem profectus, in arborem ascendisse, atque inde omnia conspicatum ; quod cum Bacchae animadvertissent, impetu faeto, viventem eum lacerasse, ac membratim discerpisse. Corinthii redditum sibi postea oraculum narrant, ut eam arborem quaererent, ut inventas divinos honores haberent ; illius igitur oraculi monitu, se imagines illas fodiundas curasse. »

nios ; c'était un pieu semblable, mais enveloppé de lierre. Plus tard on perfectionna ces sortes d'images. Les vases peints nous offrent de nombreux exemples d'un Dionysos des champs paré pour sa fête. Le tronc d'arbre ou le pieu est toujours couronné de pampres et de lierres, mais en outre on y attache des vêtements simulant le costume du dieu, divers attributs, et un masque exécuté d'après la tête de quelque image plus perfectionnée. Un autel ou une table destinée aux offrandes et aux libations est placé devant l'idole. Quelquefois on attachait au tronc d'arbre un *phallus* de forte dimension, en même temps que le masque, pour exprimer le caractère générateur du dieu. De là découla la représentation du dieu sous la forme d'un Hermès Ithyphallique, autour duquel on faisait quelquefois s'enrouler un cep de vigne. »

D'après Pausanias (IX, 22) les Tanagréens construisaient toujours les temples de leurs dieux, non pas dans les villes, mais en plein champ, comme pour distinguer de l'habitation des hommes le séjour de la divinité. C'est ainsi que, dans une peinture de Pompéi, nous trouvons représenté un petit temple entouré d'arbres.

Le *lucus* latin habité par la nymphe Égeria, le bois sacré du vieux Germain, où l'on se rendait pour vénérer, avec un mystère solennel, tous les dieux, nous montrent de même avec quel sentiment de respect religieux, *horror sacer*, les anciens s'approchaient du monde végétal.

De même que dans la légende épique et pouranique indienne, lorsque le feu avale la forêt, il y a péril pour les petits anachorètes que l'on s'imagine voir suspendus aux branches des arbres ; ainsi le vieux Caton, dans son livre *De Re Rustica*, recommandait au propriétaire qui allait couper ses bois de demander d'abord pardon aux dieux inconnus qui auraient pu s'y cacher. Mais à Rome il était absolument défendu, sous n'importe quel prétexte, d'abattre des arbres sacrés. C'est ce que nous apprennent, à plusieurs reprises les lois des Arvales[430] ; dans le cas où les arbres sacrés mouraient de vieillesse ou venaient à être frappés de la foudre, on pouvait per-

---

[430] Henzen, *Acta fratrum arvalium quae supersunt.* Berolini, 1874.

mettre de les couper ou de les déraciner, mais toujours cette espèce de sacrilège inévitable entraînait des expiations solennelles[431].

À côté des arbres sacrés, il y a eu depuis les siècles les plus éloignés des herbes divines, sacrées, ou affectées spécialement au sacrifice. Nous les avons déjà mentionnées collectivement (*Herbes magiques*), et nous les retrouvons aux mots *Kurça, Drbha, Dûrva, Tulasî, Armoise, Hierobotane, Menthe, Verveine, Rue, Mandragore, Moly, Lotus, Fougère*, etc. On peut encore rappeler ici ce *bereçman* des Parsis (le sanscrit *brahman*) mentionné par l'Avesta, petites branches de dattiers, que le prêtre offrait aux dieux avec le *haoma* (*Soma*), en récitant la prière ; ce *bereçman* avait le même emploi que le *kuça*, l'herbe sacrificale védique par excellence.

Dans un écrit tout récent du savant indien Râgendralâla Mitra, intitulé *An imperial Assemblage at Delhi three thousand years ago*, nous trouvons des renseignements complets sur les herbes affectées par les sectateurs de Vishnu au grand sacrifice[432].

---

[431] En voici un exemple : « In aedem Condordiae fratres Arvali convenerunt, ibique referente M. Valerio Trebicio Deciano magistro ad collegas de arboribus lauribus in luco deae Diae quod a tempestatibus perustae essent, placuit piaculo facto caedi ; adfuerunt in collegio illi. » Ailleurs nous sont indiqués les motifs de différentes expiations (*piacula*), c'est-à-dire « ob ramum vetustate delapsum, ob arborem quae ceciderat, ob arborem quae a tempestate deciderat, quod arbor a vetustate decidit, expiandum, ob arbores quiae a tempestate nivis déciderant, expiandas, quod ramus ex arbore ilicina ob vetustatem deciderit, arbores expiatae, quod vetustate vel vi maiori deciderant, ob arbores laurus caedendas, quod tempestatibus perustae erant. »

[432] « The religious rites performed on the last day of the great sacrifice were twofold — one appertaining to the celebration of an ephemeral (*aíkâhika*) *Soma* sacrifice with its morning, noon and evening libations, its animal sacrifices, its noumerous Shastras and Stotras, and its chorus of Sàma hymns, and the other relating to the bathing and its attendant acts of mounting a car, symbolically conquering the whole earth receiving the homage of the priests, and quaffing a goblet of *Soma* beer and another of arrack, together with the rites appertaining thereto. The propre time for the ceremony was the new moon after the full moon of Phalguna, *i. e.*, at about the end of March. The fluid required for the bathing were of seventeen kinds according to the Madhyaudiniya school of the Yajush, and "sixteen or seventeen" according to the Taittiriyakas. The former,

ho, wever, gives a list of 18 kinds* ; thus — Ist, the water of the Sarasvati river (*Sárasvatî*) ; 2nd, water from a pool or river while in a state of agitation from the fall of something into it, (*Kallola*) ; 3rd, water disturbed by the passage of an army over a ford (*Vrisasenâ*) ; 4th, water taken during an ebb tide (*Arthetâ*) ; 5th, water taken duringg a flood tide (*Ojasvahti*) ; 6th, water from the point of junction of two streams produced by a sandbank in a river (*Parivâhini*) ; 7th, seawater (*Apámpati*) ; 8th, water from a whirlpool (*Apángarbhâ*) ; 9th, water from a pool in a river where there is no current (*Sûryatvak*) ; 10th, rain water which falls during sunshine (*Suryavarchchas*) ; 11th, tank water (*Mândâ*) ; 12th, wellwater (Vraja*kshitâ*) ; 13th, dew-drops collected from the tops of grass blades (*Vâsâ*) ; 14th, honey (*Savishthâ*) ; 15th, liquor amnion (*Sakvari*) ; 16th, *milk* (*Janabhrit*) ; 17th, clarified butter (*Visvabhrit*) ; 18th, water heated by exposure to the sun (*Svarât*). These waters were collected at proper seasons and opportunities, and kept in reserve in pitchers near the northern altar. On the day of the ceremony eighteen small vessels made of the wood of the *Ficus glomerata* (*Udumbara*) or of the *Calamus rotang* (*vetasa*) were provided, and the Adhvaryu, proceeding to the first pitcher, drew some water from it into one of the vessels while repeating the mantra, "O honeyed water whom the Devas collected, thou mighty one, thou begotten of kings, thou enlivener ; with thee Mitra and Varuna were consecrated, and Indra was freed from his enemies ; I take thee." He next drew some water from the second pitcher, with the mantra "O water, thou art a naturally a giver of kingdoms, grant a kingdom to my Yajamána so and so (naming the king)", and then poured into the vessel butter taken four times in a ladle, a mantra being repeated to consecrate the opération of pouring. In this way all the eighteen vessels being filled and consecrated in due form, there contents were all poured into a large bucket made of the same wood, while rebeating the verse, "O honeyed and divine ones, mix with each other for the promotion of the strength and royal vigour of our Yajamáha." The mixture was then removed to the altar opposite the place of Mitrávaruna. The bucket being thus placed, six offerings were made to the divinities, Agni, Soma, Savitá, Sarasvati, Pushá, and Vrihaspati. Two slips of Kusa grass were next taken up, a bit of gold was tied to each, and the slips thus prepared were theu dipped into the bucket, and a little water was taken out with them, and sprinkled on the king while repeating the mantra, "I sprinkle this by order of Savità, with a faultless thread of grass (*pavitra*) — with the light of the sun. You are, O waters, unassailable, the friends of speech, horn of heart, the giver of Soma, and the sanctified by mantra, do ye grant a kingdom (to our Yajamáha)" Four buckets were next brought out, one made of Palása wood (*Butea frondosa*), one of Udumbara (*Ficusglomerata*), one of Vata (*Ficus indica*), and one of Asvattha (*Ficus religiosa*, and the collected waters in the bucket were divided into four parts, and poured into them.

----

* The discrepancy is explained by taking the Sárasvati water to be the principal ingredient, and the others the regular ritual articles. For the Abhisheka of Vaishnavite idols of wood, stone or metal, recommended by later rituals, the articles required are considerably more numerous, but they do not include all those which the Vedas give above. Thus, they innumerate, Ist, clarided butter ; 2nd, curds ; 3rd, milk ; 4th, cowdung ; 5th, cow's urine ; 6th, ashes of bull's dung ; 7th, honey ; 8th, sugar ; 9th, Ganges water or any pure water ; 10th, water of a river which has a masculine name ; 11th, water of a river which has a feminine name ; 12th, ocean water ; 13th, mater from a waterfall ; 14th, water from clouds ; 15th, water from a sacred pool ; 16th, water in which some fruits have been steeped ; 17th, water in which five kinds of astringent leaves have been steeped ; 18th, hot water ; 19th, water dripping from a vessel having a thousand holes in its bottom ; 20th, water from a jar having some mango leaves in it ; 21st, water from eight pitchers ; 22nd, water in which kusa grass has been steeped ; 23rd, water from a jar used in sprinkling holy water (*sânti-kumbha*) ; 24th, sandal-wood water ; 25th, water scented with fragrant flowers ; 26th, water scented with fried grains ; 27th, water scented with Jatámansi and other aromatics ; 28th, water scented with certain drugs collectively called Mahaushadhi ; 29th, water in which five kinds of precious stones have been dipped ; 30th, earth from the bed of the Ganges ; 31st, earth dug out by the tusk of an elephant ; 32nd, earth front a mountain ; 33th, earth from the hoof of à horse ; 34th, earth from around the root of a lotus ; 35th, earth from a mound mate by white-ants ; 36th, sand from the bed of a river ; 37th, earth from the point where two rivers meet ; 38th, eirth from a boar's lair ; 39th, earth from the opposite banks of a river ; 40th, cake of pressed sesamum seed ; 41st, leaves of the asvattha ; 42nd, mango leaves ; 43rd, leaves of the Mimosa arjuna ; 44th, leaves of a particular variety of asvattha ; 45th, flowers of the Champaka ; 46th, blossoms of the mango ; 47th, flowers of the Sami ; 48th, Kunda flowers ; 49th, lotus flower ; 50th, oleander flowers ; 5lst, Nagakesara flowers ; 52nd, Tulsi leaves powdered ; 53rd, Bel leaves powdered ; 54th, leaves of the kunda ; 55th, Barley meal ; 56th, meal of the Nivára grain (a wild paddy) ; 57th, Powdered sesanum sced ; 58th, powder of Sati leaves ; 59th, turmeric powder ; 60th, meal of the Syámáka grain ; 61st, powdered ginger ; 62nd, powder of Priyangu seeds ; 63rd, rice meal ; 64th, powder of Bel leaves ; 65th, powder of the leaves of the Amblic myrobalan ; 66th, meal of the kangni seed. The usual practice is to place a mirror before the idol, then to fill a small pitcher with pure water, drop in it a small quantity of one of the articles in the

SAINTES (Herbes —). Ainsi que chaque docteur bouddhique, qui devient *arhant* ou *saint*, prend sous sa protection spéciale un arbre ou une herbe ; ainsi que le monde végétal de la mythologie grecque et romaine est placé sous la tutelle de quelque divinité ; ainsi que, d'après la croyance indienne, chaque herbe magique cache un *gandharva* ou une *apsarâ*, et, d'après la tradition populaire européenne, un satyre, un faune, une dryade, un sorcier, un jeune prince, une jeune princesse est enfermée dans les plantes ; de même le christianisme, s'emparant de ces données traditionnelles, a distribué aux herbes les plus populaires les noms de tous les saints de son calendrier. Bauhin a même compilé tout un livre sur les noms de plantes qui ont tiré leur nom des saints catholiques.

Mais le nom d'*herbe sainte* (et de *sancta sana*) a été donné, pendant quelque temps, spécialement au *tabac* (Cf. ce mot dans le second volume). La *menthe* a été aussi *herbe saine ;* on a appelé *sainte semence* (*sanctum semen*) la graine de l'absinthe de mer ; on a nommé *racine du Saint-Esprit* le *laserpitium gallicum* et *spina sancta* le *crespinus ;* et *bois saint* le *guaiacan* des Antilles pour les propriétés qu'on lui attribuait contre les mauvaises maladies ; en Piémont on donne le nom de *herbe de Sainte Marie* à une certaine plante que les oiseaux sont censés porter à leurs petits enlevés et enfermés dans les cages, pour les faire mourir et ainsi les délivrer de leur esclavage. Mais le plus grand pouvoir magique est attribué aux herbes qui portent le nom de la *Madone* ou de *Saint Jean*. (Cf. *Jean.*)

SANG (— des arbres). Nous avons mentionné, à propos des arbres funéraires et anthropogoniques, le sang de la victime enfermée dans l'arbre, qui en coule lorsqu'on arrache une branche. Le sang des arbres intervient fréquemment dans les contes populaires indo-

---

order above named, and lastly to pour the mixture on the reflected image, through a rosehead called satajhárá, similar to the gold vessel with a hundred perforations described above. This symbolical bathing is found expedient to prevent the paint, and polish of the idols being soiled and tarnished. In the case of unbaked idols the necessity for it is imperative, and the bathing is more simple, summary and expeditious.

européens. Le ciel enflammé du soir et du matin a souvent été représenté en forme d'arbre lumineux, d'où il peut couler soit de l'ambroisie, soit du sang, selon que l'arbre est considéré, comme arbre de vie ou arbre de mort. La métamorphose du héros céleste en arbre, si fréquente dans les mythes (le cycle mythique de Héraclès, entre autres), se reproduit sur la Terre : tout arbre est devenu le refuge de quelque héros malheureux. Les lecteurs de *Guillaume Tell*, de Schiller (voir aussi la *Jérusalem délivrée*), se rappellent sans doute cette montagne où tous les arbres saignent sous la hache[433]. Ces arbres qui versent du sang, fournissent souvent les éléments de la flûte magique qui doit exécuter le chant funéraire du héros assassiné et enfermé dans l'arbre ; le cornouiller (*cornus sanguinea*, en Toscane *sanguine*) est spécial pour ce genre de transformations. Un arbre maudit que l'on ne permet point d'introduire dans les églises. C'est en un *sanguine* que se change le héros d'un conte populaire de Calcinaia qui présente des caractères très archaïques ; et on n'a point oublié que l'arbre de Polidore était un cornouiller. Le sang du jeune Adon tué par le sanglier produisait cette fleur que le peuple appelle *gouttes de sang* et que Linnée nomme *Adonis aestivalis* (Cf. *Adon*)[434]. Dans l'*Auto Sacramental* de Calderon intitulé : *El arbor del mejor frutto*, lorsque Candaces coupe, par ordre de Salomon, sur le Liban l'arbre triple et unique (c'est-à-dire l'arbre de la croix), on en voit sortir une rivière de sang.

---

[433] Valter :   Vater, ist's wahr, dass auf dem Berge dort
                  Die Bâume bluten, wenn man einen Streich
                  Drauf führe mit der Axt ?
Tell :   Wer sagt das, Knabe ?
Walter :   Der Meister Hirt erzählt's : Die Bäume seien
                  Gèbannt, sagt er, und wer sie schädige
                  Dem wachse seine Hand heraus zum Grabe.
Dans un conte populaire russe, chez Ralston, le héros suspend ses gants à un arbre ; lorsque de ces gants tombe du sang, ses frères doivent s'empresser de venir à son secours.

[434] On pourrait aussi comparer ici la fleur d'Acis qui a poussé lorsque le jeune ami de Galathée fut tué par le Cyclope. Dans cette fleur, nous l'avons dit, Dierbach a cru reconnaître le *Butomus umbellatus* L., le *Juncus floridus* des anciens.

SEC (Arbre). Sur les colines de Signa, près Florence, où j'écris, lorsque la branche d'un arbre tout à coup se dessèche, les paysans pensent qu'une *razzo di stella* (étoile filante) y est tombée pendant la nuit ; ils avouent cependant ne jamais avoir assisté à un événement pareil. En Lombardie, on pense que les deux bouts de l'arc-en-ciel qui s'appuient sur la terre brûlent toutes les herbes qu'ils touchent. L'arbre qui se dessèche, l'arbre brûlé, est certainement parent de l'arbre qui verse du sang[435].

Dans l'un des contes populaires de la Grande-Bretagne publiés par L. Brueyre, une nymphe de la mer se présente à un vieux pêcheur et lui dit : « Prends ces trois graines et fais-les manger à ta femme cette nuit même ; en voici aussi trois pour ta chienne, trois pour ta jument ; enfin ces trois dernières, tu les planteras devant la maison. Le temps venu, ta femme aura trois fils, ta jument trois poulains, ta chienne trois petits, et trois arbres croîtront devant ta demeure. Lorsqu'un de tes fils mourra, l'un des arbres se dessèchera[436]. » Parfois, au lieu des arbres, les contes connaissent des fleurs qui se fanent et sèchent ; mais, dans ces cas, la fleur indique spécialement l'infidélité en amour[437]. Nous avons déjà fait mention dans la légende d'Adam des trois graines d'où naîtra un jour l'arbre de la Passion, la Croix. Il est curieux qu'à cette légende se rattache aussi dans le *Mystère du vieil testament* (XVᵉ siècle) et dans les traditions analogues, la notion de l'herbe qui se dessèche sous les pieds d'Adam chassé du Paradis terrestre par l'épée flamboyante. La légende d'Adam et Ève publiée par A. D'Ancona, nous apprend que,

---

[435] Cf. Mannhardt, *Baumkultus der Germanen*, p. 48 : « In einem von W. Grimm nachgewiesenen indischen Volksliede pfianzt ein junger Ehemann, der die neuvermählte Gattin verlassen muss, eine Lavendelstaude in den Garten und heisst sie darauf zu achten. So lange sie grüne und blühe gehe es ihm wohl, welke sie aber und sterbe, so sei ihm ein Unglück begegnet. »

[436] Dans le Voigtland et en Bavière on croit qu'il va mourir quelqu'un dans la maison, lorsqu'un arbre ou même une seule branche se dessèche au jardin.

[437] Un chant populaire toscan dit :

Val più la grazia d'esto giovinetto ;
Un' erba secca un fior fa diventar.

tout le long du chemin parcouru par Adam et Ève à la sortie du paradis, ne poussa plus aucune herbe (*giammai poi non vi nacque erba*). D'après les croyances andalouses recueillies par Fernand Caballero, sur tout le chemin de la Passion parcouru par le Christ et sur la montagne du Calvaire, les arbres et les Herbes se séchèrent (*cubriendose aquellos sitios de abulagas*, espèce d'épines[438]). Mais la tradition populaire a surtout conservé le souvenir d'un certain *arbor secco*, qui, d'après Marco Polo, Frate Odorico et le livre de Sidrach, existait en Orient. On peut aisément y reconnaître l'arbre du soleil. Polo place cet arbre aux confins de la Perse, Odorico, près de Tauris. Marsden a cru pouvoir assimiler à l'*arbor secco* le *chinar*. D'après Mandeville, l'arbre existait à Mambre, depuis le temps d'Abraham ; les Sarrazins l'appelaient *dirpe* et le peuple *arbre sec*, parce que depuis le temps de la Passion de Jésus-Christ, il est desséché, et doit rester sec jusqu'à ce qu'un prince de l'Occident vienne avec les chrétiens conquérir la Terre-Sainte[439]. Fra Mauro, dans sa mappemonde, représente l'arbre sec au milieu de l'Asie centrale. Lazzari suppose qu'il s'agit non pas

---

[438] Le jour de l'Ascension, au contraire, au moment de l'exaltation, lorsqu'on célèbre la grand'messe, les feuilles des arbres s'inclinent et forment entre elles des croix en signe de respect et de dévotion.

[439] Une prophétie pareille se trouve dans le livre de Sidrach, où il est dit : « E quella sarà la più aspra giornata di battaglia che mai sia al mondo, chè grande moltitudine di Tartari saranno quivi morti, poi lo rimanente audranno uccidendo e cacciando 87 giornate, tanto che saranno all' albore ecco ; e quivi dimoreranno V mesi. E a loro giugnerà vivande d'ogni parte, però ch' egli signoreggeranno tutta la terra. E quando i cristiani saranno al grande albore secco, egli vi dimoreranno due mesi ; e tuttavia andrà loro appresso la vivanda, e le cose bisognevoli al popolo che tutte le genti gli serviranno, per tema ch' avranno di loro. In cotale di chente lo figliuolo di Dio risusciterà, passando da morte a vita, le padre della magione del figliuolo di Dio papa, farà sacrificio della Messa al figliuolo en Dio, a quello albore secco e in quell' ora che il papa sagrificherae, avverrà che l'albore secco rinverdirà e metterà fiori e foglie e frutti. E allora sapranno egli che la grazia di Dio sarà distesa sopra loro, chè il verdire dell' albore significa che il popolo del figliuolo di Dio avranno vendicata l'onta e l'ingiuria che tutti i miscredenti gli aveano fatta. »

d'un arbre, mais de la célèbre montagne Elborz Kuh[440]. Le colonel Yule, dans son savant ouvrage : Cathay and the way thither (London, 1866), pense que le conte de l'arbre sec est un développement de ce passage d'Ezéchiel, XVII, 24 : « Humiliavi lignum sublime et exaltavi lignum humile ; et siccavi lignum viride et frondere feci lignum aridum. » Marco Polo appelle l'arbre sec arbre du soleil ; le livre de Sidrach imagine qu'au lieu d'un arbre il y en a deux ; chaque arbre est vide par dedans, et sept hommes ne suffiraient à l'embrasser ; il pousse près du désert « là ove lo sole non dimora, se non una ora del giorno, e si è al capo del levante. »

SEMENCES (Cf. *Herbes*).

SERPENT (Arbre du —). On peut dire que ce sujet a été épuisé par l'ouvrage splendide de M. Fergusson, intitulé *L'arbre et le serpent*. J'y reviens seulement pour constater le rôle entièrement phallique du serpent, qui se place comme un *upastha* au milieu du jardin ou paradis terrestre (c'est-à-dire de la *yonî* cosmogonique). Agrippa de Cologne définit, en effet, le phallus un « membrum reptile, membrum serpens, membrum Iubricum, variisque anfractibus tortuosum, quod Evam tentavit atque decepit. » C'est pour cela que, d'après Camerarius, cité par Mgr Gaume dans le Traité du Saint-

---

[440] Il n'est pas impossible que du mot même d'Elborz-Kuh soit né, par équivoque, le nom de *Albor secco*. Voici d'ailleurs la description de Marco Polo : « Vi è ancora una gran pianura, nella quale v' è l'*alboro del sole*, che si chiama per i Christiani l'*albor secco*, la qualità e condizione del quale è questa : é un arbore grande e grosso, il cui foglie da una parte son verdi, dall'altra bianche, il quale produce ricci simili a quei delle castagne, ma niente è in quelli, e il suo legno è saldo e forte di color giallo, a modo di busso, e non v' è appresso arbor alcuno, per spazio di cento miglia. » La confusion de l'arbre et de la montagne se fait assez souvent dans le mythe ; la montagne et l'arbre cosmogonique se touchent ; l'arbre haoma et la montagne qui le produit ne font qu'un. Et il est clair qu'il s'agit ici de la montagne où l'arbre reste aride jusqu'à la résurrection de l'astre solaire qui le ranime ; la passion du Christ représente la mort apparente du soleil.

Esprit, et par le Rév. George Cox[441], le serpent mord plus facilement les femmes que les hommes, et que l'on représente la Vierge écrasant le serpent, de même que l'on prépose les Vestales à la garde du feu sacré de la génération.

Un grand nombre d'herbes ont tiré leur nom des serpents ou dragons (Cf. *Dragon*) ; après quoi on leur attribue des facultés spéciales contre les serpents : l'echium[442], par exemple, auquel on trouve une forme semblable à celle de la tête de la vipère, non seulement guérit des morsures de la vipère, mais, si on en fait une tisane et qu'on la boive, préserve à tout jamais des piqûres ; si on place cette herbe sur la vipère, on l'endort. Dioscoride prétend aussi que l'*echion* est utile aux nourrices et leur donne du lait. Sprenger (*Malleus maleficarum*, I, 9) connaissait une herbe magique qui avait le pouvoir de transformer des poutres en serpents[443].

À l'herbe *serpentina* d'Albert le Grand[444], on peut comparer cette plante de l'Inde mentionnée par V. M. di Sancta Caterina (XVIIe s.), et dont les feuilles pourries engendraient des serpents[445]. Du *sarpa* (serpent) ont tiré leur nom plusieurs plantes indiennes, entre autres, l'*odina* pinnata (*sarpadanshtrikâ*), la *tragia involucrala* Lin. (*sarpadanshtrâ*), le *tiaridium, indicum* (*sarpadantî* ou *sarpapushpî*, ayant la dent ou la

---

[441] *Mythology of the Aryan Nations*, II, 117.

[442] Cf. dans le second volume ce qui est dit de l'herbe *Nocca*. Dans la *Thaumatographia* de Johnston, nous lisons : « Echion inventa est a quodam Alcibio herba. Dormens in area ictus est a vipera. Excitatus succum herbae dentibus expressit, hausitque in corpus, reliqnum corpori imposuit et convaluit ; viperinis genuit illlid natura capillis, ut usum ostenderet. »

[443] « Quaedam herba succensa, seu accensa, fumigans, facit trabes apparere serpentes. »

[444] Alberti Magni, *De Virtutibus Herbaeum Lib.* « Sextadecima herba a Chaldaeis cartulin, a Graecis quinquefolium, a Latinas serpentina vocatur. Haec autem herba apud nos satis est nota. Haec autem herba cum folio *trifolii* inhumata generat serpentes rubeos et virides, de quibus si fiat pulvis et ponatur in lampade ardente, videbitur ibi copia serpentum, et si sub capite alicuius ponatur, de coetero non somniabitur ibi. »

[445] In Cambaia si trova una pianta di foglie carnose, le quali, cadendo in terra e marcendo, tutte si convertono in serpe, ma non velenosi.

fleur de serpent) ; et, de même, au mot *ahi*, qui signifie également *serpent*, se rapportent : le sucre (*ahinchatra*, qui cache le serpent), l'opium (*ahiphena*, ou écume de serpent), la *flacourtia cataphracta* (*ahibhayadâ*, faisant peur aux serpents).

SOLEIL (Arbre du —). Le soleil est souvent un arbre aux branches lumineuses. Dans l'*Atharvavéda* (XIII, 1, 9) le soleil Rohita est comparé à un arbre. C'est dans le jardin du soleil que l'on cueille les pommes des Hespérides. Par la *Taittiriya Samhitâ*, II, 1, 9, nous apprenons que les herbes se trouvent sous la protection spéciale de Mitra, et les eaux sous celle de Varuna[446]. Le soleil a aussi ses plantes bien-aimées sur la Terre, qui tirent leur nom de lui ; le mot *arka*, par exemple, qui signifie le *soleil* et la *foudre*, a servi pour désigner l'*aristolochia indica*, plante grimpante dont les feuilles sont cunéiformes *(arkapatrâ)* ; et arka simplement, ou *âditya*, ou *sûryâhva*, (qui prend son nom du soleil) pour la même raison désigne la *calotropis gigantea*, dont les feuilles, employées dans les sacrifices, sont comparées aux différentes parties du corps. *Arkakantâ*, c'est-à-dire aimée par le soleil, *arkabhaktâ, âdityabhaktâ, sûryabhakta*[447], c'est-à-dire honorée par le soleil, sont des noms donnés à la *polanisia icosandra* W.[448] ; *arkapushpikâ* ou petite fleur du soleil est une espèce de légume (*gynandropsis pentaphylla* D. C.)[449] ; *arkapâda*, la *melia azadirachta ; arkapriyâ*, qui aime le soleil ou qui est aimé du soleil, l'*hibiscus rosa sinensis* L. ; l'*arkakusuma* ou fleur du soleil doit être une fleur assez vile et commune, puisqu'on la nomme avec le *nimba* ; et une strophe indienne, pour indiquer des moyens disproportionnés avec le but, recommande de faire cuire du sésame dans un pot de lapis-lazuli,

---

[446] *Mâitrir vâ oshadhayo Vârunir âpâh*. Dans le *Deutéronome* (XXXIII, 14) nous voyons que la lune produit des objets précieux, et le soleil des fruits précieux. On n'a pas oublié que le Grec Apollon, le dieu solaire par excellence, possédait la connaissance de toutes les Herbes.

[447] Ce nom est aussi donné à la *pentapetes phoenicea*.

[448] *Sûryakanta* et *sûryakânti* (aimé du soleil) ne sont pas encore identifiés.

[449] On l'appelle aussi *sûryavallî*.

d'allumer le feu avec du bois de santal, et de déraciner l'*arka* avec une charrue d'or.

Les Grecs aussi ont fait entrer leur *Helios* dans le nom de plusieurs plantes. Clytia aimait Hélios sans espoir ; les dieux, la voyant se tourner continuellement vers Helios, la changèrent en une fleur qui se tourne toujours vers le soleil[450] : c'est l'*Helianthemum roseum* de Decandolle. J. B. Porta, dans ses *Phytognomonica*, d'après les anciens, nous parle de l'*hélianthe* ou *heliocallis* comme d'une herbe qui donne la beauté aux rois persans[451], mais sans pouvoir l'identifier, quoiqu'il incline à y voir, d'après Columelle, la simple *gueule de lion*, ou *de loup*. On peut encore citer ici l'*heliochrysos*, que les Italiens appellent *erba zolfina*. « Heliochryso, dit Porta, eximium aurei floris decus ad radiorum solis percussum coruscam lucem et vegetam intuentibus jaculatur ; cernuntur enim in eo corymbaceae umbellae e multis extantibus bullis circinatae, aureo aspectu micantes, diuturnumque splendorem tutantes, ut solarem herbam pronunciare nil verearis ; ob id Theophrastus dixit eos qui huius flore coronantur, unguentoflue ex auro ignis non experto, gloriam et bonam existimationem consequi ; eiusque usus ad serpentium morsus. » Le même auteur nous offre cette description de l'*héliotrope* : « Heliotropii flos ortu solis aperitur et occasu clauditur ; ideoque solsequia vol solis sponsa,

---

[450] Ovide, *Metamorph.*, IV, 264 :
> Tantum spectabat euntis
> Ora Dei, vultusque suos flectebat ad illum.
> Membra ferunt haesisse solo ; partemque coloris
> Luridus exsangues pallor convertit in herbas.
> Est in parte rubor ; violae simillimus ora
> Flos tegit. Illa suum, quamvis radice tenetur
> Vertitur ad solem ; mutataque servat amorem.

[451] Helianthen vocat Democritus herbam in Themiscyra regione, et Ciliciae montibus maritimis, folio myrti ; hac cum adipe leonino decocta addito croco et palmeo vino perungi Magos et Persarum Reges ut fiat corpus aspectu iucundum, ideo eamdem *heliocallidem* nominari. Meminit eiusdem herbae Columella in hortulo suo :
> et hiantis saevi leonis
> Ora serit. (Cf. *Lion*).

quod expergiscatur et occubet, crepusculis sopita, desiderio quedam redeuntis syderis ex ortu, idem perdius, atque foedere quodam amantis intueatur solem, et ob id amica solis aliquibus dicatur. Multa de hac Magi pollicentur ; quartanis quater tertianis ter alligari jubent ab ipso aegro.[452] » L'*Alberti Magni Libellus* (*De Virtutibus herbarum*) connaît aussi une *herba solis* (*polygonia vel corrigiola*), qui a de grandes propriétés génésiques[453].

SOMMEIL, SONGE (Arbre du — et du —). Les Russes connaissent une herbe qu'ils appellent *son-trava* ou *herbe du songe*. Rogovic[454] l'a identifiée avec la *pulsatilla patens*, et Markewic[455] nous apprend que cette plante fleurit au mois d'avril ; sa fleur est azurée : si on la place sous l'oreiller, elle fait rêver, et ce qu'on voit en rêve, on le retrouvera dans la réalité. À côté de l'herbe qui fait rêver, on peut citer aussi celle qui fait dormir par vertu magique ; dans la navigation de Iambolus, à propos de l'île bienheureuse, on fait mention d'une herbe narcotique si puissante, qu'il suffisait de s'y étendre pour jouir d'un sommeil éternel[456]. En revanche, le livre de Sidrach connaît une herbe contraire au sommeil, l'herbe d'insomnie[457].

---

[452] L'*Alberti Magni libellus* nous représente cette herbe sous un jour encore plus admirable. « Huius virtus, dit-il, mirabilis est, quia si ista colligatur, sole existente in Leone in Augusto, et volvatur in lauri folio, et simul addatur dens lupi et feratur, nullus contra furentem potest habere vocem loquendi, nisi verba pacifica. Etsi enim aliquis furetur et in nocte sub capite suo ponat, videbit furem et omnes eius conditiones. Et iterum, si praedicta ponatur in aliquo templo ubi fuit, mulieres quarum connubium parte sui frangatur, nunquam poterunt exire de templo, nisi deponatur. Et hoc ultimum probatum est et verissimum. »

[453] Haec enim herba nomen suscepit a sole, nam est multum generans. Hanc quidem herbam alii appellaverunt *Alchone*, quae est *domus solis*. Qui attingit hanc herbam habet virtutem a signo suo vel planeta. Si quis utem succum bibit, facit eum multum coire. Et si quis deferat radicem us, curat passiones oculorum.

[454] *Opit Slovaria narodnih nazvanii iugozapadnoi Rossie* (Kiew, 1874).

[455] *Obicai, povieria*, etc. *Malorossian*, Kiew, 1860).

[456] Dans les contes populaires, il est souvent fait mention d'une feuille placée sous le coussin du jeune héros, qui le rend insensible en l'endormant profondément. Dans un djataka bouddhique, le jeune homme naufragé, sauvé par une

SOUCHE. La souche d'une plante (ou la bûche) en est, comme la racine, la partie essentielle et fondamentale. Nous avons, en parlant de l'arbre anthropogonique, fait allusion à cette croyance populaire et spécialement enfantine, d'après laquelle les hommes seraient issus d'un chêne. Dans un conte russe, chez Afanassief[458], un vieillard qui n'a pas d'enfants, va dans la forêt, y coupe une souche et la livre à sa femme ; celle-ci la berce, et lui chante une berceuse ; des pieds commencent à pousser et, peu à peu, la bûche se transforme en un enfant tout vivant. En Toscane on appelle fête *del ceppo* et simplement *ceppo* la fête de Noël, parce que pour célébrer la naissance de Jésus on allumait un arbre, l'arbre de Noël (Cf. *Noël*) dont la bûche n'est qu'un fragment. Dans un curieux *Discorso interno alla Cerimonia del Ginepro*, publié en l'année 1621 à Bologne par Amadeo Costa, nous voyons qu'allumer une bûche plus grosse qu'à l'ordinaire pour le jour de Noël signifie seulement « che Cristo volle nascere in terra per distruggere gli Idoli e Superstitioni de' Gentili ». Dans le sixième volume des *Passeggiate nel Canavese* par Ant. Bertolotti, nous lisons que dans cette province du Piémont la bûche de Noël n'est pas brûlée en entier et qu'on en garde un bout, pour l'exposer hors de la maison lorsqu'un orage éclate ; ce fétiche est censé détourner la foudre[459]. Dans les Abruzzes, l'amoureux dépose à la porte de la fille qu'il désire épouser une souche, une bûche. Si la jeune fille ou sa famille la retire dans la maison, la demande sera agréée ; si la bûche est dédaignée, l'amoureux sait qu'il n'a plus qu'à chercher ailleurs des chances plus heureuses. La signification symbolique de la sou-

---

nymphe de la mer, s'endort profondément dans un jardin de manguiers. Cf. *Lys, Môly, Lotus*, etc.

[457] « Anche è un' erba gialistra e à molte foglie ritonde e flori gialli a due bottoni, ritondi, dentro vermigli, semi ritondi e ralici gialle e grosse. Chi metesse di questa erba dentro alla sua bocca, egli non potrebbe dormire, intanto quant' egli ve la tenesse in bocca, eziandio se ve la tenesse per sette mesi. »

[458] *Narodniya Russkiya Shaszki*, I, 4. B.

[459] En Lombardie on garde un copeau de la bûche de Noël, pour le brûler au feu qu'on allume dans les chambres où l'on nourrit les vers à soie.

che, de la bûche, tout comme de l'arbre lui-même, est évidemment génésique.

SOUVENIR (Cf. *Mémoire*).

TONNERRE (Arbres et herbes du —). La langue allemande a fait parentes du tonnerre plusieurs plantes et herbes : *donnerkraut*, ou *herbe du tonnerre*, le *sedum thelephium ; donnerrebe*, le *lierre*. C'est la *donnerkraut* que les jeunes filles allemandes tressent en couronnes le jour de la Pentecôte. Ces plantes sont censées protéger contre le tonnerre ; de même le *sempervivum tectorum* (*donnerbart*), la *corydalis bulbosa* (*donnerfluch*), le *lycopodium clavatum* (*blitzkraut*), l'*aristolochia* (*donnerwurz*), la *conyza sqarrosa* (*donnerwort*), le *dianthus carthusianorum* (*donnernäglein*), la rose des Alpes (*donnerrose*), l'*eryngium campestre* (*donnerdistel*), la *fumaria bulbosa* (*donnerflug*). Le docteur Mannhardt, dans ses *Germanische Mythen*, ajoute encore les plantes qui tirent leur nom du dieu tonnant Thor : l'*aconitum lycoctum* (*Thorhat, Torkialm*) et l'*osmunda crispa* (*Thorböll*) ; et on rapproche certaines plantes indiennes qui ont pris leur nom du *vagra* (foudre), ainsi la fleur du sésame (*vagrapushpa*), la *vagravalli*, espèce d'héliotrope, et l'euphorbe (*vagradru, vagradruma*, arbre de la foudre). (Cf. *Indra*.)

VENUS (Herbes de —). Toutes les herbes érotiques se trouvent sous la protection spéciale de Vénus. Nous ne citerons que celles qui ont pris le nom de la déesse. De ce nombre est l'*adiantus*, vulgairement *capillus Veneris*. On explique *adiantus* par α privatif et διαίνω (j'humecte), parce que les cheveux de Vénus ont le privilège de ne pas se mouiller au contact de l'eau. En Toscane, les femmes du peuple emploient l'*adiantus* pour provoquer les mois. Porta, d'après Apulée, appelle l'adiantus *polytrichon* ou *callitrichon* et *capillus Veneris* : « Quod decoros et venereos reddat. » À Vénus appartient encore l'*agrotemma coronaria* L. ; on prétend qu'il a poussé dans le bain même de Vénus ; on l'appela ensuite *labrum Veneris* en combinant ainsi dans un mot équivoque le nom du bain (*labrum*) avec la couleur rouge de la lèvre de Vénus, d'où le nom grec de *lychnis* donné à la fleur. Pline connaissait une autre plante qui poussait dans l'eau, à laquelle il donnait aussi le nom de *labrum Veneris* ; elle devait être, d'après Dierbach, le *dipsacus fullonum* L. Les anciens, Hippocrate et Dioscoride, recommandaient encore, comme une plante érotique et qui facilite la conception, le cotylédon, appelé *Veneris umbilicus*. Ajoutons (d'après Pline, XXIV, 19) le *scandix pecten Veneris*, la *Veneris flammula*, le léontopode ; la *Veneris corona*, la *menthe* (cf.). Cf. encore le *myrte*, spécialement consacré à la déesse de l'amour, et la *verveine* (*verbena*), que l'étymologie populaire interprète par *Veneris herba*.

VIERGE (Cf. *Madone*). Les sorciers connaissent plusieurs herbes qui constatent la virginité des jeunes filles (Cf. *Lys, Mauve, Laitue, Agnus castus*, etc. ; et, dans le livre de Torreblanca, *De Magia*, tout un chapitre consacré à la *Parthenomanteia* « quae ad explororandam virginitatem fiebat). »

VOLEURS (Herbes contre les — ; Cf. dans ce volume, *Hercule ;* dans le second volume les mots *Datura, Genévrier, Chardon, Cumin, Cyprès*) Schweinfurth, en parlant des Mombouttous, nous apprend ce qui suit : « J'ai vu là le *chlorophyton*, liliacée gazonnante aux feuilles panachées de blanc, et qui pour les Niams-Niams, possède la vertu de faire découvrir les voleurs, comme la *canavalia ensiformis* que les nègres de la Jamaïque et de Haïti, d'après une coutume largement répandue en Afrique, sèment dans leurs plantations pour les protéger. Ce sont principalement les champs de maïs que le chlorophyton est chargé de défendre. »

YGGDRASILL. Le célèbre arbre cosmogonique scandinave était un frêne ; mais lorsqu'on parle de ses fruits, il est aisé de comprendre qu'il s'agit dirai frêne *sui generis*. Les fruits de l'Yggdrasill sont des Hommes. L'arbre a trois racines. L'une pour le passé, l'autre pour le présent, la troisième pour l'avenir, puisqu'il doit symboliser l'éternité de la vie cosmique. Dans la *Voluspa*, l'arbre Yggdrasill est chanté ainsi : « Je sais qu'il existe un frêne appelé Yggdrasill, arbre élevé, humecté par la rosée blanche ; de cet arbre courent les rosées dans les vallées ; l'arbre toujours vert pousse sur la source Urd. Trois jeunes filles près de l'arbre arrêtent la destinée des fils du temps. Les abeilles font leur nourriture de la rosée qui tombe du frêne, appelé chute du miel (humângfall). » L'Yggdrasill est le plus grand des arbres ; ses branches atteignent le ciel. On explique le mot *Iggdrasill* par *porteur* ou *cheval d'Odin* (de Yggr, appellatif d'Odin, et *drasill porteur* ou *cheval*)[460]. On a cru ensuite reconnaître sur la Terre des formes de l'Yggdrasill mythique ; tel était cet arbre près du temple d'Upsal, dont parlait au moyen âge Adam de Brême (*De situ Daniae*) : « Prope templum est arbor maxima late ramos extendens, aestate et hyeme semper virens. Cujus illa generis sit, nemo scit. Ibi etiam est fons, ubi sacrificia paganorum solent exerceri. »

FIN DE LA BOTANIQUE GENERALE
ET DU TOME PREMIER.

---

[460] Cf.Grimm et Simrock, *Germanische Mythologie ;* Mannhardt, *Germanische Mythen ;* Schwarz, *Der Ursprung der Mythen* ; Kuhn, *Herabkunft d. F.*, et dans ce volume, arbres du Ciel, Cosmogoniques, Anthropogoniques, Ilpa, etc.

Printed by Amazon Italia Logistica S.r.l.
Torrazza Piemonte (TO), Italy

59913844R00179